es 1983

edition suhrkamp

Neue Folge Band 983

Ein wichtiges Thema der internationalen politikwissenschaftlichen Diskussion der 1970er und 1980er Jahre war die These vom wirtschaftlichen Niedergang der Vereinigten Staaten, ihrem daraus resultierenden Machtverlust und den Konsequenzen für die Weltpolitik. Die Autoren überprüfen diese These anhand ausgewählter empirischer Indikatoren über den Zeitraum 1960-1990 und kommen zu dem Schluß, daß sie nicht haltbar ist, denn: Die Veränderungen im weltwirtschaftlichen Gefüge führen nicht zum relativen Aufstieg oder Abstieg einzelner Mächte, sondern indizieren einen strukturellen Wandel der Weltwirtschaft. Neue Merkmale der sich globalisierenden Weltwirtschaft sind deren Entstofflichung und Entgrenzung. Die Konsequenz ist nicht der Souveränitätsverlust einzelner Staaten, sondern der Souveränitätsverlust des Staates schlechthin an den Markt.

Die Neue Weltwirtschaft
Entstofflichung und Entgrenzung der Ökonomie

von Mathias Albert, Lothar Brock,
Stephan Hessler, Ulrich Menzel,
Jürgen Neyer

Suhrkamp

edition suhrkamp 1983
Neue Folge Band 983
Erste Auflage 1999
© Suhrkamp Verlag Frankfurt am Main 1999
Erstausgabe

Satz: Jung Satzcentrum, Lahnau
Druck: Nomos Verlagsgesellschaft, Baden-Baden
Umschlag nach Entwürfen von
Willy Fleckhaus: Rolf Staudt
Printed in Germany

1 2 3 4 5 6 – 04 03 02 01 00 99

Inhalt

OK FRDS DONE*

* Eingabebefehl, mit dem im Bildschirmhandel eine Milliardentransaktion abgeschlossen wird (FRDS = Abkürzung für »friends«)

Vorwort

Auch Forschungsvorhaben haben ihre Geschichte. Diese hier wird mit dem Erscheinen des vorliegenden Buches zwölf Jahre gedauert haben und geht auf das Jahr 1987 zurück. Kaum mehr als zwei Jahre vor dem Zusammenbruch der Sowjetunion, der Auflösung des »sozialistischen Lagers« und dem Ende des real existierenden Sozialismus hatte mit dem Erscheinen von Paul Kennedys Buch »The Rise and Fall of the Great Powers. Economic Change and Military Conflict from 1500 to 2000« (Kennedy 1987) die Diskussion um den hegemonialen Niedergang der USA und die daraus resultierenden Konsequenzen für das internationale System ihren Höhepunkt erreicht. Auch wenn diese – im wesentlichen amerikanische – Diskussion ihrerseits damals bereits auf eine 15jährige Geschichte zurückblicken konnte, so bedurfte es doch der leider üblichen Zeitverzögerung, bis sie auch in der Bundesrepublik rezipiert und um eigenständige Facetten bereichert wurde.

Jedenfalls wurde 1987 die Idee geboren, die empirische Basis der Diskussion um den amerikanischen Niedergang und mögliche Aspiranten für einen hegemonialen Aufstieg einer gründlichen und kritischen Untersuchung zu unterziehen, hatte doch schon eine flüchtige Durchsicht der einschlägigen Literatur eine gewisse Beliebigkeit im Umgang mit dem empirischen Material, nämlich der Indikatorenauswahl und deren Gewichtung, offenbart. Diese Idee fand ihren Niederschlag in einem Forschungsantrag unter dem Titel »Strukturveränderungen in der Weltwirtschaft seit Ende der 1960er Jahre und ihre Konsequenzen für die internationale Ordnung«, der im Oktober 1988 bei der Stiftung Volkswagenwerk im Rahmen des damaligen Förderungsschwerpunkts »Demokratische Industriegesellschaften im Wandel« eingereicht und im Frühjahr 1989 bewilligt wurde. Aus damaliger Sicht: leider, aus heutiger Sicht: eine glückliche Fügung, konnte das Vorhaben selbst erst zwei Jahre später, nämlich im Frühjahr 1991, in Angriff genommen und nach vier Jahren, im März 1995, abgeschlossen werden. Der Berichtszeitraum der empirischen Teile reicht deshalb von 1960-1990, manchmal bis 1993. Die Niederschrift und redaktionelle Fertigstellung nahmen dann weitere Zeit in Anspruch.

Die zeitliche Verzögerung war insofern eine glückliche Fügung, als mit dem Zusammenbruch der anderen Hegemonialmacht und der Rolle der USA im Golfkrieg sehr rasch eine ganz neue Diskussion um die Zukunft des internationalen Systems entbrannte, die schlagartig viele Prämissen der alten Diskussion um den amerikanischen Niedergang in Frage stellte. Gleichzeitig offenbarte sich Anfang der 1990er Jahre auch das ganze Ausmaß des weltwirtschaftlichen Strukturwandels, der sich nicht, wie die alte Debatte unterstellt hatte, bereits seit Anfang der 1970er Jahre, sondern in Wirklichkeit erst seit Mitte der 1980er Jahre so richtig manifestierte. Nicht das Ende des Bretton-Woods-Systems (1971/73), sondern das Plaza-Abkommen vom Herbst 1985 über das Revirement des internationalen Wechselkursgefüges muß aus heutiger Sicht als das wichtigere Datum angesehen werden, zumal es gute Gründe gibt, das Plaza-Abkommen aufgrund der in seinem Gefolge ausgelösten internationalen Kapitalbewegungen als den symbolischen Startschuß zur später sogenannten Globalisierung anzusehen.

Die Konsequenzen für das Projekt waren vielfältig. Einerseits galt es, dem sich offenbarenden weltwirtschaftlichen Strukturwandel durch die Bildung und Erhebung ganz neuer Indikatoren Rechnung zu tragen, andererseits änderte sich die ursprüngliche Fragestellung von einer positionalen zu einer strukturellen – man könnte auch formulieren: von einer modernen zu einer postmodernen – Perspektive. Es ging nun nicht mehr (nur) darum, die Positionsveränderungen wichtiger Akteure in der Weltwirtschaft und deren Machtverlust abzuschätzen, sondern darum, deren Strukturwandel unter der Fragestellung zu erfassen, ob nicht *alle* Akteure Macht, und zwar an den Markt, abgegeben haben. Dieser Umstand ist auch der Grund, warum ein im ursprünglichen Aufbau der Arbeit vorgesehenes und auch verfaßtes Kapitel »Ranking« gestrichen wurde, da es zu sehr der Logik der anfänglichen Fragestellung entsprochen hatte.

Das vorliegende Buch repräsentiert nicht nur in stark überarbeiteter Fassung die empirischen und theoretischen Ergebnisse des Forschungsvorhabens, es repräsentiert auch den skizzierten Paradigmenwechsel in der Fragestellung. Neben die Brüche im Umbruch des Weltsystems (Brock 1994) traten die Brüche im Umbruch des Forschungsvorhabens. Der eigentliche Projektabschlußbericht von 1995 besteht aus 1930 Seiten in drei Bänden und einem Ergänzungsband.[1] Er liegt in Diskettenform (EXCEL 4.0 bzw. ACCESS 2.0) vor und kann bei den Autoren bezogen werden. Sofern nicht anders ausgewiesen, sind die Quellen aller folgenden empirischen Angaben dort belegt und mit einer ausführlichen methodischen Offenlegung der Datenerhebung und Datentransformation versehen. Die Präsentation des kompletten Datensatzes allein würde nahezu 1000 Seiten erfordern und den Rahmen der vorliegenden Veröffentlichung sprengen. Ihn in angemessener Weise zu verbalisieren würde zudem die intellektuelle Leistungsfähigkeit der Autoren bis an die äußerste Grenze strapazieren, wenn nicht überfordern und auch von der Leserschaft, wollte sie alle diese Daten zur Kenntnis nehmen wollen, ein gehöriges Maß an kriminalistischem Spürsinn verlangen. Die etwa 70 in den Text aufgenommenen Tabellen und Graphiken versuchen diese Datenvielfalt auf die wichtigsten Aussagen zu reduzieren. Es wird auf jeden Fall empfohlen, diese nicht zu überlesen, da ihr Informationsgehalt zwangsläufig weit über das hinausgeht, was im Text steht. Im Literaturverzeichnis ist nur die im Text zitierte Literatur aufgeführt. Weitere Hinweise aus einer ständig aktualisierten Literaturdatenbank sind abrufbar.[2]

Neben der Forschungsgruppe im engeren Sinne haben mitgearbeitet Kirsten Harang (Literaturdatenbank), Stefan Hillers (Aktualisierung des Datensatzes), Tobias Lipper (Programmkonversion sowie technische Fertigstellung der Literaturdatenbank und des Buchmanuskripts), Norbert Minhorst (Literaturdatenbank), Reinhard Rode (Operationalisierung des Forschungsvorhabens und Beschaffung amerikanischer Daten). Anregungen und Kritik

1 Mathias Albert / Lothar Brock / Stephan Hessler / Ulrich Menzel / Jürgen Neyer, »Strukturveränderungen in der Weltwirtschaft seit den 1960er Jahren und ihre Konsequenzen für die internationale Ordnung«. Bd. 1: Analyse. VII + 567 S. Bd. 2: Datensatz. XXIII + 654 S. Bd. 2 (Ergänzungsband): Datensatz. VIII + 591 S. Bd. 3: Literaturdatenbank. XIV + 166 S. Forschungsbericht Universität Frankfurt am Main / Technische Universität Braunschweig 1993, 1995. Ergebnisse des Projekts sind auch eingeflossen in den Band von Ulrich Menzel, »Globalisierung versus Fragmentierung«. Frankfurt/M.: Suhrkamp 1998, sowie Jürgen Neyer, »Spiel ohne Grenzen. Weltwirtschaftliche Strukturveränderungen und das Ende des sozial kompetenten Staates«. Marburg: Tectum 1996; Kurzfassung in Neyer 1995. Ein vergleichbar angelegtes konkurrierendes Forschungsvorhaben ist dokumentiert in Beisheim / Dreher / Walter / Zangl / Zürn 1999 bzw. Zürn 1998.
2 Über: Institut für Sozialwissenschaften, TU Braunschweig, E-Mail: Ulrich. Menzel@tu-bs.de oder per Post bzw. http://www.tu-bs.de/institute/isw.

in den diversen Stadien des Projekts haben gegeben: Dieter
Dettke, Wilhelm Hankel, Hartwig Hummel, Rolf Jungnickel,
Georg Koopmann, Hermann Sautter und Dieter Senghaas. Fach-
liche Beratung erteilten die Herren Schill, Schirner und Scholz von
der Deutschen Bundesbank, Herr Bleses und Herr Stamer vom
Statistischen Bundesamt, Kunio Matsuda und Takashi Tajiri von
der Bank of Japan, Masaki Sakamoto vom Japanischen Finanzmi-
nisterium und Shigeko Kabasawa von der japanischen Management and Coordination Agency. Ihnen allen sei herzlich gedankt.
Besonders gedankt sei der Stiftung Volkswagenwerk für die groß-
zügige Förderung des Projekts und dem Land Hessen für die An-
schlußfinanzierung, die seine Fertigstellung ermöglichte. Die
Deutsche Forschungsgemeinschaft, die Hessische Stiftung für
Friedens- und Konfliktforschung, der Marshall Fund und die Stiftung Volkswagenwerk gewährten Reisekostenzuschüsse, die die
Vorstellung des Projekts auf der Tagung der International Studies
Association 1994 in Washington, D. C. ermöglichten.

Braunschweig / Frankfurt, im Juni 1999

1. Einführung:
Vom Declinism zum Postdeclinism

Revolutionen verändern nicht nur die Welt, sie vermögen auch langfristig angelegte Forschungsvorhaben zu verändern. Diese Feststellung gilt in ganz besonderem Maße für die vorliegende Untersuchung. Anlaß war die Mitte der 1980er Jahre aktuelle, von der neorealistischen Schule in den USA ausgelöste Debatte über einen möglichen Niedergang der amerikanischen Hegemonie, die daraus zu folgernden Konsequenzen für die Fortentwicklung der internationalen Wirtschaftsordnung und eine mögliche künftige Konfliktträchtigkeit der Beziehungen zwischen den westlichen Industrieländern.

Ein Nachvollzug dieser Debatte, die bereits in der ersten Hälfte der 1970er Jahre eingesetzt hatte, führte zu der Erkenntnis, daß nicht nur die Positionen in der Debatte und die entsprechenden Politikempfehlungen sehr kontrovers waren, sondern bereits der empirische Befund, vor dessen Hintergrund die Debatte geführt wurde, sehr unterschiedlich beurteilt wurde. Nicht nur war keine Einigkeit über die Definition der verwendeten theoretischen Begriffe wie Macht oder Hegemonie zu erzielen, bereits die Indikatoren, die zur Messung dieser Begriffe herangezogen wurden, unterlagen einer gewissen Beliebigkeit, je nachdem, welches Erkenntnisinteresse der jeweilige Autor gerade verfolgte. Es herrschte zwar Einigkeit darüber, daß ein Zusammenhang zwischen Machtentfaltung und wirtschaftlicher Leistungsfähigkeit eines Landes bzw. seinem relativen Aufkommen an weltwirtschaftlichen Aggregatgrößen (z. B. Anteil am Welt-BSP, am Welthandel, an den Weltwährungsreserven) besteht; welche dieser Kennziffern allerdings angesichts eines von allen unbestrittenen Strukturwandels der Weltwirtschaft und der relativen Positionsveränderungen wichtiger Akteure als maßgeblich für die Entfaltung von Machtpotential, von Strukturierungsmacht etc. angesehen wurden, darüber war keine Einigkeit zu erzielen. Umstritten war auch, ob sich wirtschaftliche Leistungsfähigkeit unmittelbar in Macht umsetzt. Verwiesen wurde einerseits auf die ehemalige Sowjetunion, die aufgrund eines exklusiven Ressourceneinsatzes ihr, wie man heute weiß, eher bescheidenes ökonomisches Potential in ein großes Militärpotential umzusetzen verstand, während sich in Ländern wie Japan oder Deutschland eine unbestritten hohe wirtschaftliche Leistungsfähigkeit in einem vergleichsweise bescheidenen Militärpotential niederschlug. Auch wurde zu bedenken gegeben, daß eher »weiche« Indikatoren wie die Wissensproduktion oder die kulturelle Ausstrahlungskraft einer Gesellschaft neben »harten« Indikatoren wie Wirtschaftskraft oder Militärpotential zu berücksichtigen seien.

Ein Fazit des Nachvollzugs der damaligen Debatte lautete, daß zunächst eine gründliche und umfassende Bestandsaufnahme der weltwirtschaftlichen Strukturveränderungen seit den frühen 1970er Jahren, also für den Zeitraum, vor dessen Hintergrund die Debatte geführt wurde, vonnöten sei, wie eine ebenso gründliche und umfassende Herausarbeitung der relativen Positionsveränderungen wichtiger Akteure in einem gewandelten Weltwirtschaftssystem. Erst vor dem Hintergrund einer solchen Analyse seien substantielle Aussagen möglich. Insofern sollte das methodische Vorgehen der beabsichtigten Untersuchung empirisch-induktiv und historisch-komparativ angelegt sein.

Nun ist seitdem einige Zeit ins Land gegangen mit den noch 1987/88 nicht in ihrer ganzen Tragweite erkannten neuen Tendenzen in der Weltwirtschaft seit Mitte der 1980er Jahre und den schon gar nicht für möglich gehaltenen politischen Umwälzungen der Jahre 1989ff. Diese hatten nicht nur dramatische Konsequenzen für den Untersuchungsgegenstand selbst, sie eröffneten auch ganz neue Sichtweisen auf den Untersuchungsgegenstand, die sich hinsichtlich ihres paradigmatischen Stellenwerts allerdings erst im Verlauf der Untersuchung herausstellen sollten. Erst aus dieser Wechselwirkung sind die Ergebnisse wie die daraus zu ziehenden analytischen Schlußfolgerungen zu verstehen, die in den nachfolgenden Kapiteln niedergelegt sind. Worin die geänderten Akzente in der eigentlichen Untersuchung wie die neuen Perspektiven und Interpretationen im Hinblick auf den Untersuchungsgegenstand bestehen, wird allerdings erst so recht deutlich, wenn die Ausgangsüberlegungen und die daraus resultierenden Fragestellungen und deren Operationalisierung auch in ihrem ursprünglichen und – wie wir heute konstatieren müssen – beschränkten Horizont rekapituliert werden.

1.1 Der Anlaß für die Debatte: Bröckelnde Dominanz der USA in der Weltwirtschaft

Wenn man die Ergebnisse des Zweiten Weltkriegs unter Vernachlässigung seiner militärischen Aspekte betrachtet, gab es im Grunde nur einen Sieger – nämlich die USA. Die Kriegsgegner waren im wahrsten Sinne des Wortes am Boden zerstört, ihre Alliierten durch den langen Krieg ausgelaugt und am Ende ihrer Kräfte. Nur die USA hatten in den 1940er Jahren das wirtschaftliche Potential, zwei Weltkriege, in Asien und in Europa, gleichzeitig zu führen und zu gewinnen; nur sie waren in der Lage, die wichtigsten Partner (Sowjetunion, England und China) mit umfangreichen Hilfslieferungen zu versorgen, ja deren Kriegsteilnahme in gewissem Ausmaße erst zu ermöglichen. Im Jahre 1945 bedeutete das nicht nur die relative, sondern ganz eindeutig auch die absolute weltwirtschaftliche Dominanz der USA in wirklich jeder Hinsicht, eine Ausgangssituation, die sie für die nächsten 25 Jahre zur unbestrittenen weltwirtschaftlichen und weltpolitischen Führungsmacht werden ließ. Noch im Jahre 1960, also zu einem Zeitpunkt, als das westdeutsche oder japanische »Wirtschaftswunder« bereits stattgefunden hatte, entfielen 67 % des kombinierten BSP der fünf größten westlichen Industrieländer (USA, BRD, Japan, Großbritannien, Frankreich) auf die USA. Bei den Währungsreserven waren es 56 %, bei der Automobilproduktion, damals dem industriellen Sektor des »fordistischen Zeitalters« schlechthin mit strategischer Bedeutung seiner Koppelungseffekte, seiner Beschäftigungs- und Einkommenskapazität, 58 % und selbst beim Außenhandel, der für die amerikanische Wirtschaft traditionell eine vergleichsweise geringe Bedeutung hat, immerhin noch 35 % (Daten bei Keohane 1980, S. 144f.; Cowhey/Long 1983, S. 171). Die Reihe der Indikatoren ließ sich damals beliebig fortsetzen, ohne daß sich das Gesamtbild wesentlich verändert hätte.

Berücksichtigt man ferner die rüstungstechnologische Überlegenheit, nämlich das bis 1949 währende Atommonopol, ist es nicht verwunderlich, daß die USA in den Jahren 1944/45 auch die neu zu bestimmenden Regeln der Weltpolitik und Weltwirtschaft, zumindest außerhalb des viel kleineren sowjetischen Machtbereichs, nahezu allein bestimmen konnten. Die USA leisteten maßgebliche Wiederaufbauhilfe nicht nur bei den Kriegsgegnern, sondern gleichermaßen auch in Westeuropa und Ostasien; sie entwarfen und verantworteten große Programme zur Reform und Demokratisierung in und außerhalb Europas; und sie förderten auch gegen den Widerstand ihrer Alliierten die Entkolonialisierung in weiten Teilen der Welt, wobei sie im Zweifelsfalle nicht zögerten, auch gegen westliche Länder wirtschaftliche Druckmittel einzusetzen.

Insbesondere ist hervorzuheben, daß die Einrichtung der neugeschaffenen internationalen Organisationen und Abkommen, so der Vereinten Nationen und deren Unterorganisationen, des GATT, des Weltwährungsfonds und der Weltbank, aber auch der vielfältigen bi- und multilateralen militärischen Bündnissysteme, nicht nur wesentlich von den USA konzipiert, sondern in den folgenden 25 Jahren auch maßgeblich beeinflußt und – noch wichtiger – finanziell getragen wurde. Besonders eindrucksvoll war hier das neue Weltwährungssystem, das nicht nur auf der amerikanischen Leitwährung und einem System fixer Wechselkurse, sondern auch auf der Möglichkeit beruhte, daß jedes Land seine Dollarbestände jederzeit bei der US-Zentralbank präsentieren und in Gold eintauschen konnte. Die 1940er/1950er Jahre waren nicht zuletzt auch die Phase, in der die amerikanische Konsum- und Unterhaltungskultur ihren weltweiten Siegeszug antrat.

Es kann deshalb kein Zweifel bestehen, diese Periode als die Ära der »Pax Americana« zu bezeichnen. Im Schutze der von den USA geleisteten militärischen und weltwirtschaftlichen Garantien vermochten die geschlagenen wie die verbündeten Industrieländer sich wirtschaftlich zu erholen. Im Zeichen sinkender Zolltarife, hoher Wechselkursstabilität und garantierter internationaler Liquidität konnte der Welthandel erneut expandieren und damit das Seine zum gesamtwirtschaftlichen Wachstum und zum Aufbau des Wohlfahrtsstaates in den westlichen Industrieländern beitragen.

Damit war die Phase weltwirtschaftlicher Instabilität und nationaler Krisen der 1920er/30er Jahre, gekennzeichnet durch wachsenden Protektionismus, Abwertungskonkurrenz, Regionalisierung der Weltwirtschaft in einzelne Wirtschafts- und Währungsblöcke mit jeweils autarkistischen Tendenzen, massiven Rückgang des Welthandels und instabile Währungen, überwunden. Die USA hatten nach 1945 die Rolle übernommen, die England seit der Mitte des 19. Jahrhunderts mehr oder weniger bis

1914 zu spielen vermochte. Zwischen den Weltkriegen reichte die englische Kraft dazu nicht mehr aus, während die USA damals aufgrund ihrer isolationistischen Tradition politisch noch nicht bereit waren, die internationale ordnungspolitische Funktion Englands zu übernehmen (vgl. dazu Kindleberger 1973, Ziebura 1984). Selbst dem Völkerbund, obwohl auf eine Initiative des amerikanischen Präsidenten Wilson zurückgegangen, waren die USA 1919 nicht beigetreten.

Seit Anfang der 1970er Jahre mehrten sich jedoch die Hinweise, daß die 1944 bis 1947 in Bretton Woods, San Francisco und Genf etablierte Ordnung der Welt an Gestaltungsmacht verlor und daß die ihr zugrunde liegende weltwirtschaftliche Struktur einem sich beschleunigenden Wandel unterzogen wurde. Zu begründen ist diese Aussage im wesentlichen mit folgenden Faktoren:

1. *Die relativen Gewichte der großen weltwirtschaftlichen Akteure hatten sich massiv und, wie es schien, unwiderruflich verschoben.* Dazu beigetragen hatten in erster Linie der spektakuläre Aufstieg Japans und der Wiederaufstieg einiger westeuropäischer Länder. Zu betonen ist auch, daß sich auch innerhalb Europas die Gewichte erheblich verschoben hatten. Dem relativen Abstieg Englands, Anfang der 1950er Jahre immerhin noch die Nummer zwei in der Welt, standen insbesondere der Aufstieg der Bundesrepublik, aber auch der Italiens gegenüber. Dazu beigetragen hatte in zweiter Linie die Entstehung ganz neuer Industrieländer, der sog. Schwellenländer der ersten und zweiten Generation, die zunächst in Ost- und seit den 1980er Jahren auch in Südostasien als »kleine Japans« für Schlagzeilen sorgten (vgl. z. B. Cummings 1984, Menzel 1994). Aber auch Länder wie Brasilien, Mexiko oder Südafrika hatten eine größere weltwirtschaftliche Bedeutung errungen. Ferner führte die zweimalige Erhöhung der Ölpreise zwischenzeitlich zu einer dramatischen Herausforderung für die Weltwirtschaft. Hierbei sei nur auf die damalige Anpassungskrise mit gravierenden Konsequenzen für die internationale Arbeitsteilung verwiesen. Die OPEC-Länder wurden zudem nicht nur in energiewirtschaftlicher, sondern auch in finanzieller Hinsicht zu wichtigen Akteuren. Insgesamt hatten die Länder der »Dritten Welt« seit den frühen 1970er Jahren einen bemerkenswerten Differenzierungsprozeß erfahren (vgl. Menzel/Senghaas 1986), der es nicht länger zuließ, sie pauschal als weltwirtschaftliche Peripherie zu bezeichnen. Und schließlich war im Zuge der Reform- und

Modernisierungspolitik der Länder mit zentraler Planwirtschaft auch deren außenwirtschaftliches Profil in Bewegung geraten. Spektakulärster Fall war sicherlich, allein wegen der schieren Größe, seit Beginn der 1980er Jahre die Öffnung der VR China zum Weltmarkt und der dadurch ausgelöste Industrialisierungsschub. Aber auch einzelne osteuropäische Länder orientierten sich über ihre Kreditaufnahme im Westen und die daraus resultierende Umstrukturierung ihres Außenhandels stärker auf den Weltmarkt, als das noch in den 1950er/60er Jahren der Fall gewesen war.

Das alles hatte dazu geführt, daß sich die weltwirtschaftliche Position der USA nicht nur relativ als absteigend interpretieren ließ; die USA hatten sogar in einigen Bereichen (Leistungsbilanz, Währungsreserven, Gläubiger/Schuldner-Position, Erzeugung einzelner damals strategischer Güter wie Stahl, Automobile etc.) eine absolute Verschlechterung zu verzeichnen und waren im internationalen Vergleich auf Platz zwei oder drei hinter Japan und/oder die Bundesrepublik zurückgefallen.

2. *Es war zu einer regionalen Verlagerung der Schwerpunkte in den internationalen Waren-, Dienstleistungs- und Kapitalströmen gekommen.* Diese Beobachtung galt insbesondere für den immer noch wichtigsten Akteur, die USA. Zum Teil als Ergebnis inneramerikanischer Verlagerungen von der Ost- zur Westküste bzw. vom Norden und Mittleren Westen in den Süden (Sun-Belt), aber auch als Resultat der wachsenden Märkte in Ost- und Südostasien hatte sich das Schwergewicht der wirtschaftlichen Außenbeziehungen der USA von Europa in Richtung Asien/Pazifik verlagert (Menzel 1988). Dieser Trend war zwar nicht neu, setzte er doch bereits in den 1920er Jahren ein, er wurde aber in den 1950er Jahren im Zuge des Nachkriegsbooms in Europa noch einmal revidiert, um seit den 1970er Jahren um so deutlicher hervorzutreten. Diese Verlagerung mußte in den 1980er Jahren zu einer regelrechten Umkehrung in der relativen Bedeutung der beiden wichtigsten Partnerregionen für die USA geführt haben. Die gleiche Beobachtung galt, wenn auch wesentlich geringer ausgeprägt, für die Sowjetunion. War der asiatische Teil der Sowjetunion lange Zeit nur ein bloßes Anhängsel ihres europäischen Kerns, so verschoben auch hier die bereits getätigten und die für die Zukunft projektierten Erschließungsmaßnahmen Sibiriens die Gewichte. Bemerkenswert war besonders, daß Sibirien erstmals nicht nur aus Richtung Europa, sondern auch in Richtung Pazifik, nicht zuletzt

als Folge des japanischen Engagements, erschlossen wurde. Und schließlich war eine tiefgreifende Umorientierung der ehemaligen europäischen Kolonien im Asiatischen und Pazifischen Raum (Australien, Neuseeland, ASEAN- und Golfstaaten) von ihren ehemaligen Mutterländern weg in Richtung Ostasien zu konstatieren. Deren Fixierung auf die USA während der 1960er Jahre war offenbar nur eine vorübergehende Episode. Bezüglich anderer Großregionen, also West- und Osteuropa, Lateinamerika, Naher und Mittlerer Osten, Afrika südlich der Sahara, Süd- und Zentralasien, waren solche spektakulären Umorientierungen nicht zu beobachten.

3. *Die unter (1) und (2) diagnostizierten Sachverhalte mußten folglich auch zur Verschiebung in der Bedeutung ganzer weltwirtschaftlicher Regionen geführt haben.* Gemeint war in erster Linie der vielzitierte relative Abstieg des »Atlantischen« zugunsten des »Pazifischen« Raums.

4. *Die eingangs genannten internationalen Organisationen, Abkommen und Regime, insbesondere in den Bereichen Handel, Währung, Kredit und Öl, funktionierten nicht mehr so reibungslos oder zumindest anders, so eine damals weitverbreitete Annahme, als das noch bis in die 1960er Jahre der Fall war.* Zu denken war in diesem Zusammenhang an die These von den weltweit wachsenden protektionistischen Neigungen, insbesondere in den USA und der EG, bzw. an die Weigerung Japans und anderer asiatischer Länder, ihren Binnenmarkt zu liberalisieren, ferner an die erratischen Schwankungen im internationalen Wechselkursgefüge sowie an die internationale Verschuldung, die nach den typischen »Dritte-Welt-Ländern« auch die osteuropäischen Länder, einige OPEC-Staaten und sogar die USA, einst wichtigster Gläubiger der Welt, erfaßt hatte. Die chronischen bilateralen Handels- und Leistungsbilanzungleichgewichte, insbesondere zwischen den USA einerseits, der Bundesrepublik, Japan und den asiatischen Schwellenländern andererseits, aber auch die dramatischen Wechselkursänderungen im Anschluß an das Plaza-Abkommen vom September 1985 mit allen damit verbundenen binnenwirtschaftlichen Konsequenzen waren ein deutlicher Beleg. Die Versuche, neue internationale Regime zu installieren, so etwa zur Regelung der Aktivitäten Multinationaler Konzerne, zur Stabilisierung der Rohstoffpreise, zur Nutzung der Weltmeere oder der Atmosphäre, zur Regelung des internationalen Wissenstransfers (Da-

tenbanken, Software, Copyright), waren entweder gescheitert oder entsprachen nicht den gehegten Erwartungen (vgl. Menzel/ Senghaas 1986).

Kurz gesagt, die Weltwirtschaft hatte in der ersten Hälfte der 1980er Jahre ein anderes Aussehen als 20 oder gar 30 Jahre zuvor, und die Regeln, die 1945 zu ihrer Organisation verabredet worden waren, schienen immer weniger in der Lage, ihre ursprüngliche Ordnungsfunktion zu erfüllen. Dieser Befund mußte, so die damalige Annahme, nicht nur für die Weltwirtschaft, sondern auch für die internationale Ordnung schlechthin gravierende und vor allen Dingen konfliktträchtige Konsequenzen nach sich ziehen.

1.2 Hegemoniale Stabilität oder Zwang zur Kooperation

Der skizzierte Befund produzierte in der zeitgenössischen politik- und wirtschaftswissenschaftlichen Literatur eine breite Diskussion zum Thema »Krise«, wobei entweder Teilaspekte oder der globale Zusammenhang thematisiert wurden. Man sprach von einer neuen Weltwirtschaftskrise oder der Krise des Welthandels- und Weltwährungssystems, von Struktur- und Anpassungskrisen, von der Energie-, Rohstoff-, Nahrungsmittel- und Schuldenkrise, wobei sowohl ein »Zuviel« als auch ein »Zuwenig« als jeweilige Ursache angenommen wurden (Starnberger Studien 4, Fröbel u. a. 1981, Schubert 1985). Andere Autoren, die sich eher mit den weltpolitischen Konsequenzen befaßten, prägten Begriffe wie Vertrauens-, Hegemonie- oder Globalkrise (Armin u. a. 1982, Kaldor 1978, Senghaas 1986). Ob es sich tatsächlich in allen Fällen immer um eine grundsätzliche oder gar sich weiter verschärfende Krise handelte, wie das seinerzeit auch für die 1920er Jahre diagnostiziert worden war, soll zunächst einmal dahingestellt bleiben. Die sog. Ölkrise hatte sich beispielsweise als von eher vorübergehender Natur erwiesen. Dennoch sprach vieles für die These, daß die genannten Tendenzen nicht nur zu einschneidenden Veränderungen in der Weltwirtschaft geführt hatten, sondern daß sie auch zu internationalen ordnungspolitischen Konsequenzen führen würden.

Welche dieser Konsequenzen sich daraus für die Zusammenarbeit der westlichen Industrieländer im einzelnen ergaben, wie einschneidend sie sein mochten, welche Prognosen sich daraus für die

Zukunft formulieren ließen, war seit Mitte der 1970er Jahre bis weit in die 1980er Jahre eines der großen Themen in der amerikanischen politikwissenschaftlichen Literatur und wurde v. a. in der Zeitschrift »International Organization« sehr kontrovers diskutiert. Die Diskussion begann, vermutlich ausgelöst durch die Aufhebung des Goldstandards in den USA im Jahre 1971, mit Kindlebergers Buch über die Weltwirtschaftskrise der 1930er Jahre (Kindleberger 1973), in dem er Parallelen zur Situation der 1970er Jahre diagnostizierte. Sie setzte sich fort mit Gilpins Buch »U. S. Power and the Multinational Corporation« (1975), wo dieser die These vertrat, daß die amerikanischen Direktinvestitionen und die damit verbundenen Produktionsauslagerungen entgegen der landläufigen Sicht nicht zu einer Stärkung, sondern zu einer Schwächung der amerikanischen Führungsposition geführt hätten. Seine Argumentation wurde von Modelski (z. B. 1978), Olson (1983), Wallerstein (in zahlreichen Beiträgen, z. B. 1984), Lotta/Shannon (1984) und zuletzt Kennedy (1987) ausgebaut und um die globale und welthistorische Dimension erweitert. Insbesondere Krasner (1976 und 1983) und Keohane (1982a, 1982b, 1984) hatten die Konsequenzen für die internationalen Regime herausgearbeitet. In der Bundesrepublik wurde das Thema allenfalls rezipiert, aber kaum durch eigenständige substantielle Beiträge (allenfalls Jacobsen 1986, Rode 1988) bereichert. Die neorealistische Mainstream-Position[3] in der amerikanischen Diskussion, in den späteren Beiträgen von Kindleberger (1986), Gilpin (1987) und Grieco (1990) weiter vertieft, als sog. Decline-Schule apostrophiert und als »Theorie der hegemonialen Stabilität« in die politikwissenschaftliche Dogmengeschichte eingegangen, lautete in ihren Grundzügen folgendermaßen:

Es besteht zumindest auf längere Sicht ein unmittelbarer Zusammenhang zwischen der weltwirtschaftlichen Leistungsfähigkeit eines Staates und seinem Machtpotential. Gelingt es einem Staat, eine umfassende und eindeutige wirtschaftliche Überlegenheit zu erringen, dann setzt diese sich auch in eine Führungs- oder Hegemonialposition in nahezu jeder Hinsicht um. Er wird damit in die Lage versetzt, das prinzipiell als anarchisch verstandene in-

---

3 Der Unterschied zum klassischen Realismus à la Morgenthau ist in der szientistischen Herangehensweise und der Berücksichtigung ökonomischer Faktoren von seiten der Neorealisten zu sehen.

ternationale System zu beherrschen und zu strukturieren, ggf. internationale Organisationen und Regime aufzubauen, die dessen Funktionieren garantieren. Er ist in der Lage, internationale kollektive Güter wie »Sicherheit« und »Stabilität« bereitzustellen, an denen international zweitrangige Staaten als Free-Rider mehr oder weniger kostenlos partizipieren. Verändert sich das Wirtschaftspotential einer Führungsmacht im Vergleich zu anderen (aufsteigenden) Mächten, dann verändern sich auch die Grundlagen internationaler Macht. Der Handlungsspielraum des Hegemons wird sich verkleinern und damit seine Fähigkeit schwinden, das internationale System zu ordnen.

Hinsichtlich der damaligen Situation lautete demnach das Argument: Solange eine eindeutige amerikanische Hegemonie gegeben war, konnten die USA als internationale Ordnungsmacht für ihre Alliierten in Asien und Europa »militärische Sicherheit« und »wirtschaftliche Stabilität« gewährleisten. Die Anarchie der Staatenwelt wurde durch das internationale Quasi-Gewaltmonopol der USA gezügelt. Die westeuropäischen Industrieländer, Japan und die asiatischen Schwellenländer vermochten nahezu kostenlos daran zu partizipieren. Ein einleuchtendes Beispiel war etwa die Garantie der weltweiten Ölversorgung durch die USA, die im äußersten Falle auch militärisch geleistet wurde, wie die diversen Interventionen in den Ländern der Golfregion immer wieder unter Beweis gestellt hatten. Ähnliches galt, so ließe sich hinzufügen, auch für die Sowjetunion und die von ihr beherrschte, wesentlich kleinere Einflußzone.

Seit den 1970er Jahren, so die weitere These, wurde die amerikanische Führungsposition in doppelter Hinsicht erschüttert. Die Sowjetunion hatte militärisch aufgeholt. Damit war die amerikanische Fähigkeit, das kollektive Gut »Sicherheit« zu garantieren, herausgefordert. Parallel dazu untergruben die genannten ökonomischen Verschiebungen ihre Dominanz in wirtschaftlicher Hinsicht. Damit schwand nicht nur die Fähigkeit, für wirtschaftliche »Stabilität« zu sorgen, sondern gleichzeitig auch die Fähigkeit, den finanziellen und technologischen Aufwand für das Gut »Sicherheit« in gleichem Maße bereitzustellen, wie das in früheren Zeiten der Fall war (vgl. Jacobsen 1986, Kegley/McGowan 1979). Die USA wären demnach nicht mehr in der Lage gewesen, die Kosten einer Führungsmacht allein zu tragen. Sie befanden sich in dem sehr unangenehmen Dilemma, daß die Selbstbehauptung politischer und militärischer Führung eigentlich eine Verbesserung bzw. Rückgewinnung der überlegenen wirtschaftlichen Leistungsfähigkeit verlangte, die Anstrengungen, die militärische Führung zu behaupten, aber wegen der damit verbundenen Ressourcenkonzentration auf den Militärsektor und der daraus resultierenden exklusiven Nutzung der Forschungsergebnisse im Bereich der Hochtechnologie für rein militärische Zwecke die wirtschaftliche Leistungsfähigkeit immer weiter schwächten. Populär ausgedrückt: Die USA wären nicht mehr in der Lage gewesen, Butter und Kanonen gleichermaßen in ausreichendem Umfang zu produzieren, sondern standen vor der klassischen Alternative „Butter oder Kanonen". Aus heutiger Sicht läßt sich hinzufügen, daß dieses Dilemma sich für die ehemalige Sowjetunion um so mehr stellte mit den, wie man heute weiß, katastrophalen Folgen für den sowjetischen Hegemonialanspruch. Damit ergab sich aus der Sicht der zitierten Autoren eine starke Parallele zur Jahrhundertwende. Damals schwächte der wirtschaftliche Aufstieg der USA die Position Englands in dessen Auseinandersetzung mit seinem Herausforderer Deutschland. Jetzt schwächten die genannten Länder (insbesondere Japan) die Position der USA in ihrer Auseinandersetzung mit der Sowjetunion.[4]

Zu berücksichtigen ist allerdings, daß die USA nicht bereit waren, die Schwächung ihrer Führungspositionen hinzunehmen, wie sich in der Literatur aus vielen, auch offiziellen Dokumenten belegen läßt (vgl. etwa Herrmann 1986 und 1989). Gerade in der Reagan-Ära unternahmen sie vielmehr alle Anstrengungen, verlorenes Terrain zurückzugewinnen. Da sie dazu aber, so wurde vermutet, aus eigener Kraft nicht mehr in der Lage waren, unternahmen sie den Versuch, die Alliierten zur Unterstützung heranzuziehen. Diese Unterstützung sollte sich gleichermaßen auf finanzielle, technologische, politische und militärische Leistungen erstrecken (vgl. Islam 1984, Triffin 1985, Herrmann 1986). Soweit bis dato zu beobachten war, hatten insbesondere der in der Mitte der 1980er Jahre einsetzende massive Kapitalimport zur Finanzierung des amerikanischen Doppeldefizits von Haushalt und Leistungsbilanz (besonders aus Japan und der Bundesrepublik) sowie der Zugriff

4 Die Analysen über die Ursachen des amerikanischen Niedergangs sind zahlreich, insbesondere, wenn Japan dabei ins Visier gerät. Vgl. stellvertretend Dietrich 1991.

auf militärisch nutzbare Hochtechnologien der Verbündeten eine ganz wesentliche Bedeutung. Neben dem einschlägigen Transfer in die USA ging es im Zuge der Cocom-Vereinbarungen auch darum, die Verbündeten daran zu hindern, im allerweitesten Sinne militärisch relevante Technologien in die ehemalige Sowjetunion oder in von ihr kontrollierte Länder zu liefern.

Die zu beobachtende Reaktion der Alliierten auf diese Politik war zwiespältig. Einerseits waren sie natürlich an der weltweiten Aufrechterhaltung von »Stabilität« und »Sicherheit« interessiert; andererseits verstanden sie sich aber auch als Konkurrenten der USA. Ihr Interesse konnte also nicht ausschließlich in der Stabilisierung des internationalen Systems im Sinne der USA liegen, es war ggf. auch darauf ausgerichtet, die »Spielregeln« des internationalen Systems im eigenen Interesse zu verändern. Damit waren natürlich Konflikte vorprogrammiert. Aus amerikanischer Sicht bestand der Widerspruch darin, daß die USA einerseits ihre Führungsposition behaupten wollten und deshalb alles daransetzen mußten, der wirtschaftlichen Herausforderung zu begegnen und den Verdrängungswettbewerb abzuwehren, andererseits aber in zunehmendem Maße auf die Unterstützung von seiten ihrer Konkurrenten angewiesen waren, also eigentlich an deren Schwächung gar nicht interessiert sein durften. Der Widerspruch aus der Sicht der Verbündeten bestand darin, daß sie einerseits an einer starken US-Position kostengünstig partizipieren wollten, deren Aufgaben jeder für sich allein auch gar nicht hätte wahrnehmen können, sie andererseits über ihr Konkurrenzverhalten aber gerade dazu beitrugen, die US-Position zu untergraben. Es konnte also Mitte der 1980er Jahre nicht völlig ausgeschlossen werden, daß anstelle eines friedlichen Arrangements, das auch die Fortsetzung der wirtschaftlichen Unterordnung der Verbündeten der USA zu bedeuten hatte, weltwirtschaftliche Verteilungskämpfe mit entsprechenden weltpolitischen Folgen das Ergebnis dieses Konflikts hätten sein können. Das wiederum konnte, so eine These in der Debatte, letztendlich auf eine Renationalisierung der Volkswirtschaften oder eine Regionalisierung der Weltökonomie in Wirtschaftsblöcke oder Wirtschaftsallianzen mit einer gegeneinander gerichteten Wirtschaftspolitik aus Protektionismus und Wechselkursmanipulationen hinauslaufen. Eine extreme Sicht der Dinge prognostizierte gar eine neuerliche militärische Auseinandersetzung zwischen Japan und den USA aus strukturell ähnlichen

Gründen, die bereits zum Pazifischen Krieg der Jahre 1941-1945 geführt hatten (Friedman/Lebard 1991).

Vor diesem Hintergrund und in Fortsetzung der Decline-Debatte setzte in den 1980er Jahren eine sehr intensive und ebenfalls kontrovers geführte Diskussion über mögliche Regionalisierungstendenzen in der Weltwirtschaft und daraus resultierende Konflikte ein. Auch hier war bereits der empirische Befund ebenso umstritten wie die Indikatoren zur Messung dieses Befundes. Und selbst wenn eine Regionalisierung konstatiert wurde, blieb kontrovers, ob diese ein Übergangsstadium zu einer weltweiten Integration oder ein dauerhaftes Phänomen sei. Eine mögliche Fragmentierung der Macht und eine Regionalisierung der Weltökonomie hätten ferner bedeutet, daß auch die internationalen Regime mit globaler Reichweite instabil werden. Auch hier gab es die historische Parallele zu den 1920er/30er Jahren. Damals war England nicht mehr in der Lage, die Rolle des weltwirtschaftlichen Stabilisators zu spielen, während sich die USA trotz der bereits vorhandenen Möglichkeit nicht dazu bereit zeigten und auf ihrer isolationistischen Position beharrten. Die Folge war der Verfall des von England seit Mitte des 19. Jahrhunderts maßgeblich inszenierten Freihandelssystems zugunsten regionaler Wirtschafts- und Währungsblöcke. Es sei nur auf den hochprotektionistischen Smoot-Hawley-Tarif der USA von 1930 verwiesen, der insbesondere gegen Japan gerichtet war, auf den Rückzug Englands auf den Sterling-Block seit der Ottawa-Konferenz von 1932 und auf die deutschen und japanischen Bestrebungen, auf dem Wege militärischer Expansion in Ost- und Mitteleuropa bzw. in Ost- und Südostasien autarke Großraumwirtschaften zu errichten. Resultate waren damals ein massiver Verfall des Welthandels und wachsende internationale Konflikte, die den Zweiten Weltkrieg in Europa und v. a. in Asien wesentlich mitverursacht haben.

Die Kindleberger/Gilpin/Krasner-These lief also auf eine historische Analogie hinaus. Solange die englische Führungsmacht gegeben war, war das internationale System stabil. Als sie sich abschwächte, begann auch dessen Destabilisierung. Die Jahre zwischen 1944/45 und 1971ff. lieferten insofern eine Parallele, als die USA zunächst die hegemoniale Rolle übernahmen, um sie dann seit 1971 mit dem Ende des Bretton-Woods-Systems schrittweise wieder preiszugeben. Der seitdem konstatierte weitere amerikanische Niedergang schloß folglich für die Zukunft eine ähnliche Konstellation wie in den 1920er/30er Jahren nicht aus. Um dem entgegenzuwirken, müßten, so die Forderung der amerikanischen Neorealisten, neue internationale Regime auf kooperativer Basis, also unter Einbeziehung aufsteigender Akteure, gebildet werden (vgl. z. B. Keohane 1984, Oye 1986).

Diese Sicht der Dinge wurde, sowohl hinsichtlich des Ausgangsbefunds wie im Hinblick auf die daraus ableitbaren Konsequenzen, von einer Reihe von Autoren bestritten. Eine profilierte Gegenposition bezog Bruce Russett (1985). Er bezweifelte, daß die amerikanische Führung in wirtschaftlicher Hinsicht tatsächlich so angeschlagen war, wie behauptet wurde, und verwies darauf, daß zumindest die militärische Führung und die kulturelle Prägung der Welt von seiten der USA ungebrochen seien. Er räumte aber immerhin ein, daß es sinnvoll sei, zu unterscheiden zwischen den Grundlagen von Macht und der Fähigkeit, die Resultate von Machtausübung zu ernten. In diesem Sinne war zwar einzuräumen, daß die wirtschaftlichen Grundlagen der amerikanischen Macht schwinden, daß die USA dennoch aber nach wie vor in der Lage seien, ihre Alliierten zur Stützung ihrer Machtposition anzuhalten oder gar zu zwingen. Die USA wären also, nicht zuletzt wegen ihrer militärischen Dominanz und ihrer sicherheitspolitischen Rolle, in der Lage, die eigene abnehmende Machtbasis um das Potential ihrer Alliierten zu erweitern.

In eine ähnliche Richtung ging auch die Argumentation von Holsti (1986). Langfristig gehören zwar Macht und wirtschaftliche Leistungsfähigkeit zusammen, aber kurzfristig kann Kanonenproduktion auch Vorrang vor Butterproduktion genießen. Genau diese Frage sei in der Reagan-Ära mit dem Ergebnis diskutiert worden, militärischer Stärke Vorrang vor wirtschaftlicher Stärke zu geben. Dem ließ sich hinzufügen, daß auch die Sowjetunion ein gutes Beispiel dafür lieferte, wie sogar über einen längeren Zeitraum militärische Macht auf Kosten der wirtschaftlichen Entwicklung bzw. ohne umfassende wirtschaftliche Leistungsfähigkeit errungen und behauptet werden konnte. Aus heutiger Sicht muß allerdings konstatiert werden, daß dies ein trügerisches Argument war, daß im Gegenteil die exklusive Konzentration aller Ressourcen auf den militärischen Sektor ihren schließlichen Niedergang wesentlich verursacht hat. Umstritten war, ob dieses Argument, wenn auch abgeschwächt, nicht auch auf die USA zutraf.

Russett und mit ihm Stein (1984) und v. a. Strange (1985) setzten ihre Kritik auch noch an einem anderen Punkt an, indem grundsätzlich in Frage gestellt wurde, ob nur eine eindeutige Führungsposition eine stabile internationale Ordnung zu garantieren vermag. Belegt wurde das Argument mit dem empirischen Hinweis, daß auch England auf dem Höhepunkt seiner wirtschaftlichen Macht, die übrigens nie so eindeutig war wie diejenige der USA nach 1945, immer auf die Unterstützung anderer, zweitrangiger Mächte angewiesen war und daß es nie die internationale Ordnung allein zu gewährleisten vermochte. Das galt für historisch viel frühere vermeintliche Führungsmächte wie die Niederlande, Spanien oder Portugal um so mehr. Ebenso habe es sich auch für die USA nach 1945 verhalten. Die Mitte der 1980er Jahre zu beobachtenden Bemühungen, die Alliierten zur Unterstützung heranzuziehen, wären demzufolge kein Hinweis auf Destabilisierung, sondern ein Schritt in Richtung auf Normalisierung in den internationalen Beziehungen. Es sei zwar richtig, so Strange, daß schwindende wirtschaftliche Leistungsfähigkeit im Prinzip mit wachsendem Protektionismus einhergehe, doch ließe sich nicht erkennen, daß dieser Protektionismus das Volumen des Welthandels negativ beeinflussen würde.

Eine Mittelposition in dieser Debatte wurde von Keohane (1980) vertreten. Er konstatierte nämlich keinen durchgängigen Niedergang der internationalen Position der amerikanischen Wirtschaft, sondern differenzierte nach Teilbereichen, indem er behauptete, daß die amerikanische Position sich im Welthandel kaum, im Bereich der Währung eher und auf dem Ölsektor besonders verschlechtert habe. Auch wenn aus heutiger Sicht diese Aussagen als sehr fragwürdig zu beurteilen sind, so war doch immerhin der Hinweis in Rechnung zu stellen, daß die These vom US-Decline differenziert nach Sektoren zu betrachten sei. Auch war keineswegs ausgemacht, daß dieser Niedergang in allen Sektoren gleichermaßen ausgeprägt war.

Die massivste Kritik an der These vom amerikanischen Hegemonialverlust wurde zuletzt von Strange (1987), Nye (1990) und Nau (1990) vorgebracht. Nach Stranges Ansicht, der profiliertesten Kritikerin der Decline-Schule, war das genaue Gegenteil der Fall, da im Unterschied zum 19. im 20. Jahrhundert nicht mehr »Beziehungsmacht«, d. h. die Fähigkeit, jemanden zu zwingen, etwas zu tun, das er freiwillig nicht tun würde, sondern »strukturelle Macht« zur entscheidenden Dimension geworden sei. Strukturelle Macht heißt, die Fähigkeit zu besitzen, das internationale System strukturieren zu können. Dabei kommt es, so Strange, auf vier Aspekte an, die sie nach wie vor allein auf seiten der USA gegeben sah: (1) *Sicherheit zu garantieren.* Diese Aussage war unschwer durch einschlägige Daten über das US-Militärpotential zu belegen. (2) *Die Produktion von Gütern und Dienstleistungen zu kontrollieren.* Bei diesem Argument wurde die Dominanz der USA damit begründet, daß man den Auslandsumsatz amerikanischer Konzerne dem amerikanischen BSP zuschlagen müsse. (3) *Das internationale Finanz- und Kreditwesen entscheidend zu bestimmen* und so die Möglichkeit zu besitzen, über Kaufkraft zu verfügen, ohne dafür gearbeitet oder Handel getrieben zu haben. Dieses für Strange zentrale Argument, eine Referenz auf die sich bereits damals abzeichnende Außenverschuldung der USA, wurde besonders eingehend diskutiert. Richtig war sicherlich der Hinweis, daß die hohe internationale Verschuldung der USA im Unterschied zu allen anderen Ländern auch ein Indikator für Stärke sein konnte, da das internationale Kreditwesen nach wie vor, wenn auch möglicherweise mit abnehmender Tendenz, weitgehend auf US-$-Basis abgewickelt wurde, das internationale Vertrauen in die US-Wirtschaft also ungebrochen war. Dennoch wurde eingewandt, ob nicht der Übergang der USA von einem Gläubiger- zu einem Schuldnerland (wie seinerzeit im Falle Englands zwischen den Weltkriegen) anzeigte, daß auch die strukturelle Macht der USA beschädigt war, zumal die internationale Führungsposition der amerikanischen Großbanken, zumindestens was die Umsätze anging, bereits damals an japanische Großbanken übergegangen war. (4) *Wissen und Ideen sowie deren Aneignung, Verbreitung und Speicherung zu kontrollieren.* Hiergegen wurde allerdings eingewendet, daß dieses Wissen im Hochtechnologiebereich in beträchtlichem Maße einer exklusiven militärischen Verwendung zugeführt wurde und damit kommerzieller Verwendung nicht mehr oder nur noch eingeschränkt zur Verfügung stand.

Aus ihrer Diagnose folgerte Strange, daß die Probleme, denen sich das internationale System damals ausgesetzt sah, nicht das Resultat des amerikanischen Niedergangs schlechthin seien, sondern das Resultat einer verfehlten amerikanischen Außenpolitik. Um die internen wirtschaftlichen Probleme zu lösen, werde aus kurzfristigem nationalen Interesse strukturelle Macht eingesetzt, statt

28

den langfristigen internationalen Interessen Vorrang zu geben. Also bedürfe es zur Therapie keiner Änderung der Regeln und Institutionen des internationalen Systems, sondern nur einer Änderung der amerikanischen Politik, insbesondere der Reduzierung des Einflusses der protektionistischen Lobby (aber auch des Pentagons, so konnte man hinzufügen) in den USA.

1.3 Aus der Decline-Perspektive:
Gibt es einen Machtverlust der USA?

Trotz der anfänglich vorhandenen Einsichten in einige Zusammenhänge ließ der oben referierte kontroverse Stand der Diskussion in mehrerer Hinsicht Fragen offen. Auch wenn der Ausgangsbefund, der die Diskussion ausgelöst hatte, und die Argumentation der Mainstream-Autoren auf den ersten Blick einsichtig erschienen, so waren die mit einiger Zeitverzögerung geäußerte Kritik und die daraus resultierende Formulierung von Gegenpositionen doch ernst zu nehmen, zumal auch diese einen nicht zu leugnenden Plausibilitätsgrad aufzuweisen hatten. Zu klären waren drei Fragenkomplexe:

Welche strukturellen Veränderungen der Weltwirtschaft seit den 1960er Jahren lassen sich tatsächlich diagnostizieren?

Inwieweit ist dadurch die amerikanische Führungsposition berührt? Läßt sich wirklich ein gravierender Machtverlust der USA konstatieren?

Welchen Einfluß hat der tatsächliche oder vermeintliche Hegemonialverlust der USA auf die internationale Ordnung?

Das zu untersuchende Thema besitzt also vorrangig eine empirische Dimension der Datenauswahl, Datenerhebung und Datenanalyse und erst darauf aufbauend eine machttheoretische Dimension. Die referierte Literatur zeigt aber, daß in beiden Dimensionen große Forschungsdesiderate und tiefe ungelöste Kontroversen bestanden, die sich folgendermaßen zusammenfassen lassen:

1. Die neorealistische Position war in der ersten Hälfte der 1970er Jahre unter dem Eindruck des Endes des Bretton-Woods-Systems und der ersten Ölpreiserhöhung formuliert worden. Ihre empirische Basis reichte also nur bis zum Beginn der 1970er Jahre (Krasner, Gilpin) zurück; oder es wurden (Kindleberger) aus-

schließlich die 1920er/30er Jahre analysiert und daraus Analogieschlüsse gezogen. Selbst Keohane benutzte anfänglich nur Daten, die mittlerweile 20 Jahre alt sind. Des weiteren waren von allen Beteiligten immer nur empirische Teilausschnitte herausgegriffen worden, die zudem wesentlich auf die USA bezogen waren. So befaßte sich Gilpin mit den US-Konzernen, Strange mit dem Komplex Protektionismus, Gowa mit Währungsfragen, Holsti und Krasner mit dem Handel und Cowhey/Long mit dem Automobilsektor. Um ein komplettes Bild der Veränderungen zu zeichnen, mußte es geboten sein, die empirische Basis anhand globaler Indikatoren auszuweiten, weitere Länder einzubeziehen, sich nicht nur auf jeweils akute Problemfelder zu beschränken und insbesondere gerade die 1980er Jahre zu untersuchen, da sich in dieser Dekade, so war zu vermuten, die gravierendsten Verschiebungen ergeben hatten. Ausweitung hieß wohlgemerkt aber nicht unbedingt, zusätzliche Indikatoren zu verwenden; es ging vielmehr darum, solche Indikatoren zu bilden, die eine neue, umfassendere und globale empirische Dimension in die Diskussion einzuführen vermochten.

2. Damit war gemeint, daß die Indikatoren nicht nur statisch aufzufassen sind, sondern das jeweilige Veränderungspotential insbesondere bezüglich der internationalen Wettbewerbsfähigkeit anzuzeigen haben. Welchen Stellenwert besitzen noch alte Industriebranchen mit ausgereiften Technologien? Welchen Stellenwert besitzen bereits neue, insbesondere in den innovativen humankapitalintensiven Bereichen des Tertiären Sektors?

3. Damit war des weiteren gemeint, eine wirklich globale Perspektive zugrunde zu legen und nicht alle Veränderungen nur aus der amerikanischen Optik zu betrachten, eine borniert Sichtweise, die für amerikanische Autoren natürlich nur zu verständlich ist. Es ging also nicht nur darum, die absoluten oder relativen (zu den USA) Veränderungen im Gewicht der weltwirtschaftlichen Akteure herauszuarbeiten, sondern v. a. darum, die damit verbundenen globalen, regionalen und sektoralen Verschiebungen zu dokumentieren und zu analysieren. So könnte sich z. B. konstatieren lassen, daß das eine oder andere Land zwar in dieser oder jener Hinsicht einen Abstieg oder Aufstieg zu verzeichnen hat, diese Veränderungen aber durch Erfolge oder Unzulänglichkeiten in anderen Bereichen kompensiert bzw. konterkariert werden. Das könnte sich auf einzelne Branchen oder Sektoren beziehen, aber

auch auf strukturelle Akzentverschiebungen von der Produktion zur Finanzierung, vom Handel zur Auslandsfertigung, von der Anwendung von Technologie zur Entwicklung von Technologie, von der Hardware zur Software usw. Das konnte ferner heißen, daß die gängige Klassifikation von Daten, die nach länder- oder erdteilbezogenen geographischen Kriterien vorgenommen wird, ungeeignet ist, den wirklichen Veränderungen auf die Spur zu kommen. Statistische Einheiten wie den »Atlantischen« oder den »Pazifischen« Raum gibt es in der herkömmlichen internationalen Statistik nicht. Handelt es sich doch hierbei gerade nicht um bloß aggregierte Zahlen der Anrainer-Staaten, auch wenn dieses Verfahren hilfsweise in diversen Publikationen (z. B. Kraus/Lüttkenhorst 1984, Pacific Economic Community 1984) immer wieder betrieben wurde.

4. Eine offene Frage im Hinblick auf die These vom wachsenden Protektionismus lautete: Wie kann die Internationalisierung oder wie kann umgekehrt die mögliche Renationalisierung einer Ökonomie überhaupt gemessen werden? Die Exportquote allein heranzuziehen ist sicherlich zuwenig aussagekräftig. Welche Rolle spielen Auslandsfertigung, Abhängigkeit von internationaler Zulieferung, die Substitution von Einkommen aus Handel durch Einkommen aus Kapitalanlagen etc.? Bei gleicher Quantität können hier durchaus erhebliche qualitative Unterschiede zu Buche schlagen. Es mußten also neue Fragestellungen an die verfügbare Statistik herangetragen werden.

5. Im Zentrum sollte die Untersuchung der These stehen, ob die amerikanische Führungsposition tatsächlich gebrochen ist. Handelte es sich dabei um einen durchgängig alle Bereiche erfassenden Vorgang oder nur um Teilprozesse? Das verlangte nicht nur die Analyse einschlägiger quantitativer Indikatoren, sondern auch die qualitative Untersuchung, ob, wie und auf welchen Gebieten die USA Anstrengungen unternahmen, ihre Führungsposition zurückzugewinnen.

◆ 6. Darauf aufbauend lautete die weitere grundsätzliche Frage: Was konstituiert überhaupt Macht bzw. Hegemonie im Internationalen System? Weitgehende Übereinstimmung herrscht in der Literatur, daß der Machtbegriff weit zu fassen ist und neben der politischen und militärischen auch eine wirtschaftliche, eine institutionelle, eine Wissens- und sogar eine zivilisatorische Dimension hat. Dabei geht es aber nicht nur um das aktuelle Potential (also Schlagkraft der Streitkräfte; Verfügung über wirtschaftliche Ressourcen und Produktionskapazitäten, Forschungseinrichtungen und in Datenbanken gespeichertes Wissen; politische, wirtschaftliche und administrative Institutionen, die für die Ausübung von Macht zuständig sind), sondern auch um die Fähigkeit, in jeder dieser Dimensionen innovativ zu sein und so auf künftige Entwicklungen reagieren zu können. Ganz früh benutzte »Formeln zur Macht« (Fucks 1965), die auf krude Weise Stahlproduktion + Bevölkerung + Zahl der Soldaten addiert haben, sind sicher ungeeignet, auch wenn dieser merkantilistische Ansatz in der späteren Diskussion immer noch durchscheint.

7. Wenn man die oben genannten Dimensionen von Macht als wesentlich akzeptiert: Wie sieht dann ihre relative Gewichtung aus? In welcher Beziehung stehen sie zueinander? Das Beispiel der Sowjetunion lehrte zumindest für die Vergangenheit, daß eine umfassende militärische Machtposition ohne breite wirtschaftliche Leistungsfähigkeit errungen und über einen längeren Zeitraum behauptet werden konnte, weil es politische Institutionen gab, die eine Konzentration der knappen wirtschaftlichen und Wissensressourcen auf den Militärsektor zu erzwingen vermochten. Über die einmal erworbene militärische Macht konnte dann die Alimentierung von seiten abhängiger Staaten durchgesetzt werden. Ähnliches galt möglicherweise, wenn auch auf andere Weise, für das Verhältnis zwischen den USA und ihren Verbündeten. Umgekehrt zeigt das japanische Beispiel, daß nicht nur militärische Schwäche, sondern auch mangelnde Flexibilität politischer Institutionen ein Grund sein kann, warum sich wirtschaftliche Macht so wenig in politische Macht umsetzt.

8. Daran schloß sich die Frage an, welche der in der Literatur vorgeschlagenen, teilweise auch nur diffus zugrunde gelegten Definitionen von Macht für die hier verfolgte Thematik eigentlich adäquat sind. Es drängte sich nämlich der Eindruck auf, als wären diese letztlich gar nicht so sehr verschieden. Die eher offensiv argumentierenden Vertreter der These vom Hegemonialverlust hatten ein umfassenderes Verständnis dieses Begriffs als ihre eher defensiv argumentierenden Kritiker. Letztere, denen es nicht um die Änderung der Regeln der internationalen Ordnung ging, sondern eher um eine Änderung der amerikanischen Politik, hatten eine Art definitorischer Rückfallposition bezogen. Die Verwendung des Begriffs »strukturelle Macht« erlaubte es nämlich, die im Sinne der

Decline-These verstandenen Schwächen der USA (Doppeldefizit, Deindustrialisierung, Positionsverlust bei weltwirtschaftlichen Aggregaten) als nur oberflächliche Erscheinungen zu interpretieren, gleichzeitig aber auf ihrer ungebrochenen machtpolitischen Tiefenstruktur zu beharren. Nur, die Indikatoren oder Argumente, die etwa Strange, Russett oder Nye bemühten, waren so grundverschieden von denen der Befürworter der Decline-These auch wieder nicht. Es schien eher, daß es insbesondere Strange darum ging, zu begründen, daß die Nettoschuldnerposition der USA wie deren Bestreben, technologische Infusionen von seiten der Verbündeten zu erhalten, keine Indizien für Machtverlust waren, sondern ganz im Gegenteil als Indizien für Stärke gewertet werden konnten. Die Bewertung der Schuldner/Gläubiger-Position einzelner Länder wurde somit zu einer zentralen Frage, die nur in der Gesamtschau der übrigen Indikatoren wirklich zu beantworten ist.

9. Des weiteren war die Frage zu stellen: Wieviel wirtschaftliche Macht bzw. welcher Anteil an weltwirtschaftlichen Aggregatgrößen ist überhaupt notwendig, um von umfassender Hegemonie sprechen zu können? Bedarf es wirklich einer absoluten Dominanz auf allen Gebieten? Oder reicht es aus, in strategischen Teilbereichen, etwa den jeweiligen Hochtechnologien, einen Vorsprung zu besitzen? Genügt ggf. bereits eine relative Führungsposition? Ist der Technologiebereich wichtiger als die Produktionskapazität oder die Finanzkraft oder umgekehrt? Gibt es einen Unterschied zwischen aktueller und potentieller Wirtschaftskraft? Der Zweite Weltkrieg hatte immerhin bewiesen, wie rasch die USA ihre potentielle Wirtschaftskraft mobilisieren und in zusätzliche militärische Macht umzusetzen vermochten. Reicht umgekehrt militärische Überlegenheit wirklich auf Dauer aus, wirtschaftliche Schwächen zu kompensieren, wie das hinsichtlich der Sowjetunion (nur scheinbar) der Fall war?

Falls die Untersuchung bei der Beantwortung der bislang gestellten Fragen zu dem Ergebnis kommt, daß die Führungsposition der USA nicht wesentlich erschüttert ist, ist bereits ein wesentlicher Erkenntnisfortschritt erzielt.

10. Wenn sich aber der amerikanische Niedergang tatsächlich diagnostizieren läßt, worin manifestiert er sich wirklich? Worin ist er begründet? In den eigenen Versäumnissen oder in den Anstrengungen anderer? Wer sind die wirtschaftlichen Herausforderer? Sicherlich Japan, zunehmend auch die asiatischen Schwellenländer

und insbesondere China. Wie verhält es sich aber mit der EU? Zumindest einige ihrer Länder sehen sich doch einer ähnlichen Decline-Problematik wie die USA selber ausgesetzt.

11. Wenn man also unterstellt, daß die USA ihre Überlegenheit eingebüßt haben, aber bemüht waren, mit Hilfe der Alliierten diese zurückzugewinnen, dann lautet die nächste Frage: Haben sie überhaupt noch die Macht dazu? Gibt es an diesem Punkt Unterschiede im Verhältnis USA/Japan und USA/EU? Japan hat im Vergleich zur EU vermutlich die stärkere wirtschaftliche Position gegenüber den USA, aber in militärischer Hinsicht eine viel schwächere. Oder ist das amerikanische Begehren nach Unterstützung immer nur instrumentell gedacht, lautet das eigentliche Ziel also nur, die alleinige ungeteilte Führungsposition zu behaupten? Oder gibt es die Einsicht in die eigene Begrenztheit und damit auch den echten Willen, eine tatsächliche Partnerschaft einzugehen?

12. Daraus folgt die den Bogen der Thematik schließende Frage, ob es überhaupt einer eindeutigen Führungsposition bedarf, um Politikergebnisse wie weltweite »Stabilität« und »Sicherheit« zu erzielen. Ist das nicht genauso, eventuell sogar besser, durch Arbeitsteilung und Kooperation zu erreichen?[5] Das heißt wiederum zu fragen, ob die Kandidaten für diese Kooperation überhaupt eine solche anstreben. Vielleicht wollen sie, wie sich z. B. aus einigen Positionen der innerjapanischen Diskussion entnehmen läßt, die Rivalität? Vielleicht sind sie aber auch bereit, den USA die Führungsrolle allein zu überlassen, und aus wohlverstandenem Eigeninteresse geneigt, deren Führung zu unterstützen.

Die aufgeworfenen Fragen ließen sich natürlich nicht alle erschöpfend untersuchen und beantworten. Das war auch nicht nötig, da an vorhandene Untersuchungen zum Thema angeknüpft werden konnte, in Teilbereichen bereits eigene empirische und theoretische Vorarbeiten vorlagen (insbesondere bezüglich der ostasiatisch-pazifischen Dimension des Themas) und in der Untersuchung angesichts der potentiell zu erhebenden Datenfülle eine Konzentration auf die wesentlichsten Sachverhalte vorzunehmen war.

5 Diese Frage unterstellt natürlich, daß die implizite Annahme der realistischen oder neorealistischen Schule über die Anarchie der Staatenwelt auch zutrifft. Aus idealistischer Sicht der Dinge dürfte die gesamte Untersuchung so gar nicht konzipiert werden.

1. Der Fragenkomplex »Strukturveränderungen der Weltwirtschaft« war anhand quantitativer Indikatoren abzuhandeln.

a) Wie haben sich die Gewichte der wichtigsten weltwirtschaftlichen Akteure, also der USA, Japans, der BRD, Frankreichs und Englands, in den letzten 25 Jahren verschoben? Dazu waren ausgewählte Aggregatdaten wie BSP, Außenhandelsvolumen, Direktinvestitionen u. a. zu berechnen und Zeitreihen, beginnend mit dem Jahre 1960, zu bilden.

b) Welche künftige Entwicklung (Veränderungspotential) ist hinsichtlich der wirtschaftlichen Leistungsfähigkeit und internationalen Wettbewerbsfähigkeit einzelner Länder zu erwarten? Dazu sollten die den oben genannten Indikatoren zugrunde liegenden Trends berechnet werden. Ferner war die Veränderung des Gewichts einzelner Sektoren mit besonderer, für die Volkswirtschaft strategischer Bedeutung zu ermitteln. Geeignete Indikatoren lassen sich insbesondere aus den Input/Output-Tabellen der einzelnen Länder entnehmen.

c) Gibt es eine weitere Internationalisierung oder eine Renationalisierung der wichtigsten weltwirtschaftlichen Akteure? Das sollte gemessen werden an der Außenhandelsquote, der relativen Bedeutung von Auslandsinvestitionen bezogen auf die inländischen Investitionen, am Anteil der importierten Vorleistungen am Bruttoproduktionswert. Auch für diese Indikatoren waren Zeitreihen zu erstellen, um ihre mögliche Veränderung herauszufinden.

d) Verändert sich die Struktur der außenwirtschaftlichen Beziehungen? Das ließe sich z. B. messen anhand der Zusammensetzung des Export- und Importwarenkorbs, den Anlagebereichen von Direktinvestitionen oder den Relationen der einzelnen Positionen in der Zahlungsbilanz zueinander.

e) Welches Ausmaß hat die Verlagerung weltwirtschaftlicher Schwerpunkte? Wie verändern sich einzelne Regionen insgesamt zueinander? Dabei ging es besonders um den Vergleich des Atlantischen mit dem Pazifischen Raum und der Westlichen Hemisphäre. Untersucht werden sollte aber auch, ob etwa Westeuropa oder Ost- bzw. Südostasien ein wachsendes Eigengewicht unabhängig von anderen Regionen bekommen haben. Wie hat sich demgegenüber das Gewicht anderer Großregionen wie Lateinamerika, Osteuropa, Golfstaaten und Naher Osten verändert? Dazu sollten jeweils für ausgewählte Jahre Matrixen über den intraregionalen Handel von Großregionen berechnet und mit dem jeweiligen Welthandelsaufkommen in Relation gesetzt werden.

2. Auf der Basis der unter (1) berechneten Indikatoren waren die relative internationale Position der USA und deren Veränderung gegenüber den 1960er oder 1970er Jahren zu bestimmen, um auf diese Weise eine empirisch gesättigte Basis zur Beurteilung der Decline-Diskussion zu erhalten. Der Begriff »relativ« war zu beziehen:

a) auf das jeweilige Aufkommen ihrer wichtigsten Konkurrenten;

b) auf das jeweilige Aufkommen weltweit;

c) auf das regionale Profil in den definierten Großregionen.

Indikatoren, die das jeweilige Veränderungspotential anzeigen, waren vorrangig zu berücksichtigen. In Rechnung zu stellen war auch, daß bei einigen Indikatoren eine Abnahme nicht unbedingt Schwäche, sondern auch Stärke indizieren kann, wenn es sich dabei um einen Ausdruck von Strukturwandel handelt.

1.4 Die weltwirtschaftlichen und weltpolitischen Umbrüche seit Mitte der 1980er Jahre

Die lange Zeitspanne von der ersten Idee (1987) bis zum Abschluß der eigentlichen Forschungsarbeit (1995) wirkte sich in doppelter Weise auf die Anlage wie das Erkenntnisinteresse der Untersuchung aus. Zum einen war es seit Mitte der 1980er Jahre zu gravierenden weltwirtschaftlichen und Ende der 1980er Jahre auch zu revolutionären weltpolitischen Umbrüchen gekommen, deren ganze Tragweite sich allerdings erst mit mehrjähriger Verzögerung herausstellen sollte. Diese waren zur Kenntnis zu nehmen und zu fragen, ob die ursprüngliche Idee weiterhin tragfähig blieb. Es sollen an dieser Stelle nur die wichtigsten, für den Fortgang der Arbeit besonders relevanten Punkte genannt werden.[6]

1. Die sich seit Ende der 1970er Jahre anbahnenden und im Verlauf der 1980er Jahre immer dramatischer werdenden Handelsbilanzungleichgewichte der großen Handelsstaaten, der USA und Großbritanniens auf der einen Seite, Japans und der ersten

6 Vgl. dazu die, angesichts der Schnellebigkeit der genannten Tendenzen, fast schon als »ältere« zu bezeichnenden Arbeiten von Strange 1989, Gill/Law 1988, Costello/Michie/Milne 1989, Diamond/Kollar 1989.

Generation der ostasiatischen Schwellenländer sowie der Bundesrepublik und anderer westeuropäischer Länder auf der anderen Seite, sollten mit den Mitteln der Währungspolitik bereinigt werden. Zu diesem Zweck wurde im September 1985 bei einem Treffen der Finanzminister und Zentralbank-Präsidenten der wichtigsten Industrieländer im New Yorker Plaza-Hotel ein Abkommen geschlossen, in dessen Folge ein dramatisches Revirement der Wechselkurse in Gang kam. Der US-$ erfuhr eine beträchtliche Abwertung gegenüber dem japanischen Yen und der D-Mark, aber auch gegenüber dem koreanischen Won oder dem Taiwan-Dollar sowie all den westeuropäischen Währungen, die sich an der D-Mark als Leitwährung orientieren. Die Absicht war, Importe auf dem US-Markt zu verteuern und die Wettbewerbsfähigkeit amerikanischer Exporteure entsprechend zu verbessern. Mit einiger Zeitverzögerung erhoffte man sich davon einen Abbau des amerikanischen Leistungsbilanzdefizits und langfristig eine Reduzierung der bereits damals beträchtlichen Außenverschuldung der USA, da das wachsende Loch in der Leistungsbilanz durch immer neue Kapitalimporte aus Ländern mit positiver Leistungsbilanz gedeckt werden mußte.

Wie wir heute wissen, hat sich diese Absicht nicht realisieren lassen. Im Gegenteil, bis Mitte der 1990er Jahre nahmen die Handelsbilanzungleichgewichte immer noch weiter zu. Eingetreten ist vielmehr ein ganz anderer Effekt. Das Plaza-Abkommen bildete nämlich den Auftakt einer regelrechten Explosion der Kapitalexporte in allen ihren Dimensionen, wobei die USA neben einigen Steuerparadiesen zum wichtigsten Zielland asiatischer und europäischer Anleger avancierten. Als Folge der Dollarabwertung wurde es nämlich besonders attraktiv, amerikanische Immobilien und Firmen zu erwerben oder amerikanische Staatsanleihen zu zeichnen. Hinzu kam sicher das Motiv, dem Aufwertungsdruck durch eine forcierte Verlagerung der Produktion in die USA zu begegnen. Innerhalb der EU erfuhr das britische Pfund die stärkste Abwertung mit einem ähnlichen Effekt. Auch das britische Handelsbilanzdefizit wurde nicht abgebaut. Dafür entwickelte sich Großbritannien aber zum zweiten großen Zielland von Direkt- und Portfolio-Investitionen. Diese Faktoren lassen es durchaus als legitim erscheinen, das Plaza-Abkommen als politischen Auslöser der Globalisierung der Kapitalmärkte zu bezeichnen.

Ein Nebeneffekt betraf auch die Decline-Debatte. Die Vertreter der These vom amerikanischen Niedergang hatten mit Indikatoren operiert, die den relativen Anteil der USA an weltwirtschaftlichen Aggregatgrößen anzeigten. Da aus Gründen der internationalen Vergleichbarkeit diese Aufkommen immer in US-$ ausgedrückt werden, hatte die drastische Aufwertung des Yen, der D-Mark etc. folglich auch zu einem entsprechenden Anstieg der relativen Position der wichtigsten amerikanischen Rivalen geführt, ohne daß sich in materieller Hinsicht unmittelbar viel geändert hatte. Läßt sich dieser Effekt nun als eine Verstärkung der Decline-These interpretieren, oder verstärkt er nur das Argument der Gegenposition, daß die außerordentliche Position der USA bis 1971 (Ende des Systems fixer Wechselkurse) lediglich der Überbewertung des US-$ geschuldet war, sich mithin die »Normalisierung«, seit 1986 allerdings dramatisch beschleunigend, nur fortgesetzt habe?

2. Ein zweiter, zeitlich allerdings weniger eindeutig fixierbarer Trend war die Ausweitung des Schwellenländer-Phänomens auf etliche südostasiatische Länder sowie die Volksrepublik China. Auch wenn dieser Trend bereits in den frühen 1980er Jahren eingesetzt hatte, so trat er doch erst Ende der 1980er Jahre so richtig ins Bewußtsein und darf mittlerweile trotz »Asienkrise« als gesichert angesehen werden (Menzel 1994). Damit multiplizierte sich der Verdrängungswettbewerb, den die Region insgesamt auf Nordamerika und Westeuropa ausübt, und verstärkte den Strukturwandel in den betroffenen Ländern in besonderem Maße. In besonderem Maße deshalb, weil sich mittlerweile zwischen den einzelnen asiatischen Ländern eine Arbeitsteilung nach dem Muster herauskristallisiert hat, daß sich Japan auf den Bereich der innovationsträchtigen Spitzentechnologien konzentriert, die Schwellenländer der ersten Generation das Segment der klassischen ausgereiften, eher kapitalintensiven Branchen erobert haben, während China und die ASEAN-Staaten das Feld der arbeitsintensiven klassischen Leichtindustrien und neuen Montageindustrien besetzen. Gleichzeitig ist in allen Ländern aber eine Aufwärtsmobilität in Richtung höherwertiger und technologieintensiverer Fertigung zu beobachten.

Außerdem läßt sich die These aufstellen, daß die Region nicht mehr nur auf die Märkte in Nordamerika und Westeuropa angewiesen ist, also Aufstieg dort und Abstieg hier ein Nullsummenspiel ergeben, sondern die Region Ost- und Südostasien eine Eigendynamik mit wachsenden Märkten auch für den gehobenen Konsum gewinnt und sich damit auch eine wachsende interne Arbeitsteilung herausbildet. Trifft diese Annahme zu, müssen zusätzliche Handelskonflikte Nordamerikas und Westeuropas mit neuen Konkurrenten entstehen. Aufgrund seiner schieren Größe dürfte China nach Japan in kürzester Frist den zweiten Platz als Exporteur der Region einnehmen. Es würde aber auch bedeuten, daß ein gegen Ost- und Südostasien gerichteter Protektionismus der alten Industrieländer, sei es mit den Mitteln der Handels- oder der Währungspolitik, zu einer stumpfer werdenden Waffe wird, da zumindest ein Teil der Exporte in die Region selbst umgeleitet werden kann. Außerdem tätigen auch koreanische, taiwanesische und andere asiatische Produzenten in wachsendem Maße Direktinvestitionen in ihren Hauptabsatzländern.

3. Noch weniger zeitlich präzise zu fixieren, dafür aber mit um so dramatischeren Konsequenzen verbunden ist der technologische Wandel im Bereich der Datenverarbeitung, der Telekommunikation, der Mikroelektronik und der Optoelektronik, der in den letzten Jahren zu einer nahezu perfekten Vernetzung der Finanzplätze dieser Welt geführt hat. Damit wurden die technischen Voraussetzungen geschaffen, daß die als Folge der hohen Leistungsbilanzungleichgewichte disponiblen Kapitalien mit einem ganz anderen Volumen und in einem ganz anderen Tempo umgeschlagen werden können, als das noch bis Mitte der 1980er Jahre möglich war. Hierzu gehört auch die Kreierung ganz neuer »Finanzinstrumente«, die unter den Sammelbegriff »Derivate« fallen und deren Einsatz erst vor dem Hintergrund des genannten Wandels seinen Sinn macht. Die Folgen sind vielfältig. Neue globale Akteure im Bereich der internationalen Finanzdienstleistungen sind auf den Plan getreten, alte haben ihre Aktivitäten dramatisch ausgeweitet. Nicht mehr General Motors, Exxon, Unilever oder Royal Dutch Shell wären dann die Multis, die die Geschicke der Weltwirtschaft bestimmen, sondern neben den etablierten Großbanken Broker-Häuser wie Nomura Securities, Merrill Lynch oder Morgan Stanley bzw. Finanzdienstleistungsunternehmungen wie Reuters, die schon seit langem nur noch einen Bruchteil ihres Umsatzes mit dem Nachrichtenhandel bestreiten. Nicht mehr Direktinvestitionen, Staatsanleihen oder Handelskredite würden dann den Schwerpunkt der internationalen Kapitaltransaktionen

ausmachen, sondern kurzfristige Kapitalanlagen der rein spekulativen Art, die in Sekundenschnelle auf die Schwankungen an den Zins-, Devisen- oder Warentermin-Börsen reagieren (vgl. Diamond/Kollar 1989, Peters 1991, 1994, Neyer 1996). Diesem Sog vermag sich offenbar auch die gesamte Palette der internationalen Großindustrie nicht mehr zu entziehen, haben doch alle ihre Finanzabteilungen eingerichtet, die sich am ganz großen Umschlag der schnellen Spekulationsmilliarden beteiligen. Die großen Pleiten der letzten Jahre (VW, Klöckner, Metallgesellschaft, Balsam, Barings etc.) haben das nur zu deutlich gemacht. Darüber hinaus stellt sich die Frage, welche Macht die Zentralbanken eigentlich noch besitzen, wenn sie selbst in konzertierter Aktion der internationalen Währungsspekulation nicht mehr Herr werden können, wie die drastischen Abwertungen des Pfund, der Pesete, der Lira, der Schweden-Krone und der Zusammenbruch des Europäischen Währungsverbunds vor einigen Jahren unter Beweis gestellt haben.

4. Damit zusammen hängt ein weiteres Phänomen. Das zum Teil beträchtliche Wachstum in den westlichen Industrieländern ging einher mit einer beständig hohen oder sogar noch wachsenden Arbeitslosigkeit. Der Terminus »Zwei-Drittel-Gesellschaft« ist mittlerweile zum Gemeinplatz geworden. Es hat sich offenbart, daß auch die lange Konjunktur, wie sie etwa die Bundesrepublik erfahren hat, trotz sinkender Wochenarbeitszeit nicht zu einem merklichen Abbau der Arbeitslosigkeit geführt hat. Offenbar speiste sich dieses Wachstum aus Quellen, die losgelöst von den klassischen beschäftigungsintensiven industriellen Sektoren sprudeln.

Diese Beobachtungen und Vermutungen warfen ganz neue Fragen auf hinsichtlich der Ausgangsüberlegungen der Untersuchung. Ist es wirklich ausgemacht, daß die Indikatoren, die für den American Decline gesprochen haben, überhaupt noch den eigentlichen Punkt treffen? Müssen nicht Länder wie die USA oder Großbritannien unter Berücksichtigung dieser neuen Phänomene und Tendenzen eher als avantgardistisch, Länder wie die Bundesrepublik oder sogar Japan eher als rückständig verstanden werden (vgl. Menzel 1998, Kap. 8)?

5. Ferner ist es nach langen und zähen Verhandlungen endlich zum Abschluß der Uruguay-Runde gekommen. Damit sind die Zollsenkungen im Rahmen von GATT jetzt an einen Punkt ge-

langt, wo der Warenhandel mit den bekannten Ausnahmen von Landwirtschaft und Textilsektor auf tarifäre Weise kaum noch weiter liberalisierbar ist. Doch in die allseits gefeierte frohe Botschaft fiel ein bitterer Wermutstropfen. Gemeint ist alles das, was ausgeklammert wurde, nämlich die breite Palette der internationalen Dienstleistungen, über die keine Einigung bei den Verhandlungen erzielt werden konnte. Ging es hierbei nur um die Unvereinbarkeit gegensätzlicher Interessen, oder liegt das Problem viel tiefer? Offenbart nicht z. B. der neue Trend der Verlagerung wirtschaftlicher Aktivitäten zu internationalen »Finanzdienstleistungen« der spekulativen Art die Grenzen der herkömmlichen Verregelbarkeit internationaler Wirtschaftstransaktionen? Muß damit nicht auch die Frage, ob die USA noch oder nicht mehr in der Lage sind, neue Regime zu installieren, ganz neu gestellt werden, gleichgültig ob sie als absteigende oder als sich behauptende Hegemonialmacht interpretiert werden? Entziehen sich die virtuellen Kapitaltransfers vielleicht sogar der Verregelbarkeit durch nationale oder internationale Finanzbehörden schlechthin? So wurden diese Fragen im Kontext der Decline- und Regimediskussion jedenfalls bis Mitte der 1980er Jahre nicht gestellt.

Während die skizzierten weltwirtschaftlichen Trends längere Anlaufphasen hatten, sich aber erst seit wenigen Jahren so richtig ausgeprägt haben und damit ins Bewußtsein der interessierten Öffentlichkeit getreten sind, wurde das internationale System schlagartig erschüttert von den weltpolitischen Ereignissen der Jahre 1989ff. Auch hier sind die Konsequenzen vielfältig und in ihrer vollen Tragweite erst allmählich absehbar. Die für unsere Fragestellung zweifellos wesentliche Konsequenz des dominoartigen Einsturzes der realsozialistischen Systeme in Osteuropa und der Auflösung des sowjetischen Imperiums war das von niemand noch Ende der 1980er Jahre für möglich gehaltene plötzliche Ende des Ost-West-Konflikts. Dieser war bekanntlich nicht irgendeiner der vielen Konflikte auf der Welt, sondern der Konflikt schlechthin, der aufgrund seiner ideologischen, ordnungspolitischen und nuklearen Komponente ausgestattet war mit Strukturierungsmacht für das internationale System insgesamt, der Konflikte innerhalb der beiden Blöcke zu zügeln und die vielfältigen Konflikte außerhalb der beiden Blöcke in seinem Sinne zu instrumentalisieren vermochte.

Unmittelbar relevant für unsere Fragestellung war er in doppelter Hinsicht. Einerseits zwang die militärische Herausforderung von seiten der Sowjetunion die USA zu einer ähnlich einseitigen Konzentration ihre Ressourcen auf den Rüstungssektor, sicherlich ein Aspekt, warum sie auf zivilem Gebiet einen relativen Abstieg hinzunehmen hatten. Hier gewann Kennedy sein Argument von der imperialen Überdehnung in Analogie zu dem Abstieg großer Mächte in früheren Zeiten. Gleichzeitig vermochten die USA aber aufgrund ihrer Nukleargarantie gegenüber den Verbündeten Forderungen (etwa nach Lastenteilung) durchzusetzen. Das galt auch für den Bereich der Wirtschaft (z. B. Aufwertungen, Marktöffnung), wo sie sich eigentlich in der Defensive befanden. Umgekehrt waren die Verbündeten aus Einsicht in den größeren Zusammenhang auch immer wieder bereit gewesen, sich diesen Forderungen zu beugen. Das trifft selbst für Japan zu, das über lange Jahre hinweg dem stärksten Druck der USA ausgesetzt war.

Aus der Decline-Perspektive sind angesichts der weltpolitischen Umbrüche zwei denkbar gegensätzliche Konsequenzen möglich. Einerseits läßt sich argumentieren, daß ähnlich wie 1945 aus der bipolaren wieder eine »unipolare« Situation (Krauthammer 1991) geworden ist. Die USA haben die Systemkonkurrenz mit der Sowjetunion in überzeugender Manier gewonnen und sind als der alleinige Hegemon übriggeblieben, können es sich sogar leisten, substantielle Abrüstungsschritte zu unternehmen, und vermögen in Zukunft alle Kraft auf die Wiedergewinnung der wirtschaftlichen Suprematie zu konzentrieren. Die Rückkehr zu einer Welt der 1960er und 1970er Jahre wäre in dieser Lesart nur noch eine Frage der Zeit. Umgekehrt läßt sich aber auch argumentieren, daß nun, vom harmoniestiftenden Druck des Ost-West-Konflikts befreit, die latenten Konflikte zwischen den westlichen Industrieländern bzw. zwischen dem Westen und dem Fernen Osten um so heftiger zu Tage treten werden. Die direkte und indirekte Alimentierung, die insbesondere Japan in Form der Finanzierung des amerikanischen Doppeldefizits geleistet hat, das klaglose Hinnehmen beträchtlicher Abwertungsverluste (bezogen auf die japanischen Kapitalanlagen in den USA vor dem Plaza-Abkommen) werden aufhören. Für eine Wiedergewinnung der amerikanischen Suprematie in wirtschaftlicher Hinsicht ist es aus dieser Sicht der Dinge zu spät, da die Deindustrialisierung als Folge des fernöstlichen Verdrängungswettbewerbs bereits zu weit fortgeschritten ist. Auch das amerikanische Trumpf-As, die Drohung mit der Schließung des amerikanischen Markts, sticht demzufolge nicht mehr, da als Folge der Produktionsauslagerungen in die USA selbst oder in die Länder der Dollar-Zone wie Mexiko, Kanada, die Philippinen etc. diese mögliche Hürde bereits unterlaufen ist oder aufgrund wachsender Markterweiterungen in Ost- und Südostasien sich dort Alternativen bieten. Ganz im Gegenteil, Japan würde jetzt über ein Druckmittel verfügen, sollte es den Kapitalexport in die USA reglementieren und damit die Finanzierung des US-Doppeldefizits gefährden. Offshore-Banking, Westeuropa und v. a. Asien selbst könnten möglicherweise genügend alternative Kapitalanlagemöglichkeiten bieten. Schließlich läßt sich aus dem empirischen Argument Honig saugen, daß auch zehn Jahre nach dem Ost-West-Konflikt und trotz beträchtlichen weltweiten Truppenabbaus das amerikanische Handelsdefizit noch immer neue Rekordhöhen erklimmt. Das hieße, die alten Fragestellungen kehren doch wieder im neuen Gewand zurück.

Zumindest der zweite Golfkrieg schien beiden Argumentationen Vorschub zu leisten. Einerseits war er ein Beleg für die ungebrochene amerikanische Hegemonialrolle. Die USA sind bereit und in der Lage, massiv zu intervenieren, und vermögen das auch erfolgreich, wenn es um substantielle Interessen, in diesem Fall die Ölversorgung des Westens, geht. Die übrigen Industrieländer sind Trittbrettfahrer wie eh und je. Andererseits war die Intervention zur Befreiung Kuwaits auch für die USA nicht mehr nur aus der Portokasse zu bezahlen. Japan, die Bundesrepublik, Saudi-Arabien, die übrigen Scheichtümer am Persischen Golf, selbst Südkorea und Taiwan wurden zu beträchtlichen Finanzierungsbeiträgen herangezogen, die die US-Armee fast wie eine Söldnertruppe im Dienste arabischer Potentaten und japanischer Keiretsu erscheinen ließ. Doch wieder andersherum: Daß die genannten Länder mehr oder weniger freiwillig zahlten, kann auch als Beleg für ungebrochene Macht im Sinne der anderen, eingangs zitierten Definition à la Strange gewertet werden.

1.5 Der Paradigmenwechsel in der Fragestellung: Strukturveränderungen statt Positionsveränderungen in der Weltwirtschaft

Die skizzierten Ereignisse, Trends, Entgrenzungen und Umbrüche haben natürlich auch ihren Niederschlag in der internationalen Diskussion gefunden. In unserem Zusammenhang bemerkenswert ist sicherlich die Feststellung, daß die Vertreter der Decline-These, noch bis weit in die 1980er Jahre mit Thematisierungsmacht ausgestattet, in die Defensive geraten sind. Der Angriff auf die Vorstellung vom hegemonialen Abstieg und die daraus resultierende neue Konfliktträchtigkeit des internationalen Systems erfolgte gleich von drei Seiten. Die einfachste Sicht der Dinge wurde am prägnantesten von Charles Krauthammer (1991) auf den Punkt gebracht. Mit dem Zusammenbruch des realen Sozialismus, der Auflösung des sowjetischen Imperiums und dem Ende des Ost-West-Konflikts ist die bipolare Prägung der Welt überwunden. Es gibt nur noch eine Hegemonialmacht, die USA, die als strahlender Sieger aus einer realistisch, d. h. akteurs- und staatszentriert interpretierten Systemkonkurrenz hervorgegangen sind. Diese Sicht der Welt schließt aber nicht aus, daß in Zukunft neue Staaten als Herausforderer der USA auf den Plan treten können. Der Realismus als außenpolitische Lehrmeinung bleibt uns also erhalten. Es könnte aber auch sein, daß der Neoisolationismus in den USA nun neuen Auftrieb bekommt (vgl. Tonelson 1991).

Grundsätzlicher argumentiert Francis Fukuyama (1989, 1992), der mit dem Ende des Ost-West-Konflikts auch gleich das Ende der Geschichte meint konstatieren zu müssen. Nicht nur zwei Supermächte, sondern zwei Systeme (Markt versus Plan, bürgerlicher Individualismus versus staatlich verordneter Kollektivismus, parlamentarische Demokratie versus Einparteiendiktatur) haben eine antagonistische Konkurrenz ausgetragen. Die bürgerlich-kapitalistische Gesellschaft hat ihre große Antithese überwunden. Neue Widersprüche werden nicht mehr auftreten. Die Geschichte hat somit in bester hegelianischer Manier zu sich selbst gefunden. Der weltweiten Ausbreitung von Kapitalismus, bürgerlicher Gesellschaft und parlamentarischer Demokratie steht nichts mehr im Wege. Damit ist dem internationalen System auch für alle Zeiten der grundsätzliche Konfliktstoff entzogen, da, so das idealistische Argument, Demokratien keine Kriege miteinander führen und

Marktwirtschaften, die eine arbeitsteilige Verflechtung miteinander eingegangen sind, die volkswirtschaftlichen Kosten gewalttätiger Konfliktaustragung scheuen. Das Vernunftprinzip hat sich mithin durchgesetzt, künftige Konflikte werden rational, d. h. auf kooperative Weise, gelöst. An dieser Stelle treffen sich dann überraschenderweise die neorealistische und die idealistische Theorie.

Der massivste Angriff auf die Decline-These offenbart sich in der Kontroverse zwischen Krasner (1994) und Strange (1994), wobei hier im Unterschied zu Krauthammer und Fukuyama nicht das Ende des realen Sozialismus, sondern die weltwirtschaftlichen Veränderungen die Folie der Argumentation abgeben. Strange interpretiert diese nicht als Positions-, sondern als Strukturveränderungen. Krasner hält dagegen, daß der vielbeschworene Wandel gar nicht so neu sei, die ihn ausmachenden Tendenzen vielmehr schon seit alters her zu beobachten seien. Strange räumt zwar ein, daß nicht alles neu ist, daß aber das Tempo und das Ausmaß des Wandels die neue Qualität ausmachten. Der große Irrtum der Decline-Schule bestehe darin, daß der Machtverlust der USA aus deren Sicht mit dem Machtgewinn aufsteigender Mächte zu korrespondieren habe. In Wirklichkeit habe die US-Regierung (wie die Regierungen der anderen Industrieländer) aber Macht an den Markt abgegeben. Nicht mehr Staaten, sondern der Markt, nicht mehr Akteure, sondern das System seien mithin zur entscheidenden Dimension der internationalen Beziehungen geworden.

Noch konsequenter argumentieren die Vertreter der diversen Facetten der »Endism-Debatte« oder gar die einer postmodernen Theorie.[7] Das moderne Verständnis der Internationalen Politischen Ökonomie operierte mit einem stofflichen Verständnis der Wirtschaft, mit geographisch definierbaren Räumen, mit staatlicher Souveränität. Die Postmoderne sei demgegenüber durch eine Entstofflichung der Wirtschaft, die Virtualisierung der weltwirtschaftlichen Transaktionen, den Vorrang der Zeit über den Raum, die Entgrenzung territorialstaatlich definierter Räume, die Entsouveränisierung der Staaten, das Ende der Industriearbeit etc. gekennzeichnet (Elkins 1995, Camilleri/Falk 1992, Soja 1989, Rifkin 1995, Sassen 1991 und 1994, Reich 1993).

Die Anstöße aus diesen Diskussionen korrespondierten im

---

7 Vgl. dazu im Überblick Albert 1994, 1996, Meyers 1993 oder die Diskussion unter dem Titel »The International Imagination« in: Millennium 23.1994,2.

Fortgang der eigenen Untersuchung mit unerwarteten empirischen Befunden, die Anlaß zu weiterem Nachdenken gaben. Genannt seien hier nur die wichtigsten, ohne dabei einer Analyse und Interpretation dieser Befunde, die in den nächsten Kapiteln erfolgt, zu weit vorgreifen zu wollen:

1. Die Anfang der 1950er Jahre einsetzende Tendenz einer steigenden Außenhandelsquote bricht Mitte der 1980er Jahre ab. Seitdem ist sie in manchen Ländern sogar rückläufig. Das gilt paradoxerweise ganz besonders für Japan.

2. Gleichzeitig explodieren die Kapitalexporte (Direktinvestitionen, Portfolioinvestitionen, kurzfristige Anlagen). Seit Anfang der 1990er Jahre ist der Zuwachs bei den Direktinvestitionen allerdings wieder rückläufig, während er sich bei den übrigen Kapitalexporten fortsetzt. Parallel dazu gewinnen die Faktoreinkommen aus dem Ausland an relativer Bedeutung gegenüber den Einkommen aus dem Warenexport.

3. Von einem generellen Trend zur Regionalisierung des Welthandels kann keine Rede sein. Ausmaß und v. a. Dynamik der Regionalisierung sind von Region zu Region sehr verschieden. Westeuropa weist den höchsten Grad regionaler Integration auf, Ostasien/Pazifik das höchste Tempo der Regionalisierung, während die Westliche Hemisphäre eher eine abnehmende Integration aufweist.

4. Der gesamtwirtschaftliche Input-Koeffizient, Kennziffer für das Ausmaß intraindustrieller Verflechtung, steigt bis Mitte der 1970 Jahre in den untersuchten Ländern, um dann zu stagnieren bzw. sogar leicht rückläufig zu sein. Die branchenspezifischen Input- und Output-Koeffizienten weisen von Land zu Land sehr unterschiedliche Ausprägungen mit unterschiedlichen Trends der Zu- oder Abnahme auf.

5. Die Bedeutung des Tertiären Sektors gewinnt eine außerordentliche Größenordnung mit Spitzenwerten für einzelne Länder von 75 - 80% des BSP. Ein entsprechender Zuwachs des internationalen Handels mit Dienstleistungen ist demgegenüber nicht zu beobachten. Innerhalb des Tertiären Sektors explodieren v. a. die Finanzdienstleistungen und andere humankapitalintensive Dienstleistungen. Auch die Direktinvestitionen konzentrierten sich zunehmend auf den Tertiären Sektor.

6. Die Ausprägung dieser und weiterer Indikatoren sowie ihr jeweiliger Trend sind von Land zu Land, aber auch von Region zu

Region, sehr verschieden. Aus einer Decline-Perspektive hängt das internationale Ranking eines Landes folglich ganz wesentlich von der Auswahl und Gewichtung der Indikatoren ab. Bemerkenswert ist, daß Länder bei Indikatoren, die einen »stofflichen« Sachverhalt anzeigen, eher als absteigend, dieselben Länder aber bei Indikatoren, die »entstofflichte« Sachverhalte anzeigen, als aufsteigend interpretiert werden können.

Aus dieser ersten, noch nicht im einzelnen analytisch durchdrungenen Gesamtschau der empirischen Befunde, gekoppelt mit den Anstößen, die die weitere Verfolgung der internationalen Diskussion auslöste, ergaben sich ganz neue, ursprünglich entweder gar nicht oder bezüglich ihrer Tragweite nicht zu Ende reflektierte Fragen:

1. Operieren die Vertreter der Position vom amerikanischen Niedergang eigentlich mit den richtigen Indikatoren? Eine Auswahl von Indikatoren, die eher humankapitalintensive Dienstleistungen des FIRE-Sektors[8] und internationale Kapitalströme als Industrie und Warenhandel berücksichtigen, die der nichtstofflichen gegenüber der stofflichen Wirtschaftswelt den Vorzug geben, lassen Länder, die aus einer herkömmlichen Perspektive zu den Absteigern gehören, eher als avantgardistisch erscheinen. Die Ranking-Diskussion, insbesondere im Hinblick auf die großen Akteure wie die USA, Japan, BRD, Frankreich und gerade auch Großbritannien, könnte so in erhebliche Turbulenzen geraten. Mindestens ergibt sich ein ganz neuer Interpretationsbedarf.

2. Grundsätzlicher gefragt: Welche Bedeutung hat der Sekundäre Sektor noch, seit der Klassik das Rückgrat volkswirtschaftlicher Aktivitäten und im Zentrum des nationalökonomischen Denkens, wenn der Tertiäre Sektor eine Größenordnung von bis zu 80 % des BSP erreicht hat? Was heißt dann überhaupt noch Tertiärer Sektor? Wie ist er gegenüber dem Sekundären Sektor abzugrenzen? Wie ist er selbst untergliedert? Welche Sparten des Tertiären Sektors sind die eigentlich dynamischen? Welche Aussagen lassen mögliche Verschiebungen innerhalb des Tertiären Sektors

8 FIRE = Finance, Insurance and Real Estate. Hinzu kommen noch die sog. professionellen, dem gewerblichen Sektor unmittelbar zugeordneten Dienstleistungen wie Werbung, Marktforschung, Unternehmensberatung, Steuerberatung, Rechtsberatung etc. sowie der Telekommunikations- und Mediensektor.

eigentlich zu? Ist womöglich das Wachstum der letzten zehn Jahre in den postindustriellen Gesellschaften im wesentlichen auf das Wachstum der Dienstleistungen zurückzuführen?

3. Welche Bedeutung hat der Warenhandel in der Weltwirtschaft im Vergleich zum Handel mit Dienstleistungen? Welche Bedeutung hat er im Vergleich zum Handel mit Kapital und den daraus erzielbaren Einkommen in allen seinen Dimensionen? Ist das internationale Finanzwesen weiterhin lediglich Schmiermittel der Warenwirtschaft, oder hat hier bereits ein Prozeß der Ablösung der Finanzwelt von der Warenwelt stattgefunden, der eine ganz eigene Dynamik entfaltet?

4. Wie verändert sich das internationale Finanzwesen selbst, und welche Konsequenzen sind wiederum daraus zu ziehen? Welche Bedeutung haben noch Direktinvestitionen, die doch nach klassischer Lesart (Plantagen, Minen, Auslandsfertigung) der stofflichen Welt zuzuordnen sind? In welchen Branchen werden sie getätigt? Welche Bedeutung haben Portfolioinvestitionen? Gibt es einen Trend der Verlagerung von den langfristigen zu den kurzfristigen Kapitalanlagen? In welcher Relation stehen rein spekulative Finanztransfers zu solchen, die zur Finanzierung des Warenhandels, zur Absicherung gegen Preisschwankungen und Wechselkursrisiken getätigt werden? Gibt es einen Trend der Verlagerung von börslichen zu außerbörslichen Aktivitäten?

5. Noch grundsätzlicher gefragt: Steht die Weltwirtschaft möglicherweise an der Schwelle vom Übergang von der stofflichen zur nichtstofflichen Ökonomie, in der nicht mehr die Faktorproduktivität, sondern die Geschwindigkeit, mit der eingesetztes Kapital umgeschlagen wird, zum eigentlichen Wettbewerbsvorteil wird?[9] Ist damit eine ähnliche Schwelle erreicht wie in der ersten Hälfte des 19. Jahrhunderts, als die Landwirtschaft in ihrer Bedeutung von der Industrie abgelöst wurde mit allen daraus resultierenden volkswirtschaftlichen, sozialen und machtpolitischen Konsequenzen? Damit ist allerdings, anders als etwa bei Fourastié (1954), nicht bloß ein neues Entwicklungsstadium, nämlich die weltweite Ausbreitung der Dienstleistungsgesellschaft, gemeint, sondern eine ganz neue Qualität der Ökonomie.

6. Ist damit nicht auch eine neue werttheoretische Diskussion

9 Damit ist natürlich nicht gemeint, daß die Warenproduktion völlig verschwinden wird. Nur ihre relative Bedeutung in jeder Hinsicht könnte drastisch abnehmen.

über das Verhältnis von produktiver und unproduktiver Arbeit, von Gebrauchswert und Tauschwert notwendig, eine Diskussion, die 200 Jahre zuvor bereits die Physiokratie und die Klassik beschäftigte? Die Physiokratie insistierte darauf, daß nur die Urproduktion in Landwirtschaft und Bergbau wertschöpfenden Charakter habe, während die Verarbeitende Industrie nur Umformung von Werten bedeute. Erst die Klassik (und in ihrer Tradition auch der Marxismus) erhob die Arbeit zur Quelle des Wertes, gleichgültig, in welchem Sektor sie verausgabt werde, wobei allerdings feinsinnige Unterscheidungen zwischen produktiver und unproduktiver Arbeit getroffen wurden. Läßt sich vielleicht sogar eine Sequenz beobachten, daß in vormoderner, agrarisch geprägter Zeit der Gebrauchswert im Vordergrund stand; in der industriell geprägten Moderne der Doppelcharakter von Gebrauchs- und Tauschwert charakteristisch war, während in der postmodernen Dienstleistungsgesellschaft nur mehr die reine Tauschwertproduktion, losgelöst von ihrer nützlichen Seite, in den Vordergrund rückt?

7. Wenn diese Beobachtungen zutreffen, dann treffen sie sicherlich nicht für alle Regionen der Weltwirtschaft gleichermaßen zu. Denkbar wäre immerhin, daß sich eine ganz neue Form der internationalen Arbeitsteilung herausbildet. Die neuen Industrieländer, v. a. in Ost- und Südostasien, sind weiterhin für die materielle Güterproduktion zuständig, während sich die alten Industrieländer auf den nichtstofflichen Bereich der Wissensproduktion, der Finanz- und Informationsdienstleistungen konzentrieren. Oder es kommt zu einer wachsenden Heterogenität innerhalb der alten Industrieländer selbst zwischen einem äußerst ertragsstarken Sektor der Wissens- und Informationsproduktion, der Medien und Telekommunikation, der Marketingstrategien, der Finanzierung, der Spekulation als Selbstzweck und einem subventionsbedürftigen Restsektor der materiellen Produktion. Letzterer würde nur erhalten werden aus der Erinnerung an die ursprüngliche Stofflichkeit der Ökonomie, an die darauf bezogenen staatlichen Institutionen und Körperschaften, weil sonst die soziale Frage nicht mehr gemeistert werden kann.

8. Muß vor diesem Hintergrund nicht eine neue Diskussion über das Verhältnis von Staat und Markt, von Akteur und System, von Souveränität und Entsouveränisierung geführt werden, wie sie im Editorial der Auftaktnummer der »Review of International

Political Economy« (Ripe) angemahnt wird?[10] Es ließe sich immerhin die These aufstellen, daß wir mit der Entstofflichung der Weltwirtschaft auch das Ende der Souveränität (Camilleri/Falk 1992) und damit auch das Ende des Realismus erleben, wenn der klassische Nationalstaat, gegründet auf die von ihm kontrollierbaren Grenzen und stofflichen Ressourcen, seiner Machtmittel verlustig geht zugunsten einer globalisierten virtuellen Ökonomie, in der nur noch die Geschwindigkeit zur treibenden Kraft eines sich selbst reproduzierenden Systems wird – völlig losgelöst. Entsouveränisierung fände statt aber auch nach innen, da die fiskalische Kapazität der Staaten sich auf einen schwindenden, aber besteuerbaren Sektor der Güterproduktion bezieht, während der nichtstoffliche Sektor die Grenzen des fiskalischen Zugriffs der Staaten markiert. Verliert der Staat nicht damit auch seine Umverteilungskapazität zugunsten eines subventionsbedürftigen Sektors der zwei Drittel und zugunsten der Alimentierung des dritten Drittels, das völlig aus dem System herausgefallen ist? Sind damit nicht auch die Grenzen des Wohlfahrtsstaates insgesamt erreicht? Die allenthalben zu beobachtende Privatisierung und Deregulierung wäre dann nur der ungewollte Nachvollzug eines Trends, an dessen Ende der Staat sich selber seiner Kompetenzen beraubt hat. Müssen folglich nicht auch die Fragen der Decline-Diskussion über Macht und Machtmittel, über Substanzen und Subjekte von Macht ganz neu gestellt werden?

9. Welche Bedeutung haben in Zukunft dann noch die alten Regime, die entweder nicht mehr funktionieren (siehe Bretton-Woods-System) oder bis an ihre Grenze ausgereizt sind (siehe die Ausklammerungen bei der Uruguay-Runde)? Ist die Forderung nach neuen Regimen nicht schon ein Anachronismus, da sie durch das alte (moderne) Denken geprägt ist? Entzieht sich die virtuelle (postmoderne) Ökonomie nicht grundsätzlich der Verregelbarkeit von seiten noch so mächtiger staatlicher Akteure oder suprastaatlicher Organisationen?

10. Angesichts der neuen Tendenzen in Ost- und Südostasien (Menzel 1994), insbesondere der Dynamik, die das »Greater China« (Festlandschina + Taiwan + Hongkong + Singapur + die ökonomischen Netzwerke der chinesischen Minderheiten in Süd-

---

10 Vgl. dazu auch die Beiträge in Heft 95/1994 der Prokla »Internationale Institutionen 50 Jahre nach Bretton Woods«.

ostasien) entwickelt (Shambaugh 1995), macht es da noch Sinn, von einer Triade (Ohmae 1985) aus Nordamerika, der EG und Japan zu sprechen? Ist nicht das Bild der Quadriga die bessere Metapher? Zu berücksichtigen ist allerdings, daß die Pferde in ganz unterschiedliche Richtungen galoppieren, je nachdem, welches Geläuf sie bevorzugen; ob sie zukunftsträchtige Dynamik oder rückwärtsgewandte Erhaltung betreiben.

Läßt man alle diese neuen Fragen im Licht der ursprünglichen Idee der Untersuchung Revue passieren, so bleibt als Fazit: Die rückwärtsgewandte Perspektive über mögliche Positionsveränderungen einzelner Staaten in der Weltwirtschaft und deren Ursachen hat sich in eine nach vorn gerichtete Perspektive über Strukturveränderungen der Weltwirtschaft selbst und deren Folgen für die Handlungsfähigkeit von Staaten schlechthin gewandelt. Das ist gemeint, wenn hier vom Übergang von »Declinism« zum »Postdeclinism« die Rede ist. Angesichts dieses Paradigmenwechsels mutet der ursprüngliche Arbeitstitel der Untersuchung »Strukturveränderungen in der Weltwirtschaft und ihre Konsequenzen für die internationale Ordnung« fast schon paradox an. Er sollte einen Sachverhalt indizieren, der, bei Licht betrachtet, ursprünglich so gar nicht gemeint war, und er bringt erst jetzt etwas auf den Begriff, das zwar Ergebnis der Untersuchung, aber gar nicht die eigentliche Absicht bei der Formulierung des Arbeitsprogramms war.

Um so schärfer stellt sich damit auch das Problem der empirischen Herangehensweise an das Thema. Die verfügbaren Datenbasen, seien es die Primärerhebungen nationaler Behörden oder seien es deren Kompilationen zu internationalen Statistiken, folgen auf ihre statistische Weise dem Territorialprinzip. Das müssen sie auch, weil sie entweder der Logik der Volkswirtschaftlichen Gesamtrechnung oder der Logik der Zahlungsbilanzstatisik folgen. Beide Zahlenwerke gehen aber von statistischen Konstrukten aus, die nur das erfassen, was innerhalb geographisch definierter Grenzen getätigt wird, oder bilanzieren, was diese Grenzen passiert. Vieles, was sich nur noch im Cyberspace, also zwischen den Bildschirmen der global operierenden Finanzjongleure, abspielt, wird aber gar nicht mehr erfaßt, ist vermutlich auch gar nicht mehr so ohne weiteres erfaßbar. Hingewiesen sei nur auf das Offshore-Banking, das, statistisch gesehen, die Cayman-Inseln oder Curaçao in lichte Höhen katapultiert, oder die außerbörslichen Aktivitäten auf dem Markt für Derivate, die in den letzten Jahren regelrecht explodiert sind.

Ähnlich spekulativ wie der Charakter dieser Aktivitäten sind auch die Vermutungen über dessen tatsächliches Volumen.[11] Das diffizile Problem besteht also darin, Phänomenen auf die Spur zu kommen und Trends zu identifizieren, für deren Erfassung das herkömmliche statistische Material eigentlich ganz und gar ungeeignet ist, während adäquate Statistiken kaum, jedenfalls nicht in ausreichendem Maße, verfügbar sind. Der Weg kann deshalb nur sein, wenn man nicht von vornherein kapituliert oder sich in einer zwar klugen, aber spekulativen Gedankenwelt an der Grenze zur Science-fiction verlieren will, das vorhandene Datenmaterial entsprechend den eigenen Fragestellungen zu transformieren.

Ein Beispiel ist etwa die hier vorgenommene Regionendefinition, die neue Räume konstituiert, die sich so in keiner internationalen Statistik finden lassen. Ein anderes Beispiel ist die Konstruktion von Aggregaten wie Welttertiärprodukt, Weltaufkommen von Direktinvestitionen, Portfolioinvestitionen oder Derivaten. Solche Daten werden in vielen Ländern gar nicht oder nur sehr lückenhaft erfaßt. Hier muß von Teilmengen, also dem Aufkommen von nur 23 Ländern (Welttertiärprodukt) oder gar nur sieben Ländern (Weltdirektinvestitionen) oder dem Aufkommen an einzelnen Finanzplätzen (kurzfristige Kapitalbewegungen), auf das Ganze geschlossen werden. Die Forschungspraxis lehrt aber immerhin, daß der Ertragszuwachs von Erkenntnissen bei der immer mühsamer werdenden Addierung weiterer Länder eine drastisch abnehmende Tendenz zeigt.

An die Grenze zur Willkür gerät schließlich die Frage der Signifikanz. Welche Trends, welche Ausprägung von Indikatoren sind noch signifikant? Welche Zeitspannen sind lang genug, um gesicherte Trends überhaupt berechnen zu können? Welche Intervallbildung ist, wenn der Arbeitsaufwand zur Bildung von kompletten Zeitreihen jedes Maß sprengt, sinnvoll, legitim, zulässig? Hier offenbaren sich trotz des beträchtlichen Datenerhebungs- und Datentransformationsaufwands Grenzen, die angesichts der Entgrenzung und der Brüche im Umbruch der Weltwirtschaft (Brock 1994) kaum noch überschaubar sind mit allen Vorbehalten hinsichtlich eines Ergebnisses, das sich immer mit beliebigen Stellen hinter dem Komma ausdrücken läßt, deshalb aber eine nur scheinbare Präzision suggeriert.

11 Schätzungen besagen, daß nur noch zwei Prozent aller Finanztransaktionen auf den Warenhandel bezogen sind.

1.6 Der endgültige Aufbau der Untersuchung

Der vorliegende Aufbau der Studie spiegelt die ursprüngliche Fragestellung wie deren Modifikationen im Fortgang der Untersuchung wider. Auf die Einleitung folgen vier Kapitel, die unter den Überschriften »Internationalisierung«, »Regionalisierung«, »Intraindustrielle Verflechtung« und »Tertiarisierung« wichtige Dimensionen der Strukturveränderungen der Weltwirtschaft und damit die eigentlichen empirischen Kernbereiche der Untersuchung abdecken. Den Abschluß bildet das Kapitel »Positionsverschiebungen, Strukturveränderungen und Konfliktpotentiale: Befunde und weiterführende Fragen«, in dem die Interpretation der gesamten Untersuchung erfolgt.

Zur Messung des Sachverhalts »Internationalisierung« werden die Indikatoren Außenhandelsquote (AHQ) und die Direktinvestitionsquote (DIQ) verwendet. Die AHQ wurde über den Zeitraum von 1960 bis 1990 für 61 Länder berechnet, die zusammen einen Weltmarktanteil von 85 % erreichen. Somit steht die generelle Aussagekraft des Indikators außer Frage. Die AHQ der einzelnen Länder wurden zusätzlich zur AHQ von Großregionen aggregiert. Aus Gründen der Datenverfügbarkeit ließ sich die DIQ nur für sieben Länder über den Zeitraum 1976 bis 1990 berechnen. Für die Direktinvestitionen wurde zudem eine detaillierte Analyse nach Ländern vorgenommen. Trotz der geringen Anzahl von Ländern ist die Aussagekraft des Indikators hoch, da schätzungsweise 80 % aller weltweit getätigten Direktinvestitionen auf diese sieben Länder entfallen.

Zur Messung des Sachverhalts »Regionalisierung« wurde als Indikator ein eigener Regionalisierungsindex auf der Basis von Außenhandelsdaten entwickelt. Ein entsprechender Index auf der Basis der Investitionsströme wurde zwar berechnet, aufgrund unzureichenden Datenmaterials aber wieder verworfen. Vorausgegangen war dem eine intensive Diskussion über mögliche Cluster- und Subcluster-Bildung. Der Regionalisierungsindex wurde um weitere Indizes wie »regionales Gewicht«, »intraregionales Gewicht« und »Weltmarktanteil von Regionen« erweitert. Auch hier erstreckt sich der Berichtszeitraum, gegliedert nach Dekaden, über die Jahre 1960 bis 1990. Darüber hinaus wurde für alle Länder das mögliche Ausmaß regionaler Integration separat ausgewiesen.

Der Sachverhalt »Intraindustrielle Verflechtung« wurde anhand der Indikatoren branchenspezifischer oder gesamtwirtschaftlicher Input/Output-Koeffizienten auf der Basis von Input/Output-Tabellen gemessen, wobei hier aus Gründen der sehr eingeschränkten Datenverfügbarkeit lediglich drei Länder, nämlich die USA, Japan und die Bundesrepublik, berücksichtigt werden konnten. Der Erhebungszeitraum, gegliedert in Fünfjahresintervalle, umfaßt für die USA die Jahre von 1919 bis 1988, für Japan von 1960 bis 1988 und für die Bundesrepublik von 1965 bis 1988, so daß hier die Aussagekraft aufgrund der geringen Anzahl der untersuchten Länder und der eher kurzen Zeitspanne im Hinblick auf verallgemeinerbare Aussagen sehr eingeschränkt ist. Immerhin wurden auf diese Weise knapp 50% des Weltsozialprodukts bezüglich ihrer Liefer- und Absatzstruktur erfaßt.

Der Sachverhalt »Tertiarisierung« wird durch die größte Zahl von Einzelindikatoren gemessen. Die Erhebung des Welttertiärprodukts, aufgeschlüsselt nach den 23 wichtigsten Ländern und den einzelnen Komponenten des Tertiären Sektors, bildet dabei die Grundlage. Der Berichtszeitraum reicht von 1960 bis 1990. Die 23 Länder erwirtschaften zusammen etwa 80% des Welt-BSP und etwa 90% des Welttertiärprodukts. Zusätzlich wurden Daten über den Handel mit Dienstleistungen, über die internationalen Finanzströme (Direktinvestitionen, kurz- und langfristige Portfolioinvestitionen), die Faktoreinkommen aus dem Ausland, die Verteilung der Direktinvestitionen innerhalb des Tertiären Sektors und schließlich über die rein spekulativen Aktivitäten im Bereich des Handels mit Derivaten erhoben. Bei diesen Indikatoren erstreckt sich der Berichtszeitraum auf die Jahre 1960 bzw. 1970 bis 1993. Das Sample aus G-23 konnte allerdings nicht bei allen Indikatoren erreicht werden.

2. Internationalisierung

2.1 Einführung

In der Forschung zur Internationalisierung von Volkswirtschaften wird zwischen zwei Formen der Internationalisierung unterschieden. Die *absolute Internationalisierung* bestimmt Ausmaß, Qualität und Struktur zwischenstaatlicher Verflechtung, die *relative Internationalisierung* setzt die nach außen gerichteten Wirtschaftsaktivitäten eines Staates in Beziehung zu dessen binnenwirtschaftlichen Interaktionen. Diese relativ eng gefaßte Definition bedeutet zugleich die Ausgrenzung zahlreicher Erklärungsansätze, begrifflicher Überschneidungen und Ableitungen. Dies betrifft v. a. die Abgrenzung zum neueren Begriff der »*Globalisierung*«. »Internationalisierung« und »Globalisierung« werden in der Literatur oft synonym verwendet (Dunning 1993, Westerhoff 1991). Während im Bereich der Politikwissenschaft eine mehr oder minder scharfe Abgrenzung der Begriffe existiert, da der Begriff »Internationalisierung« zugleich eine aktive Rolle souveräner Nationalstaaten in der globalen Verflechtung festschreibt, ist die Unterscheidung zwischen Globalisierung und Internationalisierung im Bereich der Ökonomie weniger scharf, was zuweilen zu problematischen methodischen Verknüpfungen führt. Einerseits impliziert der Terminus »Weltwirtschaft«, daß es eine ökonomische Ebene gibt, die den nationalstaatlichen Interaktionsmodus transzendiert, andererseits aber werden weltwirtschaftliche Strukturen auf der Basis nationalstaatlich aggregierter Statistiken beschrieben. Die inhärente Widersprüchlichkeit kommt zum Beispiel darin zum Ausdruck, daß nicht der zwischenstaatliche Warenhandel, sondern der Intra-Konzernhandel als dominanter Faktor weltwirtschaftlicher Verflechtung bezeichnet wird, gleichzeitig aber multinationale Konzerne nationalstaatlich zugeordnet bleiben (vgl. Julius 1990; Mitchell 1992; UNCTC 1992; Encarnation 1993).

Zuweilen wird unter Globalisierung auch eine punktuelle Weltmarktorientierung verstanden, die nicht auf staatliche Territorien abzielt, sondern auf singuläre Wirtschaftsstandorte wie z. B. Bankenplätze oder globale Städte (Sassen 1991). Aufgrund der Datenlage ist eine Orientierung an nicht- oder substaatlichen Verflechtungen nicht operationalisierbar. Einerseits sinkt die internationale

Kompatibilität substaatlicher statistischer Kompendien, soweit sie überhaupt vorhanden sind, mit der zunehmenden Subsidiarität des Akteurs; auf der anderen Seite ist das Informationssystem ökonomischer Akteure, wenn es nicht durch gesetzliche Informationspflichten geöffnet wird, nach dem Geheimdienstprinzip organisiert (möglichst viele Informationen über andere, möglichst wenig Informationen an andere). Zudem eignen sich Unternehmen nicht für eine mittel- oder langfristige diachrone Betrachtung, weil sich im Gegensatz zum nationalstaatlichen Akteur die Unternehmensgröße permanent durch Übernahmen und Beteiligungen ändert.

Da wir mit der vorliegenden Studie einen Beitrag zur Hegemoniediskussion liefern wollen, die sich letztlich auf den Machtverlust oder -zugewinn von Staaten beschränkt, erscheint es sinnvoll, sich auf den Terminus »Internationalisierung« zu beschränken. Er umfaßt zunächst die extraterritorialen Wirtschaftsaktivitäten von Staaten, unabhängig von ihrer Form (Handels-, Produktions- oder Kapitalverflechtung), ihrer regionalen Ausrichtung (Regionalisierung, Globalisierung) und ihrem Verflechtungsmotiv.

Die Debatte um Internationalisierungstendenzen in der Weltwirtschaft wird seit Ende der 1950er Jahre kontrovers geführt (Tinbergen 1954), erreichte Anfang der 1960er Jahre einen vorläufigen Höhepunkt (Savage/Deutsch 1960, Deutsch/Eckstein 1961) und wurde in den 1970er Jahren unter veränderten Vorzeichen erneut aufgegriffen (Vernon 1970). Sie stand damals in unmittelbarem Zusammenhang mit dem Aufbau politischer, militärischer und ökonomischer Kooperation nach dem 2. Weltkrieg (Brown 1949). Sowohl die Schaffung multinationaler Institutionen wie Weltbank, GATT, IMF und UNCTAD als auch die Verdichtung regionaler Verflechtungsstrukturen (EWG) haben die Diskussion um Internationalisierung maßgeblich beeinflußt. Die ökonomische Debatte befaßte sich weitgehend mit dem integrationstheoretischen Kontext der Internationalisierung (Balassa 1962). Heute stehen neben den dynamischen Varianten der Integrationstheorie auch Fragen nach der asymmetrischen Einbindung von Staaten und Regionen in die Weltwirtschaft und nach der Zukunft der internationalen Verflechtung angesichts wachsender Unilateralismusbestrebungen in den USA im Vordergrund.

Drei Untersuchungsrichtungen sind hierbei zu unterscheiden: Zum einen ist dies die deskriptive Betrachtung von Internationalisierungstrends. Sie dient der Klärung der Frage nach dem Ausmaß und der Struktur der Internationalisierung. Unter den Publikationen, die sich kritisch mit Internationalisierung auseinandersetzen, sind insbesondere die Veröffentlichungen von Deutsch zu nennen. Deutsch negiert den Trend wachsender Internationalisierung und verifiziert dies am Beispiel des Handels und der Kommunikation durch empirische Studien. Neuere Forschungen versuchen grenzüberschreitende Wirtschaftsaktivitäten im Bereich der Kapitalmärkte (Ariyoshi 1988; Pauly 1988; Turner 1991; O'Brien 1992), der Telekommunikation (Carnoy u. a. 1994) sowie der Direktinvestitionen (Balasubramanyam/Greenaway 1992) zu quantifizieren.

Ein zweiter Untersuchungsschwerpunkt ist die ursachenbezogene Diskussion, die sich mit den Motiven und Bestimmungsgründen der Internationalisierung befaßt. Als Bestimmungsgründe für eine wachsende zwischenstaatliche Verflechtung auf der politischen und ökonomischen Ebene werden genannt: die Zunahme von Zahl und Einfluß zwischenstaatlicher Akteure, so daß dem Problemfeld der Internationalisierung schon von daher eine wachsende Bedeutung zukommt (Vernon 1970); die Etablierung eines stabilen politisch-ökonomischen Ordnungsrahmens (»public goods«) durch die USA nach dem 2. Weltkrieg (Olson 1968, Kindleberger 1971); die Obsoletheit territorialstaatlicher Wirtschafts- und Sicherheitspolitik (Herz 1961) durch die Globalisierung von Problemfeldern und Wirkungszusammenhängen (Keohane/Nye 1977, Rosecrance 1981, Camilleri/Falk 1992); die modernisierungsbedingte Ausweitung von Verflechtungen und Betriebsgrößen über nationalstaatliche Grenzen hinweg, welche die Außenwirtschafts- und -handelsdynamik befördert (Balassa 1962, Haas 1964).

Die dritte Forschungsrichtung befaßt sich mit der Interpretation und Bewertung von Internationalisierung insbesondere im Hinblick auf die Wirkung von Integration und Interdependenz auf einzelne Staaten und Volkswirtschaften.

1. Führt der Hegemonieverlust einer Garantiemacht öffentlicher Güter zur Umkehrung der internationalen Verflechtung in Richtung einer Renationalisierung (Kindleberger 1971)?

2. Lassen sich aus dem Ausmaß der Weltmarktabhängigkeit und den Reaktionen einzelner Staaten Rückschlüsse über deren Machtpotential, deren Anpassungsfähigkeit und deren Verarbeitungskapazität ziehen (Nye 1974)?

3. Sind aus den Veränderungen des Internationalisierungsgrads

einzelner Staaten wie des Gesamtsystems Aussagen zu Machtverschiebungen im internationalen System ableitbar (Russett 1985,
Strange 1987, Sullivan 1991)?

4. Sind die Vor- und Nachteile des Internationalisierungspro-
zesses gleich oder ungleich verteilt? Führt Internationalisierung zu
»Auslandsabhängigkeit«? Ist die Präsenz ausländischer Unternehmen auf nationalen Märkten ein Indikator für Schwäche, Souveränitätsverlust und nationalen Ausverkauf, wie dies v. a. in bezug auf
das japanische Engagement in den USA und Europa behauptet
wird (Heitger/Stehn 1990, Hollerman 1981, Omestad 1989, Seitz
1990, Tolchin/Tolchin 1988)?

5. Geht eine mögliche »Überinternationalisierung« zu Lasten
nationaler Wirtschaftsaktivitäten? Kontrovers ist hierbei die möglicherweise substitutionale Beziehung zwischen Direktinvestitionen und Inlandsproduktion bzw. Inlandsbeschäftigung diskutiert
worden. Die Debatte um den Anstieg der deutschen Direktinvestitionen im Ausland ist hierfür ein Beleg. Ob die Auslandsinvestitionen ein Indikator für die strukturelle Schwäche des »Standorts
Deutschland« oder umgekehrt ein Beweis für Wettbewerbsfähigkeit der BRD sind, ist selbst innerhalb der politischen und ökonomischen Denkschulen strittig (Beyfus 1987, Krist 1986, Schulz
1978, Seitz 1990, Westerhoff 1991).

6. Haben weniger entwickelte Staaten im Internationalisierungsprozeß Nachteile durch die Einbindung in einen von diskri-
minierenden Strukturen gekennzeichneten Weltmarkt (Myrdal
1957, Prebisch 1961, Cardoso/Falleto 1984)?

Die aktuelle Diskussion blendet internationalisierungskritische
Positionen weitgehend aus. Lediglich neomerkantilistische und
neorealistische Argumente, die den Verlust nationalstaatlicher Re-
gelungskompetenz und die Gefahren einer ungleichgewichtigen
Internationalisierung beschwören, haben in der Debatte eine –
möglicherweise schwindende – Relevanz (Bergsten 1985; Camil-
leri/Falk 1992). Durchgesetzt hat sich die neoklassisch fundierte
Argumentation. Sie beschreibt einen geradezu zwangsläufigen
Trend der Modernisierung und Ökonomisierung von Volkswirtschaften und Unternehmen und schließt den neoklassischen
Integrations- und Regionalisierungsbegriff mit ein. Demnach impliziert die Internationalisierung ein Interesse von Wirtschaftssubjekten und ihrer staatlichen Institutionen zur Kooperation mit anderen Staaten (um betriebswirtschaftliche Auswirkungen der

Internationalisierung volkswirtschaftlich abzufedern), zur ständigen marktkonformen Anpassung der eigenen Allokationsstruktur an diejenige der jeweils führenden Wirtschaftsmacht (Optimierung der allokativen Kompetenz) und zur Schaffung transnationaler Regelungsinstanzen (vgl. Keohane/Nye 1977).

Internationalisierung ist im neoklassischen Theoriegebäude eine Begleiterscheinung des Modernisierungsprozesses. Während der ersten und zweiten Phase der Industriellen Revolution wurde die Steigerung der ökonomischen Wohlfahrt von einer Ausweitung lokaler, weitgehend subsistenter Produktionskreisläufe begleitet. Ein im nationalen Maßstab meßbarer Entwicklungsfortschritt manifestierte sich in steigenden Input-Koeffizienten, bedingt durch vertikale und horizontale Differenzierung des Produktionsablaufes. Dieses Phänomen wertet die neoklassische Modernisierungstheorie auch im Hinblick auf die Staaten der Dritten Welt als einen Entwicklungsfortschritt. Spätestens mit dem Erreichen der Reifephase im Zeitalter des Massenkonsums (Rostow 1960) wird die rein binnenwirtschaftliche intraindustrielle Verflechtung zum Entwicklungshemmnis. Im modernisierungstheoretischen Kontext bedeutet die Internationalisierung entwickelter Volkswirtschaften damit zugleich eine partielle Substituierung nationaler Verflechtung durch internationale Wirtschaftsbeziehungen. Die Internationalisierung der Produktion (Direktinvestitionen) hat darüber hinaus nicht nur einen substitutiven Effekt, sondern beschleunigt den industriellen Reifeprozeß durch qualitative Strukturveränderungen (Balassa 1962) in Richtung von Branchen mit höherer Wertschöpfung und höheren Technologiestandards.

Die neoklassische Internationalisierungsdiskussion negiert allerdings Probleme, die aus einer asymmetrischen Internationalisierung erwachsen. Sowohl das Verhältnis des Nationalstaates zu seinen nichtstaatlichen Akteuren als auch das Verhältnis sich internationalisierender Nationalstaaten zueinander wird nicht problematisiert. Im Gegensatz zur neomerkantilen Sichtweise, deren wichtigsten Indikator die Exportposition (Exporte minus Importe) darstellt, ist in der Neoklassik die Internationalisierung an sich schon ein Faktor ökonomischer Stärke (Exporte plus Importe).

2.2 Der Datensatz

Die Operationalisierung des Internationalisierungsbegriffes konzentriert sich in der vorliegenden Untersuchung auf die deskriptive Interpretation zur absoluten und relativen Internationalisierung des Marktes (Warenhandel) und der Produktion (Direktinvestitionen). Folgende Indikatoren werden verwendet:

– Volumen der Exporte (X), der Importe (M) und des Außenhandels (X+M)/2

– Anteil des Warenhandels einzelner Staaten und Regionen am Welthandel

– Bruttoinlandsprodukt einzelner Staaten

– Anteil des Warenhandels einzelner Staaten am Bruttoinlandsprodukt

– Volumen der internationalen Kapitalverflechtung (DI-Bestände und Flows)

– Volumen der inländischen Investitionstätigkeit (Bruttoanlageinvestitionen)

– Anteil der internationalen an der inländischen Investitionstätigkeit (DI-Quote)

– regionale und sektorale Verteilung der Auslandsinvestitionen

Die zur Erhebung des Warenhandels verwendeten statistischen Quellen beschränken sich auf die Darstellung des sog. »visible trade«. Der Handel mit Dienstleistungen, also der »invisible trade«, wird an dieser Stelle ausgeklammert. Erfaßt wurden Exporte (X), Importe (M) und Außenhandel (X+M)/2 von 63 Ländern des Atlantischen Raumes, des Pazifischen Raumes und der Westlichen Hemisphäre für die Stichjahre 1960, 1970, 1980, 1990 sowie einige Zwischenwerte aus den 1980er Jahren. Die relative Bezugsgröße ist das Bruttoinlandsprodukt, also die Summe der nach dem Inlandskonzept berechneten Produktion von Gütern und Dienstleistungen. Aus dem Quotienten der Indikatoren a) und b) ergeben sich (multipliziert mit dem Faktor 100) die Export-, die Import- und die Außenhandelsquote in Prozent. Die Auswahl der Stichjahre blendet den Zeitraum vor 1960 bewußt aus. Die Zunahme der Internationalisierung vor diesem Zeitpunkt basiert teilweise auf der Zunahme der staatlichen Akteure durch die Fragmentierung der Kolonialreiche. Einen ähnlichen Effekt hatte später die Auflösung der UdSSR. Der interne Warenaustausch der Teilrepubliken der GUS wird seit Beginn der 1990er

Jahre als Außenhandel verbucht und erhöht somit scheinbar deren Internationalisierungsgrad.

Die Erhebung zur Internationalisierung der Produktion beschränkt sich auf die Direktinvestitionen, in gewisser Weise die »sichtbare« Facette des internationalen Kapitalverkehrs, da sie in der Regel im Zusammenhang mit der Produktionstätigkeit im Ausland zu sehen sind. Portfolioinvestitionen und kurzfristige Kapitaltransfers werden an dieser Stelle ausgespart.

Direktinvestitionen werden definiert als »Leistungen Gebietsansässiger, die die Anlage von Vermögen in fremden Wirtschaftsgebieten zur Schaffung dauerhafter Wirtschaftsverbindungen bezwecken« (Deutsche Bundesbank 1990). Dauerhaft bedeutet, daß Direktinvestitionen zum Zwecke der Einflußnahme auf ein gebietsfremdes Unternehmen getätigt werden. Als Untergrenze für diese Einflußnahme gilt in der Bundesrepublik und Großbritannien eine mehr als 20prozentige Beteiligung (bis 1989 25 %). Für Direktinvestitionen anderer OECD-Staaten hat sich eine Untergrenze von 10 % (USA, Japan, Frankreich) durchgesetzt. Für die Direktinvestitionen der Niederlande gelten keine prozentualen Limits; hier wird es den meldepflichtigen Unternehmen selbst überlassen, die Unterscheidung zwischen Direkt- und Portfolioinvestitionen vorzunehmen.

Da der internationale Kapitalverkehr gegenüber dem Warenhandel seit der Freigabe der Wechselkurse zu Beginn der 1970er Jahre eine immer größere Bedeutung gewonnen hat, kommt der Erhebung von Direktinvestitionsdaten zur Bestimmung von Internationalisierungstrends eine besondere Bedeutung zu. Die Ergebnisse der Synopsen zu Bestandswerten und DI-Flows belegen sogar die Annahme, daß Direktinvestitionen zum eigentlichen Vehikel transnationaler ökonomischer Verflechtung geworden sind und hierin den Außenhandel teilweise abgelöst haben.

Die erhobenen Daten lassen lediglich eine Interpretation der im Ausland getätigten Investitionen zu, da nur hier die internationale Vergleichbarkeit der Daten gegeben ist. Die Bewertung der ausländischen Direktinvestitionen im Inland weicht aufgrund unterschiedlicher Erhebungskonzepte stark voneinander ab. Ein Sampling zur Rekonstruktion einiger Kapitalströme, wie es Analysen des UNCTC (1992) vornehmen, führt zu nur scheinbar präzisen Ergebnissen. Koeffizienten zur Berechnung der Direktinvestitionsposition (Direktinvestitionen im Ausland minus Direktinvestitionen im Inland), um ein neomerkantiles Internationalisierungsprofil zu bestimmen, wurden daher nicht erhoben. Ebenso problematisch ist die Berechnung der Auslandsintensität auf der Basis von Umsatzzahlen der Unternehmen, da sich die Unternehmensdaten aus den genannten Gründen der statistischen Erfassung weitgehend entziehen.

Die verwendete Operationalisierung errechnet die Direktinvestitionsquote für sieben Industrieländer von 1960 bis 1990. *Die Direktinvestitionsquote wird definiert als der Anteil der Transaktionen (flows) im Ausland an den im Inland getätigten Anlageinvestitionen.* Die Werte für Direktinvestitions-Flows sind der Zahlungsbilanz entnommen, definiert als die Summe der Nettokapitaltransfers Gebietsansässiger zum Zwecke einer dauerhaften Einflußnahme auf das ausländische Unternehmen während eines Stichjahres umgerechnet zu Tageskursen. Die Daten zu Bruttoanlageinvestitionen sind der Verwendungsseite der Volkswirtschaftlichen Gesamtrechnung entnommen.[1]

Die Problematik des Vorgehens besteht darin, daß beide Aggregate von unterschiedlichen Unternehmenskonzepten ausgehen, unterschiedliche Investitionsbegriffe zugrunde legen und unterschiedliche Preisberichtigungen vornehmen. Anlageinvestitionen im Ausland sind vermutlich geringer als die verbuchten Direktinvestitionen. So wird etwa beim Kauf einer ausländischen Firma nicht der Sachwert der Anlage, sondern der Firmenwert berechnet. Direktinvestitionen berücksichtigen folglich neben Sachinvestitionen auch Umlaufkapital, immaterielle Güter wie Lizenzen und Patente, Aufwendungen für Forschung und Entwicklung und v. a. den Wert der ausländischen Währung. Die Werte der Direktinvestitionen können sich bei Wechelkursschwankungen ändern, ohne daß eine Investition oder Desinvestition getätigt wurde. Die Deutsche Bundesbank beziffert den Wechselkurseffekt durch die relative Aufwertung der DM für den Zeitraum 1977-1985 auf ca. 5 Mrd. DM (Deutsche Bundesbank 1987). Trotz dieser methodischen Unterschiede in der Erhebung der Aggregate ist die Bildung einer Direktinvestitionsquote plausibel, weil es sich bei beiden Aggregaten um Stromgrößen handelt, beide Aggregate ein Maß für Investitionstätigkeit sind und die Größenrelation etwa der Außenhandelsquote entspricht.

1 Definition in: Wirtschaft und Statistik, 1977, S. 757-763.

Alle erhobenen Rohdaten wurden, soweit erforderlich, zur Erstellung einer Vergleichsbasis zum Jahresmittelkurs in US-$ übertragen. Ein Vergleich der verzeichneten Bruttoinlandsprodukte Europas und Nordamerikas offenbart die Abhängigkeit der statistischen Ergebnisse vom Umrechnungskurs des US-$: Die Stichjahre 1980 und 1988, in denen das aggregierte BIP Europas über dem Nordamerikas liegt, sind zugleich die Jahre, in denen der Jahresmittelkurs des US-$ einen historischen Tiefstand erreichte (1980 = DM 1,82/1988 = DM 1,76). Im Jahre 1985 (Dollarkurs = DM 2,85) dagegen betrug das europäische BIP nur zwei Drittel des nordamerikanischen. Das Beispiel zeigt, daß der Umrechnungskurs Aussagen zur absoluten Internationalisierung nur bedingt zuläßt. Aus diesem Grund wurden neben der Außenhandelsquote sowohl Export- als auch Importquoten berechnet. Aber auch die Messung relativer Internationalisierungsgrade wird durch Wechselkursänderungen tangiert. Die Dollarparität beeinflußt bei ausgeglichener Handelsbilanz den Nenner der Außenhandelsquote stärker als den Zähler. Für ein Aufwertungsland wie Japan bedeutet dies, daß sich bei steigendem Yen-Kurs die Außenhandelsquote verringert. Für währungspolitisch instabile Entwicklungsländer wie in Lateinamerika gilt der gegenläufige Effekt. Im Pazifischen Raum offenbart sich der Wechselkurseffekt weniger stark. Er ist hier überwiegend eine Funktion der Dollar/Yen-Parität und hat lediglich für die Jahre 1984-1986 gravierende Auswirkungen (Plaza-Abkommen). Auch innerhalb der Westlichen Hemisphäre betrifft der Wechselkurseffekt überwiegend die entwicklungspolitisch motivierte Diskussion über den Vergleichswert des BIP/BSP (OECD 1993).

2.3 Die Internationalisierung des Marktes

Die Auswertung des erhobenen Datenmaterials über die Entwicklung der Außenhandelsquoten zeigt folgende Ergebnisse: Im Atlantischen Raum beträgt die mittlere Außenhandelsquote seit Beginn der 1980er Jahre rund 17%. Die mittlere europäische Außenhandelsquote bewegt sich zwischen 16 und 26%. Sie steigt bis 1985 kontinuierlich an und fällt danach unter das Niveau von 1980 (24%) auf 23% zurück. Wie aus Tabelle 1 ersichtlich ist, weist die zweite Dekade (1970-1980) mit einem durchschnittlichen Wachstum von 66% die stärkste Dynamik auf, während die dritte Dekade durch Stagnation oder relativen Rückgang (−3%) gekennzeichnet ist. Die Internationalisierung des Warenhandels ist also ein Phänomen der 1960er und insbesondere der 1970er Jahre. Danach bleibt das Wachstum des Außenhandels hinter dem gesamtwirtschaftlichen Wachstum zurück. Läßt man die sprunghafte Entwicklung der Quote Jugoslawiens außer acht (hier handelt es sich um einen wechselkursbedingten Bewertungsfehler), dann folgen fast alle Staaten des Europäischen Raumes während der 1980er Jahre diesem Trend. Ausnahmen sind Portugal (+25%), Irland (+15%) und Spanien (+12%). Deren Außenhandelsverflechtung nimmt aufgrund der Integration in die EG zu. Die höchsten Außenhandelsquoten in Europa weisen im Jahre 1990 Belgien/Luxemburg (60,4%), Irland (58,5%) und die Niederlande (46,4%) auf. Die geringsten Internationalisierungsgrade verzeichnen Spanien (14,5%), Italien (16,2%), Griechenland (21%) und Frankreich (18,9%).

Die relative Internationalisierung Nordamerikas wird durch den Außenhandel der USA dominiert und verzeichnet ebenfalls während der 1970er Jahre die stärkste Zunahme. Die Außenhandelsquote hat sich 1980 (10,3%) im Vergleich zu 1970 (5,3%) fast verdoppelt. Nach 1980 stagniert sie für die USA bei rund 8%, für Kanada etwa bei 24%. Wie erwartet ist die relative Außenorientierung der US-Ökonomie damit um rund zwei Drittel niedriger als die der europäischen Staaten. Die der kanadischen Wirtschaft entspricht etwa dem europäischen Durchschnitt.

Zusätzlich wurde ein »echter« intraregionaler Faktor (Handel des Europäischen Raumes mit dem Europäischen Raum) berechnet. Bezogen auf das Bruttoinlandsprodukt beträgt der Anteil des intraregionalen Warenaustausches Europas mit sich selbst im Jahre 1990 16%, während die gesamte Außenhandelsquote Europas 23% erreicht. Berücksichtigt man, daß die Staaten des Europäischen Raumes etwa 70% ihres Außenhandels intraregional und damit nur 30% des gesamten Außenhandels extraregional abwikkeln, würde eine gemeinsame europäische Außenhandelsquote bei etwa 7% liegen. Der Internationalisierungsgrad Gesamteuropas ist somit niedriger als der der USA. Die Internationalisierung Europas vollzieht sich also überwiegend zwischen den Staaten Europas selbst und nicht durch eine verstärkte Einbindung in den Weltmarkt. Der Anstieg der intraregionalen Exportquote Europas im

Zeitraum 1960-1990 liegt mit über 87 % fast doppelt so hoch wie der Zuwachs der internationalen Außenhandelsquote (+43,75 %).

Im Pazifischen Raum (Tabelle 2) beträgt die mittlere Außenhandelsquote für die Jahre 1960 und 1970 etwa 6 %, verdoppelt sich bis 1980 und erreicht 1990 ein metastabiles Niveau von etwa 12 %. Die mittlere Außenhandelsquote des Asiatisch-ozeanischen Raumes beträgt seit Anfang der 1980er Jahre etwa 16 %. Die Zunahme der Internationalisierung vollzieht sich im wesentlichen während der 1970er Jahre und verläuft ähnlich wie die Entwicklung der Außenhandelsquoten des Europäischen Raumes. Das Niveau der 1980er Jahre liegt um etwa 7 Prozentpunkte über dem des Stichjahres 1970. Im Gegensatz zum Europäischen Raum bleibt während der 1960er Jahre der Internationalisierungsgrad des Asiatisch-ozeanischen Raumes nahezu konstant (rund 10,5 %).

Insgesamt sind die Außenhandelsquoten im Pazifischen Raum weniger homogen als in Europa. Die japanische Quote ging nach einem zwischenzeitlichen Höhepunkt der Jahre 1980-1985, als der Internationalisierungsgrad fast 13 % erreichte, auf weniger als 8 % zurück und damit unter das Niveau der 1960er Jahre. Sie lag zeitweise sogar unter der US-Außenhandelsquote. Während die japanische Wirtschaft nach den Kriterien von Karl Deutschs »Relative Acceptance Index« (Deutsch/Eckstein 1961) in bezug auf ihren Internationalisierungsgrad als geradezu rückständig erscheint, weil Japan aufgrund seiner natürlichen Voraussetzungen (Bevölkerungszahl, Landesfläche) etwa die britische, französische oder deutsche Außenhandelsquote aufweisen müßte, erreichen die Quoten anderer asiatischer Marktteilnehmer astronomische Höhen. So verzeichnen die Stadtstaaten Hongkong und Singapur Außenhandelsquoten von über 100 % (Hongkong 1990: 130,6 %; Singapur 1980: 184,9 %), während Chinas und Australiens Quote unter 16 % liegen. Die hohen Außenhandelsquoten in Hongkong und Singapur dokumentieren den sog. Rotterdam-Effekt. Der Umfang der Exporte und Importe ist in diesen Enklaven höher aufgrund des Transithandels als die eigene Wirtschaftstätigkeit. Für Hongkong, dessen Außenhandelsquote parallel zur chinesischen Entwicklung über die 1980er Jahre zunimmt, beziffert das japanische MITI (1992) den Anteil der Reexporte am Gesamtvolumen des Außenhandels auf 70 %.

Einige Länder weichen vom typischen Verlauf (Extremwerte 1960 und 1980, danach Stagnation bzw. leichter Rückgang) ab.

Tabelle 1: Außenhandelsquoten der Länder des Atlantischen Raums 1960–1990

Nr.		AHQ in Prozent				Wachstum nach Dekaden			
		1960	1970	1980	1990	1960–1970	1970–1980	1980–1990	1960–1990
1	Belgien	34,41	44,91	56,60	60,40	30,53	26,02	6,72	75,55
2	Dänemark	27,95	24,54	27,19	25,40	-12,18	10,79	-6,56	-9,10
3	Deutschland	14,98	17,39	23,38	25,32	16,12	34,46	8,25	69,03
4	Finnland	20,27	22,69	28,83	19,47	11,91	27,10	-32,46	-3,93
5	Frankreich	10,95	13,03	18,88	18,91	19,02	44,92	0,15	72,73
6	Griechenland	12,93	13,05	19,70	21,00	0,93	50,95	6,60	62,41
7	Großbritannien	16,40	16,65	20,93	20,93	1,51	25,72	-0,01	27,61
8	Irland	29,95	35,31	50,74	58,54	17,88	43,71	15,36	95,44
9	Island	34,12	30,55	29,89	27,86	-10,46	-2,17	-6,78	-18,34
10	Italien	11,28	14,00	19,74	16,12	24,16	40,98	-18,35	42,91
11	Jugoslawien	30,53	18,02	17,19	29,29	-40,96	-4,60	70,37	-4,05
12	Niederlande	38,86	37,26	44,85	46,43	-4,12	20,37	3,52	19,48
13	Norwegen	23,18	24,14	30,74	28,55	4,12	27,38	-7,14	23,15
14	Österreich	20,19	22,15	27,25	28,62	9,72	22,99	5,06	41,78
15	Portugal	17,12	19,95	27,78	34,73	16,52	39,27	25,01	102,87

Tabelle 1: Fortsetzung

Nr.		AHQ in Prozent				Wachstum nach Dekaden			
		1960	1970	1980	1990	1960-1970	1970-1980	1980-1990	1960-1990
16	Schweden	19,60	20,44	25,75	24,69	4,29	26,00	-4,14	25,97
17	Schweiz	23,77	27,57	32,45	29,59	16,00	17,70	-8,82	24,48
18	Spanien	6,99	9,00	12,97	14,53	28,73	44,12	12,07	107,91
	Europäischer Raum	16,51	18,27	23,94	23,73	10,64	31,07	-0,88	43,75
19	USA	3,52	4,22	8,99	8,39	19,91	113,11	-6,60	138,68
20	Kanada	14,79	18,21	23,48	22,04	23,07	28,97	-6,14	48,98
	Nordamerika	4,34	5,31	10,29	9,70	22,31	93,94	-5,70	123,69
	Atlantischer Raum	8,89	10,73	17,80	17,20	20,80	65,88	-3,38	93,61

Tabelle 2: Außenhandelsquoten der Länder des Pazifischen Raums 1960-1990

Nr.		AHQ in Prozent				Wachstum nach Dekaden			
		1960	1970	1980	1990	1960-1970	1970-1980	1980-1990	1960-1990
1	Australien	14,04	13,17	13,49	13,21	-6,18	2,39	-2,05	-5,91
2	Brunei		9,26	48,88	84,97		427,64	73,84	
3	China	5,27	2,93	7,73	15,64	-44,33	163,59	102,39	196,99
4	Hongkong		75,05	76,53	130,60		1,98	70,65	
5	Indonesien		11,46	22,59	22,14		97,08	-1,97	
6	Japan	9,71	9,37	12,78	8,81	-3,50	36,31	-31,06	-9,32
7	Korea (Süd)	4,94	16,06	31,77	28,12	225,23	97,83	-11,49	469,48
8	Malaysia	46,94	39,40	42,52	68,94	-16,06	7,91	62,14	46,86
9	Neuseeland	21,72	18,90	24,37	22,88	-12,99	28,96	-6,11	5,35
10	Papua-Neuguinea		34,18	39,87	37,90		16,63	-4,92	
11	Philippinen	9,62	15,88	19,92	24,80	65,09	25,46	24,50	157,88
12	Singapur	175,74	105,87	184,94	163,67	-39,76	74,69	-11,50	-6,87
13	Taiwan	14,77	23,79	47,74	38,20	61,05	100,70	-19,99	158,63
14	Thailand	16,89	13,82	20,38	34,96	-18,16	47,45	71,58	107,06
	Asiatisch-ozean. R.	10,50	10,69	17,09	16,44	1,73	59,94	-3,83	56,48
15	USA	3,52	4,22	8,99	8,39	19,91	113,11	-6,60	138,68
16	Kanada	14,79	18,21	23,48	22,04	23,07	28,97	-6,14	48,98
	Nordamerika	4,34	5,31	10,29	9,70	22,31	93,94	-5,70	123,69
	Pazifischer Raum	5,53	6,60	12,86	12,56	19,43	94,85	-2,33	127,29

Chinas und Malaysias Außenhandelsintensität nimmt zwischen 1980 und 1990 um 102% bzw. 62%, Bruneis, Hongkongs und Thailands Quote um rund 70% zu. Dagegen verläuft die Entwicklung in Japan (–31%), Taiwan (–20%), Singapur und Korea (–11,5%), Neuseeland (–6%) und Australien (–2%) etwa nach dem europäischen Muster. Die im Vergleich zu Europa größeren Unterschiede in Ausmaß und Verlauf der Internationalisierung sind durch zwei Faktoren bedingt. Zum einen durch die Größenunterschiede zwischen den Staaten (z. B. Hongkong vs. China), zum anderen durch das stark disparitäre Entwicklungsniveau in der Region. Die Quoten von Australien und Neuseeland stagnieren, während die Quoten der »neureichen« Länder aufgrund dramatischer Wachstumsraten des BIP sinken. Japans BIP verdreifachte sich in den 1980er Jahren, das BIP Taiwans und Südkoreas vervierfachte sich. Hier spielen auch Wechselkurs- und Ölpreiseffekte eine Rolle. Der Anstieg der Außenhandelsquote Bruneis spiegelt das Phänomen in umgekehrter Richtung wider. Hier sinkt das BIP zwischen 1980 und 1990 um die Hälfte, und der Importwert verdreifacht sich. Dagegen nehmen die durch nachholende Entwicklung stimulierten Quoten neuer Marktteilnehmer weiterhin zu (China, daher auch Hongkong, ferner Thailand und Malaysia).

Der Anteil des intraregionalen Warenaustausches am BIP (Intra-AHQ) nimmt im Pazifischen Raum von 2,5% auf 8,1% zu. Die intraregionale Außenhandelsquote steigt sogar während der 1980er Jahre, obwohl sie ansonsten weltweit stagnierte oder sogar rückläufig war. Die USA, Kanada, Australien und Neuseeland erhöhen ihren intraregionalen Verflechtungsgrad im Pazifischen Raum. Japans intraregionale Außenhandelsquote geht leicht zurück.

Die nach Mitgliedsländern zahlenmäßig stärkste Wirtschaftsregion bildet die *Westliche Hemisphäre*. Kuba wurde nicht berücksichtigt, weil zu Kuba keine international vergleichbaren und zuverlässigen Daten existieren. Analog zu den Tabellen des Atlantischen und Pazifischen Raumes ist die Subregion Nordamerika separat ausgewiesen. Die Dominanz Nordamerikas ist in der Westlichen Hemisphäre (Tabelle 3) noch stärker ausgeprägt als im Pazifischen Raum. Von dem 6,7 Billion US-$ betragenden gemeinsamen BIP (1990) entfallen auf die USA und Kanada 6 Billionen US-$, auf Lateinamerika dagegen nur rund 770 Mrd. US-$. Da die Internationalisierung Nordamerikas bereits diskutiert wurde, werden wir uns im folgenden mit den Entwicklungen in Lateinamerika befassen. Die Entwicklung der Außenhandelsquoten Lateinamerikas weicht in zwei Punkten vom allgemeinen Trend ab. Erstens verzeichnet Lateinamerika im Stichjahr 1960 die höchste Außenhandelsquote; zweitens wird der Wert von 1980 im Verlauf der 1980er Jahre mehrfach überschritten. Stark steigende Außenhandelsintensität weisen in den 1980er Jahren Argentinien (+ 126,6 %), Chile (+ 68,7 %), Paraguay (+ 53 %), Mexiko (+ 33 %) und Uruguay, Guayana und Nicaragua (etwa + 40 %) auf. Weniger stark wächst die Außenhandelsquote von Costa Rica, Kolumbien, Ecuador und Guatemala. Alle übrigen lateinamerikanischen Volkswirtschaften verzeichnen sinkende Außenhandelsquoten.

Mit rund 12 % liegt die mittlere Außenhandelsquote Lateinamerikas unter dem europäischen (23 %) und dem asiatisch-ozeanischen Niveau (16 %). Wie stark die Westliche Hemisphäre von den USA dominiert wird, belegt die gemeinsame Außenhandelsquote der gesamten Region. Die mittlere Außenhandelsquote der Westlichen Hemisphäre differiert nur um einige Zehntel gegenüber der nordamerikanischen Quote.

Die regionenbezogenen Analysen können in eine übergreifende Sichtweise integriert werden, indem man die Cluster Europäischer Raum, Asiatisch-ozeanischer Raum und Westliche Hemisphäre zu einer gemeinsamen Einheit (»gesamt«) addiert und daraus durchschnittliche Internationalisierungsgrade berechnet. Tabelle 4 faßt die Ergebnisse der Synopsen zusammen. Der Anteil des Außenhandels am gesamten BIP betrug 1960 und 1970 rund 10 %, stieg zwischen 1970 und 1980 auf 17 % an und stagniert seither. Demnach entspricht der generelle Verlauf der Internationalisierung (»Gesamt«) ziemlich genau der Entwicklung im Asiatisch-ozeanischen Raum, einer Region, die maßgeblich durch eine nachholende industrielle Entwicklung gekennzeichnet ist. Die Dynamik der industriellen Entwicklung fällt mit dem Verlauf der Internationalisierung des Handels zusammen. Zwischen 1960 und 1970 wies die Asiatisch-ozeanische Region einen moderaten Entwicklungsfortschritt auf, der sich zudem auf Staaten mit einer bereits fortgeschrittenen Industrialisierung beschränkte. Während sich Japans BIP in den 1960er Jahren verfünffachte, stieg das BIP der Region nur um das Doppelte. Erst mit dem Entwicklungsschub der Schwellenländer setzte in den 1970er Jahren ein rapider Internationalisierungsprozeß ein, der bis 1985, in einigen Ländern sogar bis 1990, ungebrochen anhielt.

Die Parallelität der Dynamik von Internationalisierungsgrad und industrieller Entwicklung legt die Vermutung nahe, daß Internationalisierung im Bereich des Warenhandels kein durchgängiges globales Phänomen darstellt, sondern vielmehr in Abhängigkeit zum Modernisierungsgrad einer Volkswirtschaft steht. Durch die Ausweitung der Vorleistungsverflechtung auf internationale Lieferanten, durch den Ausbau von Märkten und den steigenden Bedarf an Rohstoffen, der durch die zweite Ölkrise seit 1980 die Außenhandelsströme zusätzlich aufblähte, hat die Internationalisierung des Warenhandels überall dort eine signifikante Dynamik entwickelt, wo eine industrielle Basis aufgebaut wird (Schwellenländer). Dort, wo diese industrielle Basis bereits vorhanden ist (Europa), wo sie zerfällt (Lateinamerika) oder wo die Industrie- in eine Dienstleistungsökonomie übergeht (USA), ist die Zunahme der Außenhandelsquoten gering, stagnierend oder sogar rückläufig. Eine abnehmende Außenhandelsquote kann demnach weniger als Indiz für eine fortschreitende Renationalisierung von Volkswirtschaften begriffen werden, sondern muß als eine Strukturveränderung im entwicklungstheoretischen Kontext interpretiert werden, der weniger politische als vielmehr ökonomische Anpassungszwänge zugrunde liegen. Zu diesen Strukturveränderungen gehört die steigende Bedeutung von Direktinvestitionen und damit der Internationalisierung der Produktion. Deren Anstieg fällt mit der Stagnation der Internationalisierung des Warenhandels zusammen.

2.4 Die Internationalisierung der Produktion

Sowohl die Bestandswerte (Tabelle 5 und Graphik 1) wie die Flußwerte internationaler Direktinvestitionen (Tabelle 6) belegen einen deutlichen Anstieg der Internationalisierung der Investitionstätigkeit seit Mitte der 1980er Jahre.

Zwischen 1976 und 1990 haben sich die globalen DI-Bestände der »G7«-Länder nahezu versiebenfacht. Betrugen sie 1976 noch 240 Mrd. US-$, so erreichten sie 1990 fast 1,4 Billionen US-$. Der Anstieg der Kapitaltransfers begann Mitte der 1980er Jahre und kommt insbesondere in der Dynamik der jährlichen DI-Flows zum Ausdruck. Mit Wachstumsraten von 15-27% pro Jahr (1980-1990) expandierten die Auslandsinvestitionen dreimal schneller als

Tabelle 3: Außenhandelsquoten der Länder der Westlichen Hemisphäre 1960-1990

Nr.		AHQ in Prozent				Wachstum nach Dekaden			
		1960	1970	1980	1990	1960-1970	1970-1980	1980-1990	1960-1990
1	Argentinien	8,08	7,38	6,02	13,63	-8,71	-18,43	126,58	68,72
2	Belize		48,69	74,29	44,28		52,57	-40,40	
3	Bolivien	18,04	16,76	22,02	17,64	-7,12	31,39	-19,90	-2,24
4	Brasilien	9,53	6,56	9,41	5,92	-31,17	43,51	-37,05	-37,82
5	Chile	12,90	14,20	17,77	29,98	10,07	25,13	68,74	132,42
6	Costa Rica	19,07	27,82	26,29	30,54	45,91	-5,51	16,18	60,17
7	Dominik. Rep.	19,13	18,61	19,60	18,21	-2,71	5,36	-7,13	-4,81
8	Ecuador	13,79	13,85	20,16	23,33	0,44	45,52	15,73	69,14
9	El Salvador	21,40	21,86	28,53	16,72	2,13	30,52	-41,39	-21,88
10	Guatemala	11,19	15,09	19,79	20,98	34,79	31,15	6,04	87,45
11	Guyana	46,93	50,66	66,35	91,65	7,94	30,97	38,14	95,30
12	Haiti	13,43	11,61	20,19	8,59	-13,60	73,99	-57,46	-36,06
13	Honduras	20,04	27,77	36,12	16,30	38,52	30,10	-54,88	-18,68
14	Jamaica	28,27	30,81	39,82	36,02	8,99	29,23	-9,55	27,40
15	Kolumbien	12,17	10,97	12,89	15,56	-9,87	17,48	20,75	27,87

Tabelle 3: Fortsetzung

Nr.		AHQ in Prozent				Wachstum nach Dekaden			
		1960	1970	1980	1990	1960-1970	1970-1980	1980-1990	1960-1990
16	Kuba								
17	Mexiko	7,82	4,90	9,41	12,47	-37,36	92,04	32,60	59,50
18	Nicaragua	20,11	24,32	32,16	44,89	20,96	32,25	39,57	123,27
19	Panama	16,83	22,87	25,39	19,53	35,91	11,00	-23,08	16,05
20	Paraguay	11,38	11,69	10,23	15,64	2,73	-12,50	52,91	37,46
21	Peru	20,25	15,36	15,41	7,13	-24,15	0,35	-53,73	-64,78
22	Surinam	264,75	42,94	57,18	27,43	-83,78	33,16	-52,03	-89,64
23	Trinidad u. Tob.	54,23	61,53	49,56	49,18	13,46	-19,45	-18,94	-25,91
24	Uruguay	12,28	9,65	13,52	18,91	-21,43	40,05	39,94	53,98
25	Venezuela	22,79	19,12	26,21	25,11	-16,08	37,07	-4,22	10,17
	Lateinamerika	12,73	9,89	12,01	11,32	-22,31	21,44	-5,79	-11,11
20	USA	3,52	4,22	8,99	8,39	19,91	113,11	-6,60	138,68
21	Kanada	14,79	18,21	23,48	22,04	23,07	28,97	-6,14	48,98
	Nordamerika	4,34	5,31	10,29	9,70	22,31	93,94	-5,70	123,69

Tabelle 4: BIP, Außenhandel und Außenhandelsquoten nach Regionen 1960-1990

		1960			1970			1980			1990		
		BIP	AH	AHQ	BIP	AH	AHQ	BIP	AH	AHQ	BIP	AH	AHQ
1	Europäischer Raum	329	54	16,51	788	144	18,27	3 609	864	23,94	6 887	1 634	23,73
2	Nordamerika	552	24	4,34	1 093	58	5,31	2 949	304	10,29	5 999	582	9,70
[1, 2]	**Atlantischer Raum**	881	78	8,89	1 881	202	10,73	6 559	1 168	17,80	12 886	2 217	17,20
3	Asiatisch-ozean. Raum	132	14	10,50	375	40	10,69	1 795	307	17,09	4 430	728	16,44
4	Nordamerika	552	24	4,34	1 093	58	5,31	2 949	304	10,29	5 999	582	9,70
[3, 4]	**Pazifischer Raum**	684	38	5,53	1 468	98	6,60	4 744	610	12,86	10 429	1 310	12,56
5	Lateinamerika	70	9	12,73	151	15	9,89	794	95	12,01	978	111	11,32
6	Nordamerika	552	24	4,34	1 093	58	5,31	2 949	304	10,29	5 999	582	9,70
[5, 6]	**Westl. Hemisphäre**	622	33	5,28	1 244	73	5,86	3 743	399	10,66	6 977	693	9,93
[1, 3, 5, 6]	**»Gesamt« [1, 3, 5, 6]**	1 083	101	9,33	2 456	257	10,67	9 148	1 570	17,16	18 293	3 055	16,70

BIP und AH in Mrd. US-$, AHQ in %

Tabelle 5: Bestandswerte der Direktinvestitionen für BRD, Japan, USA, Großbritannien, Niederlande, Frankreich und Kanada 1976-1990 in Mio. US-$.

Jahr	BRD (1)	Japan (2)	USA (3)	GB (4)	NL (5)	FRA (6)	CAN (7)	gesamt (1-7)
1976	18 416	19 404	136 396	24 509	20 307	8 371	11 386	238 789
1977	22 228	22 210	148 782	32 288	24 342	9 339	12 344	271 533
1978	28 831	26 808	167 804	38 875	29 585	11 961	13 847	317 711
1979	35 320	31 803	186 760	49 492	36 343	14 662	17 110	371 490
1980	37 955	36 496	215 578	60 577	39 661	* 17 900	21 591	429 758
1981	39 218	45 427	226 359	54 464	40 043	18 165	27 471	451 147
1982	40 143	53 130	221 512	69 349	39 737	18 388	27 818	470 079
1983	39 127	61 276	226 962	83 211	39 121	17 698	29 441	496 835
1984	39 970	71 431	212 994	83 004	42 144	17 560	31 576	498 680
1985	53 026	83 649	229 748	108 380	49 652	19 305	32 648	576 407
1986	69 967	105 970	259 562	115 435	58 911	30 275	37 142	677 261
1987	89 175	139 334	307 983	152 611	76 159	43 587	46 661	855 511
1988	93 920	186 356	333 501	184 958	74 013	56 734	56 552	986 034
1989	109 134	253 896	370 091	203 176	88 101	71 034	62 826	1 158 259
1990	141 163	310 808	421 494	240 017	107 107	110 344	63 940	1 394 873

Graphik 1: Direktinvestitionsbestände der sieben wichtigsten Länder 1976-1990

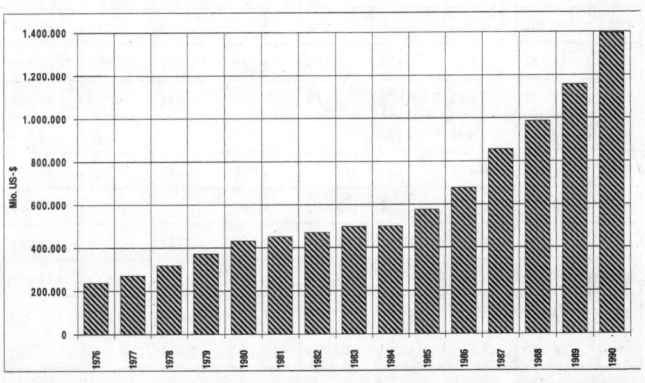

die Weltexporte und viermal schneller als das Weltsozialprodukt. Die Flows des Jahres 1990 haben fast das Niveau der DI-Bestände des Jahres 1976 erreicht. Das heißt, daß im Jahre 1990 mehr Investitionen im Ausland getätigt wurden als in allen Jahren vor 1976 zusammengenommen. Der World Investment Report des UNCTC gibt auf der Basis einer Addition der von den nationalen Berichtsorganen gemeldeten Investitionen die Höhe der globalen DI-Flows mit 234 Mrd. US-$ an (UNCTC 1993). Nach dem Bewertungssystem des japanischen Finanzministeriums haben wir für 1990 auf der Basis der erfaßten sieben Staaten aus Zahlungsbilanzwerten einen Wert von 165 125 Mio. US-$ berechnet. Die Ergebnisse unserer Synopsen sind in Graphik 2 dargestellt.

Tabelle 6: Jährliche Nettoflows der Direktinvestitionen für BRD, Japan, USA, Großbritannien, Niederlande, Frankreich und Kanada 1976-1990 in Mio. US-$

Jahr	BRD (1)	Japan (2)	USA (3)	GB (4)	NL (5)	FRA (6)	CAN (7)	gesamt (1-7)
1976	2 454	1 991	11 640	4 261	1 057	1 712	598	23 713
1977	2 206	1 645	12 322	4 095	1 544	1 198	696	23 705
1978	3 605	2 371	16 064	6 835	1 625	1 794	2 038	34 332
1979	4 427	2 898	25 212	11 979	2 203	1 973	2 177	50 869
1980	4 006	2 385	19 226	11 322	3 418	3 138	2 694	46 190
1981	3 862	4 894	9 620	12 178	3 349	4 523	5 755	44 181
1982	2 481	4 540	970	7 161	2 427	3 063	709	21 352
1983	3 170	3 612	6 673	8 218	2 033	1 841	2 759	28 306
1984	4 389	5 965	11 584	8 062	2 628	2 126	2 277	37 031
1985	4 804	6 452	13 141	10 962	2 830	2 226	2 856	43 270
1986	9 618	14 480	18 666	17 660	3 147	5 231	4 066	72 868
1987	9 104	19 519	31 058	31 491	7 085	8 701	7 070	114 029
1988	11 430	34 210	17 846	37 196	4 129	12 754	5 525	123 090
1989	14 535	44 130	33 356	35 288	11 257	18 063	4 468	161 097
1990	22 906	48 024	33 473	20 885	11 480	27 115	1 243	165 125

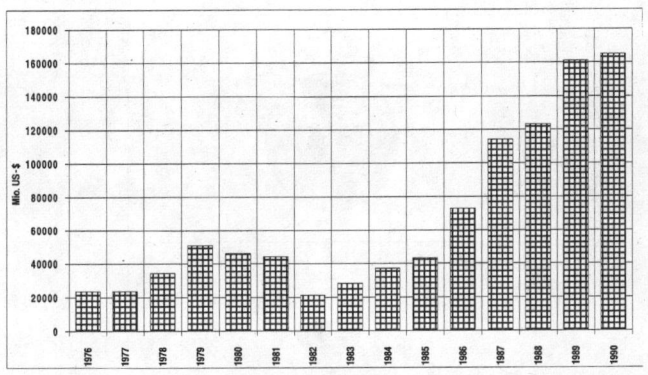

Graphik 3 liefert einen Überblick über die Verteilung der Direktinvestitionsbestände der Stichjahre 1976 und 1990. Darin kommt
v. a. die sinkende Bedeutung der USA als wichtigstes Ursprungsland der Direktinvestitionen zugunsten eines wachsenden japanischen Anteiles zum Ausdruck.

Noch dramatischer als die Entwicklung der USA bei den Direktinvestitionsbeständen ist der Positionverlust bei den DI-
Flows (Graphik 4). Hier hat sich die ehemals dominierende Position der USA, die 1976 noch genausoviel im Ausland investierten
wie alle anderen Länder zusammen, zu einer annähernden Gleich-
verteilung unter der Führung Japans gewandelt.

Während die USA bei den Beständen ihre Führungsposition be-
hielten, fallen die Anteile der amerikanischen DI-Flows hinter die
Direktinvestitionen Großbritanniens und seit 1988 auch hinter
diejenigen aus Japan zurück. Insgesamt sank der Anteil der USA
an den gesamten DI-Flows zwischen 1976 und 1990 von 50% auf
20%, während der Anteil Japans von 8% auf 29% anstieg.

Die Differenzierung der DI-Ströme und -Bestände nach Ursprungsländern erfaßt nicht die gesamte Struktur der Internationalisierung. Zum einen sind die sieben größten Ursprungsländer
für Direktinvestitionen zugleich auch die wichtigsten Zielländer.
Ein Bedeutungsverlust als Ursprungsland ist folglich nicht unbe-

Graphik 3: Anteile der sieben wichtigsten Länder an den gesamten Direktinvestitionsbeständen 1976 und 1990

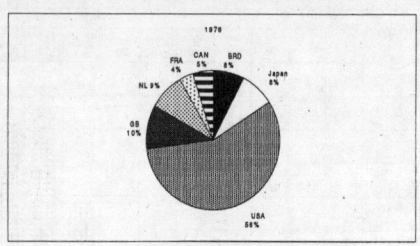

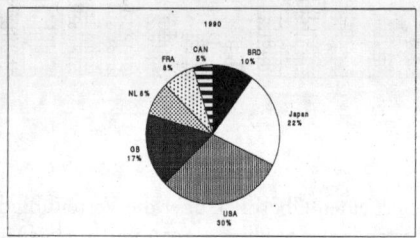

Graphik 4: Anteile der sieben wichtigsten Länder an den jährlichen Direktinvestitionen 1976 und 1990

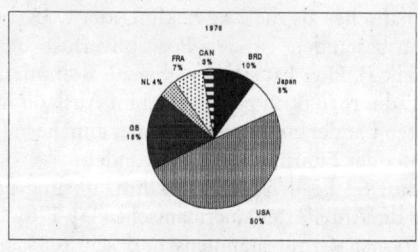

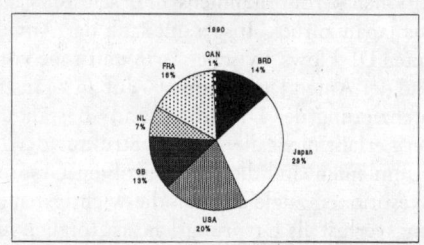

dingt mit einer gleichlaufenden Entwicklung als Zielland verbunden. Daher wurde zunächst die *regionale Verteilung* der DI-Bestände nach Zielregionen untersucht (Tabelle 7).

Tabelle 7: Verteilung der Direktinvestitionsbestände nach Zielregionen. 1976 und 1990 in Prozent

	Nord-amerika	Latein-amerika	Asien/ Ozeanien	Europa	Sonstige
1976	22,99	15,13	13,89	39,52	8,47
1990	31,92	11,75	14,40	38,40	3,53
absolute Veränderung	+8,93	−3,38	+0,51	−1,12	−4,94
relative Veränderung	+38,84	−22,37	+3,62	−2,82	−58,27

Obwohl die US-Direktinvestitionen in dieser Zählung enthalten sind, zeigt sich, daß die USA im Verlauf des Untersuchungszeitraumes ihre Position noch ausbauen konnten. Während Kanadas Bedeutung als Zielland für Direktinvestitionen zurückgeht, weist Nordamerika insgesamt als einzige Zielregion ein signifikantes Wachstum aus (+39%). Der Anteil der Investitionen, die in die Region Asien/Ozeanien fließen, ist dagegen lediglich um 3,6% gestiegen. Europa konnte seine Spitzenposition bei leichten Einbußen halten. Lateinamerika und insbesondere die Kategorie »Sonstige«, die sich aus den Regionen Afrika, Südasien, Naher und Mittlerer Osten sowie Osteuropa zusammensetzt, spielen als Anlageregion keine Rolle mehr.

Addiert man die Bestände der vier wichtigsten Investitionsländer in den USA (BRD, Japan, Großbritannien, Niederlande), dann erhöhten sich die Direktinvestitionen in den USA von 12 Mrd. US-$ (1976) auf 300 Mrd. US-$ (1990), was einem Anstieg von mehr als 2000% entspricht. Insgesamt hat sich der Anteil der USA unter den Zielländern der deutschen, japanischen, britischen und niederländischen Investoren von 15% auf 37% erhöht. Tabelle 8 vergleicht die Positionen der fünf wichtigsten Investitionsländer als Ursprungsländer und Zielländer. Danach hat sich die Position der USA und der Niederlande als Zielland für Direktinvestitionen signifikant verbessert, während die BRD als Zielland an Bedeutung eingebüßt hat.

Tabelle 8: Verteilung der Direktinvestitionsbestände nach Herkunfts- und Zielländern für BRD, Japan, USA, Großbritannien und Niederlande 1976-1990 in Prozent

Ursprungsland		Zielland*	
1976	1990	1976	1990
8	10	8	5
8	22	2	3
56	30	15	37
10	17	10	11
9	8	3	6

* Gesamte Bestände der G5-Staaten minus Anteil des jeweiligen Landes

Die Branchenverteilung der DI-Bestände schließlich (Tabelle 9) ergibt eine signifikante Veränderung der Bedeutung von Zielbranchen. Während 1976 noch fast 45 % aller Direktinvestitionen in den industriellen Sektor flossen, sind es 1990 nur noch 33 %. Im Gegenzug erhöhte sich der Anteil der Direktinvestitionsbestände im tertiären Sektor von 27 % auf mehr als 48 %. Der Anteil der Investitionen im primären Sektor blieb im Untersuchungszeitraum weitgehend konstant. Er beträgt 1990 wie 1976 10 %. Zum einen reflektiert der Bedeutungsgewinn der Dienstleistungen eine betriebswirtschaftliche Entwicklung. Der Anteil der klassischen Produktionsfaktoren Lohnarbeit und Maschinenkapital an der Gesamtwertschöpfung sinkt, während gleichzeitig den der Produktion vor- und nachgelagerten Bereichen wie Finanzierung, Versicherung, Forschung und Entwicklung, Marketing, Controlling, Kreditwesen, Vertrieb und Service ein immer höherer Wertschöpfungsanteil zukommt. Zum anderen werden Direktinvestitionen vermehrt aus strategischen Anlagemotiven getätigt, bei denen die Produktionsorientierung nur noch eine marginale Rolle spielt und hinter spekulativen Profiterwartungen zurücktritt.

Tabelle 9: Verteilung der Bestandswerte der Direktinvestitionen von BRD, Großbritannien, Japan, Niederlande und USA nach Branchen 1976-1990 in Prozent

Jahr	Verarb. Industrie	Bergbau/Öl	Handel	Finanzwesen und Banken	Immobilien	Dienstleistungen	Sonstige	Gesamt
1976	45,11	10,10	11,35	11,29	0,82	1,17	20,16	100,00
1977	44,85	9,90	11,48	11,93	0,92	1,38	19,54	100,00
1978	46,46	9,17	12,00	12,40	0,96	1,55	18,45	100,00
1979	42,77	9,56	12,64	14,31	1,50	1,72	17,50	100,00
1980	41,78	9,81	12,70	14,09	1,60	1,77	18,24	100,00
1981	40,61	10,35	12,95	13,68	1,30	1,89	19,21	100,00
1982	36,64	14,55	13,04	12,39	0,62	4,07	18,69	100,00
1983	35,63	15,00	13,24	12,25	0,67	4,21	19,01	100,00
1984	35,13	14,65	12,93	13,18	0,80	5,02	18,29	100,00
1985	35,68	13,04	11,68	16,11	0,97	5,97	16,55	100,00
1986	34,82	12,12	11,77	18,51	1,56	5,89	15,33	100,00
1987	34,76	11,65	11,63	20,60	2,15	6,35	12,87	100,00
1988	34,69	11,02	11,29	21,88	2,88	6,62	11,62	100,00
1989	33,57	10,36	11,04	23,76	3,92	7,30	10,05	100,00
1990	33,01	9,94	10,95	24,01	4,22	8,11	9,76	100,00

Graphik 5 belegt, wie sich innerhalb des Dienstleitungssektors die Gewichte verschoben haben. Während die primären und sekundären »Verliererbranchen« (Bergbau/Öl, Verarbeitende Industrie) auf der linken Seite kursiv aufgeführt sind, sind unter den Gewinnern im Tertiären Sektor für Investoren zwei Branchen besonders attraktiv geworden: Finanzdienstleistungen und Immobilien, also der sog. FIRE-Sektor. Direktinvestitionen in diese Be-

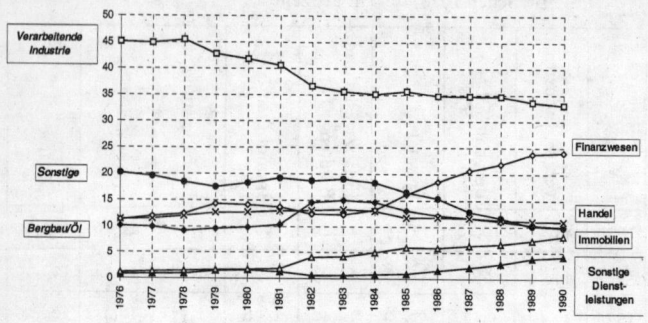

Graphik 5: Verteilung der Bestandswerte der Direktinvestitionen der fünf
wichtigsten Länder nach Branchen 1976-1990

reiche sind, wenn überhaupt, nur noch mittelbar mit der Warenproduktion verknüpft.

In den 1980er Jahren sind mithin die Unternehmen selbst zur
Handelsware geworden, so daß sich im statistischen Anstieg der
Direktinvestitionen auch rein bilanz- und anlagetechnisch begrün-
dete Käufe und Verkäufe von Unternehmen niederschlagen. Die
beiden auffälligsten Trends der 1980er Jahre, die Zunahme von Direktinvestitionen im Tertiären Sektor und der Bedeutungsgewinn
der Zielregion USA, lassen sich nicht mit produktionsorientierten
Investitionsmotiven begründen, sondern sind ganz eindeutig an
Kapitalverwertungsüberlegungen geknüpft. Wohl auch aus Man-
gel an geeigneten Investitionsrenditen im Bereich der Produktion
flossen europäisches und japanisches Kapital in erheblichem
Umfang in marode US-Industriebetriebe. Sie wurden mitunter lediglich zur bilanztechnischen Verlustausweisung erworben und
danach, durch rigide Kostensenkungsmethoden bis zur Produkti-
onsunfähigkeit zerstückelt, zu einem höheren Marktwert veräu-
ßert. Direktinvestitionen sind folglich immer weniger ein Indikator für die Internationalisierung der Produktion, um so mehr
jedoch für die Internationalisierung des Kapitalverkehrs. Attrak-
tive Zielregionen (USA) und Zielbranchen (Finanzwesen, Immobilien) reflektieren in erster Linie die Gewinnerwartungen der Investoren.

Zwar läßt der absolute Anstieg der Direktinvestitionen bei
gleichzeitiger Verschiebung des Gewichts der Ursprungsländer

eine Zunahme der Internationalisierungsgrades der Investitionen vermuten. Zur Messung der relativen Internationalisierung müssen allerdings die Werte mit den binnenwirtschaftlich getätigten Investitionen zu einer Direktinvestitionsquote in Beziehung gesetzt werden.

Die Direktinvestitionsquote gibt die Internationalisierung der Investitionstätigkeit wieder. Erwartungsgemäß weist der Internationalisierungsgrad während der frühen 1960er Jahre ein sehr niedriges Niveau auf (Tabelle 10). Lediglich für die USA, Großbritannien und die Niederlande beträgt die Quote mehr als 3%. Noch 1970 hat die DI-Quote Japans, Deutschlands, Frankreichs und Kanadas die Zweiprozentmarke nicht erreicht. Während der 1970er Jahre nimmt die Auslandsinvestitionstätigkeit aller sieben Länder nur leicht zu. Erst in den 1980er Jahren beginnt ein explosionsartiger Anstieg der Quoten. Zwischen 1980 und 1990 versechsfachen sich die DI-Quoten Japans (von 0,8% auf 5%) und Frankreichs (von 1,5% auf 9%), der Internationalisierungsgrad deutscher Investitionen verdreifacht sich, der niederländische und britische verdoppelt sich. Mit Ausnahme der USA und Kanadas weisen mithin alle DI-Quoten einen permanenten Anstieg auf. Die USA hatten bereits 1970 und Kanada im Jahr 1985 ihren Zenit erreicht. Während Kanada als Ursprungsland für Direktinvestitionen seit Mitte der 1980er Jahre und als Zielland seit den 1970er Jahren an Bedeutung verliert, haben die USA als Zielland für Direktinvestitionen gerade während der 1980er Jahre stark an Bedeutung gewonnen.

2.5 Der Zusammenhang zwischen Außenhandel und Direktinvestitionen

Die Zunahme der Direktinvestitionen verläuft parallel zum Außenhandel, wenn auch erstere in den 1980er Jahren sehr viel stärker zunehmen. Vergleicht man die Wachstumsraten der DI-Quoten der 1980er Jahre (Tabelle 10) mit denen der Außenhandelsquoten (Tabelle 11), ergibt sich folgendes Bild: Für die BRD, die USA, Niederlande, Frankreich und Kanada weist die Veränderung in die gleiche Richtung, wobei die Quoten Kanadas und der USA sinken und die der übrigen Länder steigen. Nur in Japan verläuft die Entwicklung gegenläufig. Während dort die DI-Quote

Tabelle 10: Direktinvestitionsquoten von BRD, Japan, USA, Großbritannien, Niederlande, Frankreich und Kanada 1960–1990 in Prozent

	1960	1970	1980	1984	1985	1986	1988	1990	1980–1990**
BRD	0,80	1,84	2,15	3,52	3,92	5,54	4,90	7,26	237,18
Japan*	0,28	0,49	0,72	1,70	1,75	2,67	3,95	5,02	600,82
USA	4,33	5,74	4,67	1,94	2,08	2,87	2,48	4,17	–10,71
Großbritannien*	8,71	7,15	11,71	10,98	14,01	18,66	23,47	21,13	80,45
Niederlande*	3,16	6,35	9,65	11,35	11,70	8,95	8,44	19,00	96,99
Frankreich	0,45	1,08	2,05	2,21	2,21	3,71	6,52	10,87	429,41
Kanada	0,59	1,66	4,36	3,48	4,14	5,56	5,17	1,03	–76,41

* Japan, Niederlande: 1960 = 1965, Großbritannien: 1990 = 1989

** Wachstum der DI-Quote

Tabelle 11: Außenhandelsquoten von BRD, Japan, USA, Großbritannien, Niederlande, Frankreich und Kanada 1960-1990 in Prozent

	1960	1970	1980	1984	1985	1986	1988	1990	1980-1990*
BRD	14,98	17,39	23,38	26,27	27,34	24,41	23,87	25,32	8,30
Japan	9,71	9,37	12,78	12,19	11,55	8,50	7,93	8,81	-31,06
USA	3,52	4,22	8,99	7,66	7,19	7,25	8,08	8,39	-6,67
Großbritannien	16,40	16,65	20,93	23,03	22,94	20,62	20,14	20,93	0,00
Niederlande	38,86	37,26	44,85	51,15	52,57	44,52	44,54	46,43	3,52
Frankreich	10,95	13,03	18,88	20,18	19,94	17,35	18,10	18,91	0,16
Kanada	14,79	18,21	23,48	24,48	24,48	24,15	23,45	22,04	-6,13

* Wachstum der AH-Quote

um 600% steigt, sinkt die AHQ um 31%. In Großbritannien steigt die DI-Quote, während die AH-Quote stagniert.

Auf der Basis einer linearen Betrachtung wurden die Trends zur Internationalisierung des Handels und der Investitionen regressionsanalytisch untersucht. Die Ergebnisse der Berechnungen sind in Tabelle 12 dargestellt. Die Korrelationskoeffizienten geben, bezogen auf die jeweiligen binnenwirtschaftlichen Aktivitäten, Aufschluß über den Zusammenhang zwischen Handel und Direktinvestitionen. Ein signifikant hoher positiver Koeffizient verweist auf eine komplementäre Beziehung. Im Falle eines negativen Koeffizienten stehen Handel und Direktinvestitionen in einem substitutionalen Verhältnis zueinander. Bei einem Korrelationskoeffizienten nahe −1 liegt die Vermutung nahe, daß es sich beim Anstieg der Direktinvestitionen nicht um einen handelsschaffenden Effekt handelt, sondern um eine Verlagerung der Produktion zu marktnahen Standorten.

Vergleicht man zunächst den Zeitraum 1960 bis 1980, so erhält man für alle Länder mit Ausnahme der USA einen hohen Übereinstimmungsgrad, der zwischen 75% und 99% liegt. Nimmt man in einem zweiten Schritt die Werte bis 1990 hinzu, sinkt der Übereinstimmungsgrad von Direktinvestitions- und Außenhandelsquote. Für die BRD, Großbritannien, Niederlande, Frankreich und Kanada ergeben sich positive, für die USA und Japan negative Korrelationen. In Japan und den USA entwickeln sich Handel und Auslandsinvestitionen also gegenläufig, in allen anderen untersuchten Ländern weiterhin komplementär. Im dritten Untersuchungszeitraum 1985-1990, in dem die eigentliche Explosion der Direktinvestitionen stattfindet, kommen wir zu einem völlig anderen Ergebnis. Hier steigen beide Quoten der USA, während sie in Kanada fallen. In einem substitutionalen Verhältnis stehen DI-Quote und Außenhandelsquote in Großbritannien (−92%) und Japan (−68%). Für alle anderen Staaten ist die Relation indifferent.

Die Ergebnisse zu den untersuchten sieben Volkswirtschaften zeigen mithin, daß das in der wirtschaftswissenschaftlichen Diskussion häufig anzutreffende Argument, Direktinvestitionen im Ausland würden die Produktion im Inland gefährden, durch die Empirie keine Bestätigung erfährt. Die Substitutionalitätsthese, die in der Regel den Export von Arbeitsplätzen in Länder mit niedrigeren Standortkosten begründet, ist allenfalls in der zweiten Hälfte der 1980er Jahre für Japan ($r = -0,68$) und Großbritannien

Tabelle 12: Korrelation* von Außenhandel und Direktinvestitionen für
BRD, Japan, USA, Großbritannien, Niederlande, Frankreich
und Kanada 1960-1990

	1960-1980	1960-1990	1985-1990
BRD	0,86	0,80	−0,37
Japan	0,83	−0,43	−0,68
USA	−0,17	−0,39	0,70
Großbritannien	0,92	0,78	−0,92
Niederlande	0,75	0,84	0,19
Frankreich	0,99	0,67	−0,08
Kanada	0,99	0,71	0,82

* Gemessen mit dem Regressionskoeffizienten r

(r = −0,92) aussagekräftig. In Japan stagniert die Außenhandelsquote seit 1980 bei rund 8 %, während die Direktinvestitionsquote
mit 600 % dramatisch ansteigt. In Großbritannien beobachten wir
seit 1984 die gleiche Entwicklung in abgeschwächter Form. Japan
und Großbritannien sind allerdings paradoxerweise genau die
Länder, auf die die Substitutionalitätsthese nicht angewandt wird,
weil sie in der Standortdiskussion als Vorbilder für effiziente Pro-
duktionsweise (Japan) oder als Billigstandort für japanische Trans-
plants (GB) gelten. Es sind vielmehr die kontinentaleuropäischen
Staaten, die aufgrund vermeintlicher Ineffizienz und Kostenent-
wicklung im Mittelpunkt der Debatte über den handelssubstituie-
renden Charakter von Auslandsinvestitionen stehen. Sie weisen
allesamt einen positiven oder indifferenten Korrelationskoeffizienten auf. Die Internationalisierung von Handel und Investitionen
vollzieht sich dort weitgehend komplementär.

2.6 Die Länderprofile der Direktinvestitionen

Bundesrepublik Deutschland

Trend: Die Bestände deutscher Direktinvestitionen im Ausland haben sich von 18,4 Mrd. US-$ (1976) auf 141,2 Mrd. (1990) erhöht. Dem kontinuierlichen Anstieg der Bestände entspricht die relative Ausweitung des deutschen Anteiles an den globalen DI-Beständen von 7,7 % auf 10,1 %. Die BRD nimmt damit hinter den USA, Japan und Großbritannien den vierten Platz ein.

Geographische Verteilung: In die Staaten Europas flossen 1976 und 1990 über 59 % aller deutschen Direktinvestitionen. Mitte der 1980er Jahre war der europäische Anteil zwischenzeitlich auf unter 47 % gesunken. Umgekehrt verläuft die Entwicklung der DI-Bestände in den USA. Hier hatte der Anteil Mitte der 1980er Jahre fast 30 % betragen und ging bis 1990 auf 26 % zurück, lag damit aber immer noch um 100 % über dem Niveau von 1976. Um die Hälfte haben sich die DI-Bestände in Kanada reduziert. In Lateinamerika (1990 unter 5 %) sind nur noch ein Drittel der einstigen Bestandsanteile von immerhin 12 % verbucht. Allein nach Großbritannien flossen 1990 mit über 9 % mehr Auslandsinvestitionen als in den gesamten Pazifischen Raum und die »sonstigen« Regionen zusammen.

Sektorale Verteilung: Die Verarbeitende Industrie, die 1976 noch über 40 % der Direktinvestitionsbestände im Ausland hielt, hat 1990 10 Prozentpunkte eingebüßt und den ersten Rang an den Bereich Finanzwesen und Banken abgegeben. Mit 42 % ist dessen Anteil höher als in allen anderen Ländern. Der Anteil des Tertiären Sektors insgesamt stieg von ca. 50 % auf 65 %. Der Primäre Sektor hat mit rund 2 % (vormals fast 5 %) nur noch marginale Bedeutung. Dies muß als Beleg für die zunehmende Entstofflichung der Direktinvestitionen gewertet werden. Die klassische Direktinvestition zum Zwecke des Engagements in Produktionsstätten im Ausland tritt hinter die markt-, kapital- und fiskalstrategische Orientierung zurück.

Branchenstruktur: Die Branche mit dem größten Anteil innerhalb der Verarbeitenden Industrie ist die Chemische Industrie. Deren Direktinvestitionsbestand beträgt konstant etwa ein Drittel der gesamten Direktinvestitionen. Elektrotechnik, Fahrzeug- und Maschinenbau mit zusammen rund 40 % sind seit Mitte der 1980er

Jahre leicht rückläufig. Stark rückläufig ist auch die Metallindustrie (von fast 10 auf 6%).

Japan[2]

Trend: Die Bestandswerte japanischer Direktinvestitionen betrugen 1976 noch 19,4 Mrd. US-$ und entsprachen damit der Größenordnung bundesdeutscher Auslandsinvestitonen. 1990 überstiegen die japanischen DI-Bestände das deutsche Volumen um mehr als das Doppelte (310,8 Mrd. US-$). Japans Anteil an den globalen DI-Beständen beträgt damit über 22%. Die japanische Direktinvestitionsquote betrug 1990 5%. Noch 1980 lag Japan mit einer DI-Quote von 0,7% hinter den übrigen Industrieländern weit zurück (Platz 7). Damit weisen die beiden führenden Ursprungsländer für Direktinvestitionen, Japan und USA, zugleich die niedrigste Internationalisierungsintensität auf.

Geographische Verteilung: Wichtigstes Zielland japanischer Auslandsinvestitionen sind die USA, deren Anteil von 21% (1976) auf 42% (1990) angestiegen ist. Die japanische Auslandsinvestitionstätigkeit ist damit noch stärker durch das USA-Engagement geprägt als die britische. Es geht überwiegend zu Lasten der Asiatischen Region, deren Anteil sich halbiert hat.

Sektorale Verteilung: Im Vergleich zur sektoralen Verteilung der BRD und der USA sind der Anteil der Verarbeitenden Industrie an den japanischen DI-Beständen niedriger. Er sinkt von 31% (1976) auf etwa ein Viertel (1990). Der Primäre Sektor hat einen dramatischen Abfall von 25% auf nur mehr 5% zu verzeichnen. Entsprechend dramatisch ist der Zuwachs des Tertiären Sektors insbesondere in den Sparten Finanzwesen, Immobilien und Professionelle Dienstleistungen.

USA

Trend: Die USA weisen seit Beginn der 1960er Jahre eine nahezu konstante Direktinvestitionsquote von rund 4-5% auf, auch wenn die Statistiken seit 1980 einen Rückgang der Direktinvestiti-

---

2 Detaillierte Angaben über die japanischen Direktinvestitionen finden sich in Menzel 1992, so daß hier nur ein grobes Profil wiedergegeben wird. Dieser Aufsatz war Resultat desselben Forschungsvorhabens wie der vorliegende Text.

onsquote aufweisen. Dieser Rückgang ist aber weitgehend auf eine statistische Neubewertung der Direktinvestitions-Flows zurückzuführen. Seit 1988 haben die japanischen Direktinvestitions-Flows die der USA überflügelt. Bei den Bestandswerten konnten die USA ihre Vormachtstellung allerdings trotz des relativen Bedeutungsverlustes halten. Gemessen an den Beständen der sieben wichtigsten Länder sinkt der US-Anteil von 57,1 % auf 30,2 %. Trotz des Rückgangs um fast 50 % nehmen die Direktinvestitions-bestände der USA mit einem Vorsprung von 8 % vor Japan noch den ersten Rang ein.

Geographische Verteilung: Kanadas Bedeutung als vorrangiges Zielland für US-Direktinvestitionen ist drastisch gesunken. Mit großem Abstand vor allen anderen Ländern konnte Kanada 1976 noch ein Viertel der US-Investitionen aufnehmen. Heute ist Großbritannien mit 15,4 % fast ebenso wichtig wie Kanada (16,2 %). Neben Großbritannien zählen die Niederlande, Japan, die Schwellenländer und Asien zu den Gewinnern. Die Investitionen der USA in Lateinamerika sind entgegen dem allgemeinen Trend nicht rückläufig. Aus den Daten zur geographischen Verteilung lassen sich nur bedingt Interessensphären ableiten. Amerikanische Direktinvestitionen fließen zwar verstärkt in die Westliche Hemisphäre. Aus dem konstanten Anteil von Direktinvestitionen der USA in Lateinamerika kann man aber kaum ableiten, daß die USA an dieser Region beharrliches Interesse haben, wenn zwei Drittel der Direktinvestitionen in die Offshore-Länder der Karibik abfließen.

Dagegen verzeichnen die Direktinvestitionen in den unter der Rubrik »Sonstige« zusammengefaßten Ländern einen Verlust von 50 %. Dieser Bedeutungsverlust läßt sich aus allen Länderanalysen herauslesen. Die BRD hat als Investitionsstandort ebenfalls an Bedeutung verloren (– 20 %).

Sektorale Verteilung: Aufgrund des hohen Anteiles nicht zurechenbarer Branchen (15 - 30 %) sind die Daten zur sektoralen Verteilung der US-Direktinvestitionen nur bedingt aussagekräftig. Einen eindeutigen Trend weist der Bereich Bergbau/Öl auf. Mit 1,2 % (vormals 5,2 %) hat er 1990 nur noch marginale Bedeutung. Gegenläufig entwickelte sich der Dienstleistungssektor. Die Direktinvestitionen im Bereich Handel blieben zwar konstant bei rund 10 %, die übrigen Branchen konnten ihren Anteil aber mehr als verdoppeln. Der Anteil amerikanischer Direktinvestitionen im

Sekundären Sektor ist im internationalen Vergleich immer noch der höchste. Dies wiegt um so schwerer, als der Anteil des Sekundären Sektors an der Gesamtwirtschaft in den USA niedriger liegt als in allen anderen Industrieländern.

Branchenstruktur: Niedriger als der deutsche Anteil, aber immer noch relativ hoch ist der Prozentsatz der Direktinvestitionen im Chemiebereich. Mit 23 % liegt der Anteil über dem des Jahres 1976. Die Chemische Industrie hat den Maschinenbau als führende internationalisierte Branche abgelöst, da dessen Anteil von 28 auf 17,1 % gesunken ist. Traditionell stark im Auslandsgeschäft ist neben dem Fahrzeugbau (rund 15 %) und der Elektrotechnik (8,1 %) auch die Nahrungsmittelindustrie vertreten (rund 10 %). Die Direktinvestitionen im Finanzsektor konzentrieren sich mehr und mehr auf Europa und Lateinamerika. 1979 betrugen die Direktinvestitionsbestände dort zusammen noch 15,1 %, 1990 waren es bereits 23,7 % aller amerikanischen Direktinvestitionen im Ausland. Panama, Cayman-Inseln, Bahamas und Bermudas sind die bevorzugten Standorte der Finanzinstitute in Lateinamerika; Großbritannien, Luxemburg, Niederlande und Schweiz sind die bedeutendsten europäischen Finanzplätze amerikanischer Investoren.

Großbritannien

Trend: Im Zeitraum 1974-1989 haben sich die Bestände britischer Direktinvestitionen im Ausland mehr als verzehnfacht (1989 = 207 Mio. US-$). Im Jahre 1974 betrugen sie 17,8 Mrd. US-$ und lagen damit noch hinter denen der BRD, Japans und der Niederlande. Der britische Anteil an den gesamten Direktinvestitionen betrug 1976 noch 8,4 % und stieg bis 1989 auf 20,4 % an. Mit 23,5 % (1988) weist Großbritannien die höchste DI-Quote aller sieben Industrieländer auf. Seit 1988 stagnieren die britischen DI-Flows. Dadurch konnten Japan und die USA Großbritannien von der Führungsposition verdrängen.

Geographische Verteilung: Der Anteil der USA an den Zielländern britischer Direktinvestitionen steigt dramatisch von 21,8 % (1976) auf fast 42 % (1989), ebenso der Lateinamerikas (von 4,6 auf 7 %). Der lateinamerikanische Zuwachs beruht auf der Zunahme von Direktinvestitionen in das karibische Offshore-Banking (v. a. Bermudas, Cayman-Inseln). In dieser Mittlerfunktion wurde die

Karibik seit Mitte der 1980er Jahre teilweise durch die Niederlande verdrängt. Die Bedeutung des übrigen Lateinamerika als Zielregion nimmt von 73 % der lateinamerikanischen Bestände (1974) auf 25 % (1989) ab. Lediglich Brasilien, das 1989 immerhin 2 % der britischen Direktinvestitionen beherbergte, konnte seinen Anteil behaupten. Rückläufig ist der kanadische Anteil (9 % in 1976; 5,3 % in 1989). Insgesamt beträgt der Anteil britischer Direktinvestitionen in Amerika 54,2 % gegenüber 26,3 % (1974). Eindeutiger Verlierer ist die Region Pazifik. Mit Ausnahme Japans, dessen Anteil sich von 0,38 % auf fast 1,2 % vergrößerte, geht die Bedeutung der Region mit dem gleichen Tempo zurück, wie die Amerikas zunimmt. Während 1974 noch 28,9 % der britischen Direktinvestitionen in Asien und Ozeanien angesiedelt waren, machten die Bestände 1989 nur noch einen Anteil von 15,2 % aus. Verantwortlich für diesen Rückgang ist v. a. die sinkende Bedeutung Australiens und Neuseelands. Noch 1974 war Ozeanien mit 20,2 % hinter der EG (21,9 %) und mit weitem Abstand vor den USA (12,8 %) wichtigster Auslandsstandort. Innerhalb der folgenden 25 Jahre sind die Direktinvestitionen auf einen Anteil von 8,9 % (1989) zurückgegangen. Einen ähnlichen, wenn auch etwas abgeschwächten Bedeutungsverlust erlebte die Region Asien. Mit 8,3 % (1974) investierte Großbritannien mehr in Asien als in die europäischen Staaten außerhalb der EG (5,5 %). Bis 1989 gingen die Direktinvestitionsbestände in Asien um 38 % auf 5,2 % zurück. Daß das britische Engagement in den ehemaligen Kolonien (z. B. Indien) nachläßt, kann zumindest teilweise durch die Normalisierung der Beziehungen erklärt werden. Im Vergleich zu 1974 ist allerdings auch das britische Engagement in den Schwellenländern rückläufig (von 4,8 % auf 3,3 %). Südkorea spielt als Investitionsziel nur eine marginale Rolle. Singapur gewinnt zwar als Investitionsstandort an Bedeutung. Dies scheint aber auf einer Verlagerung von Aktivitäten zu beruhen, die sich vorher auf Hongkong konzentrierten. Direktinvestitionsbestände in Taiwan und der Volksrepublik China werden in der britischen Bestandsstatistik nicht publiziert. Die Zielregion Europa weist im Vergleich zu 1974 kaum Veränderungen auf. Europas Anteil an den gesamten britischen Direktinvestitionenbeständen betrug 1989 26,9 % und lag damit nur unwesentlich hinter dem Anteil des Jahres 1974 (27,5 %). Innerhalb Europas konnten die EG-Staaten ihre Position nur gering verbessern (von 21,9 % auf 23,6 %). Diese Zunahme korrespondiert allerdings mit dem Rückgang britischer Direktinvestitionen in Nicht-EG-Staaten (von 5,5 auf 3,3 %). Hinter der statistischen Veränderung steht wahrscheinlich nichts anderes als die Erweiterung der EG von 9 auf 12 Mitgliedsländer. Innerhalb Europas hat sich die Verteilung der Direktinvestitionen verändert. Einen dramatischen Rückgang verzeichnen die Investitionen in der Bundesrepublik von 6,4 % auf 3,4 % (–46 %), während die Direktinvestitionen in den Niederlanden im gleichen Zeitraum von 2,4 % auf 7,1 % (+200 %) anstiegen. Im Zeitraum 1976-1989 ist das britische Pfund gegenüber der DM um 50 % abgewertet worden. Die Bestände in der BRD sind demnach noch stärker zurückgegangen, als dies die britische Statistik ausweist. Die stärksten Einbußen haben die unter der Rubrik »Sonstige« zusammengefaßten Regionen und Länder zu verbuchen. Der Anteil britischer Direktinvestitionen außerhalb der Regionen Amerika, Pazifik und Europa ging von 17,3 % auf 3,8 % zurück. Das entspricht einem relativen Verlust von 78 % im Zeitraum 1974-1989. Eindeutiger Verlierer ist Südafrika, dessen Anteil 1974 noch bei 9,5 % aller Direktinvestitionen lag. Mit einen Anteil von 1,8 % spielt Südafrika heute eine ebenso marginale Rolle wie der gesamte afrikanische Kontinent (1,8 %). Gegenüber dem Vergleichsjahr 1974 hat der Mittlere Osten ebenfalls an Bedeutung verloren (v. 0,6 auf 0,3 %).

Niederlande

Wie zu *Großbritannien* existieren auch zu den *Niederlanden* nur rudimentäre Angaben über die sektorale und branchenbezogene Verteilung der Direktinvestitionen. So sind die niederländischen DI nicht nach Ziel-, sondern nach Ursprungsbranche berechnet.

Trend: Im Zeitraum 1976-1990 haben sich die Bestände niederländischer Direktinvestitionen im Ausland etwa verfünffacht (1990 = 107 107 Mio. US-$). Im Jahre 1976 betrugen sie 20 307 Mio. US-$ und lagen damit mit weitem Abstand hinter den USA (1976: 136 396 Mio. US-$) aber vor BRD, Japan und Großbritannien auf Platz zwei. Der niederländische Anteil an den gesamten Direktinvestitionen betrug 1976 noch 9,6 % und verminderte sich bis 1990 unwesentlich auf 8,7 %. Die Niederlande weisen innerhalb der G7-Staaten die höchste Außenhandelsquote auf (44,5 %). Der Internationalisierungsgrad im Bereich der Kapitalverflechtung ist folglich auch höher als der anderer Länder. Die niederländische DI-Quote erreichte 1988 8,4 %, im Durchschnitt der 1980er Jahre betrug sie sogar 13 % (Platz zwei hinter GB).

Regionale Verteilung: Die Angaben zur Westlichen Hemisphäre beziehen Direktinvestitionen in Kanada nicht ein. Ihr Anteil stieg von 28,6 % (1976) auf 35,7 % (1990), nachdem er zwischenzeitlich auf über 50 % (1984) angewachsen war. Die Direktinvestitionen in den USA weisen dabei das stärkste Wachstum auf. Sie verdoppelten sich nahezu von 15,9 % auf 29,3 %. Auch die Direktinvestitionen in den USA erreichten 1984 ihr Maximum von 41,6 % und sind seitdem rückläufig. Lateinamerikas Anteil sinkt beständig (von 12,7 % auf 6,4 %). Rund 60 % der niederländischen Direktinvestitionen in Lateinamerika werden auf den Niederländischen Antillen getätigt. Deren Attraktivität als »Kapitalschleuse« für den US-Markt ist seit der Änderung der US-Steuergesetze 1984 gesunken, während gleichzeitig die Niederlande selbst zum Standort ausländischer Holdinggesellschaften wurden, über die Euro-Dollars auf den amerikanischen Markt transferiert werden. Zu Veränderungen der regionalen Verteilung von Direktinvestitionen innerhalb Lateinamerikas können aufgrund der groben Gliederung der niederländischen Bestandsstatistik keine Angaben gemacht werden. Die niederländischen Direktinvestitionen in die Region Pazifik stagnieren auf niedrigem Niveau von 3,7 % (1974) auf 4,9 % (1990). Auch Japan macht hier keine Ausnahme. Dessen Anteil schwankt seit 1984 um 1 %. Über das traditionell starke Engagement der niederländischen Elektroindustrie in Taiwan gibt die Bestandsstatistik keinen Aufschluß. Es ist aber zu vermuten, daß Ozeanien, in der Statistik ebenfalls nicht separat ausgewiesen und deshalb nicht der Region Pazifik zugeordnet, relativ an Bedeutung verliert. Die Rubrik »overige ontwikkelde landen« (Australien, Neuseeland, Südafrika, Kanada und EFTA ohne Schweiz) vereinigte 1974 noch einen Anteil von 12 % auf sich. 1990 betrugen die niederländischen Direktinvestitionen in dieser Rubrik nicht einmal mehr die Hälfte (5,6 %). Die Zielregion Europa weist im Vergleich zu 1974 kaum Veränderungen auf. Die Niederlande investieren mit über 50 % doppelt soviel in Europa wie Großbritannien (rund 25 %). Europas Anteil an den gesamten niederländischen Direktinvestitionsbeständen beträgt 1990 53 % und bleibt damit nur unwesentlich hinter dem Anteil im Jahre 1974 zurück (53,9 %). Innerhalb Europas konnten die EG ihre dominierende

Position trotz EG-Erweiterung nicht verbessern. Der EG-Anteil sank von 47,5 % auf 45,7 %, während der Anteil der Schweiz plus der europäischen »ontwikkelingslanden« von 6,4 % auf 7,3 % anstieg. Die EFTA-Staaten sind hierin allerdings nicht enthalten. Da der Direktinvestitionsanteil in deren Rubrik »overige ontwikkelde landen« um 50 % zurückgeht, ist die Annahme einer tendenziellen Abschwächung niederländischer Investitionstätigkeit in der Region Europa wahrscheinlich. Symptomatisch für diesen Rückgang ist der Standort Bundesrepublik Deutschland. 1976 betrugen die Direktinvestitionsbestände der Niederlande noch 15,8 % (Platz eins in Europa). 1990 war die BRD mit 9,6 % (minus 40 %) hinter Belgien/Luxemburg und Großbritannien auf Platz drei in Europa zurückgefallen. Der Anteil Großbritanniens, der zwischenzeitlich auf über 18 % (1982) angewachsen war, verringerte sich ebenfalls von 12,9 % (1974) auf 10,2 % (1990). Einen dramatischen Abstieg erlebte der Standort Großbritannien nach der Hausse der frühen 1980er Jahre von 1983 auf 1984, als die Bestände niederländischer Direktinvestitionen von 17,6 % auf 6,8 % zurückgingen. Im gleichen Jahr stiegen die Direktinvestitionen in den USA von 27,9 auf 41,6 % an. Die stärksten Einbußen haben die unter der Rubrik »Sonstige« zusammengefaßten Regionen und Länder zu verbuchen. Der Anteil niederländischer Direktinvestitionen außerhalb der Regionen Amerika, Pazifik und Europa ging von 13,9 % auf 6,4 % zurück. Afrikanische Entwicklungsländer hatten 1990 gerade noch einen Anteil von 0,9 % (zum Vergleich Japan: 0,9 %) und damit die Hälfte des Anteiles von 1976 (1,8 %). Der Trend zur Marginalisierung der »turbulenten Zone« außerhalb der Blöcke Nordamerika, Pazifik und Europa wird also durch die regionale Verteilung niederländischer Direktinvestitionen im Ausland bestätigt.

Frankreich und Kanada

Zu Frankreich und Kanada konnten keine regionalen und sektoralen Bestandswerte erhoben werden. Ausgewiesen werden lediglich kumulierte Netto-Flows, die dem Gesamtwert der Bestände angepaßt wurden. Danach hat *Frankreichs* Kapitalverflechtung mit dem Ausland in den späten 1980er Jahren stark zugenommen. 1990 betrugen die französischen Nettotransfers über 27 Mrd. US-$ und hatten einen Anteil von 16,4 % an den gesamten jährlichen

Netto-Flows (Platz 3). Mit einigen methodischen Vorbehalten zur Gewichtung der kumulierten Flows sind die französischen Direktinvestitionsbestände 1990 etwa auf dem Niveau der Niederlande angelangt und betrugen über 100 Mrd. US-$, während sie im Jahr 1976 noch weniger als die Hälfte der niederländischen Bestände betrugen (Platz 7 im internationalen Vergleich). Der rasante Anstieg der Internationalisierung Frankreichs kommt auch in den Direktinvestitionsquoten zum Vorschein. Von 1980 bis 1990 stieg die Quote von 2 auf über 10 %. Frankreich gibt keine nach regionalen und sektoralen Kriterien gegliederten Statistiken heraus.

Eine Datensammlung zu *kanadischen* Bestandswerten existiert erst seit Mai 1992. Die kanadischen Daten konnten daher noch nicht vollständig in die Erhebung integriert werden. Aus den teilweise aus Sekundärquellen (Krägenau 1982) erschlossenen Daten läßt sich folgendes Gesamtbild rekonstruieren: Die kanadischen Direktinvestitionsbestände betrugen 1990 rund 60 Mrd. US-$, was einem Anteil von weniger als 5 % an den gesamten Beständen entspricht. Im Verlauf der 1980er Jahre hat sich der Abstand zu den übrigen sechs Ländern vergrößert. Die kanadische Direktinvestitionsquote, die zwischenzeitlich über 8 % betrug, ist zum Ende der 1980er Jahre auf das Niveau der 1960er Jahre zurückgefallen.

2.7 Das Ergebnis: Keine Renationalisierung, aber struktureller Wandel der Internationalisierung

Die Auswertung der Daten läßt aufgrund der problematischen Datenlage im Bereich der Direktinvestitionen eine generelle Interpretation nur eingeschränkt zu. Mit Sicherheit können wir empirisch belegen, daß keines der untersuchten sieben Industrieländer sich aus der Weltwirtschaft zurückzieht. Die Ergebnisse zur zweiten Hälfte der 1980er Jahre, die auf einen leichten Rückgang der Außenhandelsquote hinweisen, lassen sich nicht als Renationalisierungstrend interpretieren. Neben konjunkturellen Einflüssen, die sicherlich durch den schleppenden Verlauf der Liberalisierungsrunden des GATT noch verstärkt wurden, spielen v. a. strukturelle, aber auch statistische Faktoren eine Rolle. Die klassische Außenorientierung, die sich bisher weitgehend auf den internationalen Warenhandel stützte, ist durch neue Tendenzen überlagert, teilweise sogar ersetzt worden. Heute vollzieht sich die Internationalisierung via Direktinvestitionen, die ihrerseits einem internen Strukturwandel unterworfen sind. Produktionsorientierte Investitionen treten hinter Kapitalbeteiligungen an nichtstofflichen Dienstleistungsunternehmen zurück.

Aus heutiger Sicht handelt es sich bei der *Internationalisierung des Warenhandels* um ein historisches Phänomen. Der Prozeß wachsender Verflechtung und Außenorientierung durch den Warenhandel fand während der 1960er und 1970er Jahre statt, als die Außenhandelsquoten signifikant anstiegen. Wir haben für die 60 erhobenen Länder eine gemeinsame Außenhandelsquote von 9,33% (1960) errechnet, die bis 1980 auf 17% anstieg. Die 1980er Jahre waren demgegenüber durch eine Stagnation der AH-Quoten gekennzeichnet. Aus der geographischen Strukturanalyse des Warenhandels lassen sich allerdings Trends zur regionalen Internationalisierung herauslesen, die wir im folgenden Kapitel »Regionalisierung« eingehend behandeln werden. Hinter dieser allgemeinen Entwicklung verbergen sich allerdings divergierende Einzelergebnisse. So hat in einigen asiatischen Schwellenländern der Internationalisierungsgrad in den 1980er Jahren noch zugenommen, während die Handelsverflechtung zwischen den hochentwickelten Dienstleistungsökonomien des Atlantischen Raumes teilweise sogar abnimmt.

Diese Phänomene haben wir primär entwicklungstheoretisch als nachholende Internationalisierung bzw. als strukturelle Sättigung erklärt. Wir haben gezeigt, daß die asiatischen Entwicklungsökonomien den Anstieg der Außenhandelsquote, der in Europa in den 1960er und 1970er Jahren erfolgte, mit etwa 10- bis 15jähriger Verspätung nachvollziehen. Daß im Asiatisch-ozeanischen Raum zugleich auch die intraregionale Handelsverflechtung signifikant zunimmt, die in Europa vom Aufbau der Basisindustrien während der 1960er Jahre begleitet war, kann als eine Bekräftigung der These von der nachholenden Internationalisierung interpretiert werden. Unter dem Begriff »strukturelle Sättigung« verstehen wir die partielle Ablösung der Verflechtung im Warenhandel durch postmoderne Formen internationaler Transaktionen wie den Handel mit Dienstleistungen, die Zunahme der Direktinvestitionen und andere Formen der Kapitalverflechtung.

An zweiter Stelle folgen statistische Erklärungen, die auf die Bedeutung von Wechselkurseffekten, Rohölpreisen und die Problematik der Quotenbildung verweisen. Im Falle der Außenhandelsquote sind Zähler und Nenner keine voneinander unabhängigen Größen. So steigt oder sinkt die Außenhandelsquote mitunter nur deshalb, weil die Bezugsgröße im Nenner, das Bruttoinlandsprodukt, sinkt oder steigt. Wenn also der Handel seine ökonomische Funktion erfüllt und dazu beiträgt, daß es zu Wachstum kommt, erhöht sich der Nenner, das BIP, und die Außenhandelsquote sinkt. Zugleich steigt dadurch auch der Außenwert der Währung, was wiederum den Nenner der Quote stärker tangiert als den Außenbeitrag im Zähler. Während Wechselkurseinflüsse bei Export- und Importpreisen teilweise kompensierend wirken, schlagen sie sich bei der Umrechnung des BIP stärker nieder. Dieser Effekt ist z. B. für den Rückgang der Außenhandelsquote Japans seit 1980 mitverantwortlich. Im Stichjahr 1980 haben auch die gestiegenen Rohölpreise zur Verzerrung der Außenhandelsquoten geführt. So übersteigen die Exportquoten ölexportierender Entwicklungsländer in einigen Fällen die Importquote erheblich, in Brunei etwa um das Achtfache, in Indonesien und Venezuela etwa um das Doppelte. Insgesamt bewirken die Ölpreiseffekte, daß die Zunahme der Internationalisierung des Handels zwischen 1970 und 1980 statistisch ausgeprägter erscheint, als sie tatsächlich war. Im weltweiten Durchschnitt hatte sich der Anteil des Rohöls am Welthandel von 5 % (1970) auf rund 15 % (1980) verdreifacht, um 1990 wieder das Niveau von 1970 zu erreichen (UNCTAD 1984 und 1993). Nach einer groben Schätzung würden die ölpreisbereinigten Außenhandelsquoten von 1980 damit um 10 bis 20 % unter dem allgemeinen Niveau liegen.

Einen geringeren Einfluß auf die Stagnation der Internationalisierung des Handels messen wir den externen handelspolitischen Rahmenbedingungen bei. In den Trends zur Regionalisierung oder gar zu einem aggressiven Uni-, Bi- oder Multilateralismus seitens der USA erkennen wir (noch) keine erkennbaren Einflüsse auf die relative Außenorientierung der wichtigsten Industrieländer. Während der 1980er Jahre waren primär konjunkturelle Entwicklungen für die Verschlechterung der weltwirtschaftlichen Rahmenbedingungen und den relativen Rückgang des Handels verantwortlich. Der Grund für den Bedeutungsverlust des Warenhandels liegt nicht im Versagen internationaler Regime, sondern in der erfolgreichen Etablierung partieller Regelsysteme. Denn während es den Verhandlungspartnern gelungen ist, Asymmetrien im internationalen Handel zu mildern und damit den sichtbaren Bereich internationaler Transaktionen durch den systematischen Abbau von Nominalzöllen zu liberalisieren, haben sich im Bereich der »Invisibles« neue Märkte etabliert, denen eine Ventilfunktion zukommt und die sich einer Regelung weitgehend entziehen. Die amerikanisch-japanischen Handelsabkommen sind hierfür ein Beispiel. Die darin enthaltenen »freiwilligen« Exportbeschränkungen Japans tragen zur Verlagerung des Asymmetrieproblems auf den Bereich der Kapitalexporte bei. Aufgrund der Liberalisierung des Kapitalverkehrs in den 1980er Jahren sind Unternehmen zu einem weltweit handelbaren Gut geworden. Dies hat den Anstieg der Direktinvestitionen begünstigt. 1990 betrugen die japanischen Direktinvestitionsbestände in den USA 130,5 Mrd. US-$ und damit mehr als das Sechsfache der amerikanischen Bestände in Japan. Aber auch innerhalb der klassischen Bereiche des Warenhandels haben sich Formen eines neuen Protektionismus herausgebildet, der v. a. aus der Ausweitung nichttarifärer Handelshemmnisse resultiert. Auch hierin kommt die Tendenz zur Entstofflichung in der Weltwirtschaft zum Ausdruck. An Zollsätzen meßbare stoffliche Handelsschranken werden durch unsichtbare Diskriminierungsmechanismen ersetzt.

Die Stagnation der Außenhandelsquoten wurde begleitet von einem explosionsartigen Anstieg des Kapitalexports. Die Direktinvestitionsquoten sind, wie die sektoralen Analysen zeigen, kein Ausdruck der Internationalisierung der Produktion. Sie sind auch kein Beleg für die Flucht der Industrie vor hohen Löhnen, wie die Regressionsanalyse von AHQ und DIQ bewiesen hat. Sie stützen einerseits die These von der Tertiarisierung der Weltwirtschaft, weil sie die Internationalisierung auf der Ebene der »Invisibles« fortführen und weil sie selbst durch ihre Konzentration auf die Dienstleistungsbranchen ebendiesem Trend der Tertiarisierung folgen. Andererseits geben steigende Direktinvestitionsquoten Aufschluß über Motive und gesamtwirtschaftliche Folgen der Auslandsaktivitäten von Unternehmen. Direktinvestitionen werden keineswegs in typischen Niedriglohnländern getätigt, wie dies in den 1970er Jahren von den Theoretikern einer vermeintlichen »neuen internationalen Arbeitsteilung« prophezeit wurde (Froebel u. a. 1979). Vielmehr gibt es einen Trend zur nachfrageorientierten und marktstrategischen Direktinvestition. Für einen großen Anteil der im Verlauf der 1980er Jahre getätigten Direktinvestitionen gilt allerdings selbst dies nicht. Statt niedriger Löhne sind niedrige Steuern das Motiv. Es handelt sich, wie die Bedeutung der Zielländer Panama, Cayman-Inseln, Bermudas, Niederländische Antillen, Luxemburg oder Hongkong zeigt, nicht um produktions- oder vermarktungsorientierte Industriestandorte. Der Terminus »Internationalisierung des Kapitals« sollte in solchen Fällen ersetzt werden durch den Begriff der »Vagabundisierung«.

Hohe Direktinvestitionsquoten können also auch mit einer massiven Dekapitalisierung einer produktionsorientierten Volkswirtschaft einhergehen. Niedrige Direktinvestitionsquoten hingegen können, wie das Beispiel der USA zeigt, durch massive ausländische Kapitalzuflüsse entstehen, welche die amerikanischen Bruttoanlageinvestitionen erhöhen. Unter diesem Aspekt ist auch die Plausibilität der Direktinvestitionsquote als ein Macht- oder Performanceindikator zweifelhaft. Sie kann nur differenziert angewandt und bewertet werden. Wir tendieren dazu, nicht nur die Höhe und das Verhältnis der ins Ausland abfließenden Investitionen als Indikator für Wirtschaftsmacht anzusehen, sondern auch die Bedeutung von Zielregionen in die Bewertung mit einzubeziehen. Unter Zielregion verstehen wir die Region, in welcher die Direktinvestition am Ende tatsächlich getätigt wird, und nicht das Land, in dem Direktinvestitionen mittelbar verbucht werden. Bei den Niederlanden, Großbritannien und der Karibik handelt es sich eben gerade nicht in jedem Fall um tatsächliche Investitionsstandorte, sondern lediglich um steuerbegünstigte Kapitalschleusen, die den Ländern mit hohem Aufkommen von Transithandel wie Hongkong und Singapur vergleichbar sind. Direktinvestitionen flossen als Folge der jeweiligen Steuergesetze in Holding-Gesellschaften der genannten Länder, um von dort aus letztlich den US-amerikanischen Kapitalmarkt zu erreichen. Die hohen DI-Quoten der Niederlande (bis 19 %) und Großbritanniens (bis 23,5 %) sind deshalb nicht per se Indikatoren für die Wettbewerbsfähigkeit britischer oder holländischer Unternehmen, die sie zum Kapitalexport und zu einer globalen Produktions- und Investitionstätigkeit befähigen. Die Mehrheit der niederländischen und britischen Direktinvestitionen wurde während der 1980er Jahre nicht von nationalen Kapitalgebern finanziert, sondern setzte sich weitgehend aus fremdem Durchflußkapital zusammen. Offensichtlich bot weder die britische noch die niederländische Wirtschaft den Investoren genügend Sicherheit, Rendite und Anlagemöglichkeiten auf ihrem eigenen Territorium. Hohe (steigende) DI-Quoten sind somit hier ein Indikator für geringe (sinkende) Marktperformance. Sinkende DI-Quoten, wie im Falle der USA, belegen folglich die verbesserte Absoptionskapazität des amerikanischen Marktes und ein Vertrauen der Anleger in die Vitalität der US-Ökonomie. Wir messen deshalb finalen Investitionszielen (Zielländer, Zielbranchen) einen höheren Aussagewert bei als Daten zu den Ursprungsländern.

Im einzelnen haben sich folgende Trends aus der geographischen und branchenbezogenen Analyse ergeben:

– die weitgehende Homogenisierung und Anpassung nationaler Entwicklungstrends an strukturelle Entwicklungstrends der Großregionen (Ausnahmen im Asiatischen Raum),

– eine Phase zunehmender Internationalisierung des Warenverkehrs in den 1970er Jahren,

– die Stagnation in der Internationalisierung des Warenverkehrs seit 1980, dokumentiert durch stagnierende oder sogar fallende Außenhandelsquoten,

– die partielle Ablösung der Internationalisierung des Warenverkehrs durch die internationale Kapitalverflechtung während der 1980er Jahre,

– ein zwischenzeitliches Absinken der Investitionstätigkeit Mitte der 1980er Jahre in der Zielregion Europa,

– die Konzentration der Direktinvestitionen auf die USA bei einer gleichzeitigen europäischen Investitionsbaisse,

– die Marginalisierung der »rest of the world«-Kategorie, die den Bedeutungsverlust des Nahen und Mittleren Ostens, Afrikas, des ehemals sozialistischen Blocks und Südasiens zum Ausdruck bringt,

– die abnehmende Bedeutung des industriellen Sektors als Anlagefeld für Direktinvestitionen bei gleichzeitiger Zunahme der Anlagefelder Finanzwesen, Immobilien und Professionelle Dienstleistungen,

– ausgeprägte Asymmetrien in der Bedeutung der USA und Japans als Ziel- bzw. Ursprungsland für Direktinvestitionen.

Nach dem erfolgreichen Abschluß der GATT-Verhandlungen wurde in den Industrieländern mit einem erneuten Anstieg der Internationalisierung im Bereich des Handels gerechnet. Dennoch sind die Aussichten für einen Anstieg der Außenhandelsquoten vergleichbar den 1970er Jahren eher schlecht, weil strukturelle

Verschiebungen die Bedeutung des Warenhandels in der Weltwirtschaft reduziert haben. Dennoch ist der Trend zur Internationalisierung der 1960er und 1970er Jahre nach wie vor ungebrochen. Er vollzieht sich allerdings nicht mehr im Bereich des Warenhandels. An dessen Stelle sind neue Verflechtungsstrukturen getreten. Dazu zählt neben dem Handel mit Dienstleistungen, Lizenzen und Informationen zunehmend der Bereich des Kapitalexports. Direktinvestitionen, in der Literatur noch immer weitgehend als Indikator für die Internationalisierung der Produktion verstanden, sind heute zum Vehikel solcher Kapitaltransfers geworden, die, zum überwiegenden Teil losgelöst von der Warenproduktion und von staatlicher Kontrolle, alle klassischen Verflechtungsformen und -motive in den Schatten stellen. Damit hat sich der Streit zwischen Internationalisten und Globalisten um die Rolle des Nationalstaates in der weltwirtschaftlichen Entwicklung teilweise erübrigt. Die Dominanz internationaler (oder auch globaler) Kapitalverflechtung – durch die Daten zu den Direktinvestitionen eindrucksvoll belegt – scheint einen vom nationalstaatlichen Interesse und damit von staatlicher Kontrolle losgelösten Globalisierungstrend zu belegen, der den nationalstaatlichen Rahmen allenfalls noch als Steueroase oder Steuerwüste wahrnimmt.

33. Regionalisierung

3.1 Einführung

Die Diskussion über Regionalisierungstendenzen in der Weltwirtschaft ist zwar nicht neu, hat aber erheblich an Schärfe gewonnen. In den 1950er und 1960er Jahren stand die Frage nach den Bestimmungsfaktoren, der Reichweite und der politischen Wirkung regionaler Integration im Vordergrund, wobei in wirtschaftlicher Hinsicht die Erwartung dominierte, daß die handelsschaffenden Effekte mittel- und langfristig ihre handelsumlenkenden Effekte übersteigen würden. Die für die Nachkriegsordnung konstitutive Erwartung einer fortschreitenden Liberalisierung der internationalen Wirschaftsbeziehungen wurde dementsprechend von den Ansätzen regionaler Integration nicht erschüttert. In den 1970er und frühen 1980er Jahren wurden viele der politischen und wirtschaftlichen Erwartungen, die in die bestehende Integrationspolitik gesetzt worden waren, enttäuscht. In Europa, der Westlichen Hemisphäre, Ost- und Westafrika, Südostasien (und auf anderer Ebene auch im RGW) häuften sich die Hinweise auf die begrenzten Erfolge regionaler Integration. Stagnation und Rückschläge bestimmten das Bild. Damit wurde aber keinesfalls der globale Regulierungsansatz der internationalen Wirtschaftsbeziehungen im Sinne des GATT gestärkt. Im Gegenteil, auch das GATT geriet in die Krise (Uruguay-Runde), und mit ihm das ganze Weltwirtschaftsregime der Nachkriegszeit. Diese Entwicklung fand ihren Niederschlag in einer lebhaften Diskussion über die Frage, inwieweit der wirtschaftliche Aufstieg Europas und Japans als Hegemonieverlust der USA zu interpretieren und letzterer für die zunehmenden Schwierigkeiten der weltwirtschaftspolitischen Konsensbildung im Rahmen des GATT verantwortlich zu machen sei.

Das ist der Grund, warum die Regionalisierungsdiskussion eine neue Wendung erhalten hat. Es geht seitdem um die Befürchtung, daß der kooperative Regimebildungsansatz der Nachkriegszeit unter dem Druck einer sich verschärfenden Weltmarktkonkurrenz bei gleichzeitig rückläufiger Strukturierungsmacht der USA durch nichtkooperative, d. h. konfrontative Strategien der Selbstbehauptúng im Rahmen einer regionalen wirtschaftlichen Blockbildung ersetzt werden könnte. Droht der zwischenstaatlichen »Beggar thy neighbour«-Politik der 1930er Jahre heute eine Neuauflage? Zahlreiche Autoren tendieren dazu, diese Frage zu bejahen (Dornbusch 1989, v. Heynitz 1988, Frankel 1991, Nester 1990, Schott 1990, 1991, Stoeckel 1990, Friedman/Lebard 1991, Thurow 1992, Garten 1992). Die These von der fortschreitenden Regionalisierung der Weltwirtschaft und der Herausbildung von Wirtschaftsblöcken ist jedoch genauso umstritten wie die Frage, wie eine solche Regionalisierung gegebenenfalls zu bewerten ist. Sie könnte sich als Stolperstein oder als Baustein der weltwirtschaftlichen Entwicklung erweisen (Aho/Ostry 1990, Lawrence 1991), sie könnte genauso zur Herausbildung neuer Wachstumspole der Weltwirtschaft führen wie zur Errichtung regionaler Festungen (Cable/Henderson 1994, Lorenz 1991, 1990, Harris 1989, Ishizaki 1988, Kim 1992, Kreuger 1992, Saxonhouse 1993, Sautter 1983, Maull 1991).

Die Schwierigkeit, die gegenwärtigen Trends einzuschätzen, hat zur Herausarbeitung weit voneinander abweichender Szenarien geführt, die von der Transformation des Nachkriegssystems zu einem kooperativen Multilateralismus (Sandholtz u. a. 1992) über eine regionale Verschiebung der Machtzentren nach Japan (»Global shift«) (Heiduk 1985) oder zurück nach Europa (»European Renaissance«) (Galtung 1989, 1973, Möller 1993, Central Planning Bureau 1992) bis zur Herausbildung eines Systems der »managed rivalry« zwischen regionalen Wirtschaftsblöcken auf der Basis neuer strategischer Allianzen von multinationalen Konzernen, der Herausbildung neuer staatlicher Regelungsanforderungen und weiterer Verwerfungen im Weltwirtschaftssystem durch den Aufstieg der VR China reichen (Junne 1994).

Während solche Szenarien außerordentlich hilfreich sind, um alternative Entwicklungsmöglichkeiten zu modellieren und damit Anforderungen an eine Politik zu formulieren, die bestimmten normativen Vorgaben entspricht, krankt die Debatte daran, daß weiterhin eine erhebliche Unsicherheit über die tatsächlichen Entwicklungen im Spannungsfeld einer möglichen Regionalisierung, Globalisierung oder Renationalisierung der Weltwirtschaft besteht. Dieses Kapitel setzt hier an. Es will zunächst einen Beitrag zur Erweiterung der empirischen Basis für die »Regionalisierungsdebatte« leisten. Wir unterscheiden drei Aspekte dieser Debatte: Der erste Aspekt betrifft die Frage, inwieweit es eine Regionalisierung von grenzüberschreitenden Wirtschaftsaktivitäten gibt. Der zweite Aspekt thematisiert die Frage, in welchem Verhältnis gegebenenfalls diese Regionalisierung zum Regionalismus, d. h. zur Politik der regionalen Kooperation und Integration, steht. Der dritte Aspekt schließlich bezieht sich auf die Implikationen von Regionalisierung und Regionalismus für die Regulierung der Weltwirtschaft, wobei es sich hier um eine Fortschreibung der Nachkriegsordnung, ihre Weiterentwicklung oder die Schaffung einer gänzlich neuen Ordnung handeln könnte.

Den Schwerpunkt unserer Arbeit bildet der erste Aspekt. Gleichwohl ergeben sich hieraus Schlüsse für die Bearbeitung der anderen beiden Aspekte. Deshalb sollen hier zunächst alle drei Aspekte etwas näher erläutert werden.

(1) Regionalisierung
Regionen sind räumlich abgrenzbare Gebiete, die sich nach natürlicher Beschaffenheit, Geschichte, Kultur und Beziehungsmustern von anderen Gebieten unterscheiden. Konstitutiv für eine Region ist das »besondere Verhältnis« ihrer Teile (Länder) zueinander. Dieses Verhältnis begründet jedoch nicht unbedingt eine Interessengemeinschaft gegenüber anderen Ländern. Das für die Region konstitutive »besondere Verhältnis« kann auch darin bestehen, daß die politischen, wirtschaftlichen oder sonstigen Beziehungen zwischen den betroffenen Ländern besonders konfliktgeladen sind, wie dies z. B. für die Nahostregion, den Kaukasus oder den Balkan zutrifft. Wir haben also zwischen Regionen als Interaktionssystemen und Regionen als Interessengemeinschaften oder kollektiven Akteuren zu unterscheiden (Haftendorn 1993).

Hier meint Regionalisierung die Herausbildung besonders dichter Interaktionssysteme. Die besondere Dichte ergibt sich z. B. aus einem Vergleich der weltweiten Außenhandelsbeziehungen von Ländern und ihrer Außenhandelsbeziehungen mit der Region, der sie angehören. Ein schnelleres Wachstum der regionalen im Vergleich zu den weltweiten Außenwirtschaftsbeziehungen einer Ländergruppe in einem geographisch definierten Gebiet wird hier als Regionalisierung verstanden. Entscheidend ist dabei die Definition der Regionen. Der Begriff selbst gibt vor, daß es sich um eine Gruppe angrenzender Staaten handeln muß. Es geht hier um Fragen der territorialen Basis der Weltwirtschaft. Regionalisierung bezieht sich also auf die relative Größe der Handelsbezie-

hungen zwischen zwei oder mehreren Staaten und ihre Zuge-
hörigkeit zu einem bestimmten geographischen Raum. Die
Abgrenzung des geographischen Raumes kann im Rückgriff auf
politische Vorgaben, nämlich regionale Zusammenschlüsse welcher Art auch immer, erfolgen. Damit würde jedoch die Regionalisierungsfrage sofort mit der Regionalismusfrage verknüpft. Wir
wollen die Regionalisierungsfrage offener angehen und haben uns
dementsprechend nicht nur an politischen (EG, EFTA, NAFTA
etc.), sondern auch an naturräumlichen Kriterien orientiert, die
natürlich gleichwohl politisch »aufgeladen« sind. Wir haben in
diesem Sinne zusätzlich zu der landläufigen Unterscheidung zwischen Europa, Nordamerika und dem Ost- und Südostasiatischen
Raum drei Megaregionen voneinander abgegrenzt: den Atlantischen und den Pazifischen Raum sowie die Westliche Hemisphäre
(beide Amerikas). Die USA gehören allen drei Regionen an. Mit
dieser heuristischen Regionenbildung eröffnen wir die Möglichkeit, den zentralen Aspekt der Regionalisierungsdebatte genauer
zu bearbeiten – nämlich die Frage, inwieweit der unter der US-Hegemonie seit 1945 entstandene Globalismus der Weltwirtschaftsordnung durch eine Regionalisierung der Weltwirtschaft abgelöst
wird. Die weitverbreitete Annahme, die das unterstellt, wollen wir
überprüfen. Dazu gehört auch die Auseinandersetzung mit der
Möglichkeit, daß die USA zum Träger eines »universellen Regionalismus« werden, der lediglich eine Modifizierung, nicht aber
eine Auflösung des Hegemonialsystems der Nachkriegszeit mit
sich bringen würde.

Während wir also durch die Benennung von Megaregionen un-
seren Blick für unterschiedliche Interpretationsmöglichkeiten der
gegenwärtigen Entwicklung öffnen, ist auf der anderen Seite die
Reichweite unserer Aussagen dadurch begrenzt, daß wir uns auf
die Erfassung und Auswertung jener Daten beschränken, die umfassende Vergleiche über den gesamten Untersuchungszeitraum
(drei Dekaden) zulassen. Das trifft bisher nur auf Handelsdaten zu.
Wir sind uns bewußt, daß Aussagen über mögliche Regionalisierungstendenzen der Weltwirtschaft, die anhand von Handelsdaten
getroffen werden, angesichts der Internationalisierung der Produktion, der Verfolgung von Globalstrategien durch Multinationale Konzerne sowie der Bildung strategischer Allianzen zwischen
ihnen sowie der Besonderheiten der internationalen Verflechtung
im Tertiären Sektor nur unter Vorbehalt zu verwerten sind.

(2) Das Verhältnis von Regionalisierung und Regionalismus
Die Vermutung liegt nahe, daß Regionalisierung und Regionalismus Hand in Hand gehen, wobei in der klassischen Integrationsliteratur davon ausgegangen wird, daß der Regionalismus der Regionalisierung vorangeht, die Regionalisierung also durch eine entsprechende Politik der regionalen Integration hervorgerufen bzw. forciert wird. Im GATT wird dementsprechend keine Vorkehrung gegen eine ungleichmäßige Entwicklung der internationalen Handelsbeziehungen getroffen, sondern lediglich gegen regionale Absprachen, die durch kollektive handelspolitische Maßnahmen eine geographische Ungleichverteilung in der Gestalt der Handelsumlenkung hervorrufen können (Art. 24 des GATT).

Der Blick auf die geographische Verteilung von Handelsströmen über Zeit erlaubt eine Überprüfung dieser Annahme. Zu fragen ist dabei, inwieweit die Annahme einer Regionalisierung durch Regionalismus den Normalfall darstellt. Als andere Möglichkeiten bieten sich eine Regionalisierung ohne Regionalismus und ein Regionalismus ohne Regionalisierung an. Wir werden zeigen, daß es im Sinne dieser Unterscheidung wichtig ist, sich mit der unterschiedlichen Dynamik und den unterschiedlichen Triebkräften der Regionalisierung in den einzelnen Regionen auseinanderzusetzen. Wir gelangen auf diesem Wege zur Erstellung einer Typologie von Regionalisierungsprozessen, die das Augenmerk mehr auf entwicklungsbezogene (Grad der Tertiarisierung) als auf institutionelle Faktoren lenkt.

(3) Regionalisierung, Globalisierung oder Fragmentierung der Weltwirtschaftsbeziehungen
Eine Regionalisierung der Weltwirtschaft ist nicht von vornherein gleichbedeutend mit einer Konfliktverschärfung auf globaler Ebene bzw. unvereinbar mit der Herausbildung kooperativer globaler Arrangements. So stellt zum Beispiel die regionale Verdichtung der wirtschaftlichen, politischen und kulturellen Beziehungen in grenzüberschreitenden Lebensräumen keinen Widerspruch zur Europäischen Integration dar, sondern soll diese festigen und vorantreiben. Das »Europa der Regionen« ist in diesem Sinne keine Alternative zur Europäischen Union, sondern deren Fundament (Lewis 1987, Beyerlein 1980, Cole 1993, Dahrendorf 1991). In vergleichbarer Weise könnte die Verdichtung wirtschaftlicher Transaktionen in bestimmten geographischen Räumen die Grund-

lage für einen subsidiären Regionalismus bieten, der für globale Regelungen offenbleibt, ja das allgemeine Interesse an globalen Regelungen zur Vermeidung nichtbeabsichtigter Folgen der Regionalisierung erst stärkt.

Ob das tatsächlich so ist, kann aufgrund der Regionalisierungsdaten allein nicht entschieden werden. Letztere geben jedoch einige Anhaltspunkte für die Bearbeitung dieser Frage. Auf keinen Fall darf Regionalisierung von vornherein mit wirtschaftlicher Blockbildung gleichgesetzt werden (vgl. Borrmann u. a. 1993). Diese Forderung wird durch Daten unterstrichen, die die Position einzelner Länder im Regionalisierungsprozeß ansprechen und die Vermutung nahelegen, daß die jeweiligen Regionalisierungsprozesse in sich ungleichmäßig verlaufen und folglich nicht von gleichgerichteten und gleichgewichtigen Interessen der Regionalstaaten bezogen auf die außer- bzw. interregionalen Beziehungen ausgegangen werden kann.

In diesem Zusammenhang ist zwischen den materiellen und den prozeduralen Zielen des GATT zu unterscheiden. Zu den materiellen Zielen gehört die Förderung der wirtschaftlichen Wohlfahrt aller beteiligten Länder, wobei der Geist der damaligen Zeit sich in der Forderung nach einer Politik der Vollbeschäftigung niederschlägt. Zu den prozeduralen Zielen gehört der weltweite Multilateralismus für die Regulierung der Außenwirtschaftsbeziehungen. Zu fragen ist nun, inwieweit die Regionalisierung der Weltwirtschaft an sich den materiellen Zielen des GATT entgegenläuft (Woolcock 1994). Dies wäre dann der Fall, wenn sie sich als Handelsumlenkung und nicht als Teil einer globalen Ausweitung des Handels vollzieht. Darüber hinaus könnte ein Widerspruch zu den materiellen Zielen des GATT dann gegeben sein, wenn und soweit die Regionalisierung der Weltwirtschaft mit der Marginalisierung einzelner Staaten und Staatengruppen einhergeht.

Angesichts der Tatsache, daß sich die Regionalisierung als Konzentration des Welthandels auf die Triade darstellt, liegt der Schluß nahe, daß alle Staaten außerhalb der Triade marginalisiert werden und – nach dem Grundverständnis des GATT – einen Wohlfahrtsverlust erleiden. Hier wäre allerdings zwischen relativer und absoluter Marginalisierung zu unterscheiden. Die Frage ist also, ob der Anteil der Regionen außerhalb der Triade am Weltwirtschaftsgeschehen relativ oder absolut zurückgeht. Ein bloß relativer Rückgang wäre nicht so ohne weiteres als Wohlfahrtsverlust durch eine gegebenenfalls zu konstatierende »Triadisierung« der Weltwirtschaft zu bewerten. Allerdings könnte auch ein relativer Rückgang mit einer weiteren Schwächung der Verhandlungsposition der betroffenen Länder einhergehen. Damit würde dem prozeduralen Ziel des GATT, dem globalen Multilateralismus, widersprochen. Eine triadische Regionalisierung der Weltwirtschaft müßte also die materiellen Voraussetzungen für die Herausbildung eines kooperativen Globalismus verschlechtern.

Die zentrale Frage bleibt aber die nach dem Binnenverhältnis der weltwirtschaftlich dominanten Regionen. Unsere Datenerhebung zu unterschiedlich abgegrenzten Regionen soll Aufschluß darüber geben, inwieweit überhaupt von einer triadischen Regionalisierung gesprochen werden kann, bei der sich Westeuropa, Nordamerika sowie der Ost- und Südostasiatische Raum gegenüberstehen. Die Identifizierung der drei Megaregionen erlaubt nämlich die Erörterung der Frage, ob wir es nicht eher mit einer redundanten Regionalisierung zu tun haben, die sich dadurch auszeichnet, daß die USA zumindest in zwei von drei Regionen (Atlantik, Westliche Hemisphäre) die dominante Wirtschaftsmacht bleiben und in der dritten trotz eines relativen Abstiegs gegenüber Japan weiterhin entscheidenden Einfluß auf die regionale Verflechtung ausüben. Letztlich geht es hier also um die Bewertung der Regionalisierung. Sie könnte als Fragmentierung oder als Differenzierung der Weltwirtschaft verstanden werden.

Die *ökonomische* Debatte über die Regionalisierung der Weltwirtschaft wird von zwei gegensätzlichen Positionen beherrscht: Die erste sieht in den Tendenzen zur regionalen Integration eine Vorstufe zur multilateralen, global ausgerichteten Kooperation und damit eine Weiterentwicklung der Nationalökonomien in Richtung auf die Weltökonomie (Drysdale 1991, Hine 1992, Hufbauer/Schott 1992, Lanfranco 1980, de Melo/Panagariya 1992) und wird als Komplementaritätsthese bezeichnet. Die zweite Position dagegen begreift Regionalisierung als ein Substitut für globale Verflechtung und als Indiz für das Auseinanderfallen der Weltwirtschaft in regionale Wirtschaftsblöcke (Bhagwati 1990). Sie wird Substitutionalitätsthese genannt.

Die aktuelle Diskussion um den eingangs erwähnten »neuen« Regionalismus steht in einer historischen Tradition. Die Regionalisierungsdiskussion folgte während der letzten 30 Jahre mit einer gewissen zeitlichen Verzögerung den Höhen und Tiefen der tatsächlichen Verflechtungsdynamik. Bereits in den 1950er und 1960er Jahren hatte eine heftige Debatte über Ausmaß, Motive und Folgen regionaler Integration stattgefunden. Im Mittelpunkt der ökonomischen Diskussion stand damals die Bewertung des Integrationsprozesses aus außenhandelstheoretischer Sicht. Vor dem Hintergrund einer zunehmenden Zahl regionaler wirtschafts- und sicherheitspolitischer Kooperationsvereinbarungen debattierte man über handelsschaffende oder handelsumlenkende Effekte regionaler Integration (Viner 1950, Padelford 1956, Haas 1958, Yalem 1965). Schon damals reichte das Spektrum neoklassisch geprägter Beiträge von der optimistischen Gleichsetzung von Integration und Regionalisierung bis zu einer Position des radikalen Internationalismus, die regionale Blockbildung als Widerspruch zur Idee des freien Weltmarktes begriff, weil sie die nationale Zollpolitik lediglich in einen kollektiven Protektionismus überführe.

In den 1970er Jahren verschwand die ökonomische Regionalisierungsdebatte von der Bildfläche. Dies hatte zwei Gründe: Zum einen hatte die Regionalisierungseuphorie der 1960er Jahre beträchtlich nachgelassen. Die wenigen Publikationen zur Integrationstheorie aus dieser Zeit zeugen von einer gewissen Ernüchterung, gepaart mit einer teilweise überkritischen Abrechnung mit den Theorieansätzen der vergangenen Dekaden. Weder eine allgemeingültige Definition des Begriffes »Region« noch eine positivistisch konstruierbare Konzeption von Regionalisierung sei gefunden worden (Russett 1967, Young 1969, Haas 1975). Zum anderen hatte sich die Regionalismusdebatte stärker zur Politik, insbesondere zu sicherheits- und entwicklungspolitischen Überlegungen hingewandt. Darüber hinaus hatte die ökonomische Diskussion ihre reale Grundlage verloren. Die 1970er Jahre, geprägt von der Debatte um eine neue Weltwirtschaftsordnung und den Ölpreisschock, wurden zum Jahrzehnt der Deregionalisierung, die mit der zweiten Ölkrise, 1979/80, ihren Höhepunkt fand.

Die 1980er Jahre führten zu einer Renaissance der Debatte, die zunächst allerdings weniger den Ordnungsrahmen der Weltwirtschaft als vielmehr singuläre Phänomene thematisierte. Ein Teil gruppierte sich um die Strukturveränderungen im Welthandel, die sich durch die »neue internationale Arbeitsteilung« (Fröbel u. a. 1979) ergaben, ein weiterer Diskussionsstrang befaßte sich mit der Herausbildung eines asiatisch-pazifischen Wachstumszentrums

(Boyd 1982, Heiduk 1985, Menzel 1988, Orr 1988, Siems 1992) und ein dritter mit dem nord-süd-spezifischen Kontext (Zimmerling 1992, Brüne/Betz/Kühne 1994, Kurihara 1990, Institute of Southeast Asian Studies 1991). Im Verlauf der 1980er Jahre wurden in der Dritten Welt auf Druck des Internationalen Währungsfonds Strukturanpassungsmaßnahmen eingeleitet. Die damit verbundenen Liberalisierungs- und Privatisierungsprogramme waren begleitet von einer Vielzahl regionaler Kooperationsabkommen zur Markterweiterung und gemeinsamen Reduzierung staatlicher Marktregulierung. Die Regionalisierungsdebatte würdigte zum einen diese neuen regionalen Kooperationsformen, kritisierte aber andererseits den »neuen Protektionismus« der Industrieländer (Schultz 1985).

Eine regelrechte Hausse erfuhr die Regionalisierungsdebatte nach dem Ende des Ost-West-Konflikts. Die seitdem erschienenen Publikationen übersteigen alle vorherigen Beiträge in Anzahl, Auflagenstärke, Reichweite und Resonanz. Dabei unterscheiden sie sich von den skizzierten Positionen der vergangenen Dekaden nur wenig. Integrationseuphorie, wie sie zum Beispiel im Cecchini-Bericht (Cecchini/Catinat/Jacquemin 1988) zum Entwicklungspotential des europäischen Binnenmarktes geäußert wird, und Integrationspessimismus – prominentester Vertreter dieser Couleur ist Jagdish Bhagwati (1990, 1991) – markieren auch heute die Fixpunkte der Diskussion. Eine neue Qualität liegt in der Verknüpfung der Regionalisierungsdebatte mit Überlegungen zur »neuen Weltordnung« sowie in der Häufigkeit unverhohlen protektionistischer Argumentationen. Die Diskussion um mögliche Blockbildung in der Weltwirtschaft ist geradezu penetrant machtfixiert. Sie dreht sich um den Zusammenhang zwischen einem diagnostizierten relativen Machtverlust der USA und neueren Regionalisierungs- und Regionalismustendenzen sowie einem daraus resultierenden globalen Welthandelssystem. Diese Debatte findet ihre Entsprechung in der Diskussion um den Aufstieg neuer regionaler Zentren wirtschaftlicher Macht und um Versuche einer Neudefinition von Macht, die weniger auf militärischer Stärke als auf ökonomischen Potentialen beruht (vgl. Nye 1990, Rosecrance 1987).

Während einige Autoren, die zum Teil mit der Idee eines kollektiven Merkantilismus sympathisieren, diese Blockbildung bereits als vollzogen ansehen und drei Wirtschaftsregionen um die USA,

Japan und die BRD identifizieren, die als konkurrierende Blöcke (NAFTA, East Asian Economic Caucus – EAEC, EU) um Weltmarktanteile kämpfen (Attali 1988, Möller 1993, Thurow 1992, Krause 1991, Jay 1980, Hessler/Menzel 1992), beschwören andere, dem Ideal der freien Weltwirtschaft nahestehende Denkschulen die Gefahren, die daraus für den Multilateralismus entstehen können (Bhagwati 1990). Es wird klar, daß sich bei der neueren Regionalisierungsdebatte keine klare Trennung zwischen ökonomischer und politikwissenschaftlicher Diskussion ziehen läßt. In vielen Fällen ist die wirtschaftswissenschaftliche Diskussion um Regionalisierung längst zum Büttel handelspolitischer Interessen geworden. Beispiele sind die zahlreichen Publikationen der Japan-Basher und US-Basher (Rochester Institute of Technology 1991, Ishihara 1988, D. Brock 1989), die NAFTA-Debatte in den USA (Macchiarola 1990) sowie die Diskussion um industriepolitische, strategische Allianzen innerhalb Europas (Seitz 1992).

Die neuere *politikwissenschaftliche* Diskussion um Regionalisierung und Blockbildung läßt sich aus der neorealistischen *Decline*-Debatte herleiten. Der Abstieg der USA als globale Führungs- und Ordnungsmacht führe demnach zum Zerfall eines globalen Weltwirtschaftssystems in kleinere, leichter steuerbare Wirtschaftsblöcke, die sich in konfliktträchtiger Weise zunehmend voneinander abschotten. Regionale Blöcke werden auch hier zum Substitut für das Weltsystem. Aus der »One World« wird die »Triade«. Die Triadenwelt birgt gleich dreifach die Gefahr einer Verschärfung von Entwicklungsdisparitäten: erstens durch die Herausbildung einer Peripherie um die jeweils dominierende Wirtschaftsmacht innerhalb der Blöcke (Rode 1991), zweitens durch die unterschiedliche Wachstumsdynamik der Blöcke (Abstieg Nordamerikas bei gleichzeitigem Aufstieg des Pazifischen Wirtschaftsraumes zum Weltzentrum) und drittens durch die Ausgrenzung aller Länder, die nicht zum Club der Triade gehören.[1]

Analog zur Gegenposition der liberalen Ökonomie findet sich in den Politikwissenschaften auch die positive Sicht der Regionalisierung. Die Einsicht in die Überlebtheit nationaler Lösungsansätze zur Bewältigung globaler Probleme, etwa im Bereich der

1 Im Gegensatz zu den sich verordnenden Kernregionen der Weltwirtschaft wird die »rest of the world«-Kategorie zuweilen auch als »turbulente Zone« bezeichnet; vgl. Stiftung Entwicklung und Frieden 1991 und 1993.

Umwelt-, Währungs- und Sicherheitspolitik, führe zur Herausbildung regionaler Regime (Müller 1993, Zürn 1992, 1987, Rittberger/Mayer 1993), die als Vorstufe zu globalen Regimen anzusehen seien. Regionenbildung ist damit ein Beitrag zur Überwindung des nationalstaatlichen Partikularismus.

Folgen wir den Vertretern der Substitutionalitätsthese, dann sind die Handelsblöcke längst Wirklichkeit geworden. Das alte, multilateral strukturierte Welthandelssystem liegt in den letzten Zügen, und eine neue Weltordnung macht sich breit. Drei Blöcke, die sich um die führenden Ökonomien USA, Japan und Bundesrepublik formieren (NAFTA, EAEC, EU), nutzen den intraregionalen Handel zur Stärkung ihrer Marktmacht und benutzen interregionale Exporte als Waffe gegenüber externen Wettbewerbern (Luttwak 1993, Conybeare 1987). Die Weltwirtschaft erscheint als ein Schlachtfeld für Handelskriege. Protektionisten und »trade manager« werden bestehen, Liberale und »trade optimists« gehen unter. Während der vergangenen Jahre hat sich dieses Bild in den Köpfen vieler Politiker und Wissenschaftler festgesetzt. Die Verkaufszahlen einschlägiger Bücher mit Themen wie »American decline«, »Export als Waffe«, »Der kalte Frieden« oder gar »The Coming War with Japan« erreichen, wie Joseph Nye treffend bemerkte, die Auflagenstärke von Horror-Bestsellern aus der Feder Steven Kings (vgl. Nye 1992). Der Aufstieg des »managed trade« zum Schlagwort des Jahres 1992 im *Wall Street Journal* und der gleichzeitige Bedeutungsverlust der multilateralen Perspektive in der US-Handelspolitik sind ein typisches Beispiel für eine sich selbst erfüllende Prophezeiung und der Beleg für eine gewisse Affinität der öffentlichen Meinung zu depressiv-martialischem, neomerkantilistischem Gedankengut, sagen aber wenig aus über den Wahrheitsgehalt der Szenarien selbst.

In gewissem Sinne tragen sogar beide Positionen, die der Apologeten des Handelskrieges (insbesondere Friedman/Lebard 1991, Rochester Institute of Technology 1991, Garten 1992) und die der liberalen Untergangspropheten (Bhagwati 1990), zur Verbreitung der Ansicht bei, daß letztlich prophylaktische regionale Arrangements immer noch besser seien, als in einer von Abschottung geprägten Handelswelt abseits zu stehen. Die Bemühungen um eine EU-Mitgliedschaft der übrigen europäischen Staaten spiegeln solche Überlegungen ebenso wider wie die Bestrebungen in der Dritten Welt, durch entsprechende politische und ökonomische Abkommen Anschluß an die dynamischen Zentren zu finden. Selbst arglose mathematische Zahlenspielereien zum Wert einer Handelspolitik auf der Basis einer »second best«-Annahme, wie sie in den USA derzeit angestellt werden (Krugman 1992), schaffen eine Atmosphäre des Mißtrauens und der Angst und bergen die Gefahr, daß zu Berechnungszwecken getroffene Annahmen zu einer traurigen Realität werden. Die »second best«-Argumentation belegt, daß eine liberale Handelspolitik ökonomisch unsinnig ist, wenn externe Handelspartner nicht wie Freihändler agieren. Solche Überlegungen werden freilich in allen Ländern angestellt. Alle Wirtschaftspolitiker halten ihre eigene Handelspolitik für liberal. Setzt also ein Wettbewerber protektionistische Signale, dann führt die »second best«-Variante unweigerlich zu einer Protektionismus-Spirale.

Das Beispiel illustriert, daß trotz aller mathematisch-wissenschaftlichen Auskleidungen viele Argumente der Regionalisierungsdebatte normativ geprägt sind. Sie sind letztlich ideologisch oder politisch begründet und deshalb mit einer gewissen Vorsicht zu genießen. Auch die verwendeten Statistiken geben vielfach nicht das gesamte Spektrum der möglichen Datenbasis wieder, sondern beschränken sich in Auswahl und Bearbeitung auf die Aspekte, die zur Begründung der eigenen Positionen opportun erscheinen.

Dieses Manko hat die Regionalisierungsdebatte von Anbeginn begleitet. Bereits in den 1960er Jahren waren engagierte Versuche zur umfassenden Definition des Regionalisierungsbegriffes und zu einer »objektiven« Regionenbildung kläglich gescheitert. Weder das 15-Regionen-Modell von Cantori und Spiegel (1970) noch die 21 Kennzeichen zur Regionenbestimmung von Thompson (1973), die Operationalisierung von Verflechtungsgrößen durch Karl Deutsch (1954) oder die Regionenschlüssel Bruce Russetts lieferten befriedigende Ergebnisse. Die Defizite der frühen empirischen Studien haben v. a. drei Ursachen. Erstens fehlte zu einer umfassenden empirischen Betrachtung ökonomischer Regionalisierungstrends das technische Instrumentarium. Leistungsfähige Hard- und Software zur Datenaufbereitung wurde erst im Verlauf der 1970er Jahre im sozialwissenschaftlichen Bereich marktfähig. Zweitens war die Datenbasis mangelhaft, auf deren Grundlage Zeitreihen- und Querschnittanalysen durchgeführt wurden. Zwei Dekaden rascher Dekolonisierung und Staatenbildung sowie erhebliche Unterschiede im nationalen statistischen Berichtswesen erschwerten den Datenvergleich. Drittens waren die Operationalisierungsversuche zu umfassend ausgerichtet. Interne und externe Bestimmungsfaktoren sowie ökonomische und nichtökonomische Indikatoren wurden vermischt. Transnationale Verflechtung kann sowohl durch einen Prozeß interner Homogenisierung, etwa durch Angleichung ökonomischer Strukturdaten, beschrieben werden als auch durch ein überproportionales Wachstum externer Transaktionen. Darüber hinaus können auch nichtökonomische Indikatoren zur Regionenbildung herangezogen werden. Beispiele sind Reise-, Post-, Telefon- und E-Mail-Verkehr, Mitgliedschaft in regionalen Sicherheitsorganen oder Sprachfamilien. Die Tendenz der Regionalisierungsforschung, möglichst alle diese Faktoren zu einem umfassenden Gesamtbild zu vereinen, hat zu einer Vermischung harter und weicher Indikatoren geführt, die entweder die Aussagekraft der jeweiligen Modelle erheblich eingeschränkt oder aber den Anschein einer Beliebigkeit bzw. der Ideologielastigkeit der Cluster- und Indikatorenbildung geweckt hat.

Die neuere Regionalisierungsforschung kann demgegenüber sowohl auf ein umfangreiches datentechnisches Instrumentarium als auch auf eine dreißigjährige Kontinuität der Datenerhebung zurückgreifen. Blickt man allerdings auf die breite Palette neuerer Publikationen zur Regionalisierung oder zum neuen Regionalismus, so muß man feststellen, daß die Erfahrungen der Regionalisierungsforschung aus den 1960er und 1970er Jahren weitgehend ungenutzt blieben. Dies gilt sowohl in technischer als auch in methodischer Hinsicht. Die heutigen datentechnischen Ressourcen wurden nur in den wenigsten Fällen genutzt. Ausnahmen sind die vom HWWA durchgeführten Regionalismusstudien (Borrmann u. a. 1993), eine empirische Langzeituntersuchung von Mitarbeitern des GATT (Anderson/Nordheim/Finger 1990), eine Regionalisierungsuntersuchung der OECD (Lloyd 1992) und mit Einschränkungen auch die vom IMF im World Economic Outlook im Mai 1993 präsentierten Daten zur Regionalisierung der Weltwirtschaft (Kumar 1993). Alle Studien beschäftigen sich mit der Regionalisierung des Warenhandels, dem »härtesten« Indikator zur Messung regionaler Integration (in der HWWA-Studie wurden auch Direktinvestitionsverflechtungen berücksichtigt), weisen allerdings in der Operationalisierung einige Mängel auf. Zum einen ist dies die Gleichsetzung von Handel mit Export (HWWA) oder Import (OECD), zum anderen die Konstitution von Regionen nach institutionellen Kriterien (IMF, HWWA). Trotz des überaus intelligenten Operationalisierungsverfahrens, das Anderson, Nordheim und Finger zur Bestimmung eines intraregionalen Intensitätsniveaus anführen, sind die Ergebnisse der Langzeitstudie des GATT zur »Propensity to Trade« für die Analyse gegenwärtiger Regionalisierungstrends wenig aussagekräftig. Der lange Zeitraum 1830-1990 beinhaltet nicht nur gravierende quantitative Veränderungen in der Staatenwelt, er birgt auch eine Fülle struktureller Umbrüche im Welthandel, bei den Welthandelsgütern, den monetären, technischen und politischen Rahmenbedingungen und den Nachfragepräferenzen. Andere Publikationen zur Regionalisierung der Weltwirtschaft greifen in bezug auf den Zeithorizont, die Länderauswahl und die Indikatoren ihrer empirischen Basis zu kurz, verwenden willkürliche Regionenzuordnungen und greifen oft auf Sekundärstatistiken zurück, deren Vergleichbarkeit zweifelhaft ist.

Ein Manko der ökonomischen Debatte liegt darin, daß sie sich fast ausschließlich um die Kontroverse zwischen Handelsschaffung versus Handelsumlenkung dreht und in immer neuen mathematischen Auskleidungen die Positionen Viners (1950) oder Linders (1961) gegenüberstellt. Letztlich sind auch die dynamische Analyse Krugmans (1991) oder die Berechnungen Baldwins (1992) zur endogen induzierten Kapitalbildung innerhalb der Regionen nur ein Remake der »Natural Partners«-Thesen aus den 1960er Jahren. Damit ist zwar der neoklassischen Theoriebildung gedient, nicht aber der neueren Regionalisierungsdebatte. »Natural Partners« der 1960er Jahre müssen nicht zwangsläufig auch in der heutigen Weltwirtschaft kooperieren. Allein die Veränderung der technischen Rahmenbedingungen hat viele der traditionellen Transport- und Transaktionskostenargumente ad absurdum geführt und neue Geographien des Handels geschaffen, eine Tatsache, die nicht nur Ökonomen, sondern auch der Wirtschaftsgeographie zu schaffen machte, der das Ende ihrer Disziplin vorhergesagt wird.[2]

Ökonomen, Politikwissenschaftler und Geographen bewegen sich in ihren Regionalisierungsdebatten vielfach in selbstreferentiellen und ideologisch aufgeladenen Argumentationen und disku-

---

2 Vgl. die Besprechung von Richard O'Briens »End of Geography« durch J. Gottmann in: Geographic Journal 159.1993. S. 101; zur neuen Geographie des Welthandels: Ritter 1994; Grotewold 1992; ferner Daniels/Illeris/Bonamy/Philippe 1993.

tieren aneinander vorbei. Hier wird demgegenüber der Versuch gemacht, ideologische Scheuklappen und Restriktionen zu vermeiden und Argumente über die Disziplinen hinweg zusammenzuführen. Obwohl normative Aussagen und Schlußfolgerungen nicht fehlen, bietet die große Datenmenge, die den nationalen Statistiken entnommen und mittels spezieller Methodenschlüssel transparent und vergleichbar gemacht wurden, die Gewähr einer umfassenderen Beurteilung von Regionalisierungstrends. Um datenbedingte Unschärfen zu vermeiden, beschränken wir uns weitgehend auf die Analyse des stofflichen Handels. Dienstleistungshandel, Kapitalverflechtung sowie die andernorts inflationär verwendeten nichtökonomischen Verflechtungsgrößen werden nicht berücksichtigt. Eine Klassifikation nach Warengruppen wurde ebenfalls nicht vorgenommen. Nur für den gesamten internationalen Warenverkehr liegen international vergleichbare Länderzuordnungen über einen Zeitraum von drei Dekaden und für mehr als 60 Länder vor.

3.2 Der Datensatz

Der Untersuchungsschwerpunkt »Regionalisierung« nimmt innerhalb des Datensatzes den größten Raum ein. Erhoben wurden insgesamt 360 Einzeltabellen und Rohdatenmatrixen, die zu mehr als 700 synoptischen Tabellen mit insgesamt 120 000 Datenpaaren verarbeitet wurden. Zudem wurden weitere synoptische Matrixen aufbereitet, die regionen- oder indikatorenübergreifende Zusammenstellungen enthalten, sowie Matrixen zu regressionsanalytischen Korrelationstests. Schwerpunkt der Erhebungen ist die Analyse des internationalen (stofflichen) Warenhandels. Die Auswahl der Daten umfaßt 63 Staaten, deren Außenhandelsverflechtung über einen Zeitraum von drei Dekaden (1960-1990) innerhalb der definierten Regionen[3] untersucht wurde. Durch die Bildung regionaler Cluster, Subcluster und Megaregionen sowie durch die Gewichtung asymmetrischer Handelsbilanzeffekte werden Schlußfolgerungen zur Plausibilität erweiterter Regionen möglich.

Nach der Konstituierung der Regionen wurden die nationalen

---

3 Der ursprünglich erarbeitete Datensatz zur Regionalisierung (Band II/Kapitel 3) beinhaltet die Stichjahre 1960, 1970, 1980 und 1988. Die aktuelle Version enthält das Stichjahr 1990 sowie eine jährliche Fortführung bis 1992.

Daten zu Export, Import und Außenhandel ((X + M)/2) in eine Rohdaten-Matrix überführt und zu zwei Summenzeilen kumuliert (Spaltenaddition). Summe A gibt den intraregionalen Warenaustausch wieder, Summe B den gesamten Warenaustausch des jeweiligen Landes. Neben der Spaltenaddition (z. B. Export eines Landes in die Region) wurde zusätzlich eine Zeilenaddition (z. B. Export einer Region in ein Land) durchgeführt (vgl. Tabelle 13), um Integrationsniveau, regionales Gewicht und Weltmarktposition der Gesamtregion zu bestimmen und interregionale Vergleiche zu ermöglichen. Dadurch lassen sich Rückschlüsse auf die Plausibilität der regionalen Clusterbildung und die Position der Regionen im Weltsystem ziehen. Als Bezugsgröße wurden die Summen in den 360 Einzeltabellen zu Ländern und Regionen um ein weiteres Aggregat (Summe C) ergänzt. Sie gibt den gesamten Welthandel an (= [3] in Tabelle 14).

In den Einzel-Synopsen (Tabelle 14) wird die tabellarische Darstellung der absoluten Zahlen wiederholt, die in Millionen US-$ angegeben sind. Die Summenzeilen werden nach drei Modi miteinander verknüpft und die jeweilige prozentuale Veränderung für das Jahr 1990 (Basiswert 1960) angegeben. Modus 1 bildet den Quotienten aus intraregionalem und internationalem Warenaustausch (A/B). Mit dem Faktor 100 multipliziert, ergibt der Quotient den »Regionalisierungskoeffizienten«, also den Anteil des Intra-Handels am Handel mit der Welt in Prozent. Er gibt Aufschluß über das Ausmaß der regionalen Integration einzelner Länder und der gesamten Region.

Modus 2 bildet den Quotienten aus intraregionalem Warenaustausch und dem gesamten Welthandel (A/C). Mit dem Faktor 100 multipliziert, ergibt der Quotient das »regionale Gewicht«, also die Bedeutung des Intra-Handels im globalen Kontext. Im Zusammenhang mit Modus 1 kann der gewonnene Faktor Aufschluß über die Struktur einer Region geben. Ein hoher Regionalisierungskoeffizient bei sinkender Weltmarktposition kann auf einen »Common Loss«, eine Verlierergemeinschaft, hinweisen. »Regionales Gewicht« dient aber auch als Indikator für Strukturierungsmacht einzelner Staaten innerhalb der Region und einzelner Regionen in der Weltwirtschaft. Modus 3 bildet den Quotienten aus Warenaustausch mit der Welt und dem gesamten Welthandel (B/C). Mit dem Faktor 100 multipliziert, ergibt der Quotient den »Weltmarktanteil«, also die Position einer Volkswirtschaft im Weltmarkt.

Tabelle 13: Operationalisierungsschema für regionale Handelsverflechtung (hier Exporte)

z.B. Stichjahr 1960	1 aus Belgien	2 aus Dänemark	3 aus Deutschland	4 aus Finnland	5 aus Frankreich	n	A: Summe (1 bis n) intra-regional	B: aus der Region gesamte Exporte	A/B ×100 Reg.-koeff.
1 nach Belgien		in US$	in US-$	in US-$	in US-$	in US-$	Summe nach 1	in US-$	%
2 nach Dänemark	in US-$		in US-$	in US-$	in US-$	in US-$	Summe nach 2	in US-$	%
3 nach Deutschland	in US-$	in US-$		in US-$	in US-$	in US-$	Summe nach 3	in US-$	%
4 nach Finnland	in US-$	in US-$	in US-$		in US-$	in US-$	Summe nach 4	in US-$	%
5 nach Frankreich	in US-$	in US-$	in US-$	in US-$		in US-$	Summe nach 5	in US-$	%
...									
n	in US-$	in US-$	in US-$	in US-$	in US-$		Summe nach n	in US-$	%
A: (1-n) intraregionale Exporte	in US-$	in US-$	in US-$	in US-$	in US-$	in US-$	Summe nach (1 bis n)	in US-$	%
B: Welt gesamte Exporte aus der Region	in US-$	in US-$	in US-$	in US-$	in US-$	in US-$	Exporte der Region	in US-$	
A/B ×100 Regionalisierungskoeff.	in %	in %	in %	in %	in %	%	%		

Tabelle 14: Maske der Synopsen für Länder und Regionen (hier Exporte aus Frankreich, Atlantischer Raum)

Frankreich					
[in Tsd. US-$ bzw. in %]		1960	1970	1980	1990
Exporte nach Belgien		US-$	US-$	US-$	US-$
Exporte nach…		…	…	…	…
Exporte in d. USA		US-$	US-$	US-$	US-$
Exporte in die Region	[1]	Summe	Summe	Summe	Summe
Exporte in die Welt	[2]	US-$	US-$	US-$	US-$
Weltexporte Gesamt	[3]	US-$	US-$	US-$	US-$
Modus 1:					
Regionalisierungskoeffizient	[1/2]	Formel (%)	Formel (%)	Formel (%)	Formel (%)
Wachstum 1960–1990					Formel (%)
Modus 2:					
regionales Gewicht	[1/3]	Formel (%)	Formel (%)	Formel (%)	Formel (%)
Wachstum 1960–1990					Formel (%)
Modus 3:					
Welmarktanteil	[2/3]	Formel (%)	Formel (%)	Formel (%)	Formel (%)
Wachstum 1960–1990					Formel (%)

Die Operationalisierung der Regionalisierungsforschung weist große methodische Unterschiede auf. Die Varianten reichen von der Messung des Homogenitätsgrades binnenwirtschaftlicher Strukturdaten über die Berechnung der Reagibilität ökonomischer Basiswerte zwischen Ländern einer Region bis zur Quantifizierung außenwirtschaftlicher Transaktionen. Der am häufigsten verwendete Parameter zählt zur dritten Kategorie und dient der Messung des Regionalisierungsgrades. Der sog. »Regionalisierungskoeffizient« wird auch in dieser Studie ausschließlich verwendet. Er wird definiert als der Anteil des intraregionalen Handels am gesamten Handel eines Landes oder einer Region und ist als Prozentsatz oder Quotient des intraregionalen Exports am totalen Warenexport ausgewiesen:

1a) $\quad reg = X_{intra} / X_{total} \times 100$

Die ausschließliche Verwendung von Exporten verdeckte allerdings ein Problem, das oft vernachlässigt wird. Handelsbeziehungen zwischen Staaten sind selten symmetrisch. Wenn beispielsweise im Jahre 1990 die gesamten Exporte der USA 320 Mrd. US-\$ und die Exporte nach Kanada 70 Mrd. US-\$ betrugen, liegt der Regionalisierungskoeffizient der USA in der Region CUSTA (Canada-United States Free Trade Area) bei 0,22 oder 22 %. Auf der Importseite dagegen liegt der Regionalisierungskoeffizient bei 17 %, weil die USA mit Asien in eine asymmetrische Handelsverflechtung eingebunden sind. So wird die Exportschwäche der USA in Richtung Asien als eine Zunahme der Regionalisierung in Nordamerika ausgewiesen.

Um die Asymmetrieeffekte im Welthandel zu gewichten, wurden neben der Exportverflechtung von 63 × 63 Staaten auch die Importe erfaßt. Zur Grundlage der deskriptiven Auswertung der Daten wurde der Mittelwert herangezogen. Handel wird also definiert als das arithmetische Mittel aus intraregionalen Ex- und Importen. Der Regionalisierungskoeffizient [reg] für den Handel lautet:

1b) $\quad reg = (X_{intra} + M_{intra}) / (X_{total} + M_{total}) / 2 \times 100$

Neben der Erfassung von Handelsdaten wurden auch Daten zu Direktinvestitionen ausgewertet. Die Analyse basiert auf der geographischen Verteilung der Direktinvestitionsbestände aus den sieben wichtigsten Ursprungsländern: USA, Japan, Großbritannien, Bundesrepublik Deutschland, Niederlande, Frankreich und Kanada. Die regionale Struktur der Verteilung (Tabelle 15) ist nicht gleichzusetzen mit der intraregionalen Verflechtung, da sie nur eindimensional ausgerichtet ist. Es wurden jeweils nur die Direktinvestitionsbestände der sieben wichtigsten Ursprungsländer aufgeführt und nach fünf Regionen aufgeschlüsselt. Im Falle Europas, das unter den G7-Staaten mit vier Ländern vertreten ist, ergibt diese Methode eine brauchbare Annäherung, während die regionale Verteilung in der Pazifikregion nur anhand eines einzigen Investors (Japan) untersucht wurde und deshalb kaum als repräsentativ gelten kann.

Tabelle 15: Maske für regionale Verflechtung von Direktinvestitionen (hier: Direktinvestitionsbestände der Länder des Atlantischen Raumes im Atlantischen Raum ohne bilaterale Transfers zwischen USA und Kanada)

	gesamt		in die Region		in die übrige Welt	
	in US-$	in %	in US-$	in %	in US-$	in %
1976	165 696	100 %	95 458	57,61	70 238	42,39
1977	188 110	100 %	110 099	58,53	78 010	41,47
1978	228 024	100 %	135 134	59,26	92 890	40,74
1979	267 673	100 %	165 106	61,68	102 567	38,32
1980	308 793	100 %	189 700	61,43	119 093	38,57
1981	314 955	100 %	192 057	60,98	122 898	39,02
1982	324 559	100 %	201 842	59,17	132 502	40,83
1983	340 867	100 %	214 258	59,21	139 026	40,79
1984	331 282	100 %	209 852	64,68	117 024	35,32
1985	393 700	100 %	260 828	53,30	183 848	46,70
1986	453 880	100 %	308 225	57,47	193 052	42,53
1987	567 552	100 %	392 254	69,11	175 297	30,89
1988	623 782	100 %	430 281	49,41	315 556	50,59
1989	704 954	100 %	491 453	55,64	312 700	44,36
1990	841 350	100 %	594 469	51,14	411 069	48,86

Außerdem wurde versucht, Regionalisierungstendenzen für internationale Kapitaltransfers und nichtökonomische Verflechtungsindikatoren zu erfassen.[4] Die Mehrzahl dieser Ansätze konnte nicht weiterverfolgt werden, da international vergleichbare Statistiken nicht für alle 63 Staaten vorliegen bzw. die Untergliederung nach Ziel- und Ursprungsländern nicht detailliert genug ist. Aussagen zur strukturellen Verschiebung internationaler Transaktionen in den nichtstofflichen Bereich (z. B. durch die Aufschlüsselung des intraregionalen Dienstleistungshandels und der Faktoreinkommen) sind nur indirekt möglich, indem der intraregionale Warenhandel mit binnenwirtschaftlichen Aggregaten in Beziehung gesetzt wird. Ähnliches gilt für Aussagen zum politischen Regionalismus und zur institutionellen Auskleidung der ökonomischen Regionalisierung (z. B. durch eine Quote, die die Zahl der Mitgliedschaften von Staaten in regionalen Institutionen mit denen auf globaler Ebene vergleicht). Hier sind Abgrenzungskriterien (regional/global) der Willkür statistischer Aufbereitung unterworfen.

Unter Berücksichtigung der Verwendungshäufigkeit des Regionalisierungsindikators Handel in vergleichbaren empirischen Ansätzen und der unzureichenden Datenlage für andere Indikatoren orientiert sich die Studie im folgenden am Warenhandel. Regionalisierung wird *definiert* als ein überproportionales Wachstum des intraregionalen Handels $[(X + M)/2]$ in Relation zum gesamten Handel eines Landes oder einer Region mit der Welt:

1c) $\Delta \text{reg} = (\text{reg}_n \times 100 / \text{reg}_{n-1}) - 100$

Eine große Zahl von Studien zur Regionalisierung basiert ausschließlich auf der Konstituierung institutioneller Cluster (Cantori/Spiegel 1970). Mißt man die Regionalisierung zwischen Staaten einer bestehenden regionalen Institution, zum Beispiel zwischen EG-Staaten, dann sind affirmative Ergebnisse die Regel. Selbst eine nach Stichjahren durchgeführte ökonometrische Clu-

4 Ein Teil der Daten wurde 1992 im Rahmen eines Empirieseminars zusammengetragen. Sie betreffen Indikatoren wie Reiseverkehr, Mitgliedschaft in regionalen Institutionen und Verbreitung wissenschaftlicher Literatur. Seit März 1994 sind erstmals detaillierte Angaben zum internationalen Derivatehandel (1992, 1993) verfügbar, die künftig Berechnungen über den Anteil des Handels mit regionalen Futures und Options an den jeweiligen Finanzplätzen erlauben.

steranalyse, die aus der Menge aller verfügbaren Verflechtungsdaten Plausibilitätstests zur Regionengenerierung durchführt, leistet diesem Manko Vorschub. Hier besteht die Gefahr einer tautologischen Begründung ohne wissenschaftlichen Nährwert, die zu Ergebnissen führt wie »eine Region ist eine Region, weil sie eine Region ist«. Die empirische Bearbeitung von Regionalisierungshypothesen muß neben institutionellen Varianten auch plausible nichtinstitutionelle Regionen testen. Auf die Bedeutung »angrenzender Territorien« für den Warenhandel wurde bereits in der Einleitung hingewiesen. Entgegen der jüngsten Proklamation vom »Ende der Geographie« (O'Brien 1992) muß für eine Regionalisierungsstudie zum Warenhandel also auf einen geographischen, staatengestützten Regionenbegriff zurückgegriffen werden.[5]

Die Auswahl der 63 Länder ist neben datentechnischen Restriktionen durch folgende Überlegungen begründet. Sowohl die Nachkriegsordnung als auch die Diskussion um die Weltordnung nach dem Ende dieser Ära sind durch zwei ökonomisch-politische und zugleich geographische Kriterien gekennzeichnet. Die USA stehen zum einen im Zentrum der freien Weltwirtschaft und sind zum anderen nach drei Richtungen mit geographischen Einheiten verflochten: mit Europa zu einem Atlantischen Raum, mit Japan, Südostasien und Ozeanien zu einem Pazifischen Raum und mit ihrer – seit der Monroe-Doktrin unbestrittenen – allamerikanischen Einflußzone zur Westlichen Hemisphäre. Für die USA ergeben sich daraus drei gleichrangige Regionalisierungsoptionen, deren Bedeutung im Verlauf der vergangenen Jahrzehnte variierte. Aus diesem Grund sind in der Länderliste neben den klassischen Industrieregionen der Triade auch die Entwicklungs- und Schwellenländer Ost- und Südostasiens sowie Lateinamerikas und der Karibik verzeichnet. Die Verflechtung dieser Regionen mit Nordamerika, die im Falle des Pazifischen Raumes zu den wichtigsten Bestimmungsgründen des Wachstums in Asien zählt, ist daher ausdrücklich in die Regionenkonstituierung aufgenommen worden.

Die Staaten Afrikas, des ehemals sowjetsozialistischen Blocks, Südasiens und der arabischen Welt spielen in diesem Szenario wie in der Weltwirtschaft eine untergeordnete Rolle. Sie wurden daher nicht in die Länderliste aufgenommen. Unter anderen Fragestel-

---

5 Im Warenhandel spielen geographische Bestimmungsfaktoren nach wie vor eine dominierende Rolle. Nähe sowie kulturelle, politische und sprachliche Affinität reduzieren Transport- und Transaktionskosten.

lungen sind sicherlich auch abweichende oder ergänzende Regionen konstituierbar. Denkbar wäre zum Beispiel eine »Dhau-Zone«, die die historischen Verflechtungsstrukturen im Indischen Ozean zwischen Südasien, der arabischen Halbinsel und Ostafrika nachzeichnet, eine »Falaffel-Region« mit den nicht ölexportierenden Staaten des östlichen Mittelmeerraumes oder eine »Turk-Zone« mit einer Anbindung ehemaliger zentralasiatischer Sowjetrepubliken an die Türkei. Allen diesen Einheiten kommt in der neuen Weltordnung eine marginale Bedeutung zu. Sie sind deshalb für den Kontext der vorliegenden Studie, die in zentraler Perspektive den Decline der USA thematisiert, irrelevant. Dadurch ergibt sich auch eine Abgrenzung von substaatlichen Regionenbegriffen (Beyerlein 1980, Dahrendorf 1991, Delamaide 1994), deren Operationalisierbarkeit auf der Basis grenzüberschreitender Wirtschaftsaktivitäten selbst innerhalb Europas enge statistische Grenzen gesetzt sind (EUROSTAT 1990, 1991, Knoche/Köhler 1992).

Unter Einbeziehung von Nordamerika (USA und Kanada) in jeden Cluster wurden drei »Megaregionen« konstituiert, die um die jeweiligen Ozeane gruppiert sind bzw. von ihnen umgeben sind: Atlantischer Raum (1), Pazifischer Raum (2) und Westliche Hemisphäre (3).

Der Atlantische Raum besteht aus 18 europäischen Ländern, den USA und Kanada. Der Pazifische Raum umfaßt 13 Länder der

Graphik 6: Die Megaregionen Atlantischer Raum, Pazifischer Raum und Westliche Hemisphäre

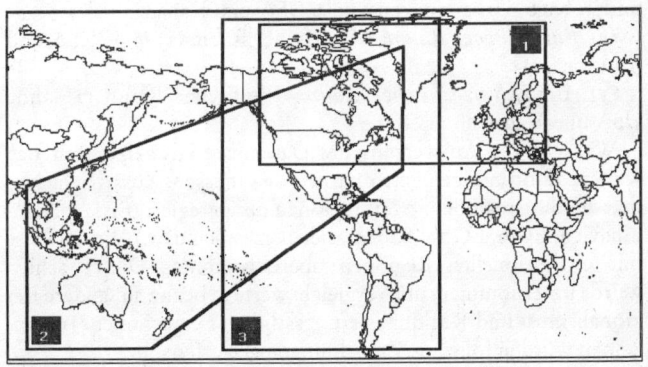

Asiatisch-ozeanischen Sphäre (etwa dem in den 1930er/40er Jahren angestrebten Yen-Block entsprechend) sowie die USA und Kanada. Der Westlichen Hemisphäre gehören 28 Länder des amerikanischen Kontinents sowie die USA und Kanada an. Um Doppelzählungen zu vermeiden, wurde ein zusätzlicher Modus berechnet, der den bilateralen Warenaustausch USA/Kanada aus den Großregionen Atlantik und Pazifik subtrahiert. Dieser den bilateralen Handel separierende Modus wurde in der folgenden deskriptiven Analyse ausschließlich verwendet. Weitere Varianten sind die Berechnung der Handelsströme unter Ausschluß Nordamerikas innerhalb zweier Subregionen: Europäischer Raum (4), Asiatisch-ozeanischer Raum (5).

Dadurch ergeben sich folgende Länderzuordnungen:

(1) Atlantischer Raum: Belgien/Luxemburg, Dänemark, Deutschland, Finnland, Frankreich, Griechenland, Großbritannien, Irland, Island, Italien, Jugoslawien, Niederlande, Norwegen, Österreich, Portugal, Schweden, Schweiz, Spanien, USA und Kanada;

(2) Pazifischer Raum: Australien, Brunei, China, Hongkong, Indonesien, Japan, Korea (Süd), Malaysia, Neuseeland, Papua-Neuguinea, Philippinen, Singapur, Taiwan, Thailand, USA und Kanada;

(3) Westliche Hemisphäre: Argentinien, Belize, Bolivien, Brasilien, Chile, Costa Rica, Dominikanische Republik, Ecuador, El Salvador, Guatemala, Guayana, Französisch-Guayana, Haiti, Honduras, Jamaica, Kolumbien, Kuba, Mexiko, Niederländische Antillen, Nicaragua, Panama, Paraguay, Peru, Surinam, Trinidad und Tobago, Uruguay, Venezuela, USA und Kanada;

(4) Europäischer Raum: Atlantischer Raum (1) ohne USA und Kanada;

(5) Asiatisch-ozeanischer Raum: Pazifischer Raum (2) ohne USA und Kanada.

Während der Auswertung des Datenmaterials zeigte sich, daß weitere Zuordnungen getroffen werden müssen. Zusätzlich wurden die Basisregionen in Subregionen disaggregiert (EFTA, Skandinavien, EG 9, EG 12, Südostasien, Ozeanien usw.), die teilweise mit institutionellen Regionen übereinstimmen. Dieser Schritt wurde unternommen, um Vergleichswerte in bezug auf andere Regionalismus- und Regionalisierungsstudien zu gewinnen. Im einzelnen wurden folgende Zuordnungen getroffen:

(6) EG-9-Staaten: Belgien/Luxemburg, Dänemark, Deutschland, Frankreich, Großbritannien, Irland, Italien, Niederlande;

(7) EG-12-Staaten: EG-9-Staaten und Griechenland, Portugal, Spanien;

(8) EFTA: Schweiz, Schweden, Österreich, Finnland, Norwegen, Island;

(9) Skandinavien: Dänemark, Schweden, Finnland, Norwegen, Island;

(10) Ost-/Südostasien: Schwellenländer des Asiatisch-ozeanischen Raumes ohne Japan;

(11) Ozeanien: Australien, Neuseeland;

(12) CUSTA: USA, Kanada;

(13) NAFTA: USA, Kanada, Mexiko;

(14) Lateinamerika: Argentinien, Belize, Bolivien, Brasilien, Chile, Costa Rica, Dominikanische Republik, Ecuador, El Salvador, Guatemala, Guayana, Französisch-Guayana, Haiti, Honduras, Jamaica, Kolumbien, Kuba, Mexiko, Niederländische Antillen, Nicaragua, Panama, Paraguay, Peru, Surinam, Trinidad und Tobago, Uruguay, Venezuela.

Mit einigen Ausnahmen stammen alle verwendeten Daten aus zwei Quellen. Wo dies möglich war, wurde auf die Daten des »United Nations Yearbook of International Trade Statistics« zurückgegriffen. Die »Direction of Trade Statistics« des IMF dienten als Quelle für die Länder und Stichjahre, die in den UN-Statistiken nicht oder nur rudimentär aufgeführt sind. Vor dem Stichjahr 1960 sind keine exakten Zeitreihen möglich, weil sich zahlreiche Staaten der Dritten Welt während der 1940er und 1950er Jahre erst konstituiert haben. Die Vereinten Nationen übernehmen direkt und ohne Gewichtung die Angaben des nationalen statistischen Berichtswesens der Mitgliedsstaaten. Die jeweils verfügbaren Daten liegen oft mehr als drei Jahre hinter den aktuelleren Publikationen der Weltbank zurück.[6] Die Zahl der Mitgliedsländer im Währungsfonds ist allerdings geringer, und Daten aus zahlreichen (sozialistischen) Ländern werden einer wenig transparenten Bereinigung unterzogen. Alle Daten zu Taiwan stammen aus dem »Taiwan Statistical Data Book« der Republic of China. Die in den genannten Quellen aufgeführten Zahlen zur Außenhandelsverflechtung sind bereits

---

6 Hier ist ein Grund dafür zu suchen, daß die vorliegende Analyse nur bis 1990 reicht.

zum Jahresmittelkurs in US-$ umgerechnet. Wechselkursschwankungen (zum US-$) und Preisentwicklungen (z. B. Ölpreiseffekte) können hier zu beträchtlichen Abweichungen führen.

3.3 Die Regionalisierung der Regionen

Über den Untersuchungszeitraum der Jahre 1960 bis 1990 verlief die Regionalisierung nach folgendem Schema: Die Zunahme der Regionalisierung war in den 1960er Jahren am größten, sie schwächte sich in den 1970er Jahren ab und stieg in den 1980er Jahren erneut an. Tabelle 16 gibt für die Stichjahre 1960, 1970, 1980 und 1990 die nach Formel 1c) berechneten Regionalisierungskoeffizienten des Handels für alle vierzehn definierten Regionen wieder. Wie auch in allen folgenden Tabellen wurden aus den Megaregionen Atlantischer und Pazifischer Raum die bilateralen Warenströme zwischen USA und Kanada separiert.

Tabelle 16: Regionalisierungskoeffizienten des Handels nach Regionen 1960-1990

Nr.		1960	1970	1980	1990
1	Atlantischer Raum	54,96	61,46	58,27	63,57
2	Pazifischer Raum	26,78	36,34	41,56	51,30
3	Westliche Hemisphäre	51,19	49,08	44,16	43,42
4	Europäischer Raum	53,88	64,22	63,18	70,26
5	Asiatisch-ozeanischer Raum	30,82	35,52	39,19	44,50
6	EG 9	37,19	49,65	50,08	53,79
7	EG 12	39,49	51,83	52,22	59,32
8	EFTA	10,55	16,56	13,62	13,42
9	Skandinavien	10,84	16,71	15,29	15,86
10	Ost-/Südostasien	26,92	22,68	21,47	30,45
11	Ozeanien	4,94	6,01	6,34	7,54
12	CUSTA	29,46	35,23	26,33	30,04
13	NAFTA	32,32	37,92	31,06	36,92
14	Lateinamerika	16,90	17,24	21,29	16,09

Die Kernregion Westeuropas und der Atlantische Raum haben den höchsten Integrationsgrad erreicht. Mit mehr als 70 % dürfte der Europäische Raum an der Sättigungsgrenze der Regionalisierung angelangt sein. Auf wesentlich niedrigerem Niveau, aber mit höherem Tempo vollzieht sich die Integration im Pazifischen Raum. Dort nahm der Koeffizient zwischen 1960 und 1990 von 27 % auf 51 % zu.

Im Stichjahr 1960 verzeichnen die Atlantische Megaregion (55 %) und der Europäische Raum den höchsten Anteil intraregionaler Handelsverflechtung (54 %). Nur der Koeffizient der Westlichen Hemisphäre kommt mit 51 % an das europäische Integrationsniveau heran. Ozeanien, dessen Außenwirtschaft damals noch stark von den Commonwealth-Beziehungen geprägt war, wies mit 5 % das geringste Regionalisierungsniveau auf. Wenig integriert waren außerdem die EFTA-Staaten und Skandinavien (11 %) und Lateinamerika (17 %). Der Anteil des intraregionalen Handels betrug 1960 in drei Clustern über 50 %, in sieben Clustern zwischen 25 und 50 % und in nur vier Clustern unter 25 %.

Im Jahre 1990 hingegen wiesen fünf Cluster ein Integrationsniveau von mehr als 50 % auf, ebenso viele zwischen 25 und 50 % und vier Cluster einen Wert unter 25 %. In sechs Clustern liegt der Regionalisierungskoeffizient für 1990 unter dem Wert für 1970. Vier dieser Cluster (3, 12, 13, 14) liegen auf dem amerikanischen Kontinent. Nur in der Megaregion Westliche Hemisphäre (3) und in Lateinamerika (14) ist auch der Wert für 1980 höher als der für das Jahr 1990. Hier vollzieht sich seit 1970 also ein Prozeß der Deregionalisierung. 1990 wiesen fünf Cluster ein mehr als fünfzigprozentiges Integrationsniveau auf, ebenso viele zwischen 25 % und 50 % und vier Cluster weniger als 25 %. Sowohl in der synchronen Betrachtung als auch im diachronen Vergleich ergeben sich mithin stark divergierende Koeffizienten.

Dieses Bild verdichtet sich, wenn wir die relativen Veränderungen der Regionalisierungskoeffizienten nach Dekaden betrachten: Die Prozentwerte geben dann nicht den absoluten Zuwachs (keine Prozentpunkte!), sondern den relativen Zuwachs zum Basisjahr (Wachstumsrate) an. Die Formel lautet:

1d) $\Delta\text{reg} = ((X + M) / 2_{\text{Wert}} \times 100 / (X + m) / 2_{\text{Basiswert}}) - 100$

Tabelle 17 zeigt in den ersten drei Spalten die prozentuale Veränderung des Regionalisierungskoeffizienten bezogen auf die drei

Tabelle 17: Veränderung des Regionalisierungskoeffizienten des Handels nach Regionen 1960-1990

Nr.		1960-1970	1970-1980	1980-1990	1960-1990
1	Atlantischer Raum	11,83	−5,19	9,10	15,67
2	Pazifischer Raum	35,70	14,36	23,44	91,56
3	Westliche Hemisphäre	−4,12	−10,02	−1,68	−15,18
4	Europäischer Raum	19,19	−1,62	11,21	30,40
5	Asiat.-ozean. Raum	15,25	10,33	13,55	44,39
6	EG 9	33,50	0,87	7,41	44,64
7	EG 12	31,25	0,75	13,60	50,22
8	EFTA	56,97	−17,75	−1,47	27,20
9	Skandinavien	54,15	−8,50	3,73	46,31
10	Ost-/Südostasien	−15,75	−5,34	41,83	13,11
11	Ozeanien	21,66	5,49	18,93	52,63
12	CUSTA	19,59	−25,26	14,09	1,97
13	NAFTA	17,33	−18,09	18,87	14,23
14	Lateinamerika	2,01	23,49	−24,42	−4,79

Basisjahre. Die Westliche Hemisphäre weist als einzige der 14 Regionen in allen drei Dekaden einen sinkenden Regionalisierungskoeffizienten auf und verzeichnet über den Gesamtzeitraum (1960-1990) die stärkste Desintegration (−15 %). Den höchsten Zuwachs (1960-1990) verzeichnen der Pazifische Raum (+92 %) und Ozeanien (+53 %). Ähnlich hoch ist dieser im Asiatisch-ozeanischen Raum und in den europäischen Clustern, dort beschränkt sich der Zuwachs allerdings auf die frühen Jahre, während der amerikanische Kontinent erneut das Schlußlicht markiert.

Einen groben Überblick über den allgemeinen Regionalisierungstrend nach Dekaden vermittelt der Mittelwert[7] aller 14 Re-

7 Ein mathematisch exakter Mittelwert kann hier nicht berechnet werden, da es sich nicht nur um Staaten auf verschiedenem Integrationsniveau und um unterschiedlich große Staaten und Regionen handelt, sondern auch Überschnei-

Graphik 7: Regionalisierungstrends 1960-1990

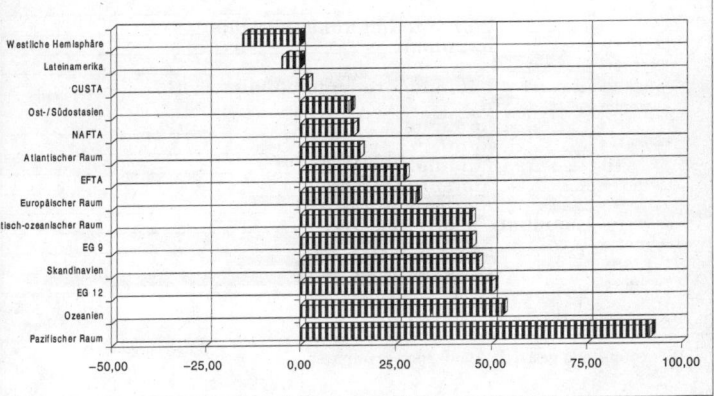

gionen. Zwischen 1960 und 1970 betrug das durchschnittliche Regionalisierungswachstum etwa 20%, im darauffolgenden Jahrzehnt –3% und während der 1980er Jahre rund 10%. Insgesamt hat die Regionalisierung des Warenhandels damit um ca. 30% zugenommen, wobei sich hinter diesen Werten teilweise erhebliche Abweichungen einzelner Regionen verbergen. Die graphische Umsetzung der letzten Spalte (1960-1990) von Tabelle 17 in eine Gewinn-und-Verlust-Bilanz verdeutlicht den Trend (Graphik 7).

Zwischen 1960 und 1970 stieg der Anteil des regionalen Handels in nahezu allen Clustern mit Ausnahme der asiatischen Schwellenländer am stärksten. Während dieser Dekade, die in den Industrieländern zugleich von einer Phase wirtschaftlicher Expansion begleitet war, führten die europäischen Cluster die Rangfolge der Regionen mit dem höchsten Regionalisierungstempo an. In den EFTA-Staaten (+57%) und in Skandinavien (+54%) nahm der Regionalisierungskoeffizient um mehr als 50% zu, in den EG-Clustern um mehr als 30%. Ähnlich hohe Wachstumsraten weist die transpazifische Verflechtung auf. Im Pazifischen Raum nahm

dungen in der Clusterbildung vorliegen. Ebenso kann kein Regionalisierungskoeffizient für die Summe aller Regionen oder gar für die Weltwirtschaft angegeben werden. Zur Problematik des Mittelwertes vgl. auch die Ausführungen über Signifikanz in den Erläuterungen zu Tabelle 18.

Graphik 8: Regionalisierungstrends 1960-1970 und 1960-1990*

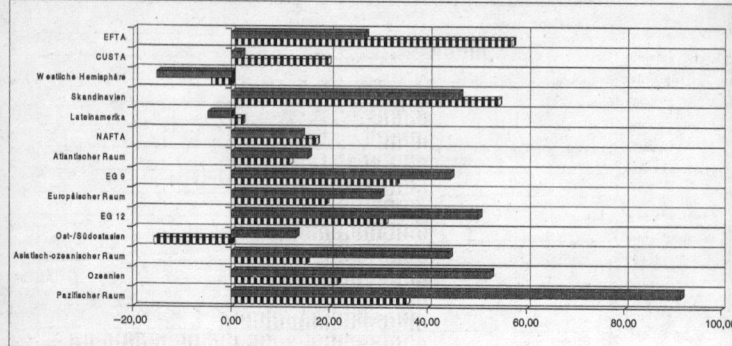

* 1960-1970 gestreift; 1960-1990 gepunktet

die intraregionale Handelsverflechtung um 36% zu. Eine mittlere Verflechtungsdynamik verzeichnen die Cluster Nr. 1, 4, 11, 12 und 13. Deregionalisierung kennzeichnet die Region Ost-/Südostasien (–16%) und die Westliche Hemisphäre (–4%). Damit liegt die Regionalisierungsdynamik der 1960er Jahre in insgesamt sechs Clustern (3, 8, 9, 12, 13, 14) über der durchschnittlichen Dynamik aller drei Dekaden. Es sind dies die vier Amerikanischen Regionen und die europäische Industrialisierungsperipherie (EFTA, Skandinavien). Die »Verlierer-Regionen« Amerikas und Resteuropas führen die Gruppe der frühen Regionalisierer an. Die unterschiedlichen Regionalisierungstrends zwischen der ersten »stürmischen« Dekade der 1960er Jahre und dem gesamten Untersuchungszeitraum wird durch die folgende Gewinn-und-Verlust-Bilanz (Graphik 8) deutlich. Sie stellt als Balkendiagramm die prozentuale Veränderung aus den Spalten 1 (gestreift) und 4 (gepunktet) (Tabelle 17) gegenüber.

In den acht unteren Regionen liegt die Wachstumsrate des gesamten Zeitraumes über der der 1960er Jahre (späte Regionalisierung). Die vier oberen Balkenpaare markieren die Regionen, in denen der Koeffizient für die 1960er Jahre über denen der gesamten drei Dekaden liegt.

Während der 1970er Jahre (Graphik 9) verzeichnen acht der vierzehn Regionen negative Wachstumsraten der Regionalisierung

Graphik 9: Regionalisierungstrends 1970-1980

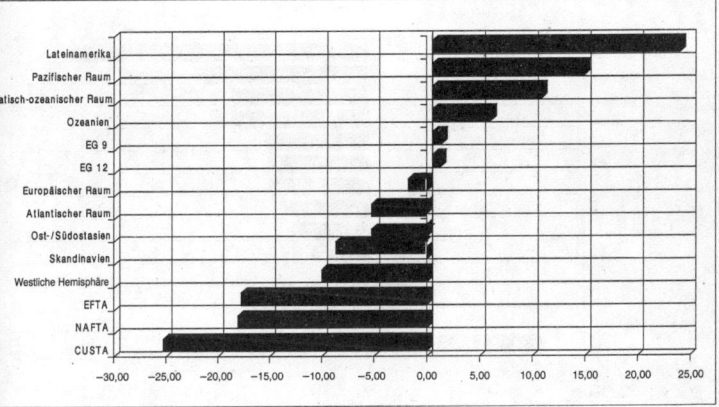

(Nr. 1, 3, 4, 8, 9, 12 und 13). Lediglich in der Region Lateinamerika (+ 23,5 %), in der Pazifischen Megaregion (+ 14 %) und in Ozeanien (+ 5,5 %) nimmt die intraregionale Handelsverflechtung zwischen 1970 und 1980 zu. In Lateinamerika sind hierfür wahrscheinlich die hohen Ölpreise zwischen 1979 und 1981 verantwortlich. Das gleiche Phänomen wirkt auf die acht Regionen mit abnehmender Regionalisierung in gegensätzlicher Richtung. Die dramatischsten Rückgänge verzeichnen einmal mehr die amerikanischen Cluster, die CUSTA-Region (– 25 %), die NAFTA-Region (– 18 %) und die gesamte Westliche Hemisphäre (– 10 %). Die intraregionale Verflechtung in den EG-Clustern stagniert.

Die Dekade des »neuen Regionalismus« der 1980er Jahre schließlich ist durch eine Normalisierung der intraregionalen Verflechtung gekennzeichnet. Trotz des niedrigen Basiswertes von 1980 liegen die Wachstumsraten des Regionalisierungskoeffizienten unter denen der 1960er Jahre. Eine Ausnahme bildet die Region Ost-/Südostasien (Nr. 10), in der die Handelsverflechtung mit + 42 % weiter dramatisch zunimmt. Die Zunahme ist etwa doppelt so groß wie die der nachfolgenden Cluster, nämlich in der Pazifischen Megaregion (Nr. 2) (23 %), in den nordamerikanischen Clustern (Nr. 12, 13) (14 % und 19 %) und in Ozeanien (19 %). Die EG 12 (+ 13,6 %), Europäischer Raum (+ 11 %) und

Graphik 10: Regionalisierungstrends 1980-1990

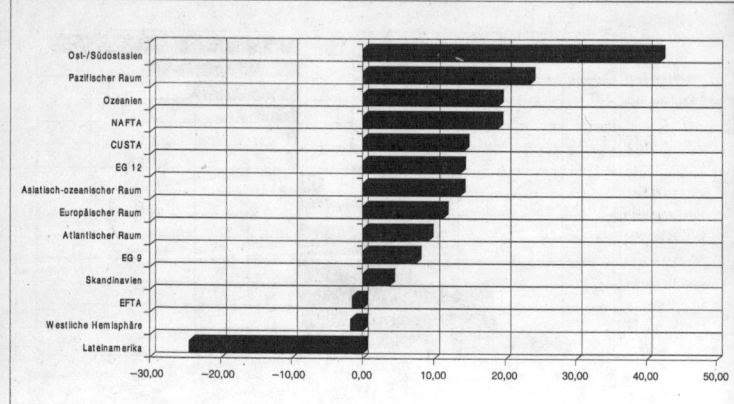

Asiatisch-ozeanischer Raum (+13,6%) liegen über der Zehnpro-
zentmarke. In Lateinamerika (–24%), der EFTA-Region (–1,5%)
und der Westlichen Hemisphäre (–1,7%) nimmt der Verflechtungsgrad in den 1980er Jahren ab. Die These des »Neuen Regionalismus« der 1980er Jahre (Graphik 10) wird allerdings relativiert
durch die niedrigen Basiswerte für 1980, denen ein Jahrzehnt der
Deregionalisierung oder Stagnation vorausging. Das Stichjahr
1980 fällt zudem mit einem gegenüber 1970 und 1990 extrem hohen Ölpreis zusammen, der die globalen Handelsbeziehungen in
erheblichem Umfang verzerrt.

Aufgrund statistischer Lücken bei der Aufschlüsselung der
Länderverteilung weisen selbst die Koeffizienten einiger Industrieländer für die 1960er Jahre tendenziell ein geringfügig zu
niedriges Ergebnis aus. Die Statistiken des Stichjahres 1960 werden in vielen Fällen nur nach einigen wenigen Handelspartnern
aufgeschlüsselt, so daß der intraregionale Anteil am gesamten Außenhandel niedriger erscheinen kann, als er tatsächlich ist. Genauso kann er aber auch darüber liegen. Die statistischen Verzerrungen, die durch das Basisjahr 1960 entstehen können, sind, wie
das Beispiel der ost- und südostasiatischen Schwellenländer zeigt,
beträchtlich. Hier spielen neben erhebungstechnischen Gründen
möglicherweise auch politisch motivierte Verfälschungen der

Handelsstatistik eine Rolle.[8] Eine Betrachtung über zwei Jahrzehnte (1970-1990) ergibt somit ein fundierteres Bild vom Verlauf der Regionalisierung.[9]

Um die Aussagekraft der Daten zu erhöhen, ist es geboten, einen *Signifikanzwert* anzugeben. Dieser könnte sich beispielsweise am Wachstum anderer volkswirtschaftlicher Größen wie dem Entwicklungsstand (BIP) oder dem Wachstum des Welthandels orientieren. Im gesamten Untersuchungsabschnitt (Basiswert 1960) stieg das BIP der Länder des Atlantischen Raumes um 1361 %, das des Pazifischen Raumes um 1415 % und das der Länder der Westlichen Hemisphäre um etwa 900 %. Der Welthandel stieg im gleichen Zeitraum von 131 Mrd. US-$ auf 3383 Mrd. US-$. Das entspricht einer Steigerung von knapp 2500 %. Das bedeutet, daß die Zunahme der Regionalisierung wesentlich geringer ausfällt als die Wachstumsraten der Vergleichsgrößen. Die in der Studie berechneten Wachstumsraten des Regionalisierungskoeffizienten für die Länder innerhalb ihrer Megaregionen schwanken in einer Bandbreite von plus 405 % (VR China im Pazifischen Raum) und minus 49 % (Kanada im Atlantischen Raum). Sie liegen damit beträchtlich unter dem Wachstum von BIP und Welthandel. In beiden Fällen handelt es sich allerdings um die Veränderung absoluter Größen.

Der Regionalisierungskoeffizient hingegen ist ein relativer Wert. Vergleichbare relative Indikatoren sind die Außenhandelsquote oder der Weltmarktanteil. Das Wachstum der Weltmarktanteile erreicht einen Spitzenwert für Korea (+1543 %), während die Niederländischen Antillen (−91 %) das Schlußlicht bilden. Da aber alle Regionen positional um Weltmarktanteile konkurrieren,

8 Singapur gibt die Exporte für das Jahr 1960 mit 327,5 Mio. US-$ an. Malaysia beziffert die Importe aus Singapur auf lediglich 87,2 Mio. US-$.

9 Dies ist keineswegs nur ein historisches Problem. Die Gründung neuer Staaten auf dem Territorium der ehemaligen Sowjetunion und Jugoslawiens führt dazu, daß ehemals binnenwirtschaftliche Transaktionen nun externe Größen werden und rein rechnerisch der Anteil intraregionaler Verflechtung wächst. Andererseits fallen mit der Vollendung des europäischen Binnenmarktes zum 1. Januar 1993 alle intraeuropäischen Exporte nicht mehr unter das Berichtswesen der Zollbehörden (EWG-Verordnung Nr. 3330/91, Art. 10). Statt dessen existiert eine kaum kontrollierbare Meldepflicht für Unternehmen mit einem Exportwert von mehr als 200 000 DM an die Steuerbehörden. Ohne Warenbegleitpapiere wird nur ein Teil der tatsächlichen intraregionalen Warenverflechtung statistisch erfaßbar. Vgl. zu diesem Problem: Mai 1994, S. 109-115 und Müller 1994, S. 270-279.

sind regionale Wachstumsraten kein geeigneter Vergleichswert. Ähnliches gilt für die Außenhandelsquote, in der Zähler und Nenner funktional miteinander verknüpft sind. Ein Signifikanzwert kann folglich nur inhärent ermittelt werden. Dazu wurden die jährlichen Wachstumsraten des Regionalisierungskoeffizienten aller vierzehn Regionen über zwei Abschnitte (1970-1990 bzw. 1960-1990) berechnet. Das erste Intervall schließt die statistischen Unwägbarkeiten und Verzerrungen der Stichjahre 1960 und 1980 aus, das zweite umfaßt den gesamten Untersuchungszeitraum. Zusätzlich wurden die jährlichen Wachstumsraten nach Dekaden ausgewiesen. Die Validität der Richtwerte nimmt also mit steigendem Integrationsniveau und sinkender Länderzahl pro Region ab. Die Werte lassen sich allerdings nur bedingt auf die Ergebnisse einzelner Länder übertragen, da hier datentechnische oder externe politische Verzerrungen auftreten können, die erst durch die Regionenkumulierung nivelliert werden. Aus der Gesamtheit aller Wachstumsraten kann dagegen ein Schwellenwert für das durchschnittliche jährliche Regionalisierungswachstum ermittelt werden, der aus dem Mittelwert der Zeilen und Spalten gebildet wird.

In Tabelle 18 werden die Ergebnisse der Prozedur dargestellt. Die Mittelwerte des jährlichen Regionalisierungswachstums variieren nach zeitlichen Intervallen zwischen 2,13 % (1960-1970) und minus 0,26 % (1970-1980) sowie nach Regionen zwischen + 2,49 % (Pazifischer Raum) und minus 0,53 % (Westliche Hemisphäre). Aus allen fünf Intervallen und 14 Regionen wird ein Schwellenwert von 0,86 % berechnet. Ein signifikantes Regionalisierungswachstum liegt also dann vor, wenn dieser Schwellenwert um mindestens 0,1 Prozentpunkte überschritten wird und zusätzlich die durchschnittliche Wachstumsrate einer Region um mindestens 0,1 Prozentpunkte über dem Mittelwert des jeweiligen Intervalls liegt. Die Werte, die beide Kriterien erfüllen, sind in Tabelle 18 in Fettdruck ausgewiesen. Die Mittelwerte sind kursiv gesetzt.

Für die 14 konstituierten Regionen ergibt sich nach drei Dekaden (durch den fett gesetzten Rahmen gekennzeichnet) und in der zwanzig- und dreißigjährigen Perspektive folgendes Regionalisierungswachstum. Der Pazifische Raum weist über alle drei Dekaden ein signifikantes Wachstum aus. Im Asiatisch-ozeanischen Raum wächst die regionale Handelsverflechtung über zwei Dekaden (1970-1980, 1980-1990) überproportional. In neun Regionen

Nr.	Region	1960-1970	1970-1980	1980-1990	1970-1990	1960-1990	Mittel-wert
1	Atlantischer Raum	1,18	−0,52	0,91	0,17	0,52	0,45
2	Pazifischer Raum	3,57	1,44	2,34	2,06	3,05	2,49
3	Westliche Hemisphäre	−0,41	−1,00	−0,17	−0,58	−0,51	−0,53
4	Europäischer Raum	1,92	−0,16	1,12	0,47	1,01	0,87
5	Asiat.-ozean. Raum	1,52	1,03	1,35	1,26	1,48	1,33
6	EG 9	3,35	0,09	0,74	0,42	1,49	1,22
7	EG 12	3,12	0,08	1,36	0,72	1,67	1,39
8	EFTA	5,70	−1,78	−0,15	−0,95	0,91	0,75
9	Skandinavien	5,42	−0,85	0,37	−0,25	1,54	1,25
10	Ost-/Südost-asien	−1,58	−0,53	4,18	1,71	0,44	0,84
11	Ozeanien	2,17	0,55	1,89	1,27	1,75	1,53
12	CUSTA	1,96	−2,53	1,41	−0,74	0,07	0,03
13	NAFTA	1,73	−1,81	1,89	−0,13	0,47	0,43
14	Lateinamerika	0,20	2,35	−2,44	−0,33	−0,16	−0,08
1-14	*Mittelwert*	2,13	−0,26	1,06	0,36	0,98	0,86

wird das Signifikanzkriterium nur jeweils einmal erreicht und in der Westlichen Hemisphäre überhaupt nicht.

Die Zahl der Regionen, deren Regionalisierungswachstum über dem gesamten Schwellenwert von 0,86 und dem Mittelwert der Dekaden liegt, ist zwischen 1980 und 1990 am größten (6 Regionen). In der ersten Dekade (1960-1970) trifft dieses Kriterium auf fünf Regionen zu. In den 1970er Jahren überschreiten nur drei Regionen den Schwellenwert. Betrachtet man zusätzlich die beiden Intervalle, die den Zeitraum 1970-1990 und 1960-1990 abdecken, dann kristallisieren sich die pazifischen Cluster als Regionalisierungsschwerpunkte heraus. Nur für den Pazifischen Raum treffen die beiden Signifikanzkriterien auf alle fünf untersuchten Intervalle zu. Über vier Intervalle weist der Asiatisch-ozeanische Raum ein signifikantes Regionalisierungswachstum aus. Die Region Ozeanien erfüllt die Signifikanzkriterien in drei Fällen.

Im gesamten Untersuchungszeitraum (1960-1990) übersteigt die Regionalisierungsdynamik in der Hälfte der Regionen (pazifische und europäische Cluster, außer EFTA) den Schwellenwert von 0,98. Die intraregionale Handelsverflechtung in der Pazifischen Megaregion steigt pro Jahr um 3,05 %. Im Atlantischen Raum, den amerikanischen Clustern und den EFTA-Staaten liegt ein nicht signifikantes oder gar ein negatives Wachstum vor. Aufgrund der Deregionalisierung über die ersten zwei Dekaden hinweg liegt auch das Wachstum für die Region Ost- und Südostasien unter dem Schwellenwert.

Über einen zwanzigjährigen Zeitraum (1970-1990) sind alle mehr als zwanzigprozentigen Steigerungsraten als signifikant anzusehen. Wenn auf dieser Basis von einem signifikanten durchgängigen Integrationsprozeß gesprochen werden kann, dann bezogen auf den Pazifischen Raum und dessen Subregionen. Laut Tabelle 18 stiegen dort zwischen 1970 und 1990 die Regionalisierungskoeffizienten pro Jahr um 1,26 bis 2,05 %. Der Atlantische Raum (+ 0,17 %) und dessen Subregionen verzeichnen im gleichen Zeitraum eine stagnierende bzw. indifferente Entwicklung. Während EFTA und Skandinavien negative Koeffizienten aufweisen, steigt der Verflechtungsgrad innerhalb der EG um durchschnittlich 0,42 % (EG 9) bzw. 0,72 % (EG 12) pro Jahr. In der dritten Megaregion, der Westlichen Hemisphäre, belegen die Daten einen sinkenden Verflechtungsgrad.

Auf der Basis des Jahres 1970 belegt Graphik 11 das Szenario einer nach Großregionen unterschiedlichen Regionalisierung. Es ergibt sich für 8 der 14 aggregierten Cluster zwar ein positiver Trend. Die durchschnittliche jährliche Veränderung liegt allerdings nur für vier der insgesamt 14 aggregierten Regionen zwischen einem und zwei Prozent (alle vier pazifischen Cluster). Vier weitere Cluster (im Europäischen Raum) erreichen nicht die Einprozentmarke. Das jährliche Wachstum der Regionalisierung im Atlanti-

Graphik 11: Jährliches Wachstum der Regionalisierungskoeffizienten 1970-1990

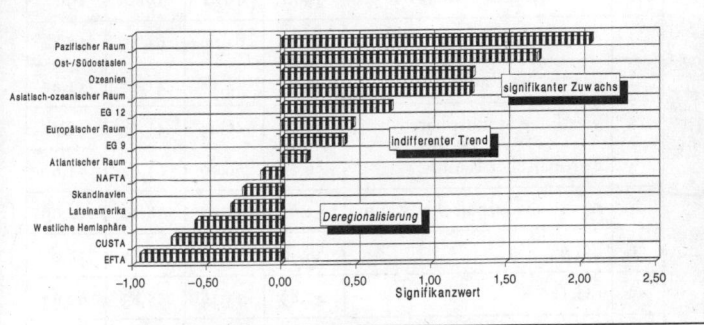

schen Raum beträgt weniger als zwei Zehntelprozent. Die größte Gruppe, die vier amerikanischen Cluster, EFTA und Skandinavien, weist negative jährliche Wachstumsraten auf, die ebenfalls unter einem Prozent liegen.

Damit liegt ein *Zwischenergebnis* vor: Eine signifikante Regionalisierung gibt es in der Transpazifischen Megaregion (Nr. 2), im Asiatisch-ozeanischen Raum (Nr. 5), zwischen den ost- und südostasiatischen Staaten (Nr. 10) und zwischen Australien und Neuseeland (Nr. 11). Angesichts des bereits erreichten hohen Integrationsniveaus sind auch die Wachstumsraten der EG-Staaten als Regionalisierung zu charakterisieren. Dagegen spielt der Aufbau interregionaler Handelsbeziehungen in den übrigen Clustern eine gewichtigere Rolle als das intraregionale Handelsgefüge.

Die folgenden Tabellen geben den Anteil der intraregionalen Exporte und Importe an den gesamten Exporten bzw. Importen einer Region wieder. Im Vergleich von Tabelle 19 und 20 ergeben sich auf der Exportseite einige Abweichungen zur intraregionalen Handelsverflechtung. Es fällt auf, daß das regionale Integrationsniveau der Exporte in der Atlantischen Megaregion und in den Europäischen Regionen etwas höher liegt als bei den Importen, in den Pazifischen Regionen dagegen umgekehrt. Besonders ausgeprägt ist der aktuelle intraregionale Exportüberhang in der Westlichen Hemisphäre, der CUSTA und der NAFTA.

Tabelle 19: Regionalisierungskoeffizienten der Exporte nach Regionen
1960-1990

Nr.	(Exporte in %)	1960	1970	1980	1990
1	Atlantischer Raum	54,29	61,66	61,35	65,84
2	Pazifischer Raum	24,93	34,58	41,58	51,42
3	Westliche Hemisphäre	46,52	46,44	45,18	46,72
4	Europäischer Raum	56,26	66,56	67,62	71,60
5	Asiatisch-ozeanischer Raum	32,02	35,47	38,92	42,69
6	EG 9	38,30	50,14	52,81	54,07
7	EG 12	40,89	53,18	55,83	60,62
8	EFTA	11,69	18,07	14,74	13,55
9	Skandinavien	12,01	17,85	15,80	15,56
10	Ost-/Südostasien	27,63	23,77	22,26	31,53
11	Ozeanien	5,62	5,89	6,21	7,60
12	CUSTA	26,16	32,54	26,50	34,33
13	NAFTA	30,34	36,11	33,62	41,39
14	Lateinamerika	16,34	17,49	22,18	14,31

Die Abweichungen zwischen der Export- und der Importseite lassen sich durch die Berechnung der intraregionalen Exportposition (Tabelle 21) verdeutlichen. Während die Regionen des amerikanischen Kontinents 1960 noch negative Exportpositionen aufwiesen –, in der Westlichen Hemisphäre lag der intraregionale Exportkoeffizient sogar um mehr als 10 Prozentpunkte unter dem Importkoeffizienten –, führen die amerikanischen Regionen 1990 die Gruppe der Exportregionalisierer an (+6-8%). Ursache für diese Situation ist der aktuelle Importbedarf Kanadas und Mexikos und das US-Handelsbilanzdefizit gegenüber dem Asiatisch-ozeanischen Raum.

Letztgenannte Region hat sich spiegelverkehrt entwickelt. Die intraregionale Exportposition des Asiatisch-ozeanischen Raumes

Tabelle 20: Regionalisierungskoeffizienten der Importe nach Regionen
1960-1990

Nr.	(Importe in %)	1960	1970	1980	1990
1	Atlantischer Raum	55,64	61,26	55,51	61,47
2	Pazifischer Raum	28,87	38,16	41,54	51,18
3	Westliche Hemisphäre	56,77	51,94	43,24	40,56
4	Europäischer Raum	51,73	62,06	59,24	68,97
5	Asiatisch-ozeanischer Raum	29,70	35,58	39,46	46,44
6	EG 9	36,15	49,17	47,56	53,50
7	EG 12	38,20	50,56	48,99	57,88
8	EFTA	9,62	15,30	12,65	12,95
9	Skandinavien	9,88	15,72	14,80	16,18
10	Ost-/Südostasien	26,24	21,82	20,70	29,36
11	Ozeanien	4,32	6,14	6,47	7,49
12	CUSTA	33,64	38,23	26,17	26,55
13	NAFTA	38,05	41,68	32,20	33,26
14	Lateinamerika	17,49	16,98	20,48	18,19

(–3,75 %) und Lateinamerikas (–3,88 %) ist heute überwiegend durch den Import strukturiert. Die Asiatisch-ozeanischen Länder, insbesondere die Staaten mit hoher regionaler Strukturierungsmacht wie z. B. Japan, Korea und Singapur, importieren aus der Region und exportieren aus der Region heraus (in Richtung USA und Europa). Das gleiche gilt für lateinamerikanische Länder, die intraregional importieren und extraregional exportieren (Brasilien, Argentinien, Chile).

Tabelle 21: Intraregionale Exportposition (Exporte minus Importe) 1960
und 1990

Nr.		1960	1990
1	Atlantischer Raum	−1,34	4,37
2	Pazifischer Raum	−3,94	0,24
3	Westliche Hemisphäre	−10,25	6,16
4	Europäischer Raum	4,53	2,63
5	Asiatisch-ozeanischer Raum	2,32	−3,75
6	EG 9	2,15	0,57
7	EG 12	2,69	2,74
8	EFTA	2,07	0,60
9	Skandinavien	2,13	−0,62
10	Ost-/Südostasien	1,39	2,17
11	Ozeanien	1,30	0,11
12	CUSTA	−7,48	7,78
13	NAFTA	−7,71	8,13
14	Lateinamerika	−1,15	−3,88

3.4 Die Regionalisierung einzelner Länder

USA

Die asymmetrische Einbindung der USA in die Regionen wird begleitet von einer regionalen Umorientierung. Zwischen 1960 und
1990 hat eine »außenwirtschaftliche Kontinentaldrift« der USA
eingesetzt, die die Nordamerikanische Region aus dem transatlantischen Verbund herauslöst. Betrachtet man die Verflechtungsdynamik mit den beiden Megaregionen Atlantischer und Pazifischer
Raum, aus denen der bilaterale Warenverkehr mit Kanada heraus-
gerechnet ist (Modus [SEP]), so wird die gegenläufige Integrati-
onstendenz sichtbar:

Tabelle 22: Regionalisierungskoeffizienten und intraregionale Exportposition der USA 1960-1990

Exporte (X)	1960-1990	1960	1970	1980	1990
Atlantischer Raum	−7,16	30,27	32,72	28,76	28,10
Pazifischer Raum	122,61	13,13	19,16	22,87	29,24
Westliche Hemisphäre	−5,56	36,34	36,10	33,58	34,32
CUSTA	17,03	18,03	21,01	16,03	21,10
NAFTA	28,61	22,02	24,95	22,89	28,32

Importe (M)	1960-1990	1960	1970	1980	1990
Atlantischer Raum	−18,51	27,38	27,67	18,48	22,31
Pazifischer Raum	146,89	15,46	24,23	26,67	38,17
Westliche Hemisphäre	−34,92	47,64	42,36	30,89	31,00
CUSTA	−13,99	21,09	27,75	16,34	18,14
NAFTA	0,00	24,10	30,81	21,34	24,10

Außenhandel (X+M)/2	1960-1990	1960	1970	1980	1990
Atlantischer Raum	−14,58	29,05	30,30	23,25	24,81
Pazifischer Raum	143,06	14,12	21,59	24,91	34,31
Westliche Hemisphäre	−21,11	41,11	39,11	32,14	32,43
CUSTA	0,47	19,33	24,25	16,20	19,42
NAFTA	13,19	22,90	27,77	22,06	25,92

Exportposition (X−M)	1960-1990	1960	1970	1980	1990
Atlantischer Raum	−2,90	2,89	5,05	10,27	5,79
Pazifischer Raum	6,60	−2,33	−5,07	−3,80	−8,93
Westliche Hemisphäre	−14,62	−11,30	−6,26	2,69	3,32
CUSTA	−6,02	−3,06	−6,74	−0,31	2,96
NAFTA	−6,30	−2,08	−5,86	1,55	4,22

1. Auf der Exportseite wächst der pazifische Regionalisierungskoeffizient um 123%, auf der Importseite sogar um 147%. Auf der Exportseite hat die amerikanische Verflechtungsregion also ihre primäre Bedeutung gehalten (34%). Pazifischer und Atlantischer Raum liegen etwa gleichauf (29 bzw. 28%).

2. Der Pazifische Raum belegt 1990 auf der Importseite den ersten Platz, mit weitem Abstand vor der Westlichen Hemisphäre (31%) und der Atlantischen Region (22%). Im Atlantischen Raum sinkt der Regionalisierungskoeffizient der USA zwischen 1960 und 1990, verursacht durch eine sinkende Importverflechtung (−19%), auf 25% (−15%). Der Rückgang auf der Exportseite fällt etwas moderater aus (−7%). Insgesamt weisen die Regionen Atlantik und Amerika einen sinkenden Koeffizienten aus, die transpazifische Region eine stark steigende Regionalisierung. CUSTA und NAFTA folgen auf der Importseite dieser Typologie. Auf der Exportseite dagegen verläuft die Entwicklung seit 1960 positiv (+17% bzw. +29%).

3. Die Addition von Exporten und Importen zum Außenhandel ergibt folgendes Bild: 1960 betrug das Verflechtungsniveau der USA mit der Westlichen Hemisphäre 41% (davon 23% NAFTA, davon wiederum 19% CUSTA). In den 1970er Jahren sank das Integrationsniveau auf 32% (1980) und stieg bis 1990 nur minimal an. Der Regionalisierungskoeffizient mit der Atlantischen Region betrug 1960 29% und mit dem Pazifischen Raum 14%. Das Stichjahr 1960 markiert den Tiefpunkt der Regionalisierung im Pazifischen Raum, das Stichjahr 1980 den unteren Extremwert im Atlantik und der Westlichen Hemisphäre. Lagen 1980 die Koeffizienten der USA im Atlantischen und Pazifischen Raum noch etwa gleich (23-25%), so hat sich 1990 der Abstand auf fast 10 Prozentpunkte vergrößert. Heute hat das pazifische Verflechtungsniveau (34%) die intraamerikanischen Handelsbeziehungen überflügelt (32%).

4. Die Differenz zwischen Exporten und Importen (Exportposition) belegt die asymmetrische Einbindung der USA in die Großregionen und die Dynamik der regionalen Umorientierung in der Handelsverflechtung von einer dominierenden Importverflechtung mit der Westlichen Hemisphäre zu einer transpazifischen Importverflechtung. Die Extremwerte (−11 Punkte = Westliche Hemisphäre 1960 und −9 Punkte = Pazifischer Raum 1990) kennzeichnen diese Entwicklung. Das »Zwischenhoch« im Atlan-

tischen Raum (+10 Punkte 1980) ist mehr auf wechselkursbe-dingte Effekte zurückzuführen.

Der Atlantische Raum (+6 Punkte) und die Westliche Hemisphäre fungieren heute für die USA als Exportregionen (insbesondere NAFTA +4 Punkte), der Pazifische Raum als Importregion (−9 Punkte). Dies könnte ein Beleg für die sinkende Wettbewerbsfähigkeit der USA gegenüber der pazifischen Konkurrenz sein. Auf jeden Fall dokumentieren die Daten zur intraregionalen Exportposition die Abhängigkeit der US-Exportwirtschaft vom Nachfragepotential in Europa und Lateinamerika. Vom Zuwachs der Nachfrage im Pazifischen Raum während der 1980er Jahre haben die USA trotz des steigenden Verflechtungsniveaus nur unterproportional profitiert.

Bundesrepublik Deutschland

Die intraregionalen Exporte und Importe der BRD (Tabelle 23) sind in den Regionen Europäischer Raum, EG 9, EG 12 und der Atlantischen Megaregion enthalten. Die BRD weist, verglichen mit den USA und Japan, einen sehr hohen Regionalisierungskoeffizienten auf. Die Koeffizienten der USA bewegen sich in den Großregionen um 30%, die japanischen Werte liegen bei 60% (Pazifischer Raum) bzw. 30% (Asiatisch-ozeanischer Raum). Das Verflechtungsniveau der BRD variiert zwischen 37% (EG 9, Importe 1960) und 78% (Atlantischer Raum, Exporte 1990). Das Wachstum der Regionalisierung schwankt zwischen +6,45% (Atlantischer Raum, Importe 1960-1990) und +32% (EG 12, Exporte 1960-1990). Negative Wachstumsraten gibt es lediglich auf der Importseite zwischen 1970 und 1980. Sie fallen mit 3% sehr gering aus. Die vergleichsweise niedrige Regionalisierungsdynamik der BRD hängt mit dem hohen Integrationsniveau zusammen, das im Falle der atlantischen Verflechtungsintensität nahe der Sättigungsgrenze liegt. Die Wachstumsrate der gesamten Region (16%, 1960-1990) liegt folglich über der bundesdeutschen Dynamik. Für die BRD hat die atlantische Integration also bereits in den 1960er Jahren stattgefunden. Sowohl ihr Export- als auch ihr Importkoeffizient für das Jahr 1990 erreichen nicht das Niveau der 1970er Jahre.

Die BRD gehört zum Typus der Export-Regionalisierer. Mit nur zwei Ausnahmen (EG 9/12, 1970) liegen die Exportkoeffizienten über denen der Importseite. Die Exportdynamik ist in der EG-12-Region ein kontinuierlicher Trend und dort am stärksten ausgeprägt (+32%, 1960-1990). In den anderen Regionen stagniert die Exportregionalisierung seit 1970 auf hohem Niveau. Auf der Importseite steigt aufgrund des niedrigen Anfangswertes die Einbindung der BRD in den Europäischen Raum. Mit +25% ist hier der Zuwachs doppelt so groß wie die Wachstumsrate der intraregionalen Exporte (+13%, 1960-1990). Die gemittelte Summe aus Exporten und Importen belegt die These der frühen Regionalisierung. Auf eine Phase dynamischer Regionalisierung in den 1960er Jahren folgt eine Dekade der Stagnation. In den 1980er Jahren nimmt die Regionalisierung in wesentlich schwächerem Umfang wieder zu. Die intraregionale Exportpostition der BRD weist auf eine Exportregionalisierung mit abnehmender Tendenz hin. Nur in der EG-9-Region war die Exportposition ausgeglichen. Im Atlantischen und Europäischen Raum liegt der Regionalisierungskoeffizient der Exporte um 4 Punkte über der Importseite, in der EG-12-Region um 1,6 Punkte. In Europa ist die Exportdominanz der BRD abnehmend, im Atlantischen Raum und der EG-12-Region steigt die intraregionale Exportposition leicht an.

Die BRD kann mithin aufgrund der gewonnenen Ergebnisse als eine regionale Exportmacht innerhalb der Europäischen Regionen charakterisiert werden. Der Anteil der Warenexporte in den Atlantischen Raum und den Rest der Welt geht zurück. Der transatlantische Warenhandel mit Nordamerika (Atlantischer minus Europäischer Raum) betrug 1960 noch 12%, 1970 11% und seit 1980 nur noch 7,5%.

Tabelle 23: Regionalisierungskoeffizienten und intraregionale Exportposition der BRD 1960-1990

Exporte (X)	1960-1990	1960	1970	1980	1990
Atlantischer Raum	9,54	71,55	78,88	75,55	78,37
Europäischer Raum	12,78	62,57	68,80	68,78	70,57
EG-9-Staaten	27,16	37,69	46,33	48,08	47,93
EG-12-Staaten	32,04	40,39	49,83	51,27	53,34

Importe (M)	1960-1990	1960	1970	1980	1990
Atlantischer Raum	6,45	69,42	75,65	69,65	73,90
Europäischer Raum	24,52	53,39	62,91	61,13	66,48
EG-9-Staaten	28,86	37,14	49,78	46,52	47,86
EG-12-Staaten	30,72	39,56	51,74	49,01	51,71

Außenhandel (X+M)/2	1960-1990	1960	1970	1980	1990
Atlantischer Raum	8,19	70,55	77,37	72,65	76,32
Europäischer Raum	17,94	58,24	66,05	65,01	68,69
EG-9-Staaten	27,96	37,43	47,94	47,31	47,90
EG-12-Staaten	31,47	40,00	50,72	50,16	52,59

Exportposition (X−M)	1960-1990	1960	1970	1980	1990
Atlantischer Raum	−2,35	2,12	3,23	5,90	4,47
Europäischer Raum	5,09	9,18	5,89	7,65	4,09
EG-9-Staaten	0,48	0,55	−3,45	1,55	0,07
EG-12-Staaten	−0,79	0,84	−1,92	2,26	1,63

Japan ist in die Regionen Pazifischer Raum und Asiatisch-ozeanischer Raum eingebunden (Tabelle 24). Im Unterschied zur BRD gewinnt die transpazifische Verflechtung auf der Exportseite im Vergleich zur jeweiligen Subregion an Bedeutung. Der Anteil der intraregionalen Exporte Japans an den japanischen Gesamtexporten betrug 1960 im Pazifischen Raum 56% und im Asiatisch-ozeanischen Raum 25,5%. 1990 lag der pazifische Koeffizient bei 66,5%, der asiatisch-ozeanische bei 32,5%. 1960 betrug die nordamerikanische Verflechtung Japans (Differenz der Regionen) 30 Prozentpunkte, 1970 und 1990 mehr als 34 Prozentpunkte. Gegenüber 1980, als die intraregionale Exportverflechtung mit dem Pazifischen Raum zwischenzeitlich auf das Niveau von 1960 (55%) zurückgegangen war, während gleichzeitig der asiatisch-ozeanische Koeffizient auf 29% angestiegen war, ist 1990 der Bedeutungsgewinn Nordamerikas noch signifikanter (+8 Prozentpunkte). Auf der Importseite verzeichnet der pazifische Koeffizient einen Rückgang um 5%, der asiatisch-ozeanische Koeffizient einen Zuwachs von 43% (1960-1990). Seit 1980 ist der Importkoeffizient Japans im Asiatisch-ozeanischen Raum höher als der Exportkoeffizient. Dies ist unter anderem auf die wachsende intraindustrielle Verflechtung Japans mit den asiatischen Schwellenländern zurückzuführen.

Die Außenhandelsverflechtung Japans nivelliert die unterschiedlichen Trends der Export- und Importregionalisierung im Pazifischen Raum. Während sich die dominierende Rolle der Importe zwischen 1960 und 1970 zu einer Exportregionalisierung wandelte, blieb der Außenhandelskoeffizient gleich (59%). Die 1970er Jahre sind in bezug auf Japans transpazifische Verflechtung ein Jahrzehnt drastischer Deregionalisierung. Erst in den 1980er Jahren kehrt sich dieser Trend um. Die intraregionale Exportposition Japans im Pazifischen Raum weist im Vergleich zur pazifischen Verflechtung der USA eine spiegelbildliche Entwicklung auf. Die ehemals importgestützte Regionalisierung (1960: −6,6 Prozentpunkte) wandelt sich in eine ausgeprägte Exportregionalisierung (1990: +7%). In dieser intraregionalen Handelsbilanz spiegelt sich die asymmetrische Handelsbeziehung Japans zu Nordamerika wider.

Insgesamt liegen die Regionalisierungskoeffizienten Japans

Tabelle 24: Regionalisierungskoeffizienten und intraregionale Export-position Japans 1960-1990

Exporte (X)	1960-1990	1960	1970	1980	1990
Pazifischer Raum	19,37	55,74	61,54	55,33	66,54
Asiatisch-ozeanischer Raum	27,60	25,49	27,49	29,01	32,52

Importe (M)	1960-1990	1960	1970	1980	1990
Pazifischer Raum	−4,86	62,38	57,27	51,39	59,34
Asiatisch-ozeanischer Raum	43,07	23,24	22,88	30,54	33,25

Außenhandel (X+M)/2	1960-1990	1960	1970	1980	1990
Pazifischer Raum	6,88	59,23	59,43	53,28	63,30
Asiatisch-ozeanischer Raum	35,14	24,30	25,21	29,80	32,85

Exportposition (X−M)	1960-1990	1960	1970	1980	1990
Pazifischer Raum	−13,83	−6,63	4,27	3,94	7,19
Asiatisch-ozeanischer Raum	2,97	2,25	4,61	−1,52	−0,73

über den Prozentwerten der gesamten Region, im Falle des pazifischen Handels um 32 Prozentpunkte (1960) bzw. um 12 % (1990),
in der Region Asien/Ozeanien um 7 Punkte (1960) bzw. um 12
Punkte (1990). Das alle Ergebnisse überragende Wachstum des ge-
samtpazifischen Handelskoeffizienten von 92 % wird von Japan
nicht erreicht, da dessen transpazifische Wachstumsrate nur bei
knapp 7 % liegt. Die Einbindung Japans in den Asiatisch-ozeanischen Raum dagegen nimmt auf der Importseite stark zu (+43 %,
1960-1990).

Im Atlantischen Raum (Tabelle 25) kommt Großbritannien, Frankreich, Kanada und Portugal eine besondere Bedeutung zu. Eine Synopse der Regionalisierungskoeffizienten des Handels, die nach Wachstumsraten (1960-1990) geordnet ist, belegt neben dem insgesamt hohen Verflechtungsgrad (reg > 70%) in der Region (Ausnahmen: Jugoslawien 56%, USA 25% und Kanada 12%) die Sonderrolle der vier Länder.

Die Spitzengruppe wird angeführt von den ehemaligen Kolonialmächten Großbritannien, Frankreich und Portugal. Frankreichs Integration in den Atlantischen Raum vollzieht sich in den 1960er Jahren (von 54% auf 73%), die britische Verflechtung nimmt am stärksten während der 1960er und 1970er Jahre zu (jeweils rund 10%), die atlantische Verflechtung Portugals erst in den 1980er Jahren (von 69% auf 84%). Nur Großbritannien und Portugal weisen während der 1970er Jahre ein signifikantes Wachstum des Regionalisierungskoeffizienten auf. Alle weiteren Staaten erreichen den stärksten Integrationsfortschritt während der 1960er Jahre, der in den 1970er Jahren zum Stillstand kommt (Irland, Norwegen) oder sich in einen Deregionalisierungtrend umkehrt (alle anderen Staaten einschließlich Frankreichs). In den Ländern 1-15 liegt der Koeffizient des Stichjahres 1990 über dem der 1970er Jahre (Ausnahme BRD), in den »Verlierer-Staaten« (Nr. 16-20) unter dem Niveau von 1970. Mit Ausnahme Irlands, der Niederlande und Dänemarks finden sich in der Schlußgruppe (10-20) ausschließlich Nicht-EG-Staaten. EG-Staaten belegen acht der neun Spitzenpositionen (Ausnahme Island). Den höchsten Integrationsgrad weisen Irland (88%), Norwegen und Island (85%) auf (1990). Nur die ersten fünf Staaten übertreffen die Wachstumsrate des gesamten Atlantischen Raumes von 15,65%. Drei Staaten unterschreiten 1990 das Niveau der Handelsregionalisierung von 63,57%.

Wesentlich dynamischer verläuft die Regionalisierung im Pazifischen Raum (Tabelle 26). Das Wachstum des Koeffizienten liegt für vier Staaten über der Hundertprozentmarke. Der Koeffizient der VR China vervierfacht sich. Insgesamt steigt das Verflechtungsniveau in der Region um fast 92%. Die Entwicklung beginnt mit einem Basiswert von 26,78% (1960) und endet bei 51,30%. Dies sind immer noch 3 Punkte weniger als das Niveau des Atlan-

Tabelle 25: Regionalisierungskoeffizienten für den Außenhandel der
Länder des Atlantischen Raums 1960-1990

Nr.		[1960-1990]	1960	1970	1980	1990
1	Großbritannien	52,57	50,29	59,28	69,91	76,73
2	Frankreich	39,54	54,00	72,91	66,21	75,35
3	Portugal	32,28	63,26	67,76	69,33	83,69
4	Island	25,79	67,54	83,01	78,47	84,95
5	Italien	15,93	65,63	72,17	62,77	76,08
6	Belgien	10,33	77,38	84,54	81,26	85,37
7	Spanien	9,52	70,34	68,74	53,88	77,03
8	Griechenland	8,55	70,41	69,53	55,05	76,43
9	Deutschland	8,19	70,55	77,37	72,65	76,32
10	Österreich	4,76	77,43	80,19	74,85	81,11
11	Finnland	4,62	70,62	73,71	63,06	73,89
12	Schweden	4,41	80,01	82,73	76,56	83,55
13	Irland	4,10	84,63	87,80	86,63	88,10
14	Niederlande	3,84	80,55	82,38	76,69	83,64
15	Norwegen	1,26	83,92	84,24	85,82	84,98
16	Schweiz	−0,80	80,64	81,08	77,28	80,00
17	Jugoslawien	−3,83	58,02	62,08	44,61	55,80
18	Dänemark	−4,27	85,81	91,00	81,39	82,15
19	USA	−14,58	29,05	30,30	23,25	24,81
20	Kanada	−48,96	22,88	16,53	11,95	11,68
1-20	**Atlantischer Raum**	15,65	54,96	61,46	58,27	63,57

Tabelle 26: Regionalisierungskoeffizienten für den Außenhandel der Länder des Pazifischen Raums 1960-1990

Nr.		[1960-1990]	1960	1970	1980	1990
1	China	404,84	13,66	57,82	61,60	68,94
2	Papua-NG·	277,74	20,54	80,67	64,63	77,57
3	Neuseeland	159,34	24,93	46,91	56,56	64,67
4	USA	143,06	14,12	21,59	24,91	34,31
5	Kanada	127,70	5,28	7,44	9,18	12,03
6	Australien	69,72	37,51	57,17	60,23	63,66
7	Hongkong	33,66	58,16	64,24	67,07	77,73
8	Malaysia	26,24	60,72	71,74	71,09	76,66
9	Indonesien	19,05	63,21	74,33	82,70	75,25
10	Japan	6,88	59,23	59,43	53,28	63,30
11	Singapur	3,43	67,43	77,33	66,76	69,74
12	Thailand	−1,09	67,61	65,62	58,94	66,87
13	Philippinen	−7,14	78,37	81,30	68,02	72,77
14	Brunei	−7,39	81,63	84,91	91,40	75,60
15	Korea	−9,91	75,98	83,00	60,72	68,45
16	Taiwan	−10,75	78,37	78,93	65,63	69,95
1-16	**Pazifischer Raum**	91,54	26,78	36,34	41,56	51,30

tischen Raumes im Stichjahr 1960. Die pazifische Integration vollzieht sich also auf niedrigem Ausgangsniveau. Der Integrationsprozeß ist außerdem von einem Wachstum des Weltmarktanteiles um 34% begleitet. Dies legt die Vermutung nahe, daß es sich im doppelten Sinne um eine »nachholende Regionalisierung« handelt: erstens in bezug auf den niedrigen Basiswert der Regionalisierung und zweitens in bezug auf einen im Durchschnitt niedrigeren Entwicklungsstand als in der Atlantischen Region.

Die These der nachholenden Regionalisierung wird untermauert durch die Kontinuität der Regionalisierung. Während sie im Atlantischen Raum in den 1970er Jahren zum Stillstand kommt und von 61,46% auf 58,27% zurückgeht, nimmt der pazifische Koeffizient selbst in den 1970er Jahren um fast 6 Prozentpunkte zu (Wachstumsrate 14%). Acht Staaten (1980) bzw. zehn Staaten (1990) weisen 1980 bzw. 1990 einen höheren Koeffizienten auf als 1970, erfahren also eine kontinuierliche Einbindung in die Region.

Zu den Staaten, die seit 1970 eine Deregionalisierung aufweisen, gehören neben den sich stark internationalisierenden Volkswirtschaften Taiwan, Südkorea und Singapur auch die Philippinen, Papua-Neuguinea und Brunei. Die beiden letztgenannten spielen aufgrund ihrer geringen Weltmarktanteile (0,07% bzw. 0,04%, 1990) in der Trendanalyse keine Rolle. Der Außenhandel Bruneis wird zudem primär durch den Ölpreis bestimmt. Dieser ist für den Spitzenwert in 1980 verantwortlich. Mit 91,40% verzeichnet Brunei den höchsten Regionalisierungskoeffizienten aller 63 Länder überhaupt.

Die Westliche Hemisphäre (Tabelle 27) umfaßt insgesamt 29 Flächenstaaten. Die karibische Residualkategorie »Rest-Lateinamerika« wurde zwar in die Berechnung der Rohdatenmatrix integriert, spielt in den Übersichtstabellen aber keine Rolle. Der Integrationsgrad in der Westlichen Hemisphäre betrug 1960 noch über 51% (Platz 2 unter den Großregionen, knapp hinter dem Atlantischen und weit vor dem Pazifischen Raum) und sank bis 1990 auf 43,42% (Platz 3). Hinter dem eindeutigen Trendverlauf der Gesamtregion, der eine kontinuierliche, in den 1980er Jahren etwas abgeschwächte Tendenz zur Deregionalisierung ausweist, verbergen sich divergierende Länderentwicklungen. Dies ist durch die zum Teil erheblichen Schwankungen des Koeffizienten der lateinamerikanischen Zwergökonomien begründet. Von dem gesamten Weltmarktanteil der Region 1990 (20,5%) entfallen allein auf die USA und Kanada 17,1%. Alle übrigen 27 Staaten haben zusammen einen Weltmarktanteil von 3,4%. Das ist weniger als der Weltmarktanteil der beiden pazifischen Stadtstaaten Singapur und Hongkong (4,1%).

Tabelle 27: Regionalisierungskoeffizienten für den Außenhandel der Länder der Westlichen Hemisphäre 1960-1990

Nr.	AUSSEN-HANDEL	[1960-1990]	1960	1970	1980	1990
1	Belize	162,34	28,34	47,62	63,64	74,35
2	Trinidad u. Tobago	65,60	43,18	59,76	61,49	71,50
3	Bolivien	39,78	48,13	45,32	60,71	67,28
4	Jamaica	39,12	45,68	64,25	67,86	63,55
5	Haiti	30,60	60,02	60,20	75,27	78,39
6	Argentinien	26,73	36,00	40,22	39,86	45,62
7	Uruguay	26,69	43,69	34,68	45,79	55,35
8	Franz.-Guayana,	23,05	16,92	21,76	30,29	20,82
9	El Salvador	22,56	60,65	59,08	76,81	74,34
10	Guatemala	12,23	64,13	65,23	66,89	71,98
11	Dominikanische Republik	12,00	64,77	74,31	71,94	72,55
12	Costa Rica	10,88	61,61	65,98	39,19	68,31
13	Kanada	5,26	68,14	69,25	69,01	71,72
14	Mexiko	3,32	71,28	69,49	70,55	73,65
15	Ecuador	2,88	61,38	54,34	65,52	63,15
16	Guayana	1,75	48,29	41,24	60,87	49,13
17	Niederl. Antillen	−2,23	74,88	76,29	77,89	73,21
18	Kolumbien	−8,29	67,00	54,66	54,95	61,44
19	Venezuela	−10,85	75,19	73,96	73,71	67,03
20	Peru	−13,31	54,09	45,39	48,79	46,89
21	Paraguay	−19,38	59,02	53,65	58,42	47,58
22	Honduras	−19,56	75,79	74,59	71,09	60,96
23	Panama	−19,99	77,65	68,64	58,82	62,13
24	USA	−21,11	41,11	39,11	32,14	32,43
25	Nicaragua	−21,22	64,91	68,09	80,71	51,13
26	Brasilien	−26,75	52,67	42,39	35,79	38,58

Nr.	AUSSEN-HANDEL	[1960-1990]	1960	1970	1980	1990
27	Chile	−32,51	55,58	40,65	47,71	37,51
28	Surinam	−37,08	65,11	45,95	48,70	40,97
29	Kuba	−38,04	59,03	11,42	25,17	36,58
1-29	Westliche Hemisphäre	−15,17	51,19	49,08	44,16	43,42

Die Höhe des intraregionalen Handelskoeffizienten schwankt zwischen 11,4 % (Kuba 1970) und 80,7 % (Nicaragua 1980). Das stärkste relative Wachstum über alle drei Dekaden weisen Belize, Trinidad und Tobago, Jamaica, Haiti und Bolivien auf. Am Ende der Tabelle finden sich auf den Rängen 17-29 die Länder mit negativen Wachstumsraten. Dazu zählen neben den USA (−21 %) die lateinamerikanischen Schwellenländer Chile (−32,5 %), Brasilien (−27 %) und Venezuela (−11 %). Kuba markiert erwartungsgemäß das Schlußlicht (−38 %). Mit Ausnahme von Mexiko (+3,3 %) unterliegt der Handel aller lateinamerikanischen Schwellenländer einem Prozeß der Deregionalisierung. Kanadas Einbindung in die Westliche Hemisphäre nimmt auf hohem Niveau, verursacht durch einen Anstieg der Exportverflechtung mit Nordamerika, leicht zu (+5 %).

Die 1980er Jahre markieren für 16 Länder Lateinamerikas einen Anstieg der Regionalisierungskoeffizienten. Diese Phase wird allerdings von einem drastischen Verlust von Weltmarktanteilen (WMA) begleitet. Argentiniens WMA sinkt während der 1980er Jahre um 47 %, während der Regionalisierungskoeffizient um 14 % steigt. Brasiliens Koeffizient steigt um 8 %, der WMA sinkt um 28 %. Der intraregionale Handel Kolumbiens steigt um 12 % bei sinkendem WMA (−14 %). Uruguays Koeffizient steigt um 21 % (WMA: −33 %). Atypisch verläuft die Entwicklung in Mexiko (leichte Zunahme beider Indikatoren), Venezuela und Chile (beide Indikatoren sinken).

Tabelle 28: Regionales Gewicht des Handels nach Regionen 1960-1990 in Prozent

Nr.		1960	1970	1980	1990
1	Atlantischer Raum	32,42	38,06	33,25	37,40
2	Pazifischer Raum	12,97	16,91	16,21	25,00
3	Westliche Hemisphäre	12,88	11,16	8,89	8,91
4	Europäischer Raum	22,19	28,56	26,86	33,89
5	Asiatisch-ozeanischer Raum	3,40	4,24	5,97	9,63
6	EG 9	12,30	17,47	16,99	20,41
7	EG 12	13,55	19,22	18,81	24,32
8	EFTA	0,67	1,11	0,80	0,88
9	Skandinavien	0,41	0,65	0,50	0,53
10	Ost-/Südostasien	1,47	0,96	1,57	3,80
11	Ozeanien	0,11	0,11	0,08	0,11
12	CUSTA	5,25	6,21	3,95	5,13
13	NAFTA	6,27	7,06	5,22	6,63
14	Lateinamerika	1,25	0,88	1,09	0,55

3.5 Das Gewicht der Regionen

Zusätzlich zum Regionalisierungskoeffizienten wurde ein Gewichtungsfaktor berechnet. Der Indikator »regionales Gewicht« (Tabelle 28) gibt den Quotienten aus dem intraregionalen Handel einer Region und dem gesamten Welthandel an. Er beschreibt die Bedeutung einer Handelsregion in der Weltwirtschaft und deren Veränderung über den Untersuchungszeitraum 1960-1990.

Die weltwirtschaftlich bedeutendste Region stellt in bezug auf den Warenhandel der Atlantische Raum dar, dessen regionales Gewicht von 32,4% auf 37,4% ansteigt (1960-1990). An zweiter Stelle folgt die Pazifische Region, die um 12 Prozentpunkte von 13% auf 25% dazugewinnt. Die Bedeutung der Westlichen Hemisphäre geht von ebenfalls 13% auf 9% zurück. Insgesamt bestreiten die drei Großregionen durch ihren intraregionalen Handel heute 71% des Welthandels. 1960 waren es noch 58%. Der intraregionale Handel in der Subregion Asien-Ozeanien (14 Staaten, 9,6 %) verzeichnet 1990 ein höheres Gewicht als die gesamte Westliche Hemisphäre (29 Staaten, 8,9 %).

Der Anteil des intraregionalen europäischen Handels am Welthandel steigt von 22 % auf fast 34 %. Mit 20 % bzw. 24 % (1990) ist allein die Intra-EG-Verflechtung von Bedeutung, während alle anderen Subcluster ein regionales Gewicht von weniger als 10 % aufweisen. Die NAFTA-Region schwankt im Untersuchungszeitraum zwischen 5 und 7 %, die CUSTA zwischen 4 und 6 % und die Region Ost-/Südostasien zwischen 1 % und fast 4 %. In Ozeanien nimmt der Regionalisierungskoeffizient stark zu (+53 %). Das regionale Gewicht dagegen bleibt mit 0,11 % konstant. In Lateinamerika nehmen beide Indikatoren ab. Das regionale Gewicht halbiert sich, der Regionalisierungskoeffizient nimmt um 5 % ab.

Wichtiges Indiz für die ökonomische Potenz einer regionalen Integration ist die Dynamik der Veränderung des regionalen Gewichtes, die nach Dekaden gegliedert in Tabelle 29 zusammengestellt ist. Es fällt auf, daß über den gesamten Untersuchungszeitraum (1960-1990) in mehreren Regionen eine parallele Entwicklung von Regionalisierungswachstum (Tabelle 17) und regionalem Gewicht (Tabelle 29) festzustellen ist.

In der Atlantischen und der Pazifischen Großregion wachsen intraregionaler Handel und regionales Gewicht um den gleichen Prozentsatz (+15 %, +93 %). Der Bedeutungsverlust der Westlichen Hemisphäre (−31 %) übersteigt den Rückgang des intraregionalen Handels in der Region (−15 %) um das Doppelte. Die ausgeprägteste Dynamik weisen die pazifischen Subregionen (Nr. 5 und Nr. 10) aus. Deren regionales Gewicht wuchs während der 1980er Jahre am stärksten mit Spitzenwerten von +183 % und +158 %. Das Gewicht Lateinamerikas sinkt in den 1960er Jahren um 29 %, steigt in den 1970er Jahren gegen den Trend um 24 % an, um in den 1980er Jahren erneut zurückzufallen (einziger Minuswert der Dekade). Der Rückgang des regionalen Gewichtes in Lateinamerika weist zwischen 1980 und 1990 mit 49 % die stärkste Dynamik einer Dekade auf.

Tabelle 29: Veränderung des regionalen Gewichts des Handels nach Regionen 1960-1990 in Prozent

Nr.		1960-1970	1970-1980	1980-1990	1960-1990
1	Atlantischer Raum	17,41	−12,65	12,49	15,37
2	Pazifischer Raum	30,40	−4,16	54,26	92,79
3	Westliche Hemisphäre	−13,41	−20,36	0,30	−30,83
4	Europäischer Raum	28,73	−5,94	26,17	52,77
5	Asiatisch-ozeanischer Raum	24,64	40,96	61,22	183,26
6	EG 9	42,02	−2,72	20,12	65,95
7	EG 12	41,88	−2,14	29,32	79,56
8	EFTA	65,43	−27,36	9,83	31,97
9	Skandinavien	58,11	−23,84	7,30	29,20
10	Ost-/Südostasien	−34,94	63,41	142,69	158,00
11	Ozeanien	−5,70	−24,02	32,53	−5,05
12	CUSTA	18,33	−36,39	30,02	−2,13
13	NAFTA	12,69	−26,17	27,13	5,76
14	Lateinamerika	−29,22	23,73	−49,32	−55,61

3.6 Das intraregionale Gewicht der Länder

Ein weiterer Indikator zur Bestimmung der Strukturierungsmacht einzelner Staaten ist ihr intraregionales Gewicht. Es wird aus dem Quotienten des intraregionalen Handels eines Landes und des intraregionalen Handels der gesamten Region gebildet. Tabelle 30 zeigt das intraregionale Gewichte der Länder des Atlantischen Raumes. Die Struktur des intraregionalen Handels im Atlantischen Raum wird 1990 durch die BRD (knapp 20%) bestimmt. Allerdings hat sich der deutsche Anteil seit 1970 nicht vergrößert. Die USA, ehemals auf Platz zwei, belegen 1990 nur noch den fünften Rang (8,3%) hinter Frankreich (12,67%), Großbritannien (10%) und Italien (9%). Island, Irland und Norwegen, die einen hohen Regionalisierungskoeffizienten (über 82%) aufweisen, haben ein intraregionales Gewicht von weniger als 2%. Sinkende Be-

Tabelle 30: Intraregionales Gewicht der Länder des Atlantischen Raums
1960-1990

Nr.	AUSSEN-HANDEL	1960	1970	1980	1990	1960-1970	1970-1980	1980-1990	1960-1990
1	Belgien	6,88	8,01	7,98	7,36	16,31	−0,29	−7,77	6,95
2	Dänemark	3,02	2,48	2,16	1,95	−17,91	−13,19	−9,72	−35,66
3	Deutschland	17,21	19,62	19,18	19,57	14,01	−2,28	2,08	13,73
4	Finnland	1,75	1,51	1,33	1,39	−13,60	−11,53	4,54	−20,10
5	Frankreich	8,17	10,77	12,32	12,67	31,87	14,40	2,81	55,10
6	Griechenland	0,70	0,79	0,84	0,80	13,44	5,61	−4,55	14,36
7	Großbritannien	12,98	9,59	10,62	10,28	−26,12	10,76	−3,24	−20,83
8	Irland	1,04	0,96	1,24	1,36	−7,24	28,58	10,23	31,48
9	Island	0,13	0,03	0,03	0,10	−77,67	−4,55	261,54	−22,94
10	Italien	6,48	8,17	8,55	9,07	25,97	4,62	6,10	39,82
11	Jugoslawien	0,96	1,15	0,88	0,89	20,69	−23,97	1,69	−6,68
12	Kanada	3,16	2,06	1,19	1,02	−34,78	−42,39	−14,17	−67,75
13	Niederlande	8,10	8,73	9,15	8,25	7,82	4,81	−9,92	1,79
14	Norwegen	2,26	2,05	2,20	1,78	−9,40	7,17	−19,18	−21,52
15	Österreich	2,27	2,09	2,28	2,69	−8,11	9,26	18,02	18,48
16	Portugal	0,74	0,74	0,66	1,23	0,04	−10,14	85,36	66,63
17	Schweden	5,15	4,58	3,61	3,28	−11,22	−21,05	−9,29	−36,42
18	Schweiz	4,12	4,05	4,67	4,15	−1,66	15,35	−11,03	0,91
19	Spanien	1,62	1,96	2,27	3,87	20,91	15,37	70,59	137,96
20	USA	13,26	10,66	8,86	8,30	−19,58	−16,89	−6,28	−37,36
1-20	Atlantischer Raum	100,00	100,00	100,00	100,00	1,00	1,00	1,00	1,00

deutung verzeichnen Kanada (−68 %), USA (−37 %), Großbritannien (−21 %) und die skandinavischen Länder (−21 bis −56 %).

Im Atlantischen Raum findet also eine Marginalisierung der skandinavischen Länder statt. Auf der Gewinnerseite steht nicht ein einziger »Euro-Hegemon«, sondern eine Staatengruppe aus Spanien (+138 %), Portugal (+67 %), Frankreich (+55 %), Irland (+31 %) und Italien (+40 %), ferner Deutschland, Niederlande,

Belgien und Großbritannien, die ihre Marktposition seit 1970 gehalten haben. Alle diese Länder sind Teil des EG-Raumes. Der Abstand zwischen dem Land mit dem größten Anteil am intraregionalen Warenhandel (BRD, 19,57%) und der Summe der Gruppe der kleinsten Länder (Island, Griechenland, Jugoslawien, Portugal, Finnland, Dänemark, Norwegen und Irland) hat sich seit 1970 nicht nennenswert vergrößert. Er betrug 1970 9,51 und 1990 9,50 Prozentpunkte. Dagegen hat der Abstand zwischen der BRD und der Summe der skandinavischen Länder von 9 (1970) auf 11 Prozentpunkte (1990) zugenommen. In bezug auf den intraregionalen Handel im Atlantischen Raum liegt die industrielle Peripherie also nicht im Süden, sondern im Norden Europas.

Die Verteilung des intraregionalen Handels ist im Pazifischen Raum (Tabelle 31) von schärferen Disparitäten geprägt als in der Atlantischen Region. Im Pazifischen Raum sind zwei Staaten dominierend. Japan (24,73%) und die USA (23,91%) bestreiten zusammen fast die Hälfte des intraregionalen Handels. Mit großem Abstand folgen China und Hongkong (je 7,6%), Taiwan (6,7%), Korea (6,6%) und Singapur (5,3%). Australien (1960: 8%) ist vom dritten Rang auf den achten Platz verdrängt worden. Brunei, Papua-Neuguinea, Neuseeland und die Philippinen liegen unter der Zweiprozentmarke.

Auch die Dynamik der Veränderungen im Pazifischen Raum übersteigt die atlantischen Werte bei weitem. Korea, China und Taiwan weisen Wachstumsraten von mehr als 200% auf (1960-1990). Von zehn Staaten mit sinkendem Anteil am intraregionalen Handel sind sieben mit mehr als 50% Rückgang betroffen. Die Philippinen, Australien und Neuseeland führen diese Gruppe an. Die ozeanischen Staaten weisen ein hohes Regionalisierungswachstum (+70% bzw. +159%) bei stark sinkender regionaler Bedeutung auf. Im hohen Anteil der USA und Japan spiegelt sich die gegenseitige Handelsverflechtung wider. Im rapiden Anstieg Südkoreas, Taiwans, Hongkongs und Chinas kommt deren wirtschaftliche Dynamik zum Ausdruck.

Die Westliche Hemisphäre (Tabelle 32) ist von einer noch größeren Heterogenität geprägt als die Pazifische Region. 1990 bestritten zwei Länder, USA (43,2%) und Kanada (30%), zusammen fast drei Viertel des intraregionalen Warenverkehrs. Rechnet man Mexiko (10,7%), Brasilien (3,6%) und Venezuela (3%) hinzu, dann sind über 90% der Anteile vergeben. Für die übrigen 24 Staa-

Tabelle 31: Intraregionales Gewicht der Länder des Pazifischen Raums
1960-1990

Nr.	AUSSEN-HANDEL	1960	1970	1980	1990	1960-1970	1970-1980	1980-1990	1960-1990
1	Australien	7,97	7,84	5,53	4,18	−1,61	−29,51	−24,48	−47,62
2	Brunei	0,44	0,24	0,81	0,23	−46,81	244,47	−72,19	−49,05
3	Kanada	2,94	3,43	2,43	2,19	16,33	−29,06	−10,04	−25,76
4	China	2,47	2,77	4,90	7,58	12,18	76,66	54,81	206,81
5	Hongkong	4,81	4,89	5,12	7,56	1,82	4,57	47,75	57,31
6	Indonesien	6,09	2,77	6,08	2,54	−54,54	119,73	−58,23	−58,27
7	Japan	23,40	29,72	27,33	24,73	26,97	−8,03	−9,50	5,69
8	Korea	1,58	3,32	4,47	6,57	110,75	34,42	47,17	316,89
9	Malaysia	7,90	3,24	3,91	3,34	−59,04	20,93	−14,60	−57,69
10	Neuseeland	2,41	1,68	1,22	0,86	−30,27	−27,18	−29,65	−64,27
11	Papua-NG	0,29	0,28	0,23	0,14	−3,34	−19,01	−38,38	−51,76
12	Philippinen	5,00	3,06	2,14	1,28	−38,79	−30,05	−40,44	−74,49
13	Singapur	4,61	3,13	4,96	5,31	−32,02	58,51	6,97	15,28
14	Taiwan	1,87	3,44	5,17	6,76	84,20	50,32	30,79	262,15
15	Thailand	2,91	2,55	1,86	2,83	−12,40	−27,02	52,10	−2,76
16	USA	25,32	27,65	23,84	23,91	9,21	−13,76	0,28	−5,56
1-16	Pazifischer Raum	100,00	100,00	100,00	100,00	1,00	1,00	1,00	1,00

ten, von denen nur drei die Einprozentgrenze überschreiten,
bleibt somit ein Anteil von weniger als 10%. Der Abstand zwischen Nordamerika (Mexiko, USA und Kanada) und den übrigen
26 Ländern hat sich seit 1960 um fast 30 Prozentpunkte vergrößert. Die Marginalität Lateinamerikas hat also auch im intraregionalen Handel zugenommen. Selbst wenn der intraregionale
Warenhandel zwischen einigen lateinamerikanischen Ländern zunimmt (Argentinien, Uruguay, Peru), so betrifft dieser Zuwachs
im Vergleich zur Gesamtregion und zur Weltwirtschaft (regionales
Gewicht der Region) immer geringere Warenwerte. Für einzelne
marginale Staaten selbst mag die regionale Perspektive von Bedeutung sein. Hinter den teilweise erratischen Schwankungen der Ko-

effizienten verbergen sich allerdings weniger die Bemühungen um regionale Kooperation als externe Effekte wie Dollarkurs, Ölpreissteigerungen und konjunkturelle Veränderungen der Binnennachfrage. Für die Außenwirtschaft der USA stellt diese Region keine Entwicklungsperspektive dar.

Lediglich Mexiko bietet aufgrund der geographischen Nähe und einer günstigen Wirtschaftsentwicklung gute Aussichten für einen erfolgreichen Ausbau der intraindustriellen Entwicklung. Intraindustrielle Importe und Exporte scheinen im übrigen der Grund für den Anstieg des mexikanischen intraregionalen Handels zu sein. Zwischen 1970 und 1990 hat er sich in der Westlichen Hemisphäre mehr als verdoppelt. Den niedriger bewerteten Importen von industriellen Vorleistungen aus den USA (niedrige Importregionalisierung) stehen höher bewertete industrielle Fertigwaren in die USA gegenüber (steigende Exportregionalisierung).

Tabelle 32: Intraregionales Gewicht der Länder der Westlichen Hemisphäre 1960-1990

Nr.	AUSSEN-HANDEL	1960	1970	1980	1990	1960-1970	1970-1980	1980-1990	1960-1990
1	Argentinien	2,42	2,04	2,11	1,32	−15,68	3,12	−37,22	−45,41
2	Belize	0,02	0,04	0,04	0,04	63,98	13,49	−14,71	58,73
3	Bolivien	0,15	0,16	0,32	0,18	4,81	101,37	−42,75	20,83
4	Brasilien	3,99	3,13	4,24	3,63	−21,60	35,37	−14,33	−9,08
5	Chile	1,53	1,14	1,27	1,04	−25,38	11,78	−18,08	−31,68
6	Costa Rica	0,28	0,51	0,50	0,48	82,91	−2,93	−4,72	69,17
7	Dominikan. Republik	0,47	0,51	0,62	0,67	9,39	20,19	9,04	43,36
8	Ecuador	0,46	0,43	0,76	0,55	−6,84	77,79	−28,04	19,18
9	El Salvador	0,31	0,38	0,36	0,24	21,84	−5,05	−33,50	−23,08
10	Guatemala	0,43	0,56	0,59	0,44	30,50	6,31	−25,55	3,29
11	Guayana	0,19	0,19	0,13	0,04	−0,77	−31,97	−72,61	−81,51
12	Franz.-Guayana	0,00	0,01	0,02	0,06	430,75	36,65	188,75	1994,18

Nr.	AUSSEN-HANDEL	1960	1970	1980	1990	1960-1970	1970-1980	1980-1990	1960-1990
13	Haiti	0,14	0,10	0,18	0,15	−23,03	73,33	−16,27	11,71
14	Honduras	0,27	0,43	0,35	0,24	58,26	−17,88	−33,43	−13,49
15	Jamaica	0,48	0,74	0,38	0,37	54,85	−49,16	−1,07	−22,11
16	Kanada	21,73	29,46	23,14	29,99	35,57	−21,45	29,59	38,01
17	Kolumbien	1,77	1,23	1,30	1,24	−30,81	6,20	−4,50	−29,83
18	Kuba	1,90	0,00	0,25	0,24	−100,00	317360,52	−6,16	−87,57
19	Mexiko	4,01	4,57	8,54	10,65	13,96	86,93	24,65	165,53
20	Niederl. Antillen	3,26	1,89	2,46	0,27	−42,13	30,35	−89,09	−91,77
21	Nicaragua	0,18	0,36	0,26	0,07	96,38	−28,14	−73,40	−62,45
22	Panama	0,59	0,68	0,63	0,39	14,85	−7,92	−37,94	−34,37
23	Paraguay	0,12	0,12	0,29	0,24	−1,03	141,96	−16,16	100,76
24	Peru	1,29	1,05	1,06	0,52	−18,74	0,43	−50,87	−59,91
25	Surinam	0,16	0,14	0,13	0,06	−9,90	−10,32	−54,39	−63,15
26	Trinidad u. Tobago	0,68	0,71	1,08	0,36	5,22	51,63	−67,06	−47,45
27	Uruguay	0,44	0,25	0,38	0,34	−41,98	50,28	−11,21	−22,58
28	USA	43,65	43,73	41,57	43,19	0,18	−4,95	3,90	−1,06
29	Venezuela	7,81	4,55	5,95	3,01	−41,70	30,74	−49,45	−61,47
1-29	Westliche Hemisphäre	100,00	100,00	100,00	100,00	1,00	1,00	1,00	1,00

3.7 Der Weltmarktanteil der Regionen

Der Indikator »Weltmarktanteil« steht nur indirekt mit den Berechnungen zur Regionalisierung in Verbindung. Er enthält keine expliziten Angaben zur intraregionalen Verflechtung. Im Kontext der vorliegenden Studie dient der Weltmarktanteil primär zur Bestimmung ökonomischer Machtpositionen in der Weltwirtschaft.

Der Bezug zur Regionalisierungsdebatte liegt in den Thesen über die Motive begründet, die einen Staat bewegen können, eine Regionalisierung zu fördern. Eine Argumentationslinie, die der entwicklungstheoretischen Betrachtung entlehnt ist[10], konstruiert einen kausalen Zusammenhang zwischen der abnehmenden Wettbewerbsfähigkeit von Volkswirtschaften, die von sinkenden Weltmarktanteilen begleitet wird, und der Einbindung in eine Region. Der Rückgang des Anteiles eines Landes am Weltexport soll demnach durch einen Ausbau der regionalen Verflechtung kompensiert werden. Sinkende Weltexportanteile müßten demnach mit steigenden (Export-)Regionalisierungskoeffizienten korrelieren. Als Beispiel für diese These werden die USA in der NAFTA genannt. Während der Anteil intraregionaler Exporte der USA in die NAFTA im Untersuchungszeitraum 1960-1990 von 22 auf 28% steigt, sinkt der Anteil der USA am Weltexport (–27%). Der Hegemonieverlust der USA äußert sich demnach im »Verlust« eines größeren Einflußbereiches (Weltmarkt). Dem Peripherisierungsdruck begegnen die USA mit der verstärkten Durchdringung ihrer eigenen Peripherie (Hessler/Menzel 1992).

Ein weiterer Ansatz sieht einen Zusammenhang zwischen wachsenden Weltmarktanteilen und zunehmender regionaler vertikaler und horizontaler Integration. Für dieses Modell stehen die Länder des Ost-/Südostasiatischen Raumes Pate. Dort ist das steigende Verflechtungsniveau von einem Anstieg der Weltmarktanteile begleitet (United Nations Transnational Corporations and Management Division 1992, Jungnickel 1994). Der dritte Interpretationsstrang versucht, durch Berechnung der Weltmarktanteile von Regionen (Tabelle 33) deren Machtposition in bezug auf andere Regionen zu bestimmen. Diese Interpretation findet sich im Zusammenhang mit der Triadendiskussion, die den Auf- und Abstieg ganzer Regionen thematisiert (Herz 1989).

Da die drei Großregionen jeweils den kanadischen und den US-Außenhandel beinhalten, also Doppelzählungen vorliegen, stützt sich die Analyse auf die Daten zur Westlichen Hemisphäre und zu den Subregionen Europäischer Raum und Asiatisch-ozeanischer Raum. Diese drei Regionen verzeichnen zusammen einen Welt-

10 In der Debatte um die Neue Weltwirtschaftsordnung wurde die Forderung aufgestellt, die regionale Handelsverflechtung zwischen auf dem freien Weltmarkt nicht konkurrenzfähigen Dritte-Welt-Staaten zu fördern. Vgl.: Matthies/Khan 1978.

Nr.	Außenhandel	1960	1970	1980	1990	1960-1970	1970-1980	1980-1990	1960-1990
1	Atlantischer Raum	58,98	61,94	57,06	65,33	5,01	−7,87	14,48	10,76
2	Pazifischer Raum	28,84	29,39	29,79	38,73	1,91	1,35	30,04	34,32
3	Westliche Hemisphäre	25,17	22,73	20,12	20,52	−9,68	−11,49	2,01	−18,46
4	Europäischer Raum	41,18	44,48	42,52	48,24	8,01	−4,40	13,45	17,15
5	Asiatisch-ozeanischer Raum	11,03	11,93	15,24	21,64	8,14	27,77	41,99	96,19
6	EG 9	33,07	35,18	33,93	37,95	6,37	−3,55	11,83	14,73
7	EG 12	34,30	37,08	36,02	41,07	8,11	−2,87	14,02	19,73
8	EFTA	6,35	6,69	5,91	6,67	5,40	−11,69	12,96	5,15
9	Skandinavien	3,80	3,90	3,25	3,36	2,55	−16,75	3,43	−11,69
10	Ost-/Südostasien	5,47	4,23	7,29	12,48	−22,76	72,56	71,17	128,13
11	Ozeanien	2,31	1,79	1,29	1,44	−22,47	−27,92	11,33	−37,78
12	CUSTA	17,80	17,62	15,00	17,09	−1,04	−14,87	13,93	−4,02
13	NAFTA	18,55	18,22	15,86	17,96	−1,77	−12,92	13,21	−3,17
14	Lateinamerika	7,37	5,11	5,12	3,44	−30,58	0,15	−32,91	−53,35

marktanteil von mehr als 90 % (1990) gegenüber 77 % im Jahre 1960. Der europäische Anteil (48 %) dominiert. Er stieg zwischen 1960 und 1970 um 8 % und zwischen 1980 und 1990 um 13,5 % nach einem Verlust von 4,4 % während der 1970er Jahre. Die Region Asien/Ozeanien gewann seit 1960 mehr als 10 Prozentpunkte dazu, verzeichnet 1990 einen Weltmarktanteil von 21,64 % und hat damit die Westliche Hemisphäre (20,5 %) vom zweiten Platz verdrängt. Die amerikanischen Regionen weisen allesamt negative Wachstumsraten auf. Mit 53,4 % ist in Lateinamerika der Rückgang am stärksten (1960-1990). Den stärksten Zuwachs verzeichnet die Region Ost-/Südostasien (+128%).

Insgesamt belegen die Daten (1960-1990) folgenden Zusammenhang zwischen Veränderung des Weltmarktanteils und Regionalisierungkoeffizient (Tabelle 34). In zehn von 14 Regionen verändern sich Regionalisierungskoeffizient und Weltmarktanteil in die gleiche Richtung (+), in vier Regionen (Skandinavien, Ozeanien, CUSTA, NAFTA) verläuft die Entwicklung entgegengesetzt (–). Bei abnehmender Weltmarktintegration nimmt dort die regionale Verflechtung zu. In den wichtigsten Regionen (Nr. 1-5) ist der Zusammenhang zwischen Veränderung des Weltmarktanteils (WMA) und Regionalisierungskoeffizient (REG) eindeutig positiv. In der Westlichen Hemisphäre sinken WMA (–18%) und REG (–15%), in den übrigen 4Regionen steigen beide Werte. Im Atlantischen, Pazifischen und Europäischen Raum ist die Dynamik der Weltmarktintegration stärker als die der regionalen Verflechtung. Im Asiatisch-ozeanischen Raum übersteigt die Dynamik des Weltmarktanteiles (+96%) die des Regionalisierungskoeffizienten (+45%) um mehr als das Doppelte, in der Subregion der ost-/südostasiatischen Schwellenländer sogar fast um das Zehnfache! Hier erscheint Regionalisierung quasi als das Abfallprodukt einer dynamischen Weltmarktintegration. In der Megaregion Pazifik dagegen ist das Verhältnis nahezu umgekehrt. Hier übertreffen die Regionalisierungstendenzen (+92%) die Zunahme der Weltmarktanteile (+34%) bei weitem. In abgeschwächter Form trifft dies auch auf die Europäischen Subregionen und Ozeanien zu. In der Westlichen Hemisphäre ist die Entwicklung indifferent.

Tabelle 34: Korrelation von Weltmarktintegration und Regionalisierung nach Regionen 1960-1990

Nr.	Außenhandel	WMA*	REG*	KOR*
1	Atlantischer Raum	10,76	15,67	+
2	Pazifischer Raum	34,32	91,56	+
3	Westliche Hemisphäre	−18,46	−15,18	+
4	Europäischer Raum	17,15	30,40	+
5	Asiatisch-ozeanischer Raum	96,19	44,39	+
6	EG 9	14,73	44,64	+
7	EG 12	19,73	50,22	+
8	EFTA	5,15	27,20	+
9	Skandinavien	−11,69	46,31	−
10	Ost-/Südostasien	128,13	13,11	+
11	Ozeanien	−37,78	52,63	+
12	CUSTA	−4,02	1,97	−
13	NAFTA	−3,17	14,23	−
14	Lateinamerika	−53,35	−4,79	+

* WMA = Weltmarktanteil; REG = Regionalisierung nach Regionen; KOR = Korrelation

Ein differenzierteres Bild schließlich liefert die Gegenüberstellung der Export- und Importintegration in den Weltmarkt (Tabelle 35). In allen Regionen, in denen die USA enthalten sind, liegen die Wachstumsraten des Exports (1960-1990) unter denen der Importe. Der US-Anteil ging seit 1960 um 27% zurück, der der Importe stieg um 35%. Der japanische Anteil an den Weltexporten stieg dagegen um 172%. Südkorea konnte seinen Anteil an den Weltexporten sogar um 7766% (!) und Taiwan um 1464% steigern. In den asiatischen Regionen steigt der Anteil an den Weltexporten folglich stärker als auf der Importseite. Die Weltmarktposition der Regionen mit US-Beteiligung lag 1960 noch bei 3-5 Prozentpunkten. 1970 war sie mit Werten zwischen 1,63 und 3,15

Punkten immer noch positiv. Erst seit 1980 verzeichnen alle Regionen mit Beteiligung der USA eine negative Weltmarktposition. 1980 haben überhaupt nur zwei Regionen eine ausgeglichene Weltmarktbilanz (Ost-/Südostasien, Ozeanien). 1990 führen die Regionen mit US-Beteiligung die Phalanx der Integrationsregionen auf der Importseite an. Die Weltmarktpositionen des Atlantischen Raumes, der CUSTA und der NAFTA liegen bei –3 Punkten.

Tabelle 35: Weltmarktanteile der Regionen: Exporte, Importe und Exportposition 1960-1990 in Prozent

Weltexporte

Nr.	Exporte	1960	1970	1980	1990	1960-1970	1970-1980	1980-1990	1960-1990
1	Atlantischer Raum	60,59	62,77	54,53	63,80	3,60	–13,12	16,98	5,29
2	Pazifischer Raum	31,41	30,76	29,24	38,35	–2,09	–4,95	31,19	22,09
3	Westliche Hemisphäre	28,18	24,35	19,41	19,40	–13,59	–20,31	–0,05	–31,17
4	Europäischer Raum	40,17	43,83	40,50	48,19	9,13	–7,61	19,00	19,99
5	Asiatisch-ozeanischer Raum	10,99	11,82	15,20	22,75	7,53	28,61	49,67	106,99
6	EG 9	32,86	35,76	32,94	38,66	8,84	–7,90	17,37	17,66
7	EG 12	33,84	37,03	34,47	41,03	9,43	–6,91	19,04	21,27
8	EFTA	5,88	6,27	5,58	6,73	6,55	–11,03	20,60	14,34
9	Skandinavien	3,53	3,73	3,22	3,57	5,70	–13,46	10,66	1,21
10	Ost-/Südostasien	5,54	3,80	7,37	12,66	–31,31	93,65	71,81	128,53
11	Ozeanien	2,28	1,86	1,34	1,45	–18,47	–27,82	8,46	–36,17
12	CUSTA	20,42	19,12	14,46	15,60	–6,38	–24,37	7,90	–23,60
13	NAFTA	21,02	19,57	15,24	16,42	–6,92	–22,11	7,73	–21,90
14	Lateinamerika	7,76	5,23	4,95	3,79	–32,57	–5,47	–23,30	–51,10

Weltimporte

Nr.	Importe	1960	1970	1980	1990	1960-1970	1970-1980	1980-1990	1960-1990
1	Atlantischer Raum	57,46	61,14	59,53	66,81	6,41	−2,65	12,24	16,27
2	Pazifischer Raum	26,39	28,10	30,32	39,10	6,44	7,92	28,95	48,14
3	Westliche Hemisphäre	22,32	21,20	20,82	21,62	−4,99	−1,83	3,85	−3,13
4	Europäischer Raum	42,14	45,09	44,49	48,28	7,00	−1,32	8,53	14,59
5	Asiatisch-ozeanischer Raum	11,69	12,73	15,69	21,23	8,95	23,24	35,28	81,66
6	EG 9	33,28	34,64	34,90	37,26	4,07	0,77	6,74	11,95
7	EG 12	34,74	37,13	37,53	41,10	6,89	1,06	9,53	18,32
8	EFTA	6,78	7,09	6,23	6,62	4,45	−12,11	6,30	−2,42
9	Skandinavien	4,07	4,07	3,27	3,16	−0,04	−19,58	−3,47	−22,40
10	Ost-/Südostasien	5,41	4,62	7,22	12,31	−14,48	56,10	70,55	127,68
11	Ozeanien	2,33	1,72	1,24	1,42	−26,15	−28,09	14,36	−39,27
12	CUSTA	15,32	16,20	15,52	18,53	5,73	−4,19	19,36	20,92
13	NAFTA	16,20	16,94	16,47	19,45	4,57	−2,78	18,09	20,06
14	Lateinamerika	6,99	5,00	5,29	3,09	−28,48	5,81	−41,63	−55,83

Weltmarktposition

Nr.	Exporte minus Importe	1960	1970	1980	1990
1	Atlantischer Raum	3,13	1,63	−4,99	−3,01
2	Pazifischer Raum	5,02	2,66	−1,08	−0,75
3	Westliche Hemisphäre	5,87	3,15	−1,41	−2,22
4	Europäischer Raum	−1,97	−1,25	−3,99	−0,09
5	Asiatisch-ozeanischer Raum	−0,70	−0,91	−0,49	1,52
6	EG 9	−0,42	1,13	−1,97	1,40
7	EG 12	−0,90	−0,10	−3,06	−0,07

Nr.	Exporte minus Importe	1960	1970	1980	1990
8	EFTA	−0,90	−0,82	−0,65	0,11
9	Skandinavien	−0,54	−0,34	−0,05	0,41
10	Ost-/Südostasien	0,13	−0,82	0,15	0,35
11	Ozeanien	−0,06	0,13	0,10	0,04
12	CUSTA	5,10	2,92	−1,06	−2,93
13	NAFTA	4,82	2,62	−1,23	−3,03
14	Lateinamerika	0,77	0,23	−0,35	0,70

3.8 Das Ergebnis: Die Typen der Regionalisierung und der affirmative Charakter der Regionalisierungsdiskussion

In einer groben Klassifikation lassen sich vier dominierende Typen des Regionalisierungsverlaufes unterscheiden. Sie werden in Graphik 12 am Beispiel der drei Megaregionen sowie des Europäischen und Asiatisch-ozeanischen Raumes dargestellt.

Typ A kennzeichnet den typischen Verlauf der euro-atlantischen Entwicklung: frühes Regionalisierungswachstum auf hohem Niveau, das im Verlauf der 1970er Jahre zum Stillstand kommt oder sich leicht umkehrt, um in den 1980er Jahren wieder zuzunehmen, wobei der Wert für das Stichjahr 1990 meist über den vorherigen Dekaden liegt. Dieser Kategorie folgen die Regionen Atlantischer Raum und Europäischer Raum, die EG-9- und EG-12-Staaten sowie Ozeanien.

Typ B verzeichnet einen permanenten Anstieg des Regionalisierungskoeffizienten über alle drei Dekaden hinweg. Der stärkste Zuwachs findet hier in den 1980er Jahren statt. Dies gilt für die Region Asien/Ozeanien und mit Einschränkungen auch für den Pazifischen Raum.

Typ C weist einen sinkenden Regionalisierungskoeffizienten auf. Zu dieser Gruppe zählen die Westliche Hemisphäre und für 1970-1980 auch die asiatischen Entwicklungsländer, die in den 1980er Jahren zur Kategorie B wechseln.

Typ D umfaßt die Gruppe der industriellen europäischen Peripherie und mit Einschränkungen auch CUSTA und NAFTA, die nach einer Phase früher Regionalisierung seit 1970 auf niedrigem

Graphik 12: Typologie der Regionalisierung 1960-1990

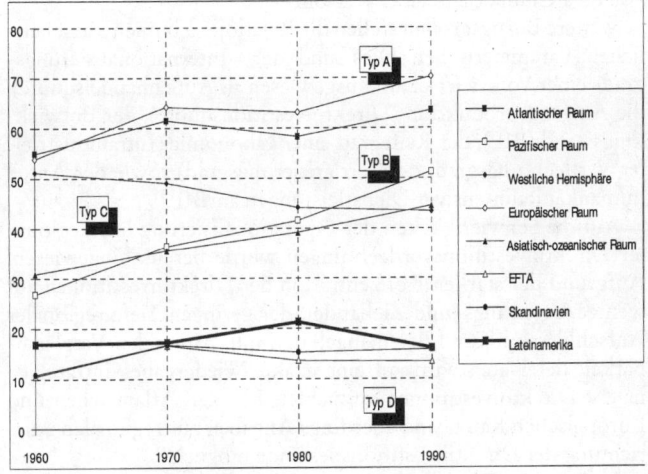

Niveau einer moderaten Deregionalisierung ausgesetzt sind. Das Stichjahr 1970 stellt in allen Fällen das Integrationsmaximum dar.

Atypisch verläuft die Entwicklung Lateinamerikas. Dort liegt das Maximum im Stichjahr 1980, das in fast allen anderen Regionen den unteren Wendepunkt darstellt. Damit kann Lateinamerika als ein »Regionalisierungs-Alien« angesehen werden. Das lateinamerikanische Ergebnis hat für den gesamten Kontext der Regionalisierung allerdings wenig Aussagekraft. Es unterliegt einigen statistischen Unwägbarkeiten, die durch die große Zahl von »Zwerg-Ökonomien«, erhebliche konjunkturelle Schwankungen, Wechselkursverfall und Ölpreiseffekte bedingt sind.

Wie die vorangegangene Untersuchung gezeigt hat, ist eine Aussage zur Regionalisierung unter Heranziehung eines einzigen Indikators (Regionalisierungskoeffizient) wenig aussagekräftig. Es ist vielmehr nötig, zur Bewertung der Regionalisierungskoeffizienten weitere Indikatoren zu verwenden, die mit der außenwirtschaftlichen Verflechtung in Beziehung stehen. Diese Indikatoren »regionales Gewicht«, »intraregionales Gewicht« und »Weltmarktanteil« geben Auskunft über die außenwirtschaftliche Position einer Region oder eines Landes in der Weltwirtschaft bzw. in einer Region. Sie bestimmen zudem die weltwirtschaftliche Bedeutung der Regionen zueinander sowie das Größenverhältnis von Staaten innerhalb einer Region.

Weitere Bezugsgrößen stellen die Relation zu binnenwirtschaftlichen Parametern her. Dies sind der »Internationalisierungsgrad« einer Volkswirtschaft (ausgewiesen als Außenhandelsquote), die Auslandsproduktion (Direktinvestitionsquote), der Entwicklungsstand (BIP), der Reifegrad einer Ökonomie (Intraindustrieller Verflechtungsgrad, der Tertiarisierungsgrad) sowie der Anteil humankapitalintensiver Dienstleistungen am BIP.[11]

Auf die Schwierigkeiten der Operationalisierung intraregionaler Direktinvestitionsverflechtungen wurde bereits hingewiesen. Aufgrund der starken Konzentration der Direktinvestitionen auf wenige Ursprungs- und Zielländer, der geringen Tiefe regionaler Aufschlüsselung und der mangelnden internationalen Vergleichbarkeit der Daten wird auf eine exakte Wiedergabe »intraregionaler« Direktinvestitionen verzichtet. Für den Atlantischen und Europäischen Raum sind allerdings Angaben zur regionalen Ausrichtung der Direktinvestitionsbestände möglich.

Im Falle der Direktinvestitionen führt die Analyse der regionalen Verteilung von Investitionsbeständen der sieben wichtigsten Ursprungsländer zwischen 1976 und 1990 zu dem Schluß, daß die interregionalen transatlantischen und transpazifischen Transfers eine viel wichtigere Rolle spielen als die intraregionale Investitionsverflechtung. So sank der Anteil intraregionaler Direktinvestitionen in Europa von mehr als 50 % (1976) auf 26 % (1990). Im gleichen Zeitraum verdoppelten sich die Investitionen europäischer Staaten in den USA. Integriert man die transatlantische bzw. die transpazifische Verflechtung in eine Megaregion, dann erscheinen diese Transaktionen als regionale Größen. Da allerdings in der Megaregion die US-Direktinvestitionen ebenfalls integriert werden müssen und da die USA nach wie vor der mit Abstand größte globale Investor sind, wird der Anteil regionaler Direktinvestitionen ohne die in Kanada getätigten Investitionen geringer ausfallen als erwartet. Die Verflechtung im Atlantischen Raum beträgt dann 1990 mit 51 % immerhin 6,5 Prozentpunkte weniger als im Basisjahr 1976. Man kann also von einer »US-Amerikanisierung« der Direktinvestitionen seit Mitte der 1980er Jahre sprechen. Regiona-

11 Die letztgenannten Indikatoren sind aus den beiden folgenden Kapiteln entnommen.

lisierungstendenzen spielen bei den Direktinvestitionen eine untergeordnete Rolle.

Im nächsten Schritt der Analyse sollen die genannten Indikatoren auf ihren Zusammenhang mit den Regionalisierungskoeffizienten getestet werden. Die Daten stammen aus unterschiedlichen Quellen (IFS, UNCTAD, Weltbank, UN) und sind daher nur bedingt vergleichbar. Trotz verschiedentlicher Abweichungen der Stichjahre und der Länderzusammenstellung können dennoch einige Trendaussagen getroffen werden. Dazu werden zunächst die Trends aller Indikatoren nach Regionen und Dekaden in einer Matrix zusammengestellt (Tabelle 36).

Aufgrund der miserablen Datenlage im Bereich Direktinvestitionen werden die Angaben zu den Regionen teilweise von nur einem Land repräsentiert. Sie sind daher nur als Approximationen zu verstehen. Das gilt auch für die Angaben zum Tertiarisierungsgrad, wo die Datenbasis nur auf 23 Ländern (G 23) beruht. Die Regionenangaben zum Indikator intraregionales Gewicht sind mit denen zum regionalen Gewicht identisch, weil Gesamtregionen immer einen Anteil von 100% an sich selbst haben. Die Bewertung der Wachstumsraten folgt indikatorenspezifischen Kriterien.

konstant	0
steigend	+
stark steigend	++
sinkend	−
stark sinkend	−−

Stark steigend bedeutet für die neun Indikatoren eine relative Veränderung von $X > 50\%$, konstant $0 < X < 10\%$, steigend $10 < X < 50\%$, sinkend oder stark sinkend $X < 0$ bzw. $X < -50\%$.

Neben den 14 Standardregionen wurden auch die regionalen Zentren USA, BRD und Japan (Nr. 15, 16, 17) in die Matrix aufgenommen. Die Angaben zur Regionalisierung beziehen sich hier auf die zugehörige »Großregionen-Peripherie«, nämlich die Westliche Hemisphäre, Atlantischer bzw. Pazifischer Raum.

Im einzelnen ergeben sich demnach aus der Matrix folgende Regionenprofile: Der *Atlantische Raum* weist auf hohem Niveau ein moderates Wachstum fast aller Indikatoren auf. Nur dort, wo 1960

Tabelle 36: Veränderung aller Indikatoren nach Regionen 1960-1990

Nr.		REG	GEW	IGW	WMA	AHQ	DIQ	BIP	TER	TER8
1	Atlantischer Raum	+	+	+	+	++	++	-	+	+
2	Pazifischer Raum	++	++	++	+	++	++	-	o	+
3	Westliche Hemisphäre	-	-	-	-	++	o	-	+	++
4	Europäischer Raum	+	++	++	+	+	++	+	+	++
5	Asiatisch-ozeanischer Raum	++	++	++	++	+	++	++		+
6	EG 9	+	++	++	+	+	++	+	+	++
7	EG 12	++	++	++	+	+	++	+	+	++
8	EFTA	+	+	+	o	o		+	+	++
9	Skandinavien	+	+	+	-	o		+	+	++
10	Ost-/Südostasien	+	++	++	++	++		++	o	+
11	Ozeanien	++	-	-	-	-		o	+	++
12	CUSTA	o	-	-	-	++	o	-	+	++
13	NAFTA	+	o	o	-	++	o	-	+	++
14	Lateinamerika	-	-	-	--	-		--	+	++
15	USA	-	-	-	o	++	-	-	+	++
16	BRD	+	++	+	+	++	++	+	+	+
17	Japan	+	++	o	++	-	++	++	+	+

geringe Basiswerte vorlagen (AHQ, DIQ), steigen die Werte überproportional an. Der Anteil am Gesamt-BIP (Nenner) sinkt. Dadurch erhöht sich bei gleichbleibender Handelsintensität (Zähler) die Außenhandelsquote. Teilweise ist der hohe Anstieg der Außenhandelsquote im Atlantischen Raum also statistisch begründet. Die Dynamik der Direktinvestitionsquote belegt aber, daß nach der geographischen Aufschlüsselung extraregionale Transaktionen tendenziell wichtiger werden als die intraregionale Perspektive. Die atlantischen Direktinvestitionen fließen zunehmend in den Offshore-Bereich und in den Asiatischen Raum. Nach der strukturellen Aufschlüsselung bedeutet die explosionsartige Zunahme der DI-Quote eine Verlagerung auch der intraregionalen Verflechtung vom stofflichen Warenhandel in Richtung Kapitalverflechtung.

Der *Pazifische Raum* wird durch die komplementäre Verflechtung Japans und der USA sowie die nachholende Entwicklung der asiatischen Exportnationen strukturiert. Hohen Wachstumsraten in allen Internationalisierungs- und Regionalisierungsparametern stehen stagnierende [TER], schwach ansteigende [WMA, TER8] und sogar ein sinkender Indikator gegenüber (BIP). Der schwindende Anteil am Gesamt-BIP geht auf das Konto der USA, Kanadas und Ozeaniens.

In der *Westlichen Hemisphäre* sinken fünf der neun Parameter. Nur AHQ und TER8 verzeichnen starke Zuwächse. Auf das Phänomen steigender Außenhandelsquoten bei sinkendem BIP wurde bereits hingewiesen. Der Anstieg der TER8 beinhaltet einen rapiden Anstieg von Finanzdienstleistungen und ist nicht allein ein nordamerikanisches Phänomen. Spekulative Finanztransaktionen nehmen auch in Lateinamerika (Brasilien, Argentinien) zu und spiegeln die Kehrseite des Verfalles der importsubstitutiven industriellen Basis auf dem Subkontinent.

Erläuterungen zu Tabelle 36 (Seite 174)

[REG]	Regionalisierungskoeffizient
[GEW]	Regionales Gewicht
[IGW]	Intraregionales Gewicht
[WMA]	Weltmarktanteil
[AHQ]	Außenhandelsquote
[DIQ]	Direktinvestitionsquote
[BIP]	Anteil des BIP am Gesamt-BIP
[TER]	Anteil des Tertiären Sektors am BIP
[TER8]	Anteil privater humankapitalintensiver Dienstleistungen am BIP

In den sechs folgenden Regionen der Tabelle 36 wächst die Regionalisierung des Handels schneller als seine Internationalisierung. In allen europäischen Regionen ist das Wachstum der Finanzdienstleistungen höher als in den Pazifischen Regionen. Eine typische Verliererregion markieren die Werte *Ozeaniens*. Hohes Regionalisierungswachstum und ein Run auf (spekulative) Finanzdienstleistungen bei sinkenden bzw. stagnierenden Gewichten [GEW, IGW, WMA, BIP, AHQ] weisen auf ein Wachstumsdilemma im stofflichen Bereich hin. CUSTA und NAFTA sowie Lateinamerika weisen ähnliche Kombinationen auf.

Auch die *US-Werte* ähneln diesem Profil. Eine starke Dynamik ist nur bei der Internationalisierung (stagnierendes BIP) und dem [TER8]-Wert erkennbar. Die *BRD* folgt in ihrer Struktur dem europäischen Profil eines moderaten Anstiegs der Regionalisierungsindikatoren und hohen Internationalisierungswachstums bei steigendem BIP-Anteil. *Japan* spielt im Kontext der Indikatorenmatrix eine Sonderrolle: starkes Wachstum des regionalen Gewichtes und des Weltmarktanteils, sinkende Außenhandelsquote bei steigendem BIP-Anteil, steigende Kapitalverflechtung (DIQ) und moderater Zuwachs des Anteils der Finanzdienstleistungen am BIP.

Aus der Kombination typischer Konstellationen lassen sich auf diese Weise vier Regionalisierungsprofile ableiten:

a) *Gewinner-Regionalisierung:* Staaten, die in ihrer Region an Bedeutung gewinnen und bei steigendem Weltmarkt- und Welt-BIP-Anteil weltwirtschaftlich bedeutender werden (exportstarke asiatische Entwicklungsländer).

b) *Verlierer-Regionalisierung:* Staaten mit hoher oder mittlerer Regionalisierungsdynamik (meist Exportseite), stagnierender regionaler Bedeutung in sich marginalisierenden Regionen, gegenläufiger Dynamik von AHQ und Welt-BIP-Anteil sowie forciertem Einstieg in die (spekulative) Finanzwelt (Ozeanien, Skandinavien, CUSTA, NAFTA, Lateinamerika).

c) *Nachholende Regionalisierung:* Regionalisierungswachstum bei stark steigender Weltmarkt- und Welt-BIP-Position und niedrigem Tertiarisierungs- und Entstofflichungsgrad (asiatische Entwicklungsländer, Japan).

d) *Deregionalisierung:* Rückgang des Regionalisierungskoeffizienten, regionale Umorientierung der Exporte zu kleineren Subregionen wie MERCOSUR und NAFTA, Rückzug aus bzw. Stillstand in der Weltwirtschaft, sinkender Welt-BIP-Anteil und starke Entstofflichungstendenz (USA, Kanada, Lateinamerika).

Welchen politisch-ökonomischen Beitrag kann nun die vorliegende Untersuchung zur aktuellen Regionalisierungsdiskussion liefern? Die generalisierende Antwort auf die generalisierende Frage »Regionalisierung?« lautet »jein!«. Unter Berücksichtigung der Indikatoren »Regionalisierungskoeffizient«, »regionales Gewicht«, »intraregionales Gewicht« und »Weltmarktanteil« kann nur bedingt von einer generellen Regionalisierung der Weltwirtschaft gesprochen werden. Der empirische Test der einzelnen Regionen über einen Zeitraum von drei Dekaden ergab vielmehr *keinen weltweit signifikanten Anstieg des intraregionalen Handels.*

Lediglich die Dekade 1960-1970 weist einen eindeutigen Regionalisierungstrend auf. Dafür sind mehrere Faktoren bestimmend: erstens entwicklungsbezogene Integrationseffekte als Folge der nachholenden Entwicklung in Europa und Asien gegenüber Nordamerika, zweitens die niedrige Ausgangsbasis einiger dynamischer Neulinge auf dem internationalen Parkett und drittens die Auflösung ehemaliger Kolonialbeziehungen, so z. B. Großbritanniens und Frankreichs mit dem Asiatisch-pazifischen Raum. Nur im Falle Europas (EG, EFTA) spielen auch institutionelle Aspekte des politischen Regionalismus eine Rolle.

Die 1970er Jahre dagegen sind geprägt von einem relativen Rückgang des intraregionalen Warenaustausches in fast allen Regionen. Stagnation und teilweiser Rückgang der Regionalisierung lassen sich auf die erste (1974-1975) und zweite (1979-1980) Ölkrise zurückführen. Zwischen 1970 und 1980 stieg der Preis für Rohöl von 1,30 US-$ auf 28,67 US-$ pro Barrel auf dem Rotterdamer Spotmarkt. Von diesem Preisanstieg waren alle regionalen Handelsbeziehungen betroffen. Ausnahme ist Lateinamerika, dessen Regionalisierungskoeffizient entgegen dem allgemeinen Trend in den 1970er Jahren um 23,55 % anstieg.[12] Der drastische Anstieg

12 Dies ist auf die komplementäre Struktur regionaler Importe und Exporte in Lateinamerika zurückzuführen. Die Lateinamerikanische Region enthält sowohl MSAC-Staaten als auch Ölexporteure. Der Regionalisierungsgrad Lateinamerikas korreliert mit dem Ölpreis. Steigende Rohölpreise bedeuten steigende intraregionale Verflechtung. Im Europäischen Raum belegt das norwegische Beispiel die gewichtige Bedeutung des Handels mit Rohöl. 1980 erreichte Norwegen den höchsten Regionalisierungsgrad in der Euro-

der Ölpreise führte zu einer Verzerrung der wertmäßigen (nicht mengenmäßigen) Handelsbeziehungen innerhalb der Regionen. Selbst die Reduktion der tarifären und nichttarifären Handelshemmnisse wurde vom Ölpreiseffekt überkompensiert.

In dieser Hinsicht ist das Jahr 1980 als Basisjahr zur Messung von Regionalisierungstrends denkbar ungeeignet, weil es einen Anstieg der Regionalisierung suggeriert, der in diesem Umfang mengenmäßig gar nicht stattgefunden hat. Der Zusammenbruch kolonialer und postkolonialer Wirtschaftsbeziehungen mit den europäischen Mutterländern, der die Entwicklung der Regionalisierung im Pazifischen Raum während der frühen 1960er Jahre beeinflußte, läßt eine Orientierung am Basisjahr 1960 ebenfalls problematisch erscheinen, weil er den gleichen Effekt der Überbewertung zur Folge hat. Aus diesen methodischen Überlegungen wurde zum Vergleich der Regionalisierungsdynamik auch das Basisjahr 1970 ausgewählt, das noch vor dem dramatischen Anstieg der Ölpreise liegt und postkoloniale Verzerrungen der 1960er Jahre ausschließt.

Nach einer Dekade der Deregionalisierung erreichten die meisten Regionen 1990 einen Regionalisierungskoeffizienten, der etwa dem Integrationsniveau von 1970 entspricht. Unter Berücksichtigung des Ölpreiseffektes ist der – wenn auch sehr verhaltene – Anstieg der Regionalisierung in den 1980er Jahren mehr als ein Prozeß der Normalisierung zu verstehen denn als eine spezifisch neue Entwicklung im Welthandel.

Das Wachstum des Welthandels, das zwischen 1960 und 1990 immerhin 2500% beträgt, findet nur teilweise *innerhalb* der Regionen statt. Gegenüber 1970 (6,6%) ist der *Anteil des intraregionalen Handels* der drei Großregionen Atlantischer Raum, Pazifischer Raum und Westliche Hemisphäre am Welthandel bis 1990 (71%) nur um 5 Prozentpunkte gestiegen. Wenn man berücksichtigt, daß in den Großregionen alle Industriestaaten der Erde enthalten sind (außer Südafrika), fällt dieser Anstieg noch weniger ins Gewicht. Aus der Entwicklungstheorie wissen wir, daß sich der Anteil der nicht in die Regionen integrierten Entwicklungsländer am Welthandel im Entwicklungsprozeß verkleinert. Seit Mitte der 1980er Jahre müssen auch die OPEC-Staaten diese Erfahrung machen.

päischen Region. Der Anteil intraregionaler Exporte betrug 85%. Dagegen belegte Norwegen bei den intraregionalen Importen mit 73% nur den zehnten Platz.

Der Verweis zielt auf die Bedeutung des interregionalen Handels ab. Diese Größe wurde zwar durch die Konstituierung der beiden Megaregionen wesentlich reduziert, die interregionalen Warenströme zwischen der Asiatisch-ozeanischen Region und Europa werden in der Untersuchung aber nicht ausgewiesen. Nimmt der interregionale Handel im gleichen Umfang wie der intraregionale Warenaustausch zu, dann kann von einem Regionalisierungstrend (zu Lasten der globalen Orientierung) nicht die Rede sein. Am Beispiel der USA läßt sich aber nachweisen, daß die »rest of the world«-Kategorie und der intraregionale Handel im Untersuchungszeitraum tendenziell abnehmen. Bildet man in den Tabellen 22 und 23 jeweils die Summe (Differenz) aus den Großregionen, so erhält man das Ergebnis, daß die USA 1990 91,5 % ihres Außenhandels mit der Atlantischen, der Pazifischen und der Amerikanischen Region abwickelten. Für den Rest der Welt blieben somit nur 8,5 % übrig. 1960 waren es bloß 84,3 % des gesamten Handels, der in den drei Großregionen verbucht wurde. Der übrige US-Handel belief sich folglich auf 15,7 %. Der Anteil des extraregionalen US-Handels hat sich somit nahezu halbiert.

Dem Anstieg um die erwähnten 5 % zwischen 1970 und 1990 steht ein stagnierendes Intervall entgegen. Der *Welthandelsanteil* der Großregionen für 1980 liegt auf der gleichen Höhe wie 1960 (58 %). Lediglich die drei pazifischen Regionen (Nr. 2, Nr. 5, Nr. 10) strukturieren als Region die Weltwirtschaft mit. Die Amerikanischen Regionen und Ozeanien dagegen verlieren an Strukturierungsmacht. Hier handelt es sich um Verlierergemeinschaften, die sich bei sinkender Bedeutung ihrer intraregionalen Handelsverflechtung zu einem Common Loss zusammenschließen.

In den Europäischen Regionen belegen die Daten einen divergierenden Trend. Die Kernregionen EG 9 und EG 12 gewinnen, während die industrielle Peripherie (EFTA, Skandinavien) an Bedeutung verliert. Während die EG-Verflechtung auch im internationalen Maßstab auf hohem Niveau zusätzliches regionales Gewicht gewinnt, stagniert das regionale Gewicht der europäischen Peripherie seit 1970. In Europa betrug die Regionalisierungsdynamik in den 1980er Jahren bis zu 10 %.

Den ausgeprägtesten Trend während der 1980er Jahre weist der Anstieg der interregionalen Handelsbeziehungen im Pazifischen Raum auf. Während in dieser »Megaregion« alle subregionalen Cluster (APEC, ASEAN, AFTA, Ozeanien) über zwei Dekaden hinweg einen uneinheitlichen und teilweise stagnierenden Integrationsprozeß durchliefen, verzeichneten die Regionen im Pazifischen Raum in den 1980er Jahren einen signifikanten Anstieg des intraregionalen Handels (+ 10% bis + 30%). Bezogen auf das Basisjahr 1980 stieg der Regionalisierungskoeffizient der Schwellenländer in Ost- und Südostasien um fast 30%, gefolgt von Ozeanien mit einem Wachstum von 24%. Dieser Trend wird vom Wachstum der transpazifischen Verflechtung bei weitem übertroffen. Zwischen 1960 und 1988 wuchs der transpazifische Handel Asiens und Ozeaniens mit Nordamerika um 92% und verzeichnet damit die stärkste Dynamik unter allen Regionen.

Die Staaten der Westlichen Hemisphäre weisen dagegen einen abnehmenden intraregionalen Verflechtungsgrad auf, ein Trend, der über alle drei untersuchten Dekaden anhält und zudem mit einer sinkenden Bedeutung der Region im Welthandel korreliert. Unter diesem Gesichtspunkt sind die Erfolgsaussichten der Bestrebungen zu einer Stärkung der regionalen Kooperation in der Westlichen Hemisphäre (CUSTA, NAFTA, EAI) als gering einzuschätzen. Aus der Sicht der USA ist Lateinamerika im Vergleich zur Pazifischen Region (mit Ausnahme Mexikos) kein dynamischer Expansionsraum. Mit einem Rückgang des Koeffizienten von 21,53% zwischen 1980 und 1988 weist die Region den stärksten Rückgang aller Cluster über den gesamten Zeitraum auf. Dies dürfte neben der allgemeinen Wirtschaftskrise auf dem Subkontinent die Folge der Verzerrungen durch den Ölpreiseffekt sein.

Die vorliegenden Daten liefern *keinen* eindeutigen Beweis für eine Korrelation institutioneller Zusammenschlüsse mit einer Intensivierung wirtschaftlicher Verflechtung. Dies gilt insbesondere für die 1980er Jahre, also die Ära des »neuen Regionalismus«. Im Pazifischen Raum, wo die ökonomische Verflechtung am schnellsten voranschreitet, ist die institutionelle Ausgestaltung der Regionalisierung paradoxerweise am wenigsten fortgeschritten. Andererseits befindet sich eine Region wie Lateinamerika, die in den 1980er Jahren einen hohen Grad an Institutionalisierung erreicht hat, in einem Prozeß permanenter ökonomischer Desintegration. Die Bemühungen um eine »Süderweiterung« der nordamerikanischen Freihandelszone werden begleitet von einem drastischen Rückgang des US-Importanteiles aus Lateinamerika. Das Beispiel zeigt, daß eine *Gleichsetzung des überwiegend politisch orientierten Regionalismus mit ökonomischer Regionalisierung irreführend ist.*

Der Regionalismus ohne Regionalisierung wird auch durch die Erfahrungen Westeuropas belegt, das in den Analysen zum »neuen Regionalismus« vielfach als Exempel und Motor für regionale Kooperation dargestellt wird: Westeuropa durchlief zwar eine dynamische Phase intraregionalen Handelswachstums in den 1960er Jahren, als der intraregionale Warenaustausch zwischen den EFTA-Staaten und innerhalb Skandinaviens um rund 50% und innerhalb der EG (auf der Basis der Römischen Verträge) um etwa ein Drittel anstieg. Das ist dreimal mehr als der Anstieg intraregionaler Kooperation zwischen 1980 und 1990, einer Dekade, die mehr noch als die 1960er Jahre von einer institutionellen, administrativen und gesetzlichen Verregelung gekennzeichnet ist. In Europa findet seitdem allenfalls ein Prozeß der Peripherisierung statt, von dem hauptsächlich die Länder Skandinaviens betroffen sind. Im Zentrum europäischer Verflechtungsdynamik steht nicht der »Eurohegemon« BRD, sondern eine erweiterte Gruppe von EG-12-Staaten, deren regionales Gewicht gegenüber der »industriellen Peripherie« steigt. Zu der Gruppe dynamischer Integratoren zählen neben Frankreich und der BRD auch Spanien und Portugal, zur industriellen Peripherie die Staaten Nordeuropas. Angesichts neuester Daten muß von einer gewissen Sättigung in der europäischen Verflechtungsdynamik ausgegangen werden. Es ist nicht zu erwarten, daß die Regionalisierung der 1980er Jahre mit dem gleichen Tempo in den 1990er Jahren fortgeschritten ist. Der institutionelle Überbau hat in der Vergangenheit sicherlich die ökonomische Integration nicht behindert, er ist jedoch nur bedingt für die Zunahme der ökonomischen Verflechtung in Europa verantwortlich.

Ein wesentlich stärkerer Bestimmungsfaktor für die Regionalisierungsdynamik ist die schwindende Bedeutung des Warenhandels im Verhältnis zu anderen ökonomischen Transaktionen. Aus ideologischen Gründen werden die wohlfahrtschaffenden Effekte des Handels auf moderne OECD-Gesellschaften in der neoliberalen Theorie weit überschätzt. Traditionelle Argumente für regionale Integration (Reduzierung von Transport- und Transaktionskosten, Ähnlichkeit von Nachfrageprofilen usw.) haben sicherlich große Bedeutung für Länder, die sich in einem frühen Stadium der Entwicklung befinden. Dies ist auch einer der Gründe, weshalb das Integrationsniveau in den Staaten des Asiatischen Raumes stärker zugenommen hat, und es liefert ebenso eine plausible Erklärung für die Sättigung der Regionalisierung im Atlantischen Raum.

Die Stagnation im transatlantischen Warenaustausch während der 1980er Jahre fällt zusammen mit einem explosionsartigen Anstieg der Kapitalverflechtung zwischen Europa und den USA, insbesondere im Bereich der Direktinvestitionen und der Derivate-Märkte. Bei diesen Transaktionen spielen die traditionellen Integrationsargumente wie geographische Nähe keine Rolle. Für die Finanzmärkte sind geographische und damit auch regionale Kategorien irrelevant. So ist der Anteil intraregionaler Direktinvestitionen, die überwiegend im nichtstofflichen Bereich getätigt werden, in Westeuropa von 45 % (1976) auf 26 % (1990) zurückgegangen. Im gleichen Zeitraum haben sich die europäischen Direktinvestitionen in den USA verdoppelt.

Die Debatte um die negativen Konsequenzen des »neuen Regionalismus« bezieht sich vielfach auf den Protektionismus der 1930er Jahre. Zwischen 1930 und 1935 ging der Welthandel, verursacht durch exzessiven Unilateralismus und Regionalismus, um zwei Drittel zurück. Diese Parallelisierung ist problematisch, weil die heutige Situation aus vielerlei Gründen mit den damaligen Erfahrungen nicht vergleichbar ist. In den 1930er Jahren bestand eine Kongruenz von Handelsregionen und Währungsräumen. Diese Identität drückte sich auch in der Namengebung aus. Die Wirtschaftsblöcke der 1930er Jahre wurden nach ihren jeweiligen Referenzwährungen (z. B. Sterling-Block, Yen-Block) benannt. Heute hat sich die Identität von Handel und Währungsraum weitgehend aufgelöst. Zum einen hat die Zahl der Währungsräume stark zugenommen, zum anderen unterscheidet sich die geographische Ausdehnung der Währungsräume von der territorialen Ausgestaltung der Handelsregionen.

Die Expansion der D-Mark als eine De-facto-Zahlungseinheit in osteuropäischen Staaten könnte man auf den ersten Blick als ein geographisches Phänomen ansehen. Die Mehrheit der Staaten im Umbruch scheut allerdings die direkte Abhängigkeit von einer einzigen Fremdwährung und strebt eine Diversifizierung von Währungsbindungen an. So ist zum Beispiel der chinesische FEC aus historischen und ideologischen Gründen an ein Sampling aus US-$ und europäischen Währungen gebunden und nicht an den japanischen Yen. Ähnliche Tendenzen kann man in den baltischen Ländern und einigen Nachfolgestaaten der ehemaligen Sowjetunion beobachten. Immer mehr Länder verlieren ihre nationale Souveränität im Währungsbereich. Die Bereitschaft, sich an eine

Fremdwährung anzubinden, scheint mit der geographischen Nähe eher abzunehmen, v. a. dann, wenn historische, kulturelle und ethnische Hypotheken das Verhältnis zwischen Nachbarstaaten belasten.

Zwischen der Blockbildung der 1930er Jahre und dem Regionalismus heutiger Prägung gibt es noch einen weiteren Unterschied. Er besteht darin, daß die Bereitschaft, aber auch die Fähigkeit der Staaten gesunken ist, auf Wechselkurse, Liquiditätszuwächse, Kapitalabflüsse und Zinssätze Einfluß auszuüben. Eine restriktive Handelspolitik hängt aber maßgeblich von der aktiven Gestaltung außenwirtschaftlicher Rahmenbedingungen ab. Selbst die mächtigsten nationalen und regionalen Institutionen erweisen sich zunehmend als unfähig, eine aktive makroökonomische Führungsrolle zu übernehmen. So erreichte Anfang 1994 die jährliche Wachstumsrate der Geldmenge M3 in der BRD mit rund 20% bis dato ihren historischen Höchststand. Das war dreimal mehr als der von der Bundesbank im Dezember 1993 festgesetzte Korridor. An den Börsen und Terminmärkten wurde diese Diskrepanz als ein Schock empfunden, v. a. deshalb, weil alle restriktiven Maßnahmen der Zentralbank im Bereich der Mengentender, der Kontingentierung und der Zinsvariation den exzessiven Anstieg der Geldmenge nicht eindämmen konnten. Die erfolglosen Anstrengungen anderer Staaten, die Souveränität über ihre eigenen Finanzmärkte zu verteidigen, und der De-facto-Zusammenbruch des Europäischen Währungssystems im Herbst 1992 bekräftigen die Annahme, daß eine Ausweitung von bloßen Handelsregimen auf die monetären Rahmenbedingungen nicht zu erwarten ist. Damit aber sind protektionistische regionale Handelsblöcke reine Papiertiger, weil sie auf der monetären Seite unterlaufen werden können. Möglicherweise entspricht ein regressiver Regionalismus der Zielsetzung in der Außenwirtschaftspolitik einiger Staaten. Für die tatsächlichen ökonomischen Verflechtungsstrukturen sind protektionistische Handelsschranken aber kein unüberwindliches Hindernis mehr, weil den Nationalstaaten und regionalen Institutionen die Macht und das ökonomische Potential zur umfassenden Makrosteuerung längst verlorengegangen sind. Insofern ist das regionalistische Streben nach protektionistischer Verregelung auch ein Reflex sinkenden staatlichen Einflusses auf die Außenwirtschaft. Der hektische Regionalismus der 1980er Jahre erscheint aus dieser Perspektive eher als ein Rückzugsgefecht des Staates, im

Falle der lateinamerikanischen Integrationsbemühungen sogar als eine Kapitulation vor der neoliberalen Übermacht der »Deregulationstheorie« Friedmanscher Prägung. Vor diesem Hintergrund ist die Angst vor einer Rückkehr zur Blöckekonkurrenz der 1930er Jahre unbegründet. Das bedeutet allerdings nicht, daß weitere Branchen von protektionistischen Attacken verschont bleiben. Makroökonomisch dürften sich aber die aggressiven Formen des Regionalismus nicht gravierend auswirken.

Die Zukunft regionaler Handelsregime wird vielmehr durch eine strukturelle Fragmentierung gekennzeichnet sein. Auf der einen Seite werden die existierenden regionalen Handelsregime im Bereich von Rohstoffen, Agrarprodukten und industriellen Vorprodukten als bloße Skelette weiterbestehen. In diesen durch Stagnation gekennzeichneten Branchen werden die zukünftigen Handelskonflikte ausgetragen, die damit nur noch den Charakter einer symbolischen Politik annehmen. Auf der anderen Seite werden sich neue Formen internationaler Transaktionen entwickeln, deren Reichweite über den regionalen Kontext hinausgeht. Neben der Kapital- und Produktionsverflechtung wird auch der Dienstleistungshandel in humankapitalintensiven Sparten an Bedeutung gewinnen. Die stoffliche Verflechtung via Warenhandel wird hinter die der nichtstofflichen Integration zurücktreten. Letztere schöpft ihre Standortvorteile nicht mehr aus den klassischen Determinanten, die in der Vergangenheit die regionale Verflechtung des Warenhandels geleitet haben. Sie ist vielfach überhaupt nicht mehr auf Standorte im klassischen, nationalstaatlichen Sinne angewiesen, da sie in der Lage ist, protektionistische Zollschranken zu umgehen. Es ist daher zu erwarten, daß nichtstoffliche Verflechtungsstrukturen bei zunehmendem Handelsprotektionismus sogar noch beschleunigt zunehmen werden. Strukturbildend wird in einer künftigen Weltwirtschaft nicht mehr der *Handel*, sondern der *Wandel* sein.

4. Intraindustrielle Verflechtung

4.1 Einführung

Ein weiterer Indikator, mit dessen Hilfe sich Strukturveränderungen in der Weltwirtschaft messen lassen, ist die quantitative und qualitative Ausprägung der industriellen Sektoren wichtiger weltwirtschaftlicher Akteure. Die Grundannahme lautet, daß sich prämoderne, moderne und postmoderne Gesellschaften u. a. darin unterscheiden, ob die Urproduktion (Landwirtschaft und Bergbau = Primärer Sektor), die Verarbeitende Industrie (Verarbeitung der Erzeugnisse der Urproduktion = Sekundärer Sektor) oder die Dienstleistungen (Entstofflichung der Ökonomie = Tertiärer Sektor) einen dominanten Stellenwert einnehmen. Die Veränderung in der relativen Bedeutung der drei Sektoren läßt sich zwar an ihrem Beitrag zum Sozialprodukt bzw. an der Verteilung der Beschäftigung messen, damit ist aber noch nichts über deren qualitative Beschaffenheit ausgesagt. Hohe oder niedrige Anteile der einzelnen Sektoren können durch arbeitsintensive, kapitalintensive oder technologieintensive Fertigung zustande kommen.

Hier wird deshalb ein anderes, qualitative Rückschlüsse zulassendes Verfahren gewählt, das aus der entwicklungstheoretischen Diskussion übernommen wurde. Demzufolge ist ein wesentliches Merkmal von Industrialisierung und damit Entwicklung im Sinne der Moderne, ob es zu einem hohen Grad von Verflechtung in den intraindustriellen Beziehungen gekommen ist oder nicht (vgl. Menzel/Senghaas 1986). Dieser Prozeß könnte auch als Sekundarisierung bezeichnet werden. Zunehmende Verflechtung ist gleichzusetzen mit einer entsprechenden Veränderung der innergesellschaftlichen, aber auch der internationalen Arbeitsteilung und Spezialisierung einzelner Branchen und Produktionseinheiten. Ein entscheidendes Merkmal zur Unterscheidung von unterentwickelten und entwickelten Ökonomien besteht darin, daß erstere nur einfache, rohstoffnahe Verarbeitungsstufen aufweisen und ihre Produkte vielfach in rohem oder halbfertigem Zustand exportieren, während eine Ökonomie, die in der Lage ist, technologisch anspruchsvolle Produkte zu erzeugen, über komplexe, sehr tief gestaffelte, arbeitsteilig organisierte Fertigungsprozesse verfügt. Folglich wird eine komplex strukturierte im Unterschied zu einer einfach strukturierten Ökonomie auch über größere Flexibilität, Innovationsfähigkeit und Reaktionsfähigkeit im Hinblick auf neue industrietechnologische Herausforderungen verfügen. Entflechtung ist umgekehrt als Abnahme innergesellschaftlicher wie internationaler Arbeitsteilung und Spezialisierung einzelner Branchen und Produktionseinheiten bis hin zu ihrer völligen Aufgabe mit den genannten Konsequenzen zu interpretieren.

Das Instrument zur Analyse solcher intersektoralen Verflechtungen ist die Input/Output-Tabelle, in der die Verwendung der Produktion nach Zwischengütern und Endprodukten bzw. letzter Verwendung (= Output) und die Bezüge jeder Produktionseinheit unterteilt nach Vorleistungen und Wertschöpfung (= Input) ausgewiesen werden. Diese Inputs und Outputs lassen sich prinzipiell in beliebiger Weise nach Güterarten und Produktionseinheiten disaggregieren oder bis auf die Ebene gesamtwirtschaftlicher Inputs und Outputs aggregieren. Die Felder der so gewonnenen Matrix können mit Werteinheiten, Mengeneinheiten, verausgabten Arbeitsstunden oder anderen Kennziffern gefüllt werden. Auf dieser Basis lassen sich entsprechende Koeffizienten berechnen. Der Input-Koeffizient ist definiert als das Verhältnis der Summe aller Inputs der Produktionsbereiche (Aufkommen) zum gesamten Bruttoproduktionswert. Der Bruttoproduktionswert ist die Summe aus Vorleistungen und Wertschöpfung. Der Output-Koeffizient ist definiert als das Verhältnis der Summe der Vorleistungen (Output nach Gütergruppen) zur gesamten Verwendung der Güter. Die Werte der Koeffizienten bewegen sich (in der Regel) zwischen 0 und 1, wobei ein Wert unter 0,3 als sehr niedrig und ein Wert über 0,8 als sehr hoch angesehen werden kann. Ein niedriger Input-Koeffizient bedeutet geringe Verflechtung, aber hohe Wertschöpfung innerhalb einer Produktionseinheit, ein hoher Input-Koeffizient indiziert einen hohen Verflechtungsgrad bei geringer Wertschöpfung.

Die zu prüfende Hypothese lautet nun, daß mit wachsendem Industrialisierungsgrad (Sekundarisierung) auch die intraindustrielle Verflechtung und damit der gesamtwirtschaftliche Input-Koeffizient zunehmen muß. Analog muß ein abnehmender Input-Koeffizient Rückschlüsse auf intraindustrielle Entflechtung und damit zunehmende Bedeutung von Dienstleistungen (Tertiarisierung) liefern. Diese These ist damit zu begründen, daß ein beträchtlicher Teil der postmodernen Dienstleistungen, insbesondere im spekulativen Finanz- und Immobiliensektor, nur noch ein geringes, jedenfalls überproportional abnehmendes Verflechtungspotential aufweist. Mindestens lassen sich diese, wie aus den einschlägigen Kommentaren vorliegender Input/Output-Tabellen hervorgeht, nur unvollständig oder gar nicht mehr erfassen.

Die scheinbare Paradoxie, daß ein niedriger Input-Koeffizient eine hohe relative Wertschöpfung der jeweiligen Produktionseinheit anzeigt, läßt sich damit begründen, daß in einem solchen Fall die arbeitsteilig ausgelagerten Zulieferungen gering sind. Eine Kombinatstruktur, wie sie in den sozialistischen Ländern gegeben war, führt folglich zu niedrigen Input-Koeffizienten, da die Fertigungstiefe im Kombinat hoch ist. Eine Lean-Production-Struktur wie etwa in der japanischen Industrie führt zu hohen Input-Koeffizienten und damit geringer Wertschöpfung im Konzern. Ist die Hypothese zutreffend, läßt allein bereits der Vergleich von Input-Koeffizienten Aussagen über die Leistungsfähigkeit sowjetischer und japanischer Betriebe zu.

Berechnet man disaggregierte Input-Koeffizienten, also etwa auf Branchenebene, muß die Hypothese lauten: Je näher eine Branche an der Urproduktion, desto geringer der Input-Koeffizient. Umgekehrt bedeutet eine große Nähe zur Fertigung von Endprodukten aber nicht notwendig einen hohen Input-Koeffizienten, da dieser von der arbeitsteiligen Organisation der jeweiligen Betriebe abhängt. Folglich können sowohl natürliche Faktoren, also etwa die Ressourcenausstattung eines Landes, als auch produktionstechnische Faktoren sowie industriepolitische und arbeitsorganisatorische Entscheidungen Einfluß auf die Ausprägung der Input-Koeffizienten haben. Der erste Faktor machte sich beispielsweise im Zuge der beiden Ölpreiserhöhungen bemerkbar, als ölimportierende Länder, preis-, aber nicht mengenmäßig betrachtet, einen vorübergehenden Anstieg der Input-Koeffizienten zu verbuchen hatten.[1] Konkretes Beispiel war der starke Anstieg des Input-Koeffizienten bei der deutschen oder japanischen Mineralölverarbeitenden Industrie in den 1970er Jahren, die teures importiertes Rohöl bezogen, während der Input-Koeffizient der amerikanischen Mineralölindustrie nahezu unverändert blieb, da diese auf selbst erzeugtes Rohöl zurückgreifen konnte.

---

1 Während, wie im vorangegangenen Kapitel beschrieben, der Regionalisierungskoeffizient aus dem gleichen Grund rückläufig war.

4.2 Der Datensatz

Für die nachfolgende Analyse böte sich als Idealfall die Verfügbarkeit von Input/Output-Tabellen aller wichtigen weltwirtschaftlichen Akteure über möglichst lange Zeiträume, um sowohl diachrone wie synchrone Vergleiche anstellen zu können. Das ist aber leider aus einer Reihe von Gründen unmöglich. Die Erstellung einer Input/Output-Tabelle ist ein sehr zeitraubendes und statistisch aufwendiges Verfahren, das zudem ein sehr ausgebautes Berichts- und Erhebungswesen voraussetzt, was nur in wenigen Ländern gegeben ist.

Ohne hier in die sehr komplexe Problematik der Definition, Abgrenzung, Erhebung und Zuordnung der Daten einzugehen (vgl. Leontief 1966, Holub/Schnabl 1982, Statistisches Bundesamt 1990), sei nur soviel gesagt: Input/Output-Tabellen liegen bislang nur für etwa 30 Länder vor, wobei der Berichtszeitraum nicht weiter als bis in die 1950er Jahre zurückreicht. Bei vielen Ländern ist lediglich für ein einziges Stichjahr eine Tabelle verfügbar. Die große Ausnahme bilden die USA, für die dank der Pionierarbeit von Wassily Leontief (1951) bereits für die Jahre 1919, 1929 und 1939 Input/Output-Tabellen berechnet wurden. Hinzu kommt, daß die Konzepte zur Erstellung der Tabelle, der wertmäßige Ausdruck der erfaßten Güterströme, die branchenmäßige Feingliederung, der Zuverlässigkeitsgrad der Daten und vieles mehr von Land zu Land sehr unterschiedlich sind. Sowohl von seiten der Vereinten Nationen (National Account Statistics 1987, UNIDO 1985)[2], als auch der OECD (1992), der Europäischen Gemeinschaft[3] und der japanischen Regierung (Menzel 1992) sind allerdings Projekte im Gange, die jeweiligen Input/Output-Konzepte zu vereinheitlichen. Das japanische MITI arbeitet sogar an einem bereits weit fortgeschrittenen Projekt, Input/Output-Tabellen zu erstellen, die zwei oder mehr Länder bezüglich der Lieferstruktur, die ja auch durch Im- und Exporte hergestellt wird, integrieren.

---

2 Angekündigt ist ein »Handbook of Input-Output Compilation and Analysis« des Statistischen Büros des Sekretariats der Vereinten Nationen.
3 Die EG hat zwar schon vor etlichen Jahren einen Standard zur Vereinheitlichung der europäischen Input/Output-Tabellen erarbeitet, der allerdings noch nicht angewendet wird. Vgl. United Nations Statistical Commission and Economic Commission for Europe 1982; vgl. ferner European Statistical Office 1979, 1986.

Die politische Absicht dahinter ist, trotz seines hohen Handels-
überschusses die volkswirtschaftliche Bedeutung der durch Japan
induzierten Nachfrage in den jeweiligen Partnerländern herauszu-
stellen. So liegen bereits kombinierte japanisch-amerikanische, ja-
panisch-deutsche, japanisch-britische und japanisch-französische
Input/Output-Tabellen für das Berichtsjahr 1985 vor, die aktuali-
siert werden sollen (MITI 1989, 1992, 1992, 1992).[4] Sogar eine in-
tegrierte Tabelle zur Erfassung der Transaktionen für den Asiatischen Raum ist in Vorbereitung. Dies ist wesentlich mehr als eine
Matrix zur Regionalisierung des Handels, da so neben der Differenzierung nach Ländern und Branchen auch die Verwendung der
Güterströme erfaßt wird. Entsprechende Vorhaben der EG in den
1970er Jahren wurden leider aufgrund der unterschiedlichen Erhebungsmethoden der Mitgliedsländer aufgegeben.

Neben das vielschichtige Problem der Vergleichbarkeit gesellt
sich das für diese Untersuchung kardinale Problem, daß die Phase
der Industrialisierung nur im Falle der USA anhand von Input/
Output-Tabellen über einen längeren Zeitraum nachvollziehbar
ist, während die Phase der relativen Deindustrialisierung in vielen
Fällen noch nicht erfaßbar ist, weil die Länder noch kaum in dieses
Stadium eingetreten sind. Oder der Aktualitätsgrad der veröffent-
lichten Daten ist so gering, daß die sich verstärkt seit der zweiten
Hälfte der 1980er Jahre abzeichnende Tendenz zur Dienstleistungsgesellschaft noch nicht dokumentierbar ist. In der Regel lie-
gen nämlich etwa fünf Jahre zwischen der Veröffentlichung einer
Input/Output-Tabelle und dem erhobenen Berichtszeitraum.

Aufgrund pragmatischer Überlegungen wurde die folgende De-
skription und Analyse der Daten deshalb auf die drei wichtigsten
weltwirtschaftlichen Akteure USA, Japan und BRD beschränkt.
Zum Zeitpunkt der Untersuchung standen für die USA Input/
Output-Tabellen über den Zeitraum 1919-1987, für Japan für
1960-1988 und für die BRD für 1965-1988 zur Verfügung, wobei
Zehn- bzw. Fünfjahresintervalle zwischen den Stichjahren die Regel sind. Das Aggregationsniveau in den drei Ländern ist ebenso
unterschiedlich wie die Variationsbreite der publizierten Tabellen.
Um eine akzeptable Vergleichbarkeit zu gewährleisten, wurde für

4 Vgl. dazu auch Yoshinaga 1993 sowie Menzel 1992. Yoshinagas vergleichende
Übersicht, vermutlich die erste dieser Art überhaupt, bleibt allerdings sehr
deskriptiv. Weitere Aufsätze des Autors zum Thema in japanischer Sprache
sind zitiert ebd.

den ersten Quadranten der Tabelle, in dem die Verflechtungen auf der Vorleistungsebene erfaßt werden, ein Schema von 16 × 16 Gütergruppen (= Zeilen) bzw. Produktionsbereichen (= Spalten) gewählt.[5] Diese lauten: Landwirtschaft (1), Bergbau (2), Nahrungsmittelindustrie (3), Textil- und Bekleidungsindustrie (4), Holz- und Papierindustrie (5), Chemische Industrie (6), Öl- und Kohleprodukteindustrie (7), Steine- und Erdenindustrie (8), Eisen- und Stahlindustrie (9), NE-Metalle-Industrie (10), Metallwarenindustrie (11), Maschinenbau (12), Elektrotechnische Industrie (13), Fahrzeugbau (14), Präzisionsinstrumentenbau (15), Dienstleistungen (16). Die nicht weiter untergliederte Präsentation des Dienstleistungssektors gibt einen ersten Hinweis, daß hier besonders große Probleme der Datenerhebung zur Erfassung der Lieferstrukturen gegeben sind. Entsprechend wurde die unterschiedliche Branchengliederung der drei Länder durch Aggregierung oder Disaggregierung vereinheitlicht. Allein diese Datentransformation aus den vorliegenden Tabellen bedeutet bereits einen erheblichen Aufwand. Ausgewiesen sind die Güterströme zu Produzentenpreisen (= Ab-Werk-Preise). Die für unsere Fragestellung wichtige Unterscheidung zwischen inländisch erzeugten und importierten Vorleistungen konnte leider nicht weiter verfolgt werden, da diese Aufgliederung nicht für alle drei Länder verfügbar ist.

Aufgrund der genannten Einschränkungen versteht sich, daß die nachfolgenden Aussagen unter dem Vorbehalt eines nicht quantifizierbaren Grades an Ungenauigkeit der Daten und ihrer Vergleichbarkeit stehen. Ausgewiesen werden nicht die absoluten Zahlen, sondern nur die Input-Koeffizienten entsprechend dem jeweiligen Aggregationsniveau.

4.3 Industrialisierung und Deindustrialisierung im Ländervergleich

Tabelle 37 dokumentiert alle verfügbaren gesamtwirtschaftlichen Input-Koeffizienten der drei Länder über die genannten Zeiträume. Aus den Daten geht zweierlei hervor. Im Jahre 1988 lag der

5 Verfügbar sind aber auch Tabellen mit bis zu ca. 500 × 500 Zeilen bzw. Spalten, die eine sehr viel detailliertere Analyse zulassen würden.

Tabelle 37: Gesamtwirtschaftlicher Input-Koeffizient für USA, Japan, BRD 1919-1988

Jahr	USA		Japan	BRD
1919		0,5109		
1929		0,4641		
1939		0,5884		
1960	(1958)	0,4959	0,5573	
1965	(1967)	0,4769	0,5176	0,5171
1970	(1972)	0,4374	0,5295	0,5359
1975	(1977)	0,4454	0,5339	0,5377
1980	(1981)	0,4766	0,5494	0,5256
1985		0,4361	0,5134	0,5328
1988	(1987)	0,4360	0,4805	0,5059

Input-Koeffizient der USA mit 0,4360 deutlich unter dem von Japan mit 0,4805 und wiederum noch deutlicher unter dem der BRD mit 0,5059. Ferner läßt sich im Zeitvergleich für die USA seit 1939 und für Japan seit 1960 eine eindeutige Abnahme des Koeffizienten feststellen.

Die Aussage beider Beobachtungen wird deutlicher, wenn zum Vergleich die Tabelle 38 herangezogen wird. Hier wird nicht mehr der gesamtwirtschaftliche Input-Koeffizient, sondern nur der gesamte stoffliche Input-Koeffizient, also aus Landwirtschaft, Bergbau und Verarbeitender Industrie (ohne den Tertiären Sektor), erfaßt. Auf diese Weise treten die genannten Trends deutlicher in Erscheinung. Der so definierte Input-Koeffizient der USA steigt beträchtlich von 1919 (= 0,4665) bis 1960 (= 0,6247), um dann bis 1975 wieder auf 0,6001 abzufallen. Der anschließende temporäre Anstieg und erneute Abstieg kann auf die steigenden Energie- und Rohstoffpreise zurückgeführt werden. Damit scheint sich bereits eine zentrale, eingangs aufgestellte Hypothese zu bestätigen. Mit wachsender Industrialisierung nimmt auch der Input-Koeffizient zu, mit wachsender Tertiarisierung nimmt er wieder ab.

Tabelle 38: Input-Koeffizient des Primären und Sekundären Sektors für
USA, Japan, BRD 1919-1988

Jahr	USA	Japan	BRD
1919	0,4665		
1929	0,5047		
1939	0,5893		
1960	(1958) 0,6247	0,6622	
1965	(1967) 0,6232	0,6459	0,5924
1970	(1972) 0,6081	0,6491	0,6437
1975	(1977) 0,6001	0,6670	0,6313
1980	(1981) 0,6346	0,6870	0,6405
1985	0,5896	0,6604	0,6386
1988	(1987) 0,6153	0,6217	0,6155

Die Zeitreihe für Japan ist zu kurz, um hier den gleichen Vorgang zu dokumentieren. Erkennbar ist dennoch zweierlei. Erstens
liegen die japanischen Werte im gesamten Vergleichszeitraum über
denen der USA, und zweitens ist für den Zeitraum 1960-1988
ebenfalls ein deutlicher Rückgang des Koeffizienten von 0,6622
auf 0,6217 zu konstatieren. Der zwischenzeitliche Anstieg für die
Jahre 1975 und 1980 muß desgleichen auf den Sonderfaktor »steigende Energie- und Rohstoffpreise« zurückgeführt werden. Für
die BRD, deren Koeffizienten über den amerikanischen, aber unter den japanischen liegen, ist die gleiche, wenn auch weniger stark
ausgeprägte Ausbuchtung zu beobachten. Auch hier läßt sich mit
aller Vorsicht ein leichter Rückgang des Input-Koeffizienten nachweisen.

Wenn die Ausgangshypothese stimmt und der Indikator den
anvisierten Sachverhalt tatsächlich wiedergibt, lassen sich folgende
Schlüsse ziehen: 1) Es gibt einen signifikanten Zusammenhang
zwischen Industrialisierung (Sekundarisierung) bzw. Tertiarisierung (Übergang zur Dienstleistungsgesellschaft) und zu- bzw. abnehmenden Input-Koeffizienten. 2) Der Industrialisierungsgrad
im Sinne intraindustrieller Verflechtung der BRD und Japans ist in

Graphik 13: Input-Koeffizient des Primären und Sekundären Sektors für
USA, Japan und BRD 1919-1988

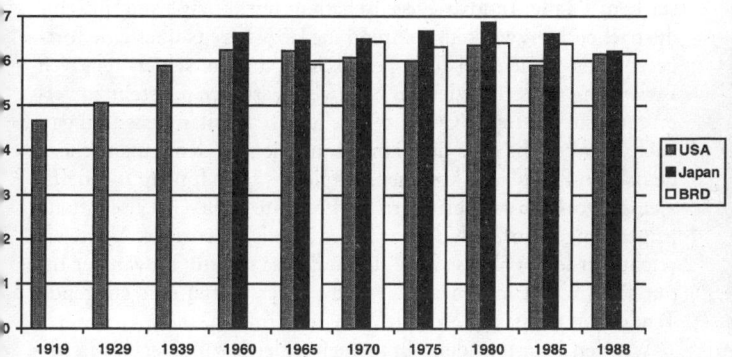

den 1960er bis 1980er Jahren höher als in den USA, wobei der japanische wiederum deutlich über dem deutschen liegt.

Vergleicht man Tabelle 37 mit Tabelle 38, ergibt sich, daß der gesamtwirtschaftliche Input-Koeffizient in allen drei Fällen erheblich unter dem aggregierten Input-Koeffizienten der Branchen 1-15 liegt. Mit anderen Worten: Die Hinzunahme des Tertiären Sektors ist verbunden mit einem erheblichen Rückgang des Koeffizienten bzw. einer gesamtwirtschaftlichen Entflechtung. Nimmt also der Tertiarisierungsgrad zu, sinkt das relative Ausmaß der Verflechtungen, obwohl natürlich auch Dienstleistungen als Vorleistungen verbucht werden. Die Erklärung für diesen Befund muß u. a. im »virtuellen« Charakter vieler Dienstleistungen gesucht werden, die sich entweder nicht mehr im Sinne von Verflechtung niederschlagen oder statistisch nicht mehr erfaßt werden bzw. statistisch gar nicht mehr erfaßbar sind.

Die Unterschiede zwischen beiden Koeffizienten sind im Falle der USA mit 0,4360 zu 0,6153 besonders hoch, was zu erwarten ist, und im Falle Japans mit 0,4805 zu 0,6217 bzw. der BRD mit 0,5059 zu 0,6155 immer noch erheblich. Diese Relationen unterstreichen in drastischer Weise, daß das Ausmaß der Deindustrialisierung in den USA nicht nur eine quantitative, sondern auch eine qualitative Dimension hat, da der relative Verflechtungsgrad überproportional abgenommen hat. Dieser Prozeß ist jedenfalls sehr

193

viel weiter fortgeschritten als bei ihren beiden weltwirtschaftlichen Hauptkonkurrenten. Japan und die BRD sind also noch in starkem Maße Industriegesellschaften mit komplexen intraindustriellen Netzwerken, während die USA bereits über eine fortgeschrittene Dienstleistungsgesellschaft mit in seiner relativen Bedeutung stark reduziertem Netzwerk verfügen. Es steht zu vermuten, daß die Input/Output-Tabellen Großbritanniens und ggf. auch Frankreichs eher dem amerikanischen als dem japanischen/ deutschen Profil nahe kommen. Vergleichsdaten für Input-Koeffizienten von Schwellenländern und »Dritte-Welt-Gesellschaften« zeigen umgekehrt, daß dort z. T. beträchtlich niedrigere Werte erreicht werden, wobei sowohl für Südkorea wie für Taiwan der Input-Koeffizient in den 1960er und 1970er Jahren eine steigende Tendenz aufweist (vgl. Menzel/Senghaas 1986, S. 188).

Wenden wir uns dem Branchenvergleich zu. Der *landwirtschaftliche* Input-Koeffizient (Tabelle 39) liegt für die USA deutlich höher als für die BRD und nochmals deutlich höher als für Japan. Dieser Befund ist keineswegs erstaunlich, lautet die Aussage doch, daß die amerikanische Landwirtschaft weitaus industrialisierter und arbeitsteiliger als die japanische organisiert ist, was sich bekanntermaßen in deren vergleichsweise überragender Leistungsfähigkeit niederschlägt. Insofern ist die Tabelle 39 ganz nebenbei auch ein guter Indikator für die Aussagekraft und Zuverlässigkeit der Input/Output-Analyse im hier vorgenommenen Sinne. Ganz gegen den Gesamttrend nimmt der Koeffizient für die USA über den gesamten Zeitraum zu, daß heißt, die Verflechtung der US-Landwirtschaft mit der übrigen Ökonomie steigt trotz des bereits erreichten hohen Niveaus immer noch weiter an. Aber auch für die japanische Landwirtschaft ist auf niedrigerem Niveau zumindest bis 1980 ein Anstieg des Koeffizienten zu beobachten. Der landwirtschaftliche Verflechtungsgrad der BRD liegt im Mittelfeld, nimmt aber im Untersuchungszeitraum nur gering zu.

Der Vergleich der Input-Koeffizienten des *Bergbaus* ergibt ein anderes Bild. Hier liegen die BRD an der Spitze und die USA am unteren Ende. Der Trend ist für die BRD und Japan steigend, für die USA schwankend, in der Tendenz eher fallend. Die *Nahrungsmittelindustrie* sieht ebenfalls die BRD an der Spitze vor den USA und Japan, wobei der Verflechtungsgrad für die USA bis 1980 steigt und seitdem deutlich abnimmt, für Japan im gesamten Zeitraum deutlich fällt und für die BRD eher steigt. In der *Textil- und*

Tabelle 39: Input-Koeffizient der Landwirtschaft für USA, Japan, BRD
1919-1988

Jahr	USA		Japan	BRD
1919		0,5205		
1929		0,5307		
1939		0,5010		
1960	(1958)	0,5807	0,3300	
1965	(1967)	0,6178	0,3474	0,5302
1970	(1972)	0,6169	0,3651	0,5908
1975	(1977)	0,6221	0,3874	0,6328
1980	(1981)	0,5857	0,4565	0,5638
1985		0,6056	0,4424	0,5738
1988	(1987)	0,6227	0,4172	0,5371

Bekleidungsindustrie liegt der Koeffizient in den USA am höchsten bei steigender Tendenz, für Japan im Mittelfeld trotz des mit Abstand höchsten Ausgangsniveaus im Jahre 1960 bei fallender Tendenz und für die BRD am unteren Ende bei steigender Tendenz. In der *Holz- und Papierindustrie* liegen Japan und die BRD nahezu gleichauf, die USA deutlich niedriger. Der Trend ist in allen Ländern uneinheitlich auf- und absteigend. In der *Chemischen Industrie* liegen Japan und die BRD ebenfalls nahezu gleichauf, die USA deutlich niedriger. Der Trend verläuft in den USA und der BRD nach klassischem Muster auf- und wieder absteigend, in Japan absteigend.

In der Industrie der *Öl- und Kohleprodukte* (Tabelle 40) liegen die USA mit großem Abstand vor der BRD, diese wiederum deutlich vor Japan. In allen drei Ländern äußert sich, wie nicht anders zu erwarten, die Ölpreiserhöhung in einem Peak, ein weiterer Indikator für die Zuverlässigkeit des Analyseinstruments. Der Trend steigt in den USA und der BRD, er fällt in Japan.

In der *Steine- und Erdenindustrie* liegt Japan knapp vor der BRD und deutlich vor den USA. Der Trendverlauf ist für alle drei

Tabelle 40: Input-Koeffizient der Öl- und Kohleprodukteindustrie für
USA, Japan, BRD 1919-1988

Jahr	USA		Japan	BRD
1919		0,5834		
1929		0,6532		
1939		0,5794		
1960	(1958)	0,7995	0,5802	
1965	(1967)	0,7446	0,5544	0,5238
1970	(1972)	0,7600	0,5721	0,5178
1975	(1977)	0,8555	0,8242	0,6447
1980	(1981)	0,8992	0,8325	0,7421
1985		0,8222	0,7503	0,7407
1988	(1987)	0,7821	0,5166	0,5730

Länder klassisch, d. h. auf- und wieder absteigend. In der *Eisen-
und Stahlindustrie* verzeichnet die BRD mit Abstand die höchsten
Werte. Die USA und Japan liegen gleichauf. Der Trend ist für die
USA eher steigend, für Japan fallend, für die BRD nicht erkennbar.
In der *NE-Metalleindustrie* liegt die BRD ebenfalls deutlich an der
Spitze vor den USA, während Japan die niedrigsten Werte auf-
weist. Der Trend ist für die USA steigend, für Japan fallend, für die
BRD uneinheitlich. In der *Metallwarenindustrie* liegen die USA an
der Spitze, Japan und die BRD nahezu gleichauf knapp dahinter.
Der Trend verläuft für alle drei Länder nahezu klassisch, d. h. auf-
und wieder absteigend.

Wenden wir uns den Kernbranchen der Verarbeitenden Industrie zu. Im *Maschinenbau* (Tabelle 41) ist kein großer Unterschied
zwischen den drei Ländern gegeben, wobei die USA und Japan
gleichauf vor der BRD liegen. Der Trend ist für die USA steigend,
für Japan eher fallend, für die BRD uneinheitlich. In der *Elektrotechnischen Industrie* (Tabelle 42) liegt Japan deutlich an der Spitze
vor den USA, während die BRD kraß abfällt. Der Trend ist in den
USA eher steigend, in Japan eher fallend, in der BRD schwankend.
Im *Fahrzeugbau* (Tabelle 43) liegt Japan ebenfalls weit an der

Tabelle 41: Input-Koeffizient des Maschinenbaus für USA, Japan, BRD
1919-1988

Jahr	USA	Japan	BRD
1919	0,2113		
1929	0,6309		
1939	0,3731		
1960	(1958) 0,5561	0,6717	
1965	(1967) 0,5762	0,5909	0,5322
1970	(1972) 0,5165	0,6370	0,5109
1975	(1977) 0,5332	0,6232	0,5701
1980	(1981) 0,5536	0,6700	0,5516
1985	0,3410	0,5980	0,5698
1988	(1987) 0,5788	0,5750	0,5572

Tabelle 42: Input-Koeffizient der Elektrotechnischen Industrie für USA,
Japan, BRD 1939-1988

Jahr	USA	Japan	BRD
1939	0,4731		
1960	(1958) 0,5493	0,6965	
1965	(1967) 0,5597	0,6531	0,4978
1970	(1972) 0,5260	0,6461	0,5534
1975	(1977) 0,5333	0,6151	0,5166
1980	(1981) 0,5960	0,6517	0,4976
1985	0,6344	0,6362	0,5157
1988	(1987) 0,5869	0,6293	0,5199

Tabelle 43: Input-Koeffizient des Fahrzeugbaus für USA, Japan, BRD 1919-1988

Jahr	USA	Japan	BRD
1919	0,5140		
1929	0,5617		
1939	0,7061		
1960	(1958) 0,6439	0,6903	
1965	(1967) 0,6497	0,6586	0,6067
1970	(1972) 0,6424	0,6575	0,5837
1975	(1977) 0,6708	0,6608	0,6392
1980	(1981) 0,6301	0,6914	0,6162
1985	0,6378	0,7062	0,6322
1988	(1987) 0,6360	0,7350	0,6508

Tabelle 44: Rangordnung der Input-Koeffizienten nach Branchen und Ländern 1988

USA		Japan		BRD	
Branche	Trend	Branche	Trend	Branche	Trend
1.) Landwirtschaft	+	Steine/Erden	+	Bergbau	+
Textil/Bekleid.	+	Elektrotechnik	–	Nahrungsmittel	+
Öl-/Kohleprod.	+	Fahrzeugbau	+	Holz/Papier	+
Metallwaren	+ –			Chemie	+
Maschinenbau	+ –			Eisen/Stahl	–
Präzisionsin.	+			NE-Metalle	+

USA		Japan		BRD	
Branche	Trend	Branche	Trend	Branche	Trend
2.) Nahrungsmittel	–	Bergbau	+	Landwirtschaft	+ –
NE-Metalle	+	Textil/Bekleid.	–	Öl-/Kohleprod.	+
Elektrotechnik	+	Holz/Papier	–	Steine/Erden	+
Chemie	–	Fahrzeugbau	+		
		Eisen/Stahl	–		
		Metallwaren	+		
		Maschinenbau	–		
		Präzisionsin.	+ –		
3.) Bergbau	+ –	Landwirtschaft	+	Textil/Bekleid.	+
Holz/Papier	–	Nahrungsmittel	–	Metallwaren	+
Chemie	–	Öl-/Kohleprod.	–	Maschinenbau	+
Steine/Erden	+ –	NE-Metalle	–	Elektrotechnik	+
Eisen/Stahl	+			Präzisionsin.	–
Fahrzeugbau	–				
steigend	7		5		12
stagnierend	4		1		1
fallend	4		9		2

USA = 1987; Trend bezieht sich auf 1965-1988
+ = 1988 mindestens 0,1000 höher als 1965
– = 1988 mindestens 0,1000 niedriger als 1965
+ – = übrige

Spitze vor der BRD, die wiederum geringfügig besser als die USA abschneidet. Zudem ist der Trend für die USA eher fallend, für Japan und die BRD eher steigend. In der *Präzisionsinstrumentenindustrie* schließlich liegen die USA knapp vor Japan und deutlich vor der BRD. Der Trend verläuft für die USA invers, d. h. fallend und wieder steigend, für Japan und die BRD fallend.

Eine Zusammenschau der Ausprägungen, Rangfolgen und Trends der Koeffizienten ergibt folgendes Bild, wobei unter (1), (2) und (3) jeweils die Branchen der drei Länder entsprechend ihrem Rangplatz aufgeführt sind (Tabelle 44):

Obwohl Japan im Jahre 1988 über den höchsten Input-Koeffizienten aller drei Länder verfügt, erzielt es bei der Branchenverteilung unter 15 Branchen nur dreimal Rang 1, während die USA und die BRD jeweils sechsmal auf Rang 1 liegen. Japan landet allerdings achtmal auf Rang 2, die USA nur dreimal und die BRD viermal auf Rang 2. Auf Rang 3 liegen die USA in sechs Branchen, die BRD in fünf Branchen und Japan nur in 4 Branchen.

Mindestens ebenso wichtig ist die Verteilung der Trends über den Zeitraum 1965 bis 1988. Hier weist die BRD unter dem Gesichtspunkt immer noch zunehmender Verflechtung mit einem steigenden Trend in zwölf Branchen und einem fallenden Trend in nur zwei Branchen das beste Ergebnis auf, während Japan nur in fünf Branchen einen steigenden, aber in neun Branchen einen fallenden Trend verzeichnet. Dieser Prozeß setzt in Japan aber erst verstärkt in der zweiten Hälfte der 1980er ein. Die USA liegen mit sieben steigenden und vier fallenden Trends im Mittelspektrum. Daraus könnte bei aller Vorsicht geschlossen werden, daß der Industrialisierungsprozeß sich in der BRD in etlichen Branchen (im Sinne wachsender Verflechtung) immer noch fortsetzt, während in Japan der Zenit Anfang der 1980er Jahre bereits überschritten wurde, der Tertiarisierungsprozeß sich also erst seitdem in etlichen Branchen bemerkbar macht. In den USA sind die Werte bereits so niedrig, daß ein gewisser Sättigungsgrad erreicht scheint.

Bei einer Einzelbewertung der Branchen ist in Rechnung zu stellen, daß die Daten bereits etliche Jahre zurückliegen, also nicht unmittelbar auf strukturelle Schwächen geschlossen werden kann, die sich erst in allerjüngster Zeit offenbart haben. Dennoch lassen sich einige Aussagen über das Gesamtprofil der drei Länder machen. In der BRD weisen v. a. die klassischen Zwischengüterbranchen einen *relativ* (d. h. in Relation zu den anderen Ländern, nicht in Relation zu den anderen Branchen im eigenen Land) hohen Verflechtungsgrad auf, nämlich Bergbau, Holz/Papier, Chemie, Eisen und Stahl, NE-Metalle. Der Verflechtungsgrad der eher auf Endprodukte ausgerichteten Branchen, nämlich Textil/Bekleidung, Metallwaren, Maschinenbau, Elektrotechnik und Präzisionsinstrumente, zeigt demgegenüber einen *relativ* geringen Wert. In Japan ist es tendenziell eher umgekehrt. Elektrotechnik und Fahrzeugbau weisen einen hohen relativen Verflechtungsgrad auf. Die USA liefern ein uneinheitliches Bild. Der Verflechtungsgrad von Fahrzeugbau und Eisen *und* Stahl ist relativ niedrig, der Verflechtungsgrad von Maschinenbau *und* Landwirtschaft ist relativ hoch.

Das Profil des Fahrzeugbaus im Dreiländervergleich ist besonders aussagekräftig. Japan verfügt hier über den höchsten Input-Koeffizienten bei zudem noch steigender Tendenz, die BRD über den zweithöchsten bei ebenfalls steigender Tendenz, während die USA den niedrigsten bei zudem fallender Tendenz aufweisen. Es spiegelt sich in diesen Daten also die Kombinatsstruktur der US-Automobilindustrie (hohe Fertigungstiefe und damit hohe Wertschöpfung innerhalb des Konzerns) versus Lean Production der japanischen Automobilindustrie (geringe Fertigungstiefe und geringe Wertschöpfung innerhalb des Konzerns bei hoher Auslagerung von Vorprodukten an Zulieferer). Der Trend des Koeffizienten in beiden Ländern belegt zudem, daß der »Industriesozialismus« in der US-Automobilindustrie immer noch weiter verstärkt wurde, während japanische Konzerne die Produktion immer noch weiter verschlanken. Hier findet sich mithin eine Erklärung für die nachlassende Wettbewerbsfähigkeit der amerikanischen gegenüber der japanischen Automobilindustrie. In der zweiten strategischen Kernbranche, der Elektrotechnik, ist der gleiche Unterschied, diesmal zwischen der japanischen und der deutschen Industrie, zu beobachten, was durch den deutschen Wettbewerbsnachteil in dieser Sparte nur zu deutlich unter Beweis gestellt wird.

Der umgekehrte Fall, diesmal zu Lasten Japans, zeigt sich bei Landwirtschaft bzw. Öl- und Kohleprodukten. Hier haben die USA relativ hohe, Japan relativ niedrige Input-Koeffizienten. Diese Verteilung leuchtet angesichts der internationalen Wettbewerbsstärke der US-Landwirtschaft und der US-Mineralölkonzerne durchaus ein. Von der japanischen Landwirtschaft (und

	USA		Japan		BRD	
1.	Öl-/Kohle-prod.	.7821	Fahrzeugbau	.7350	Eisen/Stahl	.8481
2.	NE-Metalle	.7462	Eisen/Stahl	.7132	NE-Metalle	.8082
3.	Eisen/Stahl	.7125	NE-Metalle	.7112	Nahrungs-mittel	.6880
4.	Textil/Bekl.	.7016	Textil/Bekl.	.6667	Fahrzeugbau	.6508
5.	Nahrungs-mittel	.6619	Elektrotechnik	.6293	Textil/Bekl.	.6352
6.	Fahrzeugbau	.6360	Nahrungs-mittel	.6267	Chemie	.6271
7.	Landwirtschaft	.6227	Chemie	.6229	Bergbau	.6244
8.	Elektrotechnik	.5869	Präzisionsin.	.6019	Holz/Papier	.6002
9.	Metallwaren	.5847	Holz/Papier	.5958	Öl-/Kohle-prod.	.5730
10.	Chemie	.5847	Maschinenbau	.5750	Maschinenbau	.5572
11.	Maschinenbau	.5788	Steine/Erden	.5688	Steine/Erden	.5536
12.	Präzisionsin.	.5680	Metallwaren	.5583	Metallwaren	.5483
13.	Holz/Papier	.5538	Öl-/Kohle-prod.	.5166	Landwirtschaft	.5371
14.	Steine/Erden	.5274	Bergbau	.4862	Elektrotechnik	.5199
15.	Bergbau	.4629	Landwirtschaft	.4172	Präzisionsin.	.3836
1-16		.6153		.6217		.6155

USA = 1987

offensichtlich auch der Mineralölindustrie) ist nur zu bekannt, daß sie ein hochsubventioniertes internationales Schattendasein führt.

Die BRD wiederum ist relativ stark (im Sinne von integriert) im Montanbereich (Bergbau, Eisen und Stahl, NE-Metalle) sowie in der Chemischen Industrie. Hier schlägt also immer noch die klassische grundstofforientierte Prägung der deutschen Industrie zu

Buche. Sie ist schwach bei Elektrotechnik und Präzisionsinstrumenten (Optik, Uhren etc.), was plausibel ist, aber auch schwach im Maschinenbau, was überrascht.

Wenden wir uns schließlich dem Ranking der Branchen *innerhalb* (und nicht zwischen) der einzelnen Länder zu, wobei nur der Stand des Jahres 1987/88 im einzelnen dokumentiert wird (Tabelle 45). Von 1960 bis 1987 steht in den USA immer die Öl- und Kohleprodukteindustrie mit dazu noch deutlichem Abstand vor allen anderen Branchen an der Spitze, gefolgt von Nahrungsmitteln und NE-Metallen. In Japan sind es Eisen und Stahl, Textil und Bekleidung sowie NE-Metalle, in der BRD Eisen und Stahl und NE-Metalle. Dieses Profil erweist sich in allen Ländern als überaus stabil. Am unteren Ende der Skala stehen in den USA Bergbau sowie Steine und Erden, in Japan Landwirtschaft und Bergbau und in der BRD Präzisionsinstrumente und Elektrotechnik. Auch dieses Profil ist sehr stabil. Auf- und Abwärtsmobilität zwischen den einzelnen Branchen gibt es also eher im Mittelspektrum der Skala.

Auf diese Weise bestätigt sich eine weitere Ausgangshypothese. Für die Höhe des Input-Koeffizienten sind zum einen natürliche und produktionstechnische Faktoren verantwortlich. Branchen nahe der Urproduktion haben niedrige Koeffizienten, Branchen nahe der Endfertigung haben hohe Koeffizienten. Zum anderen machen sich aber landestypische Spezialitäten bemerkbar, deren Ursachen in der Industriepolitik zu suchen sind.

Hervorzuheben ist schließlich die Auf- und Abwärtsmobilität einzelner Branchen. Der Fahrzeugbau liegt in den USA 1960, 1965 und 1970 auf Platz 5, 1975 sogar auf Platz 3, fällt 1980 auf Platz 7 und landet 1985 und 1988 auf Platz 6. In Japan beginnt er 1960 auf Platz 8, steigt auf Platz 7 (1965), Platz 6 (1970), fällt erneut auf Platz 7 (1975) und Platz 8 (1980), um dann rapide auf Platz 5 (1985) und gar Platz 1 (1988) zu steigen. In der BRD beginnt er auf Platz 4 (1965), fällt auf Platz 7 (1970), steigt auf Platz 5 (1975), fällt auf Platz 7 (1980 und 1985) und steigt erneut auf Platz 4 (1988). Mit anderen Worten: Der Fahrzeugbau erfährt in den USA eine Abwärtsmobilität, in Japan in den 1980er Jahren eine rasante Aufwärtsmobilität und in der BRD eher eine Stagnation. Die Elektrotechnik beginnt in den USA ganz unten auf Platz 12 (1960 und 1965), steigt auf Platz 11 (1970, 1975 und 1980) und deutlich auf Platz 7 (1985) bzw. Platz 8 (1988). In Japan beginnt sie auf Platz 7 (1960), fällt auf Platz 8 (1965), steigt auf Platz 7 (1970), fällt dramatisch auf Platz 11 (1975 und 1980), steigt erneut auf Platz 9 (1985) und weiter auf Platz 5 (1988). In der BRD beginnt sie auf Platz 12 (1965), steigt auf Platz 9 (1970), fällt dramatisch auf Platz 14 (1975 und 1980), Platz 13 (1985) und erneut Platz 14 (1988). Die Elektrotechnik erfährt also in den USA eine deutliche Aufwärtsmobilität, in geringerem Maße auch in Japan, während sie in der BRD eine rasante Talfahrt hinzunehmen hat. In der vielleicht wichtigsten Zukunftsbranche sieht es mithin, wenn die Grundhypothese zutrifft, düster für die deutsche und hell für die amerikanische und japanische Industrie aus.

Das Fazit lautet: Die Zunahme des Input-Koeffizienten bis in die 1960er Jahre kann als zunehmende intraindustrielle Verflechtung interpretiert werden. Die seitdem zu beobachtende gesamtwirtschaftliche Entflechtung läßt sich auf verschiedene Ursachen zurückführen:

1.) Einzelne Branchen werden aufgrund äußerer Konkurrenz, so z. B. in der Elektrotechnischen oder Optischen Industrie, preisgegeben.

2.) Die Verarbeitende Industrie erfährt einen relativen Bedeutungsverlust. Der Bedeutungszuwachs der Dienstleistungen, insbesondere der Finanzdienstleistungen, vermag das nicht zu kompensieren, da sie ein geringeres relatives Verflechtungspotential besitzen.

3.) Es findet eine verstärkte vertikale Integration der Produktionseinheiten statt. Auf diese Weise werden externe Vorleistungen substituiert. Dem steht allerdings das Argument entgegen, daß von den Statistischen Ämtern zumindest der Anspruch erhoben wird, auch konzerninterne Vorleistungen zu erfassen. Dies ist vermutlich aber nicht in vollem Umfang der Fall. Die entgegenwirkende Tendenz, daß im Zuge der Verschlankung der Produktion Vorleistungen ausgelagert werden, schlägt sich in keinem der untersuchten Länder in steigenden Input-Koeffizienten nieder.

4.) Durch technischen Fortschritt werden Vorleistungen substituiert oder deren preismäßiger Ausdruck reduziert.

5.) Die sinkenden Ölpreise seit Anfang der 1980er Jahre machen sich aufgrund ihres wertmäßigen Gewichts auch bei den Input-Koeffizienten bemerkbar.

5. Tertiarisierung

5.1 Einführung

Eines der meistdiskutierten Phänomene ökonomischer Strukturveränderungen wird mit den Stichworten Dienstleistungs-, Infor-
mations- oder postindustrielle Gesellschaft umschrieben.[1] Diese
Begrifflichkeiten benennen das Ende der klassischen industriell
geprägten Wirtschaft und Gesellschaft, wie sie sich seit Ende des
18. Jahrhunderts herausgebildet hat, und die Entstehung eines
neuen Typs von Gesellschaft, über den noch keine definitorische
Einigung erzielt werden konnte. In der aktuellen Diskussion hat
diese Frage durch die Schaffung von Millionen zusätzlicher Arbeitsplätze im amerikanischen Dienstleistungsgewerbe während
der 1980er Jahre an Attraktivität gewonnen. Arbeitsplätze im
Dienstleistungsbereich werden in der Öffentlichkeit in zunehmendem Maße als Alternative zu den entweder schon ausgelagerten oder von Auslagerung bedrohten Arbeitsplätzen in der Industrie diskutiert.[2]

Ein zweiter Strang der Diskussion kreist um die These der Ent-
koppelung von stofflicher und nichtstofflicher Ökonomie (Produktion und Handel von Gütern versus Produktion und Handel
von Dienstleistungen). Insbesondere Finanzdienstleistungen und
kurzfristige Kapitalanlagen haben in den letzten Jahren durch ihr
starkes Wachstum für Furore gesorgt und die These über die Verselbständigung der »symbolischen Ökonomie« (Drucker 1994)
provoziert. Auch im Rahmen der Diskussion um den hegemonialen Abstieg der USA haben Dienstleistungen eine prominente
Stellung erhalten. Ihnen wird die Eigenschaft zugeschrieben, die
schon verloren geglaubte ökonomische Wettbewerbsfähigkeit der
USA wieder zu etablieren und somit den Grundstock für eine neue
ökonomische Dominanz der USA legen zu können (Schlossstein
1993).

Die Analyse des Übergangs vom Primären über den Sekundären hin zum Tertiären Sektor ist ein in der Literatur intensiv auf-
gearbeitetes Thema (Reinhardt 1993: 7-33). In einer langen Tradi-

1 Eine ausführliche Fassung dieses Kapitels findet sich in Neyer 1996.
2 Vgl. DIE ZEIT vom 18. 3. 1994, S. 37, The Economist vom 20. 2. 1993, S. 63,
Frankfurter Rundschau vom 15. 7. 1993, S. 11.

tion klassischer Ökonomen von Adam Smith über David Ricardo, Thomas Robert Malthus, John Stuart Mill bis Karl Marx wurden Dienstleistungen lange Zeit eher als unproduktiv angesehen. So argumentierten die Klassiker, daß Dienstleistungen »vergangenheitsbehaftet« und hauptsächlich konsumtiv wären (Dienstboten etc.), für andere Sektoren eine Belastung darstellten und nur wenige qualifizierte Beschäftigungsmöglichkeiten böten.

Größere Aufmerksamkeit erhielten Untersuchungen über die Entwicklung des Dienstleistungssektors erstmals mit der Formulierung der »Drei-Sektoren-Theorie« (Fourastié 1949, Fisher 1939, Clark 1940), die mit dem Anstieg der volkswirtschaftlichen Bedeutung des Tertiären Sektors einen Ausweg aus der Arbeitslosigkeit der 1930er Jahre verband. Jean Fourastié, der als einer der Hauptvertreter der Drei-Sektoren-Hypothese gilt, beschrieb die langfristige Entwicklung von Volkswirtschaften als die einer kontinuierlichen Produktions- und Beschäftigungsverlagerung vom Primären (Land und Forstwirtschaft) über den Sekundären (Bergbau, verarbeitendes Gewerbe, Baugewerbe und Versorgungsunternehmen) zum Tertiären Sektor (private und Öffentliche Dienstleistungen, Handel, Transport, Banken, Versicherungen, Kom-munikation etc.). Jeder dieser Sektoren erlebt nach Fourastié im historischen Ablauf eine Phase der Expansion, die in einer die Struktur der Volkswirtschaft dominierenden Ausprägung gipfelt, und eine nachfolgende Phase der relativen Schrumpfung. Entsprechend beschreibt Fourastié die Entwicklung des Sekundären Sektors als in drei Teilphasen unterteilt: 1) eine Startphase, in der eine langsame Beschäftigungs- und Produktionsverlagerung vom Primären in den Sekundären Sektor erfolgt; 2) eine Expansionsphase, in der der Sekundäre Sektor stark zunimmt und seinem Höhepunkt zustrebt; und 3) eine Abschlußphase, in deren Verlauf die industrielle Produktion zugunsten des Tertiären Sektors deutlich an Relevanz verliert.

Eine idealtypische Darstellung dieses doppelten Transformationsprozesses hat folgendes Aussehen (Graphik 14), wobei die Schnittpunkte der Kurve des Primären und Sekundären Sektors in etwa den Übergang von der vormodernen Agrar- zur modernen Industriegesellschaft und die Schnittpunkte der Kurven des Sekundären und Tertiären Sektors in etwa die Ablösung der modernen Industrie- durch die postmoderne Dienstleistungsgesellschaft angeben. Die aus der horizontalen Achse ablesbaren Zeiträume sollen

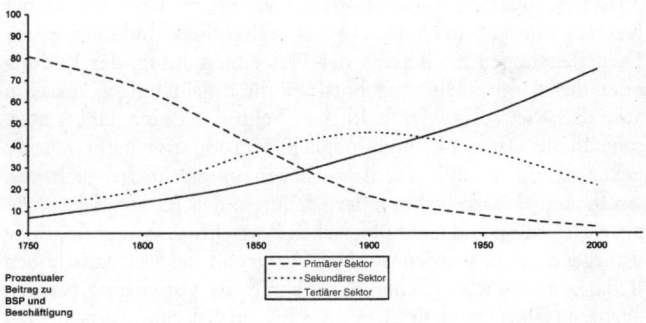

dabei nur Annäherungswerte angeben, die natürlich von Land zu Land variieren können. Bemerkenswert ist allerdings, daß die Zeitspanne von Expansion und relativem Niedergang des Sekundären Sektors um so kürzer wird, je später in einem Land der Industrialisierungsprozeß einsetzt. Während für den doppelten Übergang in England noch etwa 200 Jahre benötigt werden, waren es bei den industriellen Nachzüglern auf dem europäischen Kontinent nur noch 100 Jahre und sind es in den Schwellenländern Ostasiens nur mehr 50 Jahre. Auch in Südkorea oder Taiwan nimmt die relative Bedeutung des Sekundären Sektors bereits wieder ab.

Die Begründung dieser langfristigen strukturellen Verschiebung innerhalb der Komponenten einer Volkswirtschaft setzt zum einen an der Nachfrageseite (Nachfragehypothese) und zum anderen an der Angebotsseite (Angebotshypothese) des Verhaltens von Wirtschaftssubjekten an. Beide Hypothesen behandeln Volkswirtschaften als nach außen abgeschlossene Einheiten, deren Interaktion mit anderen Gesellschaften als zu vernachlässigende Größe betrachtet wird. Das zentrale Argument der Nachfragehypothese lautet, daß bei steigendem Einkommen die Einkommenselastizität für Nahrungsmittel und lebensnotwendige Güter kleiner als 1 ist und die Nachfrage nach nicht lebensnotwendigen Gütern überproportional ansteigt. Im Fall der Befriedigung der wichtigsten materiellen Grundbedürfnisse (Nahrung, Bekleidung etc.) werden wachsende Anteile des »überschüssigen« Einkommens nicht für weitere Lebensmittel und Rohstoffe, sondern für höherwertige (dienstleistungsintensive) Güter und Dienstleistungen ausgegeben. Es entsteht somit bei steigendem Wohlstand ein nachfrageinduziertes Wachstum des Dienstleistungsbereiches (Engelsches Gesetz). Hierzu zählen insbesondere Öffentliche und Persönliche Dienstleistungen im Bereich der Freizeitgestaltung, der Bildung oder der Kultur. Die Angebotshypothese geht hingegen davon aus, daß die volkswirtschaftlichen Sektoren durch eine unterschiedliche Dynamik ihrer möglichen Produktivitätsfortschritte gekennzeichnet sind. Dienstleistungen unterscheiden sich von stofflichen Gütern insbesondere dadurch, daß Rationalisierungspotentiale aufgrund technologischen Fortschrittes nur geringfügig wahrgenommen werden können. Aufgrund des konstant hohen Bedarfs nach menschlicher Arbeitskraft als Vorleistung für den Tertiären Sektor und gleichzeitigen Rationalisierungsfortschritten in der Industrie ergibt sich ein kontinuierlicher Abwanderungsprozeß von Arbeitskräften aus dem Sekundären in den Tertiären Sektor (vgl. Albach 1989, Reinhardt 1993).

Sehr ähnlich setzt auch die These einer Transformierung von industrie- in informationsdominierte Gesellschaften (Sauvant 1983, Aronson/Feketuky 1984, Macintosh 1986, Riddle 1987, Wriston 1992) auf spezielle Teilsegmente des Tertiären Sektors als Wachstumsmotoren für neue gesellschaftliche Strukturen. Mit Hilfe des Vergleichs zwischen den Produktivitätsschüben, die einerseits die Industrielle Revolution und andererseits die Einführung der Mikroelektronik in informationsbasierten Technologien hervorgerufen haben, wird argumentiert, daß die alte industrielle Ordnung zunehmend von einer neuen Ära der Informationsgesellschaft ersetzt wird (vgl. Wriston 1992). Dieses bedeute zwar nicht, daß der Industrie künftig keinerlei Bedeutung mehr zukomme, doch würde sich die Relation aus intellektuellem Kapital, welches einerseits in die Produktion wissensintensiver Software und Dienstleistungen und andererseits in Fabriken und Maschinen investiert würde, immer stärker zugunsten ersterer Kategorie verschieben. Auch in der regulationstheoretischen Diskussion um das Ende des »fordistischen Akkumulationsregimes« und das Entstehen einer neuen und flexibleren »post-fordistischen« Wirtschaftsweise (Jessop 1994, Hirsch 1993, Lipietz 1992, Harvey 1989) wird ähnlich argumentiert.

Ein weiterer Begründungsstrang läßt sich aus der wachsenden weltwirtschaftlichen Integration ableiten. Trotz aller protektionistischen Maßnahmen, so das Argument, hat der internationale Handel mit Gütern und Dienstleistungen ein Ausmaß erreicht, das weitreichende Auswirkungen für die binnenwirtschaftliche Struktur der in die weltwirtschaftliche Arbeitsteilung integrierten Länder zeitigt und durch den erfolgreichen Abschluß der Uruguay-Runde des GATT zusätzliche Dynamik erhält. Sie werden in eine permanente binnenwirtschaftliche Strukturanpassung gezwungen, die aus der unterschiedlichen Ausstattung mit Produktionsfaktoren (Kapital, Ausbildungsniveaus, natürliche Ressourcen etc.), sich daraus ergebenden komparativen Kostenvorteilen sowie aus staatlicher, regionaler oder kommunaler Industrie- und Standortpolitik resultiert. Insbesondere in den traditionellen Bereichen des Sekundären Sektors (Stahl, Werften, Maschinenbau etc.), aber auch in den neuen Bereichen des Dienstleistungssektors hat sich der internationale Konkurrenzdruck massiv verschärft. Während der Primäre Sektor in etlichen Industrieländern schon lange nicht mehr international konkurrenzfähig ist und dem zunehmenden Weltmarktdruck nur noch mit immer neuen protektionistischen Maßnahmen standhalten kann (EU-Agrarpolitik, japanischer Agrarprotektionismus), droht weiten Bereichen des Sekundären Sektors und niedrigqualifizierten Bereichen des Tertiären Sektors (Datenerfassung und Datenverarbeitung) derzeit ein ähnliches Schicksal. Mit der Ausnahme von Hochtechnologiebereichen wie der Biotechnik, der Mikroelektronik oder der Kommunikationsindustrie, welche sich allesamt durch einen hohen Anteil inkorporierter und vorgelagerter wissensintensiver Dienstleistungen auszeichnen, gerät ein traditioneller Industriebereich nach dem anderen in die Krise. Den Weg, den die Kohle-, Stahl-, Textil- und Werftindustrien in den letzten Jahrzehnten gegangen sind, drohen nunmehr der Fahrzeugbau, der Maschinenbau oder die Massenfertigung von elektrotechnischen Konsumgütern und Büromaschinen zu gehen. Verbleibende industrielle Produzenten müssen auf höhere Flexibilität oder besondere Qualitätsstandards setzen und wissens- und kapitalintensive Produkte der Spitzentechnologie anbieten, um dem Konkurrenzdruck standhalten zu können. Die immer nachhaltiger die einzelstaatlichen Strukturen prägende internationale Arbeitsteilung und der hiermit einhergehende weltwirtschaftliche Konkurrenzdruck können somit als eine zentrale Ursache für binnenwirtschaftliche Strukturveränderungen gelten.

Wettbewerbsfähige Produkte müssen sich entsprechend dadurch auszeichnen, daß sie zu einem hohen Anteil vorgelagerte Professionelle Dienstleistungen inkorporieren, angefangen bei spezifischen Marketingkonzepten über die Ermittlung des Bedarfs nach Materialien oder die Forschung und Entwicklung neuer Stoffe bis hin zur permanenten Weiterentwicklung der Verfahrenstechnik. Der Anteil der Wertschöpfung, der letztlich auf die materielle Bearbeitung der stofflichen Vorprodukte zurückzuführen ist, macht nur noch einen geringen Anteil aus. Weder IBM noch die modernen Stahlkocher sind heutzutage industrielle Produzenten in dem Sinne, daß der Anteil der eigentlichen stofflichen Fertigung von zentraler Bedeutung für den Verkaufspreis wäre. Vielmehr sind Forschung und Entwicklung sowie Marketing und Kundendienst die maßgeblichen Komponenten. Bei IBM beispielsweise arbeiten von 400 000 Beschäftigten gerade 20 000 in der eigentlichen Montage. In der Automobilindustrie werden inzwischen im Schnitt 40% der Kosten für Designer, Ingenieure, Stylisten, Planer, Strategen, Finanzexperten, Manager, Anwälte, Werbe- und Absatzfachleute etc. ausgegeben. In der Chipproduktion werden gar 85% der Kosten für Forschung und Entwicklung sowie für Patente und Copyrights ausgegeben (Reich 1993: 98, 118-119).

Wenn der Trend zur volkswirtschaftlichen Strukturanpassung in den Industrieländern in Richtung auf die zunehmende Ausprägung wissens- und (human)kapitalintensiver Produkte weist, stellen bestimmte Sparten des Tertiären Sektors – Forschung, Softwareproduktion, Unternehmensberatung, Telekommunikation, Finanzwesen oder Informationsdienstleistungen – die Wirtschaftsbereiche dar, welche den Rahmen für künftige komparative Wettbewerbsvorteile im internationalen System bieten und somit strukturbildende Gestaltungsmacht ausüben werden. Entsprechend formulierte Abelshauser schon vor Jahren, daß nicht mehr der industrielle, sondern »der Dienstleistungssektor (sogar)... in der Bundesrepublik Deutschland, wie in anderen hochentwickelten Industriestaaten, die Führung im Entwicklungsprozeß übernommen (hat)« (Abelshauser 1983: 129).

5.2 Die Tertiarisierung der Industrie-
und Entwicklungsländer

Der von allen drei Ansätzen postulierte langfristige Wandel von industriellen zu eher durch Dienstleistungen geprägten Volkswirtschaften läßt sich in nahezu allen Ländern dieser Welt beobachten. In Westeuropa und Nordamerika, die noch bis in die Mitte dieses Jahrhunderts stark industriell geprägt waren, ist heute kein einziges Land mehr zu finden, in dem der Dienstleistungssektor nicht mindestens 50% des Bruttoinlandsproduktes (BIP) ausmacht (vgl. Tabelle 46). In den USA umfaßte er 1989 gar 73% des BIP. Bei einer Fortführung des Wachstums der 1980er Jahre würde er heute knapp 80% erreichen. Als Anteil am Weltsozialprodukt[3] erreichte der Tertiäre Sektor 1989 bereits 64%. Bei einer analogen Extrapolation würde er heute ca. 68% betragen. Sowohl weltweit als auch in den wichtigsten ehemaligen Industrieländern (USA, Japan, Deutschland, Frankreich und Großbritannien) handelt es sich dabei um ungebrochene Trends. Überdurchschnittlich stark tertiarisierte Staaten waren 1989 Australien (66,3%), Brasilien (66,5%) und insbesondere die USA (73,1%). Relativ schwach tertiarisiert waren hingegen Indien (35,9%), Südkorea (44,4%) und Finnland (51,8%). Für alle untersuchten Länder gilt jedoch, daß sie sich in einem fortschreitenden Prozeß der Tertiarisierung befinden, der in allen Fällen langfristige Kontinuität hat. Bei der Betrachtung der relativen Größen des Tertiären Sektors ist weiterhin zu beachten, daß sein tatsächliches Ausmaß noch um einiges höher liegen dürfte als in den Statistiken ausgewiesen. Nach Petersen u. a. (1993: 117) erreicht z. B. in der BRD der Anteil der Dienstleistungen am Produktionswert in einer Reihe von Zweigen des Verarbeitenden Gewerbes zwischen 5 und 10%. Es handelt sich hier u. a. um Leistungen des Großhandels (Mineralölverarbeitung, Gummiindustrie und Straßenfahrzeugbau), der Gebäude- und Wohnungsvermietung, der Softwareentwicklung sowie der Dienstleistungsgruppe

3 Eigene Berechnungen für »globale« Daten basieren auf der Aggregation der volkswirtschaftlichen Größen der 23 größten Volkswirtschaften gemessen in BIP. Dies sind die USA, Japan, BRD, Frankreich, Italien, Großbritannien, Kanada, Brasilien, Spanien, Indien, Niederlande, Australien, Iran, Schweden, Belgien, Mexiko, Südkorea, Österreich, Dänemark, Ägypten, Finnland, Norwegen, Argentinien. VR China, Sowjetunion/Rußland, Taiwan und die Schweiz konnten aus Gründer der Datenverfügbarkeit nicht berücksichtigt werden. Zusammen erbringen diese Staaten ca. 80% des Weltsozialprodukts.

Tabelle 46: Tertiarisierungsgrad* von 23 Ländern 1960-1989

		1960	1970	1975	1980	1985	1987	1989
1	USA	59,7	63,1	64,0	64,4	67,8	70,1	73,1
2	Japan	48,2	48,8	54,5	56,3	57,9	59,0	59,3
3	BRD	40,6	41,5	48,0	49,5	52,7	53,5	53,6
4	Frankreich	n. v.	48,2	51,7	57,0	60,8	62,8	63,8
5	Großbrit.	45,7	46,8	52,8	50,5	52,9	55,1	n. v.
6	Italien	44,0	47,9	51,6	53,5	58,7	59,9	60,1
7	Kanada	48,4	50,2	52,2	52,9	54,2	55,0	n. v.
8	Brasilien	42,7	47,3	46,4	48,0	50,5	53,4	66,5
9	Spanien	38,0	45,3	47,8	55,9	60,8	59,5	n. v.
10	Indien	27,9	30,2	32,2	32,4	34,7	35,6	35,9
11	Niederlande	41,6	51,3	55,4	58,1	57,4	59,9	59,2
12	Australien	42,2	61,2	59,6	59,3	62,6	65,6	66,3
13	Iran	37,4	43,4	38,5	53,3	53,9	55,9	n. v.
14	Schweden	n. v.	47,0	49,3	56,2	56,2	57,2	57,5
15	Belgien	50,1	53,5	58,6	57,3	60,7	62,9	61,6
16	Mexiko	55,9	56,3	56,8	60,2	58,7	56,4	60,9
17	Südkorea	41,0	41,8	39,1	42,2	42,9	43,2	44,4
18	Österreich	39,9	46,7	47,8	50,8	54,1	55,4	55,5
19	Dänemark	45,8	51,6	57,4	56,6	57,6	57,9	59,8
20	Ägypten	42,0	43,2	42,8	43,5	48,7	n. v.	n. v.
21	Finnland	40,0	42,3	45,0	46,3	50,0	51,7	51,8
22	Norwegen	53,0	52,7	51,6	49,0	47,6	54,1	55,6
23	Argentinien	41,9	44,0	46,9	54,8	n. v.	n. v.	n. v.
	Welt (G 23)	52,3	53,6	55,7	56,7	60,6	61,5	64,0

* Anteil des Dienstleistungssektors am BIP
n. v.: Daten nicht verfügbar

»Wissenschaft/Kultur/Verlage« im Druckereibereich. Polster/Voy (1991) berechnen den Anteil der Dienstleistungsberufe in den Bereichen Energiewirtschaft und Wasserversorgung sowie Chemische Industrie und Mineralölindustrie sogar auf über 50% der Beschäftigten.

Auffällig ist jedoch, daß es sich weder bei den überdurchschnittlich stark noch bei den nur schwach tertiarisierten Staaten um jeweils homogene Gruppen handelt. In beiden Gruppen sind sowohl reiche Staaten aus dem Norden als auch arme Staaten aus dem Süden vertreten. Deutschland ist relativ gering tertiarisiert (53,6%), und auch Japan bewegt sich lediglich im Mittelfeld (59,3%). Die bei Fourastié anklingende und in der Literatur weit verbreitete These, daß das relative Wachstum des Dienstleistungssektors eine Funktion volkswirtschaftlicher Reife sei und mit dem BSP korrelieren müsse, läßt sich offensichtlich nicht belegen. Kritisch gegenüber der analytischen Leistungsfähigkeit der Drei-Sektoren-Hypothese betonen Polster/Voy (1991) die Notwendigkeit der Unterscheidung zwischen einerseits unternehmens- oder produktionsbezogenen und andererseits personen- oder verbrauchsbezogenen Dienstleistungen. Nicht der unmittelbare Charakter einer Tätigkeit ist demnach von Bedeutung für eine sinnvolle qualitative Beurteilung struktureller volkswirtschaftlicher Verschiebungen, sondern seine ökonomische Zweckbestimmung im Rahmen übergreifender Produktionsprozesse. Aufgrund der zunehmenden Auslagerung von tertiären Tätigkeiten aus dem Sekundären Sektor (z. B. Bewachungs-, Reinigungs- oder Kantinendienste) sowie der steigenden Anzahl von Dienstleistern in Industriebetrieben kritisieren Polster/Voy die Annahme eines Trends hin zur Dienstleistungsgesellschaft als inadäquat und sprechen von einem Trend der »funktionalen und internen Tertiarisierung« der Industrie. Innerhalb dieses Trends würde die Trennung von Industrie und Dienstleistungen letztlich sinnlos und wirke lediglich verfälschend. Eine pauschale Betrachtung des Dienstleistungssektors kann in der Tat nur wenig aussagekräftig sein. Die undifferenzierte Zusammenfassung von Aktivitäten, die sowohl die Produktion und Entwicklung hochwertiger Software- und Kommunikationstechnologie als auch die von Reinigungsfirmen und Fast-Food-Ketten beinhaltet, muß als unzureichend für gehaltvolle Aussagen erscheinen.

Im Gegensatz zur Drei-Sektoren-Hypothese betont das Konzept der »nachindustriellen Gesellschaft« (Bell 1989) nicht die Bedeutung von Dienstleistungen an sich, sondern die der »zentrale(n) Stellung theoretischen Wissens als Achse, um die sich die neue Technologie, das Wirtschaftswachstum und die Schichtung der Gesellschaft organisieren werden« (Bell 1989: 112-113). Während in industriellen Gesellschaften das Privateigentum das prägende (»axiale«) Prinzip gesellschaftlicher Interaktion und Kapitalallokation gewesen sei, wird in der nachindustriellen Gesellschaft die Verfügung über theoretisches Wissen diese zentrale Stellung einnehmen (Bell 1989: 115).

Da nicht alle Bereiche des Dienstleistungssektors ähnlich wissensintensive Tätigkeiten umfassen, erscheint es zur Überprüfung der Bellschen Hypothese notwendig, den Dienstleistungssektor weiter aufzuspalten. In den Statistiken der Vereinten Nationen wird der Dienstleistungssektor in fünf verschiedene Bereiche unterteilt. Diese sind »Groß- und Einzelhandel, Hotel- und Gaststättengewerbe«, »Transport, Lagerung und Kommunikation«, »Finanz- und Versicherungswesen, Immobilien und Professionelle Dienstleistungen«, »Kommunale, soziale und persönliche Dienstleistungen« sowie »Öffentliche Dienstleistungen«. Ein erster Blick auf die allgemeine Tendenz ergibt hier, daß der Bereich »Finanz- und Versicherungswesen, Immobilien und Professionelle Dienstleistungen« zwischen 1960 und 1989 das größte Wachstum innerhalb des Tertiären Sektors zu verzeichnen hatte. Während er noch 1960 lediglich 13 % des Weltsozialprodukts umfaßte, erreichte er 1989 schon 21,2 % (Tabelle 47). Ein ebenfalls überproportionales Wachstum, allerdings mit schwächerer Tendenz, hat der Bereich »Kommunale, soziale und persönliche Dienstleistungen«, von 7,7 % (1970) auf 10,2 % (1989), zu verzeichnen. Die Bereiche »Groß- und Einzelhandel, Hotel- und Gaststättengewerbe«, »Transport, Lagerhaltung und Kommunikation« sowie »Öffentliche Dienstleitungen« bleiben hingegen weitgehend auf konstantem relativen Niveau. Die Dynamik der Tertiarisierung hat also nicht alle Bereiche des Tertiären Sektors gleichermaßen erfaßt, sondern ist im Bereich »Finanz- und Versicherungswesen, Immobilien und Professionelle Dienstleistungen« besonders ausgeprägt. Dieser Bereich, in dem die Mehrzahl der wissens- und kapitalintensiven Dienstleistungen zu verorten ist, umfaßt in den USA heute schon einen größeren Anteil des BIP als die gesamte Industrieproduktion.

Tabelle 47: Branchenverteilung des Weltsozialprodukts (23 Länder) 1960-1989 in Prozent

	1960	1970	1975	1980	1985	1989
Groß- u. Einzelhandel, Restaurants u. Hotels	15,4	14,5	15,2	15,0	15,4	14,7
Transport, Lagerung u. Kommunikation	6,7	6,3	6,1	6,2	6,3	6,2
Finanz- u. Versicherungs-wesen, Immobilien u. Prof. Dienstleistungen	13,0	14,8	14,9	15,9	18,7	21,2
Kommunale, pers. u. soz. Dienstleistungen	17,2	7,7	8,9	7,8	8,8	10,2
Öffentl. Dienstleistungen*)	n. a.	0,1	10,7	11,7	11,4	10,9

*) für 1960 im Bereich »Kommunale, pers. und soz. Dienstleistungen« enthalten

Da die jeweiligen nationalen Angaben auf unterschiedlichen Erhebungsgrundlagen und divergierenden Klassifikationen beruhen, ist der direkte Vergleich zwischen Ländern problematisch. Wesentlich ist in unserem Zusammenhang lediglich die länderübergreifende Dynamik dieses Sektors (vgl. Tabelle 48). Insbesondere das Finanzgewerbe hat außerordentlich hohe Zuwachsraten zu verzeichnen. Nach Angaben der Bank für Internationalen Zahlungsausgleich (BIZ) wurden in Großbritannien 1989 schon 20% der volkswirtschaftlichen Wertschöpfung im Finanzgewerbe erzielt, während es 1970 erst 12,5% waren (BIZ 1992: 116). Wenngleich diese Größenordnung auch von keinem anderen der untersuchten Länder erreicht wird, so ist die Tendenz doch überall deutlich erkennbar. Überall steigt der Anteil des Finanzgewerbes sowohl an der Wertschöpfung als auch an der Beschäftigung. Auffällig ist darüber hinaus, daß in allen Ländern (mit Ausnahme Frankreichs und Kanadas, bei denen die Bereiche Immobilien und Unternehmensdienstleistungen in die Daten der Gesamtbeschäftigung eingeflossen sind) der Anteil der Wertschöpfung signifikant über dem Anteil an der Beschäftigung liegt. Offensichtlich handelt es sich hier um ausgesprochen profitable Tätigkeiten.

Tabelle 48: Anteil der humankapitalintensiven* Dienstleistungen am BIP
1960-1989 in Prozent

	Angaben in %	1960	1970	1975	1980	1985	1987	1989
1	Brasilien	8,0	13,9	12,6	14,4	20,0	23,3	32,9
2	USA	17,1	18,5	18,4	20,4	23,1	25,1	27,0
3	Italien	9,7	17,0	19,6	19,2	21,9	22,6	23,2
4	Frankreich		13,4	14,7	16,8	18,3	20,2	21,5
5	Australien	8,4	15,0	15,3	17,3	18,5	21,0	21,5
6	Großbritannien	8,8	12,9	14,9	15,8	18,2	19,8	0,0
7	Schweden		11,0	10,6	14,2	16,0	17,5	18,2
8	Kanada	10,3	12,7	13,9	15,6	16,6	17,4	0,0
9	Niederlande	8,5	9,6	11,3	13,9	15,7	17,0	17,5
10	Spanien	5,8	7,9	8,4	13,2	17,7	16,8	0,0
11	Japan	9,2	12,3	13,4	14,6	15,4	16,3	16,9
12	Österreich	6,1	8,5	10,2	12,0	15,2	16,1	16,5
13	Dänemark	7,6	10,9	13,2	14,0	14,6	15,3	16,4
14	Finnland	10,2	11,2	12,3	12,5	14,1	15,2	16,1
15	Südkorea	8,5	8,2	6,6	11,0	11,8	12,1	14,1
16	Norwegen	5,4	9,1	9,7	9,9	11,3	13,9	14,1
17	Iran	7,8	12,2	14,3	15,6	13,2	12,4	0,0
18	Argentinien	3,6	11,0	8,4	13,7	0,0	0,0	0,0
19	BRD	6,6	8,2	10,4	10,3	12,3	11,7	11,6
20	Mexiko	9,2	11,5	9,7	8,9	7,7	7,3	10,6
21	Indien	5,1	9,2	8,6	7,9	7,6	7,6	7,8
22	Ägypten	5,1	7,3	6,9	7,5	7,5	0,0	0,0
23	Belgien	12,3	10,7	11,0	4,3	5,6	6,1	6,1
	Welt (G 23)	13,0	14,8	14,9	15,9	18,7	19,5	21,2

* Finanz- und Versicherungswesen, Immobilien und Professionelle Dienstleistungen

Der Immobilienmarkt erwirtschaftete in den USA allein 1989 607 Mrd. US-$, was in etwa das Fünffache des Beitrags der Landwirtschaft zum Sozialprodukt ausmacht. Die hohe Steigerungsrate des Immobiliensektors in den 1980er Jahren (von 1980 bis 1989: 215%) läßt die Vermutung zu, daß es sich hier zu einem großen Teil um spekulative Kapitalanlagen handelt, deren Motivation nur sehr indirekt mit dem praktischen Nutzwert der Objekte in Beziehung steht. Die höchsten Zuwachsraten aller erfaßten Bereiche überhaupt haben schließlich »Security and Commodity Brokers« (1980-1989: 440%) und – mit weitem Abstand – »Holdings and other Investment Companies« (1980-1989: 800%) aufzuweisen. Sowohl in Großbritannien als auch in den USA scheint das Finanzgewerbe mit all seinen spekulationsorientierten Facetten wie dem Immobilienboom oder den neuentstandenen Derivatemärkten zu einer regelrechten Säule des Wirtschaftswachstums geworden zu sein.

5.3 Die Internationalisierung des Tertiären Sektors

Von zentraler Bedeutung für die Bewertung der beschriebenen Strukturverschiebungen ist die Frage, ob die Tertiarisierung primär über nationale Märkte oder über den Weltmarkt vermitteltet ist. In diesem Kontext ist auch zu fragen, ob die Hypothese, daß die Weltwirtschaft sich von ihrer stofflichen Seite ablöst und der Warenhandel an Bedeutung verliert (Menzel 1993), unterstützt werden kann. Als Indikatoren wurden das relative Wachstum des Dienstleistungshandels, der Direktinvestitionen im Tertiären Sektor, der Faktoreinkommen und der internationalen Bankgeschäfte ausgewählt.

Der Handel mit Dienstleistungen

Eine Vielzahl von methodischen Problemen ist mit der Erfassung des internationalen Handels von Dienstleistungen verbunden. Neben den im Zeitverlauf wie zwischen Ländern und Institutionen wechselnden Definitionen und Gliederungen in Zahlungsbilanzen, Volkswirtschaftlichen Gesamtrechnungen oder Input/Output-Rechnungen sind insbesondere die ausschließliche Möglichkeit der Erfassung von monetären Flußgrößen sowie die zahlungsbilanzmäßige Vernachlässigung von Dienstleistungen, soweit sie Komponenten des Warenhandels bilden, zu erwähnen. Da in Zahlungsbilanzstatistiken ausschließlich Zahlungsströme erfaßt werden, läßt sich im Gegensatz zum Warenhandel der Handel mit Dienstleistungen nur anhand der geleisteten (und gemeldeten) monetären Vorgänge beschreiben, ohne daß diese durch eine den tatsächlichen Grenzübertritt erfassende Zollstatistik kontrollierbar wären. Insbesondere die Angaben zu Dienstleistungsexporten dürften daher nur lückenhaft erfolgen und in der Regel zu niedrig ausgewiesen sein. Experten schätzen diese Unterbewertung auf bis zu 50% (vgl. Drucker 1994: 102). Für die Höhe des ausgewiesenen Handels mit Dienstleistungen ebenfalls relevant ist die Schwierigkeit, Dienstleistungen zu erfassen, die nicht »als solche« gehandelt werden, sondern als Komponenten des Warenhandels in die Zahlungsbilanzen einfließen. Im Zuge der fortschreitenden Tertiarisierung der Produktionsprozesse werden damit bedeutende und weiter wachsende Anteile »inkorporierter« Dienstleistungen dem Warenhandel zugerechnet. In der hier benutzten Statistik des IMF werden Dienstleistungen als alle entgeltlichen Leistungen definiert, die nicht Waren oder Faktoreinkommen sind. Es sind somit, neben den »klassischen« Bereichen wie Tourismus, Transport und Versicherungen, auch eine Vielzahl anderer Aktivitäten wie Kommunikation, Finanzdienstleistungen, Datenverarbeitung, audiovisuelle Medien etc. enthalten.

Die auf den ersten Blick erstaunlichste Erkenntnis bei einem Vergleich der Einnahmen, die weltweit aus dem Warenhandel und dem Dienstleistungshandel gezogen werden (Tabelle 49), ist die relativ geringe Bedeutung des Dienstleistungshandels. Während der Anteil des Tertiären Sektors am Weltsozialprodukt 1989 bei 64% lag, betrug der Anteil der Einnahmen aus dem Handel mit Dienstleistungen (ohne Faktoreinkommen) an den gesamten Einnahmen aus dem Ausland 1990 lediglich 16%. Rechnet man die Faktoreinkommen heraus und berücksichtigt lediglich die Quote aus Dienstleistungshandel und Warenhandel, ergibt sich ein ähnliches Bild. Von 1961 (30%) bis 1980 (23%) fällt diese Quote kontinuierlich ab. Erst seit Mitte der 1980er Jahre gewinnt der Dienstleistungshandel wieder leicht an Gewicht (1990: 25%). Dieses Bild spiegelt sich in den Zahlungsbilanzen aller bedeutenden Handelsnationen wider.

Der wohl wichtigste Grund für den relativ niedrigen Grad an

Tabelle 49: Anteil des Dienstleistungshandels am gesamten Handel und Relation Dienstleistungshandel/Warenhandel 1960-1990

	BRD		Japan		Frankreich	
	Anteil Dienstleistungshandel	Dienstleistungs-/Warenhandel	Anteil Dienstleistungshandel	Dienstleistungs-/Warenhandel	Anteil Dienstleistungshandel	Dienstleistungs-/Warenhandel
1961	0,19	0,25	0,19	0,25	n. v.	n. v.
1965	0,19	0,25	0,18	0,23	n. v.	n. v.
1970	0,17	0,22	0,18	0,23	0,22	0,31
1975	0,18	0,24	0,18	0,23	0,22	0,32
1980	0,17	0,22	0,16	0,20	0,22	0,33
1985	0,16	0,21	0,14	0,19	0,20	0,31
1990	0,14	0,20	0,14	0,25	0,20	0,33

	Großbritannien		USA		Welt (23 Länder)	
	Anteil Dienstleistungshandel	Dienstleistungs-/Warenhandel	Anteil Dienstleistungshandel	Dienstleistungs-/Warenhandel	Anteil Dienstleistungshandel	Dienstleistungs-/Warenhandel
1961	0,24	0,37	0,24	0,36	0,21	0,30
1965	0,23	0,35	0,22	0,34	0,21	0,29
1970	0,24	0,37	0,19	0,28	0,19	0,27
1975	0,20	0,32	0,14	0,20	0,17	0,24
1980	0,16	0,29	0,12	0,17	0,16	0,23
1985	0,14	0,26	0,15	0,23	0,16	0,23
1990	0,13	0,26	0,19	0,25	0,16	0,25

n. v.: nicht verfügbar

internationaler Verflechtung, den der Handel mit Dienstleistungen aufweist, dürfte darin zu finden sein, daß viele Dienstleistungen kaum oder gar nicht international handelbar sind. Tankstellen, Friseure, Pizzabäcker und Schlüsseldienste oder der gesamte Bereich der Öffentlichen Dienstleistungen (Nahverkehr, Schwimm-bäder, Feuerwehr etc.) taugen hierzu nicht. Aber auch die meisten Professionellen Dienstleistungen (Finanzdienstleistungen, Versicherungen, Werbung, Forschung und Entwicklung, Marktforschung, Rechtsberatung, Steuerberatung, Controlling, Unternehmensberatung etc.) sind kaum transport- und somit schwerlich handelsfähig. Weitere Gründe sind der hohe Grad an direktem oder indirektem Protektionismus im Dienstleistungsbereich sowie der bereits angeführte Tatbestand, daß inkorporierte Dienstleistungen als verdeckte Komponenten in die Warenhandelsbilanz eingehen und nicht in der Dienstleistungsbilanz auftauchen. Nicht so leicht erklären läßt sich jedoch, daß der relative Anteil der weltweiten Einnahmen aus dem Handel mit Dienstleistungen von 1965 bis 1980 rückläufig ist und seitdem stagniert. Diese Beobachtung, die in Widerspruch zur These von der Tertiarisierung der Weltwirtschaft zu stehen scheint, läßt sich teilweise durch den starken Anstieg des Ölpreises in den 1970er Jahren erklären, der zu einer künstlichen Aufblähung der Ausgabenseite des Warenhandels in den Zahlungsbilanzstatistiken geführt hatte.

In einer wegweisenden Studie zum Intra-OECD-Dienstleistungshandel hat die OECD eine Bestandsaufnahme von 1970 bis 1991 vorgenommen (OECD 1993a). Da die Datenbasis der OECD-Untersuchung die nationalen Zahlungsbilanzstatistiken sind, welche in ihrer Kategorisierung stark voneinander abweichen, ist eine systematische Darstellung ungemein schwierig. Umfassende Kategorien, die länderübergreifende Datenaggregationen erlauben (wie etwa Finanz- oder Kommunikationsdienstleistungen), müssen aus vorhandenen Subkategorien zusammengesetzt werden, da sie in dieser Form in den nationalen Zahlungsbilanzen oftmals nicht existieren. Der Vergleich zwischen Ländern wird dadurch erschwert oder gar unmöglich gemacht. Hinzu kommt, daß Daten für bestimmte Formen von Transaktionen überhaupt nicht erhoben bzw. ausgewiesen werden. In der japanischen Zahlungsbilanzstatistik existieren weder die Rubriken Finanzdienstleistungen noch Kommunikationsdienstleistungen oder gar Unterkategorien, welche sich als Substitute benutzen ließen. Frankreich, immerhin nach den USA zweitgrößter Exporteur von Dienstleistungen, erhebt diese Daten erst seit 1988.

Trotz dieser Datendefizite lassen sich einige interessante Beobachtungen machen. Ein Vergleich der vier vorhandenen übergreifenden Kategorien für Dienstleistungen zeigt, daß der Anteil der nicht marktbezogenen Öffentlichen Dienstleistungen und der Frachten an den Dienstleistungsexporten zwischen 1970 und 1990 in seinem Gewicht stark abgefallen ist (von 14,67 auf 6,49 % bzw. von 37,75 auf 27,87 %), während der Reiseverkehr und insbesondere die anderen privaten Dienstleistungen stark angestiegen sind (von 23,45 auf 28,06 % bzw. von 24,13 auf 37,59 %). Der internationale Handel mit Dienstleistungen wird immer weniger durch seine Funktion für den Warenhandel und zunehmend von neuen Dienstleistungsformen geprägt. Innerhalb der Gruppe der »anderen privaten« Dienstleistungen, in der u. a. Versicherungen und Finanzierung, Werbung, Kommunikation, Bankendienste, Filme und Fernsehen zusammengefaßt sind, weisen wiederum die Finanzdienstleistungen sowie die Kommunikationsdienstleistungen eine überdurchschnittliche Dynamik auf. Der relative Anteil von Kommunikationsdienstleistungen am gesamten Dienstleistungshandel ist zwar noch immer relativ gering, doch hat er eine überproportionale Dynamik, die mit der Ausbreitung neuer Kommunikationstechnologien noch zunehmen dürfte. Gleiches gilt auch für den Handel mit Finanzdienstleistungen. Auch diese sind über den ganzen Untersuchungszeitraum überproportional stark gewachsen und betragen z. B. für Frankreich inzwischen schon fast 9 % des gesamten Dienstleistungshandels. Auffällig ist des weiteren das extreme Wachstum, welches Finanzdienstleistungen gerade in den letzten Jahren erreicht haben. In der Bundesrepublik konnten sie ihren Anteil am gesamten Dienstleistungshandel von 1985 bis 1991 von 0,7 auf 3,6 % ausbauen. In Frankreich haben sie ihren Anteil in nur drei Jahren fast verdoppelt. Lediglich in den USA ist ihr Anteil in den letzten Jahren leicht zurückgegangen.

Zusammenfassend läßt sich festhalten, daß internationale Dienstleistungen im Vergleich zu ihrer volkswirtschaftlichen Bedeutung nicht nur stark unterrepräsentiert sind, sondern daß darüber hinaus das Wachstum der nationalen Dienstleistungssektoren sich in den (ausgewiesenen) internationalen Handelsbeziehungen quantitativ kaum niederschlägt. Das starke Wachstum der nationalen Dienstleistungsbereiche übersetzt sich offensichtlich lediglich in einigen wenigen Bereichen wie Kommunikations- und Finanzdienstleistungen in vergleichbare internationale Austauschbeziehungen. Das grundlegende Problem besteht darin, daß sich das Prinzip der komparativen Kostenvorteile nur sehr eingeschränkt auf den internationalen Handel mit Dienstleistungen anwenden läßt. Dienstleistungen sind aufgrund des ihnen eigentümlichen Charakters der Nichtlagerbarkeit und somit auch der Nichttransportfähigkeit bisher generell kaum handelbar. Nach Riddle (1987: 25) werden deswegen lediglich 8 % aller weltweit erstellten Dienstleistungen international gehandelt, gegenüber 45 % aller Agrarprodukte und 55 % aller industriellen Produkte.

Mit der technologischen Revolution im Kommunikationswesen, die im Laufe der 1980er Jahre zur Einführung von modernen Informationsdienstleistungen wie Datenverarbeitung, Datenspeicherung und -wiedergabe, Software oder digitale Telekommunikationsdienste führte, könnte sich das Kernproblem des Handels mit Dienstleistungen, nämlich die Unüberbrückbarkeit von Zeit und Raum, jedoch überwinden lassen. Durch die Verbreitung neuer Kommunikationstechnologien wie E-Mail oder Glasfaserkabel kann die Erstellung von Dienstleistungen entsprechend ihren komparativen Vorteilen und analog zur Warenproduktion in Teilvorgänge zerlegt werden. Insbesondere in arbeitsintensiven Bereichen wie der Dateneingabe eröffnen sich hier neue Möglichkeiten der internationalen Arbeitsteilung. Im indischen Bangalore beispielsweise haben sich inzwischen schon über 100 indische und transnationale Konzerne wie Digital Equipment Corporation, Hewlett-Packard oder Motorola angesiedelt und produzieren EDV-Dienstleistungen wie die zeitaufwendige Dateneingabe (»Data Entry«) oder Software für europäische oder amerikanische Unternehmen. Personaldaten von Firmen aus den USA, Krankenversicherungsdaten aus Deutschland, Aktienkontrollisten aus der Schweiz oder medizinische Forschungsberichte aus Großbritannien werden morgens mit dem Flugzeug sackweise als Papiervorlage angeliefert und am nächsten Tag bereits in digitaler Form mit Lichtgeschwindigkeit per Unterseekabel oder Satellit zurückgeschickt. Arbeitsintensive EDV-Dienstleistungen eignen sich besonders gut als Exportartikel für Dritte-Welt-Länder, die über ein entsprechendes Humankapital verfügen, da sie keine Rohstoffe benötigen, umweltverträglich sind und nur geringe Anfangsinvestitionen erfordern. In Indien bestehen inzwischen insgesamt sieben staatlich geförderte »Software Technology Parks« , die über »Intelsat« mit den Metropolen der Welt verbunden sind und ein

Exportvolumen von 225 Mio. US-$ erwirtschaften.[4] Selbst die Rechnersysteme des Ölkonzerns Shell in London und der Continental-Versicherung in New York werden inzwischen von einer indischen Firma gewartet.

Eine Dienstleistung muß somit nicht mehr das Produkt eines räumlich eindeutig zugeordneten Anbieters sein, der diese komplett erstellt und damit seine Kunden bedient, sondern kann sich aus einem transnationalen Kooperationsnetzwerk von Produzenten tertiärer Zwischenprodukte zusammensetzen. Das Ergebnis wird dann schließlich in Sekundenschnelle zusammengesetzt und über Tausende von Kilometern an den benötigten Ort transportiert. Der internationale Handel mit Dienstleistungen mag sich zwar noch auf einem relativ niedrigen Niveau bewegen, doch ist offensichtlich, daß ihm ein enormes Wachstumspotential innewohnt. Die Konsequenzen einer zunehmenden internationalen Handelbarkeit von Dienstleistungen lassen sich zahlenmäßig zwar kaum abschätzen, doch dürfte sowohl im Bereich der kapital- und wissensintensiven wie der arbeitsintensiven Dienstleistungen von starkem Wachstum auszugehen sein.

Die quantitative Erfassung solcher »computer-related services« steckt bisher noch weitgehend in den Kinderschuhen. Lediglich die USA, Deutschland, Kanada und Norwegen machen hier seit den 1980er Jahren erste Versuche. In den USA betrug der internationale Handel mit dem Verarbeiten und Erfassen von Daten 1991 1,8 Mrd. US-$, was in etwa 0,9 % ihres Handels mit Dienstleistungen entspricht. Für Deutschland, Kanada und Norwegen bewegen sich die entsprechenden Zahlen für 1991 bei 794, 626 und 14 Mio. US-$, was in etwa 0,4 %, 1,3 % und 0,05 % des jeweiligen Dienstleistungshandels entspricht (OECD 1993 a).

Die Tertiarisierung der Direktinvestitionen

Eine branchenmäßige Aufspaltung von Direktinvestitionen (DI) zeigt, daß diese schon längst nicht mehr dem klassischen Modell der Rohstofforientierung (Plantagen, Minen, Ölvorkommen) oder der Auslagerung von industriellen und arbeitsintensiven Bereichen folgen. Investitionen, die dem Sekundären Sektor zuzurechnen sind, werden immer stärker von Investitionen im Tertiären

---

4 Vgl. Der Spiegel 25/1994, S. 185.

Sektor abgelöst. Während 1976 noch 54,9% aller DI im Sekundären Sektor getätigt wurden, reduzierte sich dieser Anteil bis 1990 auf 36,3% (Bestandsgrößen). Im Gegenzug stieg der Anteil des Tertiären Sektors von 33,4% auf 53,2%. Der Anteil des Primären Sektors stieg von 1976 bis 1983 von 11,67 auf 16,26% und fiel bis 1990 wieder auf 10,48%.

Die Aufspaltung des Tertiären Sektors in die wichtigsten Branchen zeigt, daß sein Bedeutungszuwachs wiederum v. a. dem Finanz- und Bankwesen (von 11,3 auf 24,0%), dem Immobilienhandel (von 0,8 auf 4,2%) und dem Bereich der sonstigen Dienstleistungen (von 1,8 auf 8,1%) zugute gekommen ist. Die Branchen Bergbau/Öl und Handel sind relativ konstant geblieben (ca. 10 bzw. 11%), während die Verarbeitende Industrie und die sonstigen Bereiche stark verloren haben (45,1 auf 33,0% bzw. 20,2 auf 9,8%). Da es sich bei den relativen Größenangaben um Bestandswerte handelt, hinter denen sich die kumulierten Investitionen von Jahrzehnten verbergen, ist anzunehmen, daß eine Analyse der Flußgrößen noch eindeutigere Tendenzen aufzeigen würde. Nach Balasubramanyam/Greenaway (1992: 177) gehen inzwischen (1988) 75% aller Direktinvestitionen (Flußgrößen) Japans in den USA in den Tertiären Sektor, davon mehr als 40% wiederum in den Groß- und Einzelhandel. Von den Direktinvestitionen Japans in die EU fließen sogar mehr als 80% in den Tertiären Sektor, hiervon wiederum allein 57% in den Bereich Banken und Finanzwesen.

Kurzfristige und spekulative Kapitaltransfers

In den 1980er Jahren erhielt die Entwicklung des globalen Finanzmarktes neue Schubkraft durch die sprunghaft gestiegene Leistungsfähigkeit des Kommunikations- und Informationssektors. Mit der Einführung satellitengestützter Computerterminals, die rund um die Uhr mit anderen Terminals an beliebigen Standorten in Tokyo, London, Frankfurt am Main oder Sydney in Verbindung stehen, hat sich die Relevanz von Staatsgrenzen für die Mobilität von Kapital stark verringert und die Geschwindigkeit den Raum als wichtigste Dimension für ökonomische Transaktionen abgelöst (vgl. Wriston 1992). Gigantische Mengen von Informationen über Tendenzen und Veränderungen auf Märkten werden in Sekunden über Tausende von Kilometern hinweg übertragen und führen zu einer neuen Qualität transnationaler Vernetzung. Broker können ihre Geschäfte in diesem globalen Markt unabhängig von geographischen Erwägungen vornehmen (vgl. O'Brien 1992). Wenn die Börse in Tokyo schließt, verlagern sie ihre Aktivitäten nach New York, von hier weiter nach London. Ein paar Stunden später sind sie wieder in Tokyo angekommen. Allein das tägliche Volumen der Devisen, das an den wichtigsten Börsen umgesetzt wird, beträgt ca. 1000 Mrd. US-$ (Kollar 1993: 115). Der tägliche Devisenumsatz hat somit ein Volumen, welches in etwa dem BIP Frankreichs oder auch gut dem doppelten der gesamten Devisenreserven aller OECD-Staaten (November 1992: 455,4 Mrd. US-$) entspricht. Lediglich 3 bis 4% hiervon sind induzierte, also handelsbezogene Devisengeschäfte, der ganz überwiegende Teil rein spekulative Kapitalbewegungen (Koch 1992: 414).

Vor diesem Hintergrund prägte Susan Strange den Begriff des globalen »Kasino-Kapitalismus«, welcher nicht länger von der Güterproduktion, sondern von bloßer Spekulation und immer kurzfristigerem Geld angetrieben wird (Strange 1986). Die von Strange beschriebene Ablösung internationaler Bankgeschäfte vom Warenhandel läßt sich auch als Quote zwischen internationalen Bankpositionen und internationalen Gütertransaktionen beschreiben. Tabelle 50 zeigt, daß die Quote aus dem Volumen internationaler Bankgeschäfte (Guthaben plus Verbindlichkeiten) und dem internationalen Warenhandel (Importe plus Exporte) von 1976 bis 1990 kontinuierlich ansteigt. Die erste Hälfte der 1980er Jahre stellt hier eine Wendemarke dar. Sowohl in den beiden Aggregaten »Industrieländer« und »Entwicklungsländer« als auch in den meisten Staaten überschreitet die Summe aus Guthaben und Verbindlichkeiten von Banken im Ausland die Größe des jeweiligen nationalen Handelsvolumens. Internationale Währungsbeziehungen beginnen sich mithin von ihrer 1944 im Bretton-Woods-System intendierten Funktion als »Schmiermittel« für den Warenhandel abzulösen und eine Eigendynamik zu entfalten. Während sich die internationalen Bankgeschäfte in den Jahren 1980 bis 1990 mehr als verdreifachten, wuchs der Welthandel lediglich um das 1,7fache. Für einzelne Länder ist diese Tendenz allerdings sehr unterschiedlich. So beträgt die Relation für Großbritannien inzwischen 5,56 und für Japan 3,65, aber für die Bundesrepublik lediglich 0,82. Während die USA zwischen 1980 und 1985 und Großbritannien seit 1985 ebenfalls eine leicht sinkende Tendenz der Relation aufweisen, hat Japan hier zwischen 1985 und 1990 das stärkste Wachstum überhaupt zu verzeichnen (von 1,22 auf 3,65). Dem entspricht eine Verfünffachung des Volumens japanischer Bankgeschäfte mit dem Ausland.

Tabelle 50: Relation internationale Kreditvergabe/Außenhandel 1976-1990

	Welt	USA	Japan	BRD
1976	0,77	0,58	0,38	0,41
1980	0,96	0,74	0,54	0,41
1985	1,62	1,45	1,22	0,55
1990	2,06	1,52	3,65	0,82

	Frankreich	UK	Industrie-länder	Entwick-lungsländer
1976	0,76	2,97	0,80	0,70
1980	1,22	3,25	1,03	0,82
1985	1,82	5,81	1,67	1,49
1990	2,17	5,56	2,10	1,92

Auffallend ist darüber hinaus, daß die Ablösung der internationalen Bankgeschäfte vom Welthandel keineswegs auf die OECD-Länder beschränkt ist, sondern für die Kategorie Entwicklungsländer ebenfalls zutrifft. Die Aufspaltung in die Kategorien Relation Guthaben/Exporte und Relation Verbindlichkeiten/Importe zeigt darüber hinaus, daß nicht nur die Verbindlichkeiten vieler Länder der Dritten Welt angestiegen sind (Verschuldungsproblematik), sondern daß auch das Wachstum der Guthaben der Banken dieser Länder eine ähnliche Dynamik aufweist. Um hieraus weitergehende Schlüsse zu ziehen, bedarf es jedoch einer weiteren Aufsplittung der viel zu groben Kategorie »Entwicklungsländer«. Die Masse der Guthaben dieser Kategorie dürfte sich in Offshore-Finanzplätzen der Karibik und weniger in den afrikanischen Ländern südlich der Sahara befinden.

Zusätzliche Dynamik hat dieser Markt durch die Einführung neuer »exotischer« Finanzinstrumente bekommen, die in den 1980er Jahren für Furore sorgten. Nach Ansicht vieler Analysten erzeugen diese nicht nur neue Risiken für die Stabilität des Marktes, sondern binden darüber hinaus immer größere Summen in »unproduktiven« – weil nicht produktionsorientierten – Bereichen (Afheldt 1994). Die Darstellung dieser neuen Produkte und die Analyse ihrer Konsequenzen für die Weltwirtschaft werden durch ihre Vielzahl und Komplexität stark erschwert. Selbst die Bundesbank spricht hier von einer »kaum noch zu überblickende(n) Produktvielfalt« (Monatsbericht Oktober 1993). Bekanntere Beispiele für solche neuen Instrumente sind Optionen, Futures (Finanztermingeschäfte) oder Swaps. Optionen etwa verkörpern für den Inhaber keine Gläubigerposition, sondern ein Recht, dessen Wert von der Entwicklung der zugrundeliegenden Kurse abhängt. Fällt der Kurs einer Währung, einer Schweinehälfte oder eines Aktienindexes, auf die eine Option erworben wurde, unter ein bestimmtes Niveau, wird die Option wertlos. Steigt der Kurs hingegen, lassen sich hohe Gewinne realisieren. Bei Futures ist der Grundgedanke identisch, nur mit der Spezifizierung, daß die Vertragspartner eine Liefer- beziehungsweise Abnahmeverpflichtung eingehen. Swaps sehen vor, daß zwei Parteien Zahlungsströme tauschen, etwa variable gegen feste Zinsverpflichtungen oder eine Währung gegen eine andere einschließlich des damit verbundenen Zinsobligos (Lipfert 1992, Shapiro 1992, Braunschweig 1989, Watsham 1993, Levi 1990).

Während der Markt für börsengehandelte Derivate noch als relativ reguliert gilt, da das Spektrum der Instrumente standardisiert ist und Händler immer nur mit der Börse, aber nie direkt miteinander kontrahieren können, sind »Over-the-Counter-Geschäfte« (OTC) sehr viel weniger übersehbar. OTC sind »maßgeschneiderte« Finanzprodukte, welche auf die Wünsche eines bestimmten Kunden zugeschnitten werden. Sie können bestimmte Formen von Optionen, Swaps oder Futures kombinieren und hierbei die exotischsten Formen annehmen.[5] Aufgrund der nahezu unendlichen Vielfältigkeit und permanenten Innovation von OTC-Produkten befinden sich alle Versuche der Regulation dieser neuen Instru-

---

5 Zur Vorstellung und Diskussion von »Leveraged Capped Floaters«, »Equity-Index-Linked Swaps«, »Portfolio Collars«, »Rainbow Options«, »Barrier Options« etc. vgl. Euromoney, Aug. 1992.

mente in einem fast schon hoffnungslosen Wettlauf von Aufsichtsbehörden mit höchstbezahlten »Finanzingenieuren«. Erstere haben dabei denkbar schlechte Karten, da sie den innovativen
Neuerungen im besten Fall mühsam hinterherhinken können.

Auch die BIZ weist in ihrem Jahresbericht 1994 auf das enorme
Wachstum »derivativer« Geschäfte hin (BIZ 1994: 123). Während
1988 weltweit noch »lediglich« 1,3 Billionen US-$ mit börsenge-
handelten Derivaten umgesetzt wurden, waren es 1993 schon fast
8 Billionen US-$. Hinzu kommt der Umsatz von außerbörslichen
Derivaten, welcher 1992 gut 5,3 Billionen US-$ betrug und 1993
bei über 6 Billionen lag. Zusammen ergibt der einen jährlichen
Umsatz von schätzungsweise 14 Billionen US-$ oder knapp einer
halben Million US-$ pro Sekunde! Als besonders dynamisch er-
scheinen hierbei insbesondere kurzfristige Zinsfutures und Zins-
optionen.

Auch die eigentlich eher konservativen deutschen Banken sind
zunehmend in das Geschäft mit Derivaten involviert. Gemessen
an ihrem Geschäftsvolumen betrugen die derivativen Geschäfte
deutscher Großbanken 1993 im Schnitt 182,8 % (Deutsche Bundesbank, Monatsbericht Oktober 1993). Entsprechende Zahlen
für britische oder amerikanische Banken dürften noch um einiges
höher liegen. Die sich in den Statistiken andeutende tendenzielle
Abwendung der Großbanken vom traditionellen Kreditgeschäft
unterstrich der Chef der Deutsche Bank North America Holding
(DBNA) Rolls in einem Interview Mitte Juli 1994 (vgl. Frankfurter Allgemeine Zeitung vom 18. 7. 1994). Große Unternehmen gehen dazu über, Kapital direkt an den Geldmärkten aufzunehmen
(Verbriefung oder »Securitisation«, vgl. Heri 1989), ohne hierbei
Banken als Mittler einzuschalten. Die Folge ist ein stark rückläu-
figes traditionelles Kreditgeschäft, so daß die Banken gezwungen
sind, neue Märkte zu erschließen. Die DBNA soll sich entsprechend auf das Geschäft mit Wertpapieren, Devisen, Optionen und
Swaps konzentrieren und das traditionelle Kreditgeschäft eher
vernachlässigen, da hier kaum noch Gewinne zu erwirtschaften
sind.

Die wichtigsten Akteure in diesem hochspekulativen Geschäft
sind, wie der Fall Metallgesellschaft gezeigt hat, nicht länger ausschließlich Banken, die versuchen, Risiken zu minimieren und das
Geld ihrer Kunden gewinnbringend anzulegen, sondern auch die
Finanzabteilungen großer Industrieunternehmen. Die hohe At-

traktivität von solchen Instrumenten wird darin deutlich, daß selbst ein so konservatives Unternehmen wie Siemens derivative Finanzinstrumente von ca. 26 Mrd. DM in den Büchern stehen hat (Wittkowski 1994). Neu ist auch die Existenz riesiger Fonds in den Händen von institutionellen Anlegern (Investment- und Pensionsfonds). Der globale Bestand an Kapital, der 1989 von Investment- und Pensionsfonds verwaltet wurde, betrug über 3,2 Billionen DM, wovon wiederum über 1,4 Billionen allein auf amerikanische Fonds entfielen (Laux/Päusler 1992: 26-27). Hierbei handelt es sich zumeist um hochliquides Kapital, welches kurzfristigen Schwankungen von Währungskursen oder Zinssätzen folgt. Aufgrund der hohen Performanceorientierung von Fonds bilden langfristige und produktionsorientierte Anlagen eher die Ausnahme. Investmentfonds befinden sich in einem extremen Wettbewerb untereinander, in dem nur diejenigen neues Kapital anzuziehen vermögen, die hohe Gewinne ausweisen können.

Ein noch höheres Wachstum als Direktinvestitionen verzeichnen Portfolioinvestitionen (vgl. BIZ 1993: 101). 1991 betrugen letztere 648 Mrd. US-$ und 1992 546 Mrd. US-$. Sie erreichten damit fast 400% der Flußgrößen der Direktinvestitionen. Der leichte Rückgang in 1992 ist hierbei analog zu dem Rückgang der Direktinvestitionen auf den konjunkturell bedingten Einbruch im japanischen Anlegerverhalten zurückzuführen. Die Portfolioinvestitionen der EU boomen hingegen weiterhin mit Wachstumsraten von 60% (1991) und 24% (1992). Selbst die US-amerikanischen Portfolioinvestitionen, die bereits 1991 ein außerordentliches Wachstum von 345% verzeichneten, wuchsen 1992 noch einmal um 18%. Hochmobile und für konjunkturelle oder spekulationsbestimmte Schwankungen äußerst sensible Formen des Kapitalexports überlagern auch hier immer stärker langfristige und produktionsorientierte Investitionen. Während der Liberalisierungsprozeß im Bereich der Direktinvestitionen eher mühsam voranschreitet und nach wie vor in »strategischen« Bereichen staatliche Auflagen oder informelle Restriktionen für Unternehmenskäufe bestehen (Balasubramanyam/Greenaway 1992, UNCTC 1992), ist der Markt für Portfolioinvestionen mit der fast vollständigen Abschaffung von Devisenbewirtschaftung und Kapitalverkehrskontrollen im OECD-Raum seit Ende der 1980er Jahre hoch liberalisiert. Das starke Wachstum von Portfolioinvestitionen reflektiert daher zum einen den Trend zu flexibleren Formen der Anlage von Kapital und zum anderen den höheren Grad an Deregulierung.

Der gesamte transnationale Kapitalstock (Bestand an Direktinvestitionen plus Bestand an Portfolioinvestitionen im Ausland) der sieben wichtigsten Länder (USA, Japan, BRD, Frankreich, Italien, Großbritannien und Kanada) betrug 1991 über acht Billionen US-$ (Tabelle 51). Dies entspricht in etwa dem anderthalbfachen BIP der USA. Allein in den Jahren 1986 und 1987 stieg dieser Bestand um 26 bzw. 27%. Das bedeutet, daß in einem einzigen Jahr transnationale Investitionen in einer Größenordnung getätigt wurden, welche ein Viertel des Buchwertes aller bis dato überhaupt getätigten Investitionen ausmachen! Insbesondere das Wachstum der japanischen Guthaben war von außerordentlicher Dynamik. Während japanische Anleger im Jahr 1982 erst über Guthaben im Wert von 227 Mrd. US-$ verfügten und sie hiermit noch hinter den USA, der BRD und Großbritannien rangierten, konnten sie diese Guthaben bis 1991 fast verzehnfachen und sogar die USA überrunden. Sie verfügen nunmehr über Kapitalanlagen im Ausland im Wert von mehr als zwei Billionen US-$.

Tabelle 51: Bestand von Guthaben im Ausland für USA, Japan, BRD, Frankreich, Italien, Großbritannien und Kanada 1982-1991 in Mrd. US-$

	USA	JAP	BRD	FRA	ITA	UK	KAN	Summe	Wachstumsrate
1982	999	227	249	180	87	667	78	2487	
1983	1069	271	238	179	95	700	84	2636	0,06
1984	1096	340	239	182	103	716	92	2768	0,05
1985	1167	437	336	215	119	853	90	3217	0,16
1986	1308	726	495	255	156	1058	100	4098	0,27
1987	1437	1070	657	337	195	1296	118	5110	0,25
1988	1547	1468	682	339	209	1398	144	5787	0,13
1989	1690	1770	855	472	269	1535	161	6752	0,17
1990	1782	1857	1092	628	352	1732	177	7620	0,13
1991	1868	2005	1144	625	398	1773	190	8003	0,05

Quelle: OECD-Wirtschaftsausblick 53, Juni 1993, eigene Berechnungen

Angesichts des außerordentlichen Wachstums und des Umfangs derivativer Geschäfte wurde in den letzten Jahren immer wieder vor den Gefahren für die Stabilität der Finanzmärkte gewarnt (GAO 1994, Deutsche Bundesbank 1993). Insbesondere die Frage der notwendigen Eigenkapitaldeckung bereitet hier Probleme, da es sich bei Termingeschäften zumeist um sog. »bilanzunwirksame« Geschäfte handelt. Die Deutsche Bundesbank schätzte Mitte 1993 den Bestand aller bilanzunwirksamen Geschäfte[6] deutscher Banken auf 6116 Mrd. DM, was in etwa 90 % ihres gesamten Geschäftsvolumens entspricht (Deutsche Bundesbank 1993). Ende 1991 hatte diese Relation erst 58 % betragen. Die Bundesbank warnte weiterhin eindringlich vor den Gefahren, die aus unzureichenden Eigenkapitalausstattungen für einzelne Banken sowie das internationale Finanzsystem insgesamt resultieren können. Durch das oftmals nicht eindeutig feststellbare Risiko, welches mit derivativen Instrumenten einhergeht, sowie den »Leverage-Effekt« von Termingeschäften (der Einsatz geringer Summen kann zu großen Gewinnen bzw. Verlusten führen) können Fehlspekulationen in kürzester Zeit zur Insolvenz großer Marktteilnehmer führen. Der Fall der Metallgesellschaft, die aufgrund von abenteuerlichen Fehlspekulationen im Öltermingeschäft an den Rand des Konkurses getrieben wurde, illustriert dieses Problem. Geraten einzelne große Marktteilnehmer jedoch in Zahlungsschwierigkeiten, so kann dies zu einer Kettenreaktion von Bankenzusammenbrüchen führen, welche die Stabilität des ganzen Systems erschüttert (Spero 1989). Auch das amerikanische General Accounting Office (GAO 1994) warnt in seinem 1994 erschienenen Bericht eindeutig vor diesen Gefahren. Ungefähr 90 % des gesamten Derivategeschäfts mit OTC liegen in den Händen von nur sieben amerikanischen Banken. Sollte auch nur ein einziges dieser Häuser in ernsthafte Zahlungsschwierigkeiten geraten, könnten die Folgen für das internationale Finanzsystem verheerend sein.

Die Stabilität des globalisierten Finanzmarktes wird auch dadurch bedroht, daß ausländisches Kapital in immer höherem Maß

---

6 Devisentermingeschäfte, Wertpapiertermingeschäfte, Finanz-Swaps, Terminkontrakte und Optionen.

an inländischen Börsen und Kapitalmärkten vertreten ist. Nach Angaben der BIZ (1994: 161) werden 20-25% der Staatsanleihen der zehn wichtigsten Länder (außer Japan) von Gebietsfremden gehalten. Dieses »gebietsfremde« Kapital neigt grundsätzlich zu geringerer Anlagestabilität als inländisches Kapital, da ausländische Investoren normalerweise über ein niedrigeres Informationsniveau verfügen, sensibler auf Wechselkursveränderungen reagieren und weniger darauf vertrauen, daß ihr Kapital in Fällen von Krisen wirksam geschützt wird. In Krisensituationen ist ausländisches Kapital daher gewöhnlich das erste, das von den Kapitalgebern abgezogen wird. Dieses Verhalten zeigte sich während des Börsencrashs im Oktober 1987, als die Börsen mit den höchsten Anteilen ausländischen Kapitals die tiefsten Kurseinbrüche zu verzeichnen hatten. Die enge Verflechtung der Kapitalmärkte und die Möglichkeit, enorme Summen innerhalb von Sekunden zu transferieren, sind fast schon eine Garantie, daß lokale Krisen globale Auswirkungen haben.

Destabilisierend wirkt sich weiterhin das veränderte Anlageverhalten industrieller und institutioneller Investoren aus, da es zunehmend in Gegensatz zu traditioneller ökonomischer Rationalität gerät. Die Devisen- und derivativen Geschäfte bewegen sich in einem »hyperrealen«, d. h. durch bloße Simulation hervorgerufenen Raum, dessen Spielregeln keinerlei Bezug zur Realität mehr haben und der für die Akteure zur alleinigen Bezugsgröße ihres Handelns wird. Nicht mehr volkswirtschaftliche Rahmengrößen wie Zahlungsbilanzen oder Inflationsraten oder gar die Notwendigkeit, eine Rechnung in einer Fremdwährung zu bezahlen, führen zum Kauf oder Verkauf einer Währung. Vielmehr übernehmen Computer diese Entscheidung, die ihre Berechnungen ausschließlich auf der Basis von Extrapolationen vergangener Kursbewegungen machen. In diesem spekulativ angeheizten Markt wird der reale, d. h. stoffliche Hintergrund der Transaktionen tendenziell zur Marginalie. Die Zeitschrift Euromoney veröffentlicht seit 1978 regelmäßig eine Umfrage unter Investment- und Pensionsfondsmanagern nach den Kriterien ihres Anlageverhaltens. Demnach lassen sich »Chartisten« von »Fundamentalisten« unterscheiden. Chartisten sind jene, die die kurzfristige Wechselkursprognose aus der vergangenen Entwicklung mit Hilfe von Charts (Computermodelle, die z. B. vergangene kurz- und langfristige Wechselkurszyklen in die Zukunft extrapolieren) ableiten. Fundamentalisten hingegen orientieren sich an der Entwicklung volkswirtschaftlicher Eckwerte wie der Inflationsrate, der Leistungsbilanz oder des Wachstums der Geldmenge. Seit Mitte der 1980er Jahre verzeichnet die Umfrage ein deutliches Übergewicht der Chartisten, da sich deren rein spekulative Methode der Erwartungsfindung als profitabler erwiesen hat als die Berücksichtigung fundamentaler Einflußfaktoren, die nur für die langfristige Entwicklung von Bedeutung sind. Die hohe Volatilität der Devisenmärkte wird entsprechend auch in der Fachliteratur zunehmend auf (massen-)psychologische Erklärungsansätze zurückgeführt. Nicht harte volkswirtschaftliche Fakten, sondern »rationale Blasen«, »Sonnenflecken-Gleichgewichte« und »sich selbst erfüllende Paniken« (Claasen 1991) sind durchaus taugliche Zugänge zum Verständnis der Entwicklung von Devisenkursen (vgl. Peters 1991, 1994). Da Spekulationen nicht an den fundamentalen Bestimmungsgrößen eines Gleichgewichtskurses ausgerichtet sind, führen sie zu Über- und Unterbewertungen von Währungen. Setzt die Welle der Spekulation gegen eine Währung jedoch erst einmal ein, ist eine wachsende Zahl von Anlegern gezwungen, die betreffende Währung abzustoßen, wollen sie nicht zwangsläufig entstehende Kursverluste erleiden. »Selbst bei rationalen Erwartungen der Devisenmarktteilnehmer können spekulative Blasen auftreten, denn wie auf allen Finanzmärkten hängen die Preise von ihren erwarteten Veränderungen ab; sofern bestimmte Erwartungen von einer großen Zahl von Marktteilnehmern gehegt werden, erfüllen sie sich selbst. Es wäre sogar irrational, diese ›Bubbles‹ nicht mitzumachen, auch wenn der so gebildete Wechselkurs den fundamentalen ökonomischen Einflußgrößen völlig widerspricht« (Claasen 1991: 11).

Auf dem Weg in die Rentiersgesellschaft?

In den Zahlungsbilanzen macht sich der massive Anstieg von Direkt- und Portfolioinvestitionen sowie der daraus resultierenden Gewinnrückflüsse nachhaltig bemerkbar. Der Anteil der Kapitaleinkommen an den weltweiten Einnahmen aus dem Ausland stieg zwischen 1961 und 1990 von 8 auf 19 % (Tabelle 52). Es handelt sich hierbei nicht lediglich um eine lineare, sondern um eine exponentielle Entwicklung, deren Beginn etwa Mitte der 1970er Jahre zu verorten ist. Am stärksten ausgeprägt ist dieser Trend in Großbritannien, wo inzwischen 38 % aller Einnahmen aus dem

Tabelle 52: Anteil der Faktoreinkommen an den gesamten Einnahmen aus dem Ausland für 23 Länder 1961-1990

	Ägypten	Argentinien	Australien	Belgien	Brasilien	Deutschland	Dänemark	Finnland
1961	0,02	0,05	0,03	0,04	0,00	0,01	0,00	0,00
1965	0,02	0,00	0,03	0,06	0,00	0,02	0,01	0,00
1970	0,00	0,02	0,03	0,09	0,02	0,06	0,02	0,04
1975	0,04	0,02	0,04	0,14	0,05	0,06	0,02	0,02
1980	0,04	0,12	0,04	0,21	0,06	0,07	0,05	0,03
1985	0,06	0,03	0,06	0,26	0,05	0,08	0,06	0,06
1990	0,08	0,02	0,07	0,29	0,05	0,13	0,12	0,11

	Frankreich	Indien	Iran	Italien	Japan	Kanada	Südkorea	Mexiko
1961	0,07	0,02	0,00	0,01	0,02	0,04	0,03	0,00
1965	0,07	0,01	0,00	0,02	0,02	0,04	0,01	0,00
1970	0,12	0,03	0,00	0,09	0,03	0,05	0,05	0,06
1975	0,14	0,02	0,03	0,06	0,06	0,04	0,01	0,05
1980	0,14	0,09	0,07	0,08	0,07	0,04	0,03	0,06
1985	0,17	0,04	0,03	0,08	0,10	0,05	0,03	0,07
1990	0,17	0,02	n. v.	0,09	0,28	0,05	0,04	0,08

	Niederlande	Spanien	Norwegen	Österreich	Schweden	Großbritannien	USA	Welt (G 23)
1961	0,07	0,02	0,01	0,01	0,01	0,11	0,17	0,08
1965	0,07	0,01	0,01	0,02	0,02	0,13	0,18	0,08
1970	0,09	0,01	0,03	0,03	0,02	0,13	0,21	0,10
1975	0,09	0,04	0,03	0,05	0,02	0,21	0,19	0,10
1980	0,13	0,05	0,04	0,08	0,03	0,28	0,23	0,14
1985	0,11	0,05	0,07	0,11	0,06	0,34	0,24	0,15
1990	0,14	0,06	0,08	0,13	0,13	0,38	0,22	0,19

Ausland aus Vermögenseinkommen resultieren, gefolgt von Belgien (29 %) und Japan (28 %). Die britischen Kapitaleinkommen entsprechen damit inzwischen ca. 80 % (1990) der Einnahmen aus dem Warenexport. Im Falle der USA und Japans sind es 37 bzw. 45 %. Im Gegensatz zum Dienstleistungshandel sind bei den Vermögenseinkommen offensichtliche Ähnlichkeiten innerhalb der Randgruppen des Spektrums zu verzeichnen. Während die Länder mit einem hohen Anteil der Vermögenseinkommen an den Einnahmen aus dem Ausland (über 10 %) allesamt zu den hochentwickelten Ländern gehören, befinden sich diejenigen mit einem geringen Anteil (unter 5 %) allesamt in der Gruppe der unterentwickelten Länder.

Als Hauptquellen von Vermögenseinkünften sind in den Zahlungsbilanzstatistiken Direktinvestitionen, Portfolioanlagen und Kredite an das Ausland aufgeführt. In der Bundesrepublik ist in den 1980er Jahren ein gewaltiges absolutes und relatives Wachstum der Kapitalerträge aus Portfolioanlagen zu verzeichnen. So stiegen die Kapitalerträge von 1981 bis 1992 von 5,8 Mrd. DM auf 54,4 Mrd. DM. Dies entspricht einem Anstieg des relativen Anteils an den Vermögenseinkommen von 12 auf 26 %. Der Anteil der Direktinvestitionen ging von 13 auf 10 %, der der Kapitalerträge aus Krediten von 75 auf 64 % zurück. Eine ähnliche Tendenz läßt sich für Japan beobachten. Trotz einer explosionsartigen Zunahme der japanischen Direktinvestitionen in den 1980er Jahren (vgl. Menzel 1992) und einer Verdreifachung der Einkommen aus Direktinvestitionen (von ca. 2 Mrd. US-$ in 1983 auf 6,4 Mrd. US-$ in 1991) sank der relative Anteil der Kapitalerträge aus Direktinvestitionen an den gesamten Vermögenseinkommen von 12 auf nur noch 3 %. Im Gegenzug explodierten hier sowohl die Kapitalerträge aus Portfolioanlagen wie aus Bankkrediten. Während erstere zwischen 1983 und 1991 immerhin von 4,7 Mrd. US-$ auf 57,3 Mrd. US-$ angestiegen sind, wuchsen letztere von 14,8 Mrd. auf stolze 174,9 Mrd. US-$.

Das starke relative Wachstum der Kapitalerträge aus Portfolioanlagen läßt sich auch am Beispiel Großbritanniens verfolgen. Hier stiegen die Erträge zwischen 1981 und 1991 von 3 auf 12 % bzw. von 2,2 Mrd. auf 17,3 Mrd. Pfund. Die Erträge aus Direktinvestitionen bewegen sich nach einem kurzen Hoch Ende der 1980er Jahre inzwischen wieder auf dem gleichen relativen Niveau wie zu Beginn der 1980er Jahre (14 bzw. 15 %), während die Kapitalerträge aus Krediten an relativem Gewicht verloren haben (von 82 auf 74 %). Gleichwohl haben sich selbst diese zwischen 1981 und 1991 absolut immer noch verdoppelt. In der nachhaltigen Zunahme der Relevanz der Kapitalbilanz für die Zahlungsbilanz deuten sich erste Anzeichen für das Entstehen von »Rentiersgesellschaften« (vgl. Menzel 1993) an. Länder wie Großbritannien, Belgien oder Japan erwirtschaften ihre Einkünfte immer weniger über den Export von stofflichen Gütern als vielmehr über die Einkommen aus Kapitalanlagen im Ausland. Hier allerdings anzunehmen, daß diese sich eines Tages nur noch bequem zurückzulehnen bräuchten und die Erträge ihrer Investitionen im Ausland genießen könnten, trifft nicht den Punkt. Zwar verlieren Exporte von Waren immer mehr ihren Status als primäre Devisenbringer, doch sind die Salden der Vermögenseinkommen weder für Großbritannien noch für Belgien, Japan oder irgendein anderes der untersuchten Länder so positiv, daß sie eine auch nur annähernde Begleichung der Importrechnungen erlauben würden. Die Spitzenreiter bezüglich der Höhe dieses Saldos sind die USA (23,65 Mrd. US-$), Japan (18,95 Mrd. US-$) und die BRD (12,38 Mrd. US-$). In keinem dieser Fälle beträgt der Überschuß der Kapitalbilanz jedoch mehr als 8,7 % der Güterimporte (Japan). In den USA beträgt die Relation lediglich 4,8 %, in der BRD 3,9 %, in Großbritannien 3 %. Wenn die These über die Entstehung von Rentiersgesellschaften zutreffend sein sollte, dann nur für Finanzoasen wie die Cayman-Inseln oder die Bahamas. Worauf das starke Wachstum der Vermögenseinkommen jedoch erneut verweist, ist der Bedeutungsverlust des internationalen »stofflichen« Warenhandels.

5.4 Eine postindustrielle Hegemonie der USA?

Welche Implikationen der skizzierten Strukturveränderungen ergeben sich für die Diskussion um den hegemonialen Abstieg der USA? Forschungsanleitende Frage ist hierbei, ob die USA in den neuen Bereichen über die Machtstellung verfügen, die sie ehemals in den »alten« Bereichen des sekundären Sektors innehatten (Keohane 1984, Gilpin 1987, Nye 1990 , Cox 1993). Ein für diese Diskussion entscheidender Punkt besteht in der These, daß die qualitative Bedeutung der Güter, die international getauscht werden, sich in einem Prozeß der Veränderung befindet. Während die wichtigsten Wachstumsimpulse der Nachkriegszeit aus dem Sekundären Sektor resultierten, bekommen in der neuen Weltwirtschaft wissens- und kapitalintensive Dienstleistungen die zentrale Stellung. Sollten sich die beschriebenen Tendenzen fortsetzen und die unsichtbaren Transfers zwischen den Nationalstaaten an relativer Bedeutung gegenüber dem Warenhandel weiterhin zunehmen, rücken diese wie ihre nationalstaatliche Basis, also der quantitative und qualitative Tertiarisierungsgrad, ins Zentrum der Analyse von »postindustrieller« Macht im internationalen System.

Internationale Macht oder gar Hegemonie lassen sich dann nicht länger aus der Macht zur Strukturierung des Handels mit Produkten des Primären und Sekundären Sektors ableiten, sondern müssen auf die Fähigkeit zur Strukturierung der neuen Bereiche bezogen werden. Diejenigen Länder werden in der neuen Weltwirtschaft dominieren, die in den neuen Bereichen der Telekommunikation, der Softwareproduktion und der Professionellen Dienstleistungen komparative Vorteile besitzen, da hier die größten Wachstumspotentiale und die größte Innovationsdynamik zu erwarten sind. Die strategische Bedeutung von Produkten des Tertiären Sektors in der neuen Weltwirtschaft und die Neudefinition der ökonomischen Stärke der USA beschreibt Schlossstein (1993) wie folgt: »... the information age of the 21st century is ushering a new paradigm that will transform forever how we think about American competitiveness, (and) ›merchandise‹ trade deficits... A U. S. led software revolution is on the verge of transforming global television and telecommunications markets... We are on the threshold of a virtual explosion in new American enterprise software that will have the effect of accelerating the information age economy, an economy that the U. S. not only leads, but leads overwhelmingly. Above all, this new software revolution will make possible the eventual comeback of American leadership in consumer electronics manufacturing.«

Die starke Stellung des international noch immer hoch konkurrenzfähigen Sekundären Sektors in der Bundesrepublik hingegen wird von einer Studie des State Department als fundamentales Entwicklungshemmnis auf dem Weg in die Informationsgesellschaft beschrieben. Die Studie mit dem Titel »The Industrial Decline in Germany« argumentiert hier, daß der Erfolg der klassischen Industrien – Maschinenbau, Fahrzeugbau, Elektrotechnik, Chemie – den Deutschen den Blick für die in den 1980er Jahren angelaufene zweite Industrielle Revolution verbaut hätte. Aufgrund des großen Erfolges dieser alten Industriezweige hätten die Deutschen es verschlafen, die neuen Großtechnologien – Informationstechnik, Biotechnik, neue Werkstoffe, neue Energien, Luft- und Raumfahrt – voranzutreiben.[7] Dieser Argumentation zufolge gewinnt Deutschland somit zunehmend das Profil eines modernen Entwicklungslandes (vgl. Seitz 1993).

Entsprechend ist zu untersuchen, ob die USA etwa gar keine absteigende, weil sich deindustrialisierende Gesellschaft (Bluestone/Harrison 1988), sondern eine weiter aufsteigende, weil sich tertiarisierende Gesellschaft sind. Japan und insbesondere Deutschland erscheinen in dieser Perspektive als relativ rückständige, da noch stark industriell geprägte Gesellschaften (Menzel 1995). Verschärft wird diese Rückständigkeit dadurch, daß es sich hierbei nicht lediglich um einzelne Branchen handelt, in denen die BRD, Japan und andere Länder an globaler Relevanz verlieren, sondern um ganze volkswirtschaftliche Strukturen, an denen sie aufgrund ihres bislang hohen Erfolges weiter festzuhalten suchen. Postindustrielle Macht soll demzufolge hier anhand der Indikatoren Anteile am Welttertiärprodukt, am Dienstleistungshandel, an den globalen Faktoreinkommen und an den Direktinvestitionen im Tertiären Sektor gemessen werden.

Während in der Mainstream-Variante der Diskussion um den hegemonialen Abstieg der USA ihr schwindender Anteil am Weltsozialprodukt als der klassische Indikator gilt, ist gemäß dem hier verfolgten Paradigma eher der Anteil am Welttertiärprodukt (WTP) ausschlaggebend. Die Bildung eines Welttertiärproduktes resultiert aus der Aggregierung der Beiträge des Tertiären Sektors zum BSP der 23 berücksichtigten Länder. Auf dieser Basis wurden die Anteile für die sechs wichtigsten Länder am WTP gebildet (Tabelle 53).

Mehrere interessante Beobachtungen drängen sich hier auf: Die USA verfügten 1989 über einen größeren Anteil am WTP als noch 1975. Von einem relativen Abstieg kann aus dieser Perspektive keine Rede sein. Der Anteil der USA am WTP bewegt sich für 1989 in etwa auf einem Niveau, welches dem Anteil am Weltsozialprodukt der USA für 1970 entsprach (Anteil WSP 1970: 44,9 %, Anteil WTP 1989: 44 %). Kein Staat erreicht auch nur 50 % des amerikanischen Anteils. Lediglich Japan könnte bei einer Fortset-

7 Vgl. N. Grunenberg in der ZEIT vom 28. Mai 1993, S. 34.

Tabelle 53: Tertiärprodukt und Anteil am Welttertiärprodukt für USA, Japan, BRD, Frankreich, Italien und Großbritannien 1960-1989

in Mio. US-$	1960	1970	1975	1980	1985	1989
USA	301 644	638 107	1 014 774	1 735 506	2 688 962	3 773 000
Japan	20 757	100 094	272 132	596 735	770 447	1 701 252
BRD	29 271	76 504	207 750	402 326	327 883	637 381
Frankreich	n. v.	68 831	177 108	377 518	317 660	611 398
Italien	15 229	37 475	108 798	242 338	249 909	520 357
Großbritannien	32 657	57 954	123 489	270 570	242 395	n. v.
23 Länder	482 331	1 204 827	2 482 024	4 792 447	5 741 599	8 634 178

Quote						
USA	0,63	0,53	0,41	0,36	0,47	0,44
Japan	0,04	0,08	0,11	0,12	0,13	0,20
BRD	0,06	0,06	0,08	0,08	0,06	0,07
Frankreich	n. v.	0,06	0,07	0,08	0,06	0,07
Italien	0,03	0,03	0,04	0,05	0,04	0,06
Großbritannien	0,07	0,05	0,05	0,06	0,04	n. v.
23 Länder	1,00	1,00	1,00	1,00	1,00	1,00

zung seines außerordentlichen Wachstums langfristig als potentieller Herausforderer gelten. Nur der Anteil Japans am WTP hat ein kontinuierliches und stetiges Wachstum zu verzeichnen. Dieser Anstieg ist jedoch weniger auf einen stark gestiegenen Tertiarisierungsgrad Japans (1980-1989: +3%) als vielmehr auf die kontinuierliche Aufwertung des Yen in Relation zum Dollar zurückzuführen. Die noch viel stärker sekundär geprägte BRD schwankt, vergleichbar mit anderen europäischen Ländern wie Frankreich und Großbritannien, bei einem Anteil von 6 bis 8% des WTP.

Eine wichtige Rolle im Zusammenhang mit Fragen internationaler Konkurrenzfähigkeit und vertikaler Mobilität im internationalen System spielt der Handel mit Dienstleistungen. Insbesondere in der Diskussion zwischen den USA und Japan um die Höhe des bilateralen Handelsungleichgewichts ist dies ein wichtiger Aspekt. Während der Warenhandel mit Japan stark defizitär zuungunsten der USA ist, so argumentiert das MITI in seinem Weißbuch von 1993, sei der Saldo des Dienstleistungshandels stark positiv zugunsten der USA. Zwar würde sich das japanische Defizit noch auf einem niedrigen Niveau bewegen, dafür aber eine deutlich zunehmende Tendenz aufweisen (vgl. Economist vom 4. 9. 93). Hieraus könne geschlossen werden, daß sich das bilaterale Ungleichgewicht in der Leistungsbilanz im Laufe der nächsten Jahre verringern würde.

Bei den Exporten von Dienstleistungen weisen die USA im Vergleich zu ihren wichtigsten weltwirtschaftlichen Konkurrenten Japan und BRD die stärkere Position auf. Während die USA 1990 19% aller Dienstleistungsexporte der G-23 auf sich vereinigten (1960: 21%), waren es für Japan lediglich 7% (1960: 4%) und für die BRD 10% (1960: 12%)[8] (vgl. Tabelle 54). Interessant ist hierbei, daß es sich bei dem Anteil der USA nicht um eine kontinuierlich sinkende Quote handelt, die bei einer Extrapolation bestehender Trends in absehbarer Zeit von Japan oder der BRD eingeholt werden würde. Nach dem Rückgang der USA bis Anfang der 1980er Jahre ist seitdem wieder ein wachsender Anteil an den weltweiten Dienstleistungsexporten festzustellen, der für neuerworbene komparative Vorteile der USA spricht.

Die USA verfügen darüber hinaus als einziges der drei Länder über einen positiven Dienstleistungssaldo (14,67 Mrd. US-$), während Japan und die BRD einen stark negativen Saldo aufzuweisen

Tabelle 54: Anteil am Welthandel* mit Dienstleistungen für USA, Japan und BRD 1960-1990

	USA			Japan			BRD		
	Ex- porte	Im- porte	Summe	Ex- porte	Im- porte	Summe	Ex- porte	Im- porte	Summe
1960	0,21	0,31	0,26	0,04	0,05	0,05	0,12	0,12	0,12
1965	0,22	0,27	0,25	0,04	0,06	0,05	0,12	0,14	0,13
1970	0,16	0,23	0,20	0,06	0,07	0,07	0,11	0,13	0,12
1975	0,14	0,15	0,14	0,07	0,10	0,09	0,12	0,15	0,13
1980	0,13	0,13	0,13	0,07	0,10	0,08	0,11	0,15	0,13
1985	0,20	0,22	0,21	0,07	0,11	0,09	0,10	0,12	0,11
1990	0,19	0,17	0,18	0,07	0,13	0,10	0,10	0,13	0,12

* G 23

8 Zur Problematik der Aussagekraft von Dienstleistungshandelsdaten auf der Basis der Angaben aus Zahlungsbilanzen am Beispiel Deutschlands siehe Petersen et al. (1993: 129).

haben (Japan 41,14 Mrd. US-$, BRD 16,57 Mrd. US-$, 1990). Den Projektionen der OECD zufolge (OECD 1993b: 198) werden sich die Ungleichgewichte der Salden im Nichtfaktor-Dienstleistungshandel zwischen den USA, Japan und der BRD auch in den nächsten Jahren noch weiter verstärken. So geht der Wirtschaftsausblick von Dienstleistungsüberschüssen der USA in Höhe von 57,3 Mrd. US-$ für 1993 und von 61,4 Mrd. US-$ für 1994 aus. Gleichzeitig steigt das japanische Defizit nach Angaben der OECD bis 1994 auf 50 Mrd. US-$ und das deutsche auf 42,2 Mrd. US-$.[9]

Sinnvoll wäre zweifellos eine weitere Aufsplittung des Dienstleistungshandels in seine Komponenten, um festzustellen, in welchen zukunftsträchtigen Bereichen des Tertiären Sektors für welche Staaten Wettbewerbsvorteile und Wettbewerbsnachteile bestehen. Ein detaillierter internationaler Vergleich stößt jedoch sehr schnell an Grenzen, die aus den unterschiedlichen Erhebungsmethoden der Zahlungsbilanzstatistik resultieren. Selbst in der besten internationalen Statistik zum Dienstleistungshandel der OECD-Länder (OECD 1993a) tauchen mindestens ebenso viele statistische Lücken wie Informationen auf. Als Tendenz läßt sich jedoch eine relativ starke Wettbewerbsposition der USA im Bereich der privaten humankapitalintensiven Dienstleistungen gegenüber dort chronischen Defiziten der BRD und Japans feststellen. Defizite weisen die BRD und Japan insbesondere in den Bereichen »Versicherungen« (ebenfalls Kanada, Niederlande, Norwegen und Australien), »Computerdienste« (keine Angaben zu Japan), »Managementleistungen« (ebenfalls Kanada), »Film und Fernsehen« (keine Angaben zu Japan) sowie »Beratung und technische Zusammenarbeit« (keine Angaben zu Japan) auf. Relativ hohe Überschüsse erwirtschaften die USA insbesondere in den Bereichen »Versicherungen« (ebenfalls Großbritannien und Schweiz), »Computerdienste«, »Managementleistungen« (ebenfalls Frankreich und Großbritannien), »Film und Fernsehen« (ebenfalls Großbritannien), »Beratung und technische Zusammenarbeit« (ebenfalls Frankreich, Großbritannien, Kanada und

9 Das deutsche Defizit des Dienstleistungssaldos würde noch bei weitem höher ausfallen, wenn staatliche Warenlieferungen an militärische Dienststellen im Ausland nicht in die Dienstleistungsbilanz mit einfließen würden. Diese machten 1991 allein 21,36 Mrd. DM aus. Das Dienstleistungsdefizit betrüge dann nicht 43,05 Mrd. DM, sondern 64,41 Mrd. DM (Petersen u. a. 1993: 58).

Niederlande), »Finanzdienste« (ebenfalls Deutschland, Großbritannien, Belgien/Luxemburg und Spanien) sowie »Bauleistungen« (ebenfalls Deutschland, Frankreich und Niederlande).

Der Eindruck einer starken Position der USA im internationalen Handel mit wissens- und kapitalintensiven Dienstleistungen bestätigt sich bei einem Vergleich der weltweiten Marktanteile im Bereich des Exportes von »anderen privaten Dienstleistungen« (= alle Dienstleistungen ohne »Frachten«, »andere Transporte«, »Reiseverkehr« und »Regierungsleistungen«). Die USA belegen hier mit 11 % den zweiten Platz hinter Frankreich mit 13 % und vor der Bundesrepublik mit 9 %. Japan befindet sich hinter Großbritannien und Belgien/Luxemburg (8,9 bzw. 6,9 %) auf dem sechsten Platz mit einem Anteil von 6,6 % (OECD 1993 a).

Das Wachstum der Faktoreinkommen stellt eine der dynamischsten Größen weltwirtschaftlicher Strukturveränderungen dar. Bezogen auf vertikale Positionsveränderungen im internationalen System ist die Betrachtung ihrer relativen Verteilung insofern von hohem Interesse, als Faktoreinkommen in ihrer Aussagekraft nicht lediglich auf aktuelle Transfers beschränkt sind, sondern die Investitionen der Vergangenheit und deren aktuelle Rendite dokumentieren. Im Gegensatz zum Handel mit Dienstleistungen läßt sich im Bereich der weltweiten Einkommen aus Kapitalanlagen im Ausland (Faktoreinkommen) ein starker und kontinuierlicher Verfall der relativen Position der USA sowohl zugunsten Japans als auch der BRD verzeichnen (Tabelle 55). Während die USA 1960 noch 59 % der weltweiten Einnahmen aus Kapitalanlagen im Ausland auf sich vereinigen konnten, ist dieser Anteil bis 1990 auf 21 % zurückgegangen. Gleichzeitig ist der Anteil Japans von lediglich 1 (1960) auf 18 % (1990) angestiegen. Auch der Anteil der BRD hat von 3 (1960) auf 10 % (1990) zugenommen.

Ähnliche Tendenzen der Veränderung der relativen Position der drei Akteure zeigen sich auch im Bereich der Direktinvestitionen (DI) im Tertiären Sektor. Während der Anteil der USA an den globalen DI im Tertiären Sektor kontinuierlich zurückgeht (von 64 auf 45 %), steigt der relative Anteil Japans ebenso kontinuierlich an (von 16 auf 33 %). Die BRD hingegen stagniert bei einem Anteil von ca. 20 % (Tabelle 56). Zu berücksichtigen ist allerdings, daß der effektive Wert des Anteiles der USA in den Bestandsstatistiken tendenziell unterschätzt wird, da DI nach dem Prinzip der histo-

Tabelle 55: Anteile am weltweiten Kapitaleinkommen* für USA, Japan und BRD 1960-1990

Quoten	USA			Japan			BRD		
	Einnahmen (7)	Ausgaben (8)	Volumen (9)	Einnahmen (7)	Ausgaben (8)	Volumen (9)	Einnahmen (7)	Ausgaben (8)	Volumen (9)
1960	0,59	0,19	0,42	0,01	0,02	0,02	0,03	0,09	0,05
1965	0,58	0,22	0,43	0,01	0,04	0,03	0,03	0,08	0,05
1970	0,48	0,23	0,36	0,03	0,05	0,04	0,08	0,12	0,10
1975	0,38	0,18	0,28	0,05	0,06	0,06	0,08	0,09	0,09
1980	0,32	0,18	0,25	0,05	0,05	0,05	0,06	0,07	0,07
1985	0,31	0,22	0,26	0,08	0,06	0,07	0,06	0,05	0,06
1990	0,21	0,16	0,19	0,18	0,14	0,16	0,10	0,07	0,09

* G 23

rischen Kosten verbucht werden und somit zu dem Wert Eingang in die Bilanzen finden, den sie zum Zeitpunkt ihrer Erwerbung hatten. In Fällen von DI, die sehr lange zurückliegen, kann dies zu einer gravierenden Unterbewertung des Bestandes führen. Auf der anderen Seite legt das relativ niedrige Niveau der amerikanischen Faktoreinkommen nahe, daß die statistische Verzerrung nicht so groß sein kann, daß sie einen falschen Eindruck bei der Richtung der Veränderung erwecken würde. Hinzu kommt, daß umfangreiche DI im Tertiären Sektor ein ganz neues Phänomen sind, waren ältere DI doch weitgehend im Primären und Sekundären Sektor getätigt worden.

Tabelle 56: Anteil der Direktinvestitionen in Branchen des Tertiären Sektors für BRD, Japan, USA an den Direktinvestitionen aller drei Länder in diesen Branchen 1982-1990

BRD	Handel	Finanz-wesen und Banken	Dienst-leistungen	Gesamt
1982	0,16	0,25	0,15	0,20
1983	0,16	0,25	0,14	0,19
1984	0,16	0,24	0,13	0,19
1985	0,19	0,27	0,17	0,23
1986	0,22	0,26	0,18	0,23
1987	0,23	0,25	0,18	0,24
1988	0,22	0,22	0,15	0,21
1989	0,21	0,20	0,12	0,20
1990	0,22	0,24	0,12	0,22

Japan	Handel	Finanz-wesen und Banken	Dienst-leistungen	Gesamt
1982	0,20	0,09	0,32	0,16
1983	0,21	0,11	0,36	0,18
1984	0,25	0,15	0,40	0,22
1985	0,26	0,17	0,41	0,23
1986	0,25	0,20	0,46	0,24
1987	0,24	0,22	0,48	0,25
1988	0,26	0,27	0,53	0,29
1989	0,29	0,28	0,64	0,32
1990	0,30	0,27	0,67	0,33

USA	Handel	Finanz-wesen und Banken	Dienst-leistungen	Gesamt
1982	0,64	0,66	0,54	0,64
1983	0,63	0,64	0,50	0,62
1984	0,58	0,61	0,46	0,59
1985	0,55	0,56	0,42	0,54
1986	0,53	0,54	0,36	0,52
1987	0,53	0,53	0,34	0,51
1988	0,52	0,51	0,32	0,50
1989	0,50	0,51	0,24	0,48
1990	0,47	0,49	0,21	0,45

5.5 Das Ergebnis: Die Entstofflichung der Ökonomie

Die beschriebenen weltwirtschaftlichen Strukturveränderungen lassen sich wie folgt zusammenfassen:

1. Aufgrund des gestiegenen weltwirtschaftlichen Konkurrenzdruckes, der höheren Rationalisierungseffekte in der Industrie im Vergleich zu den Dienstleistungsbereichen sowie der wachsenden Nachfrage nach spezialisierten und somit dienstleistungsintensiven Produkten treten zumindest in den OECD-Staaten nichtstoffliche zunehmend an die Stelle der ehemals dominierenden stofflichen Produktionsfaktoren. Banken, Versicherungen, Informations- und Kommunikationsdienstleistungen sowie Makler- und Anwaltsbüros übernehmen die strategische volkswirtschaftliche Stellung, welche der klassischen Schwerindustrie ehemals zukam. Die Verarbeitende Industrie selbst befindet sich in einem Prozeß der funktionalen Tertiarisierung. Selbst Produkte wie Werkzeugmaschinen oder dauerhafte Konsumgüter sind oftmals nur noch in dem Sinne stofflich, daß sie physisch vorhanden sind. Gemessen an den Komponenten ihrer Wertschöpfung sind sie zum überwiegenden Teil schon längst entstofflichte Produkte. Die gestiegene Bedeutung nichtstofflicher Produktionsfaktoren drückt sich jedoch nicht nur in ihrem Wertschöpfungsanteil aus, sondern mindestens ebensosehr in ihrer strategischen Bedeutung für moderne Produktionsprozesse.

2. Internationale Kapitalanlagen orientieren sich nicht länger an einer internationalen Arbeitsteilung, bei der arbeitsintensive Tätigkeiten in Länder mit niedrigeren Löhnen ausgelagert werden. Es handelt sich vielmehr zunehmend um spekulations- und renditeorientiertes Geldkapital, das kurzfristigen Schwankungen von Devisenkursen, Warentermingeschäften etc. folgt, deren produktive Referenz kaum noch nachvollziehbar ist. Die enge Beziehung zwischen der »realen« Ökonomie von Gütern und Dienstleistungen und der »symbolischen« Ökonomie von Devisen- und Kreditgeschäften scheint sich aufzulösen und einer Verselbständigung und Aufblähung der »symbolischen Ökonomie« Platz zu machen. Portfolioinvestitionen und Devisenspekulationen haben aufgrund ihres enormen Wachstums in den 1980er Jahren eine qualitativ neue Bedeutung bekommen. Kurzfristige Kapitaltransaktionen sind verantwortlich für die Bestimmung einzelstaatlicher Eckwerte wie der Inflationsrate oder der Zinshöhe. Nicht ohne Grund

bewertet der Management-Guru Peter Drucker diese als destabilisierende und pathologische Phänomene der neuen Weltwirtschaft: »Portfoliokapitalflüsse, welche einst von Ländern mit niedrigen kurzfristigen Renditen in Länder mit hohen kurzfristigen Renditen flossen, erzeugten hierdurch ein weltwirtschaftliches Gleichgewicht und wirkten als Stabilisatoren. Sie reagierten auf die finanziellen oder ökonomischen Rahmenbedingungen eines Landes. Angetrieben von der Erwartung spekulativer Profite, sind heutige globale Kapitalbewegungen die großen Destabilisatoren geworden, welche Länder in rasante Zinsbewegungen zwingen, die ökonomische Aktivität drosseln oder kurzfristige Abwertungen erfordern, die den Wert der Währung unter ihre Kaufkraft drücken und somit inflationären Druck erzeugen« (Drucker 1994: 100).

3. Die Möglichkeit einer postindustriellen Hegemonie der USA, welche auf politikfeldspezifischen Machtressourcen basiert, scheint am ehesten im Bereich des Handels mit privaten humankapitalintensiven Dienstleistungen zu bestehen (vgl. Menzel 1998, Kap. 8). In allen anderen Bereichen haben die USA im Zeitraum 1960-1990 Positionsverluste hinnehmen müssen, während Japan deutlich gewonnen hat und Deutschland seine Position behaupten konnte. Der Positionsverlust der USA geht somit eindeutig zugunsten Japans. Allerdings vollzieht sich der amerikanische Abstieg eher im Zeitraum von 1960 bis 1975. Seitdem konnten die USA sowohl ihren Anteil am Welttertiärprodukt als auch an den globalen Dienstleistungsexporten wieder steigern. Ob und inwieweit die Wettbewerbsvorteile der USA sich jedoch in neue internationale Regime werden umsetzen lassen, muß zumindest mit einem großen Fragezeichen versehen werden. Der Abschluß der Uruguay-Runde, in deren Verlauf eine multilaterale Verregelung des Dienstleistungshandels nur ansatzweise erfolgte (vgl. Oppermann/Beise 1994, May 1994), unterstreicht die Schwierigkeit, bei Abwesenheit einer eindeutigen und in allen strategischen Bereichen dominanten Position eines Akteurs globale Regime zu etablieren.

6. Befunde und weiterführende Fragen

6.1 Die Überwindung einer positionalen Betrachtungsweise

Wissenschaftliche Diskurse über Veränderungen der realen Welt werden um so lebhafter geführt, je ungeklärter die verwendeten Begriffe sind, mit deren Hilfe die realen Veränderungen erfaßt werden sollen. So mündete in den 1970er Jahren die von Lateinamerika ausgehende Revolte gegen westliche Modernisierungs- und Wachstumstheorien in eine heftige Debatte über ungleichen Tausch, die sich schließlich in den kaum noch nachvollziehbaren Verästelungen und Verfeinerungen der Anstrengungen aller Beteiligten verlor, den zentralen Begriff »auf den Begriff« zu bringen. Ähnliches geschah mit den staatstheoretischen Bemühungen um die Ableitung von Staatsfunktionen. Hier wurde die Attacke auf die »Großtheorie« des Realsozialismus über das Verhältnis von Politik und Ökonomie mit Hilfe immer zahlreicher werdender »Kleindogmen« durchgeführt, die sich wechselseitig so lange blockierten und demontierten, bis sie schließlich nicht mehr interessierten.

In den 1980er Jahren mobilisierte die Frage nach Hegemonie und Hegemonieverlust der USA erhebliche wissenschaftliche Neugier. Dabei lebte diese Debatte, wie in der Einleitung hervorgehoben, zu einem nicht unerheblichen Teil davon, daß unterschiedliche Vorstellungen von dem, was unter Hegemonie zu verstehen sei, im Spiele waren und Daten mehr zur Illustration von Argumenten als zu ihrer systematischen Entfaltung und Überprüfung herangezogen wurden. Durch das Ende des Ost-West-Konflikts erhielt die Hegemoniedebatte, die sich in der Konfrontation von Befürwortern und Kritikern der American-Decline-These festzufahren drohte, neuerlichen Auftrieb. Dabei wurde die Unsicherheit über die Einschätzung der Entwicklung keineswegs aufgehoben. Im Gegenteil – der Zusammenbruch des Realsozialismus und der zweite Golfkrieg boten auf der einen Seite Anlaß, im affirmativen wie im kritischen Sinne die Herausbildung einer amerikanischen Weltordnung zu konstatieren. Auf der anderen Seite schienen sich innerhalb der Triade, insbesondere im amerikanisch-japanischen Verhältnis, die Anzeichen für einen beschleunigten

Niedergang der USA zu häufen. Hier zeigte sich, wie sehr die Hegemonie-Debatte auch von tagespolitischen Ereignissen und innenpolitischen Interessen geprägt ist. Unter deren Einfluß entstanden bestimmte Perzeptionskonjunkturen für längerfristige Trends, so daß der Auf- und Abstieg großer Mächte durch den Auf- und Abstieg großer Debatten ergänzt wurde.

Unsere Untersuchung unternahm den Versuch, zurück ad fontes zu gehen, ausgehend von den Daten einige Entwicklungslinien der Weltwirtschaft in ihrer Relevanz für die Weltpolitik neu zu erfassen und damit die Erörterung dessen, was sich wie verändert hat, auf eine breitere Basis zu stellen. Die Ergebnisse unterstreichen, daß die Verwendung der Aufstiegs- und Abstiegsmetaphern bei der Analyse weltwirtschaftlicher und weltpolitischer Veränderungen auf eine organizistische Betrachtungsweise hinausläuft, bei der die Frage nach Umstiegs- und Anpassungsprozessen in Verbindung mit einer Veränderung der Akteure und Bezugseinheiten des Wirtschaftsgeschehens zu kurz kommt.

Abgesehen von ihrem ontologischen Appeal wird die Verwendung der genannten Metaphern dadurch begünstigt, daß die einschlägigen Wirtschaftsstatistiken internationale Transaktionen erfassen, die die Staaten als Referenzgrößen weltwirtschaftlicher Veränderungen verabsolutieren. Das legt eine Betonung positionaler (Macht-)Verschiebungen gegenüber den Strukturveränderungen des internationalen (Wirtschafts-)Systems nahe bzw. führt dazu, daß die Analyse von Strukturveränderungen immer wieder unter die Frage nach Positionsverschiebungen im internationalen System subsumiert wird, sei es im Verhältnis von Aufsteigern und Absteigern (Kennedy 1987), sei es zwischen Vorreitern und Nachzüglern (Maddison 1991).

Unsere Arbeit setzt zunächst auf der positionalen Betrachtungsebene an, die auch bei den neorealistischen Theorien der Internationalen Beziehungen im Vordergrund steht. Die Verwendung »klassischer« Indikatoren (BIP, Außenhandel, Direktinvestitionen) und die Erstellung einer über drei Jahrzehnte gehenden Basis für den Datenvergleich erlauben eine Revision von Annahmen über Positionsverschiebungen, nämlich das Ranking von Staaten und Regionen. Durch die Einbeziehung von Daten zur intraindustriellen Verflechtung und zur Tertiarisierung arbeiten wir darüber hinaus Strukturveränderungen der Weltwirtschaft heraus, die die Angaben zu den Positionsverschiebungen präzisieren und erweitern. Damit wird der positionale Betrachtungsansatz verfeinert.

Abschließend soll jedoch die Notwendigkeit unterstrichen werden, diesen Ansatz zu transzendieren. Das heißt, daß Strukturveränderungen nicht nur in ihrer Bedeutung für zwischenstaatliche Positionsverschiebungen im Sinne des Rankings zu betrachten sind, sondern auch hinsichtlich ihrer sozialen Qualität und der sich daraus ergebenden zusätzlichen oder eigentlichen Schwierigkeiten, die Konflikte, die sich aus der gegenwärtigen Entwicklung auf internationaler Ebene ergeben, kooperativ zu bearbeiten. Wir vertreten die These, daß die bisher vorherrschende staatenbezogene Datenerfassung nicht nur zu kurz greift, weil sie die transnationale Ebene vernachlässigt, sondern auch weil sie positionale Aspekte der Entwicklung gegenüber ihren sozialen isoliert. Es wird später darauf zurückzukommen sein, daß sich nicht zuletzt aus dieser Sicht neue Erfordernisse bei der Erfassung von grenzüberschreitenden Wirtschaftsaktivitäten abzeichnen.

Im folgenden sollen die dokumentierten Positionsveränderungen in der Weltwirtschaft zunächst auf die von uns konstatierten Strukturveränderungen bezogen werden. Zu diesem Zweck werden die in den vorausgehenden Teilen formulierten Ergebnisse »quergelesen«. Dabei soll kapitelübergreifend zunächst noch einmal die Reichweite und Qualität der Veränderungen während des Untersuchungszeitraumes erörtert werden. Es folgt eine Bewertung der Gesamtveränderungen im Lichte der Streitfragen, die die Hegemoniedebatte aufgeworfen hat. Hieran schließt sich eine Betrachtung des inter-, aber auch des intra- bzw. transnationalen Konfliktpotentials an, das den diagnostizierten Veränderungen innewohnt (Regionalisierung, Renationalisierung, gesellschaftliche Desintegration). Schließlich sollen weiterführende Fragen formuliert werden, die sich aus unserer Einschätzung der empirischen Befunde ergeben.

6.2 Noch mal: Positions- und Strukturveränderungen im Weltwirtschaftssystem

Bei den akademischen Auseinandersetzungen über Hegemonie und Hegemonieverlust der USA werden unterschiedliche Begriffe von Hegemonie ins Spiel gebracht und unterschiedliche Indikatoren als relevant erachtet, um Fortbestand oder Verlust von Hegemonie feststellen zu können. Weltmarktanteile stehen als Indikator gegen Strukturierungsmacht, absolute Machtverluste gegen relative, Demonstrationseffekte gegen die Fähigkeit, kontrollierend in die Entwicklung anderer Gesellschaften einzugreifen (Tuschhoff 1994). Im Kern geht es um zwei unterschiedliche, aber eng aufeinander bezogene Fragen. Zur Diskussion steht, in welcher Weise sich die Weltwirtschaft seit dem Ende des »Goldenen Zeitalters«, das gewöhnlich auf das Jahr 1973 datiert wird, verändert hat und weiter verändert und inwieweit bzw. unter welchen Umständen eine kooperative Regulierung der Weltwirtschaft auf mittlere und längere Sicht (weiterhin) möglich ist. In den um diese Fragen ausgetragenen Kontroversen kommen entwicklungsbezogene und lerntheoretische Betrachtungsweisen zum Zuge. Bei der entwicklungsbezogenen Betrachtungsweise steht die Entfaltung von Selbstbehauptungs- und Innovationspotentialen der miteinander um Wohlfahrtsgewinne konkurrierenden Gesellschaften im Vordergrund. Gefragt wird nach der Herausbildung oder dem Verlust von Weltmarkt- bzw. Entwicklungskompetenz in Abhängigkeit von Werten, ordnungspolitischen Orientierungen, institutionellen Kapazitäten und Innovationspotentialen. Bei der lerntheoretischen Sicht geht es um das Verhalten von politischen Einheiten in Abwesenheit eines Gewaltmonopols oder normativ gewendet um die Chancen einer Domestizierung von Selbsthilfe durch Kooperation.

Unsere Arbeit sollte zur Klärung der Sachverhalte beitragen, die den Streit um Reichweite und Qualität der Veränderungen im Weltwirtschaftssystem betreffen, um damit zugleich die Kontroverse über Möglichkeiten und Grenzen kooperativer Problembzw. Konfliktbearbeitung im internationalen System durch einige neue Gesichtspunkte anzureichern. Zu diesem Zweck wird hier zwischen Positions- und Strukturveränderungen in der Weltwirtschaft unterschieden. Wir vertreten die These, daß Positionsverschiebungen nicht unbedingt Ausdruck einer Umverteilung von »Entwicklungskompetenz« sind (in der gegenwärtigen Debatte weitgehend als Weltmarktkompetenz definiert) und daß die Folgewirkungen der Positionsveränderungen für die (außenpolitische) Lernfähigkeit der betroffenen Gesellschaften offen sind. Dies liegt u. a. daran, daß Positionsveränderungen einzelner Länder durch die Strukturveränderungen der Weltwirtschaft relativiert werden und es allein schon deshalb nicht möglich ist, aus den beobachteten Positionsveränderungen auf tendenzielle Veränderungen ihres Außenverhaltens zu schließen.

Positionsveränderungen beziehen sich auf die einzelstaatlichen Anteile an den Weltwirtschaftsaktivitäten, Strukturveränderungen auf den Umfang und den Charakter dieser Aktivitäten. Die von uns erhobenen Daten bestätigen Positionsverschiebungen, die über »konjunkturelle« Ausschläge hinausgehen, bieten aber Anlaß zur Vorsicht, wenn es um die Identifizierung von umfassenden Trends geht. Kein Zweifel besteht daran, daß der Anteil der USA am Weltwirtschaftsgeschehen bezogen auf den Außenhandel und das BIP rückläufig ist. Dieser Sachverhalt mag als um so wichtiger eingeschätzt werden, da gleichzeitig die Außenhandelsquote der USA weit stärker angestiegen ist als die ihrer Hauptwirtschaftspartner und Gegenspieler. Dieser Sachverhalt ist v. a. auf verstärkte Importe zurückzuführen. Der Anstieg der Importe korrespondiert mit einem drastischen Verfall der internen industriellen Basis der USA. Sowohl der Anteil des Industriesektors an der Gesamtwirtschaft als auch das Niveau der intraindustriellen Verflechtung sinken. Hinzu kommt, daß die USA im Vergleich zu den anderen Ländern als Herkunftsland von Direktinvestitionen an Bedeutung verlieren und ihr Anteil an den weltweiten Bestandswerten zurückgegangen ist.

Andererseits bleiben die USA als Zielland für Direktinvestitionen an der Spitze. Das bedeutet, daß sie im Rahmen der internationalen Standortkonkurrenz ihre überragende Position behaupten konnten. Interpretiert man den Sachverhalt, daß die Direktinvestitionen in den 1980er Jahren sehr viel stärker gewachsen sind als der Welthandel, als Hinweis auf eine weitere Aufwertung der internationalen Standortkonkurrenz für die gesamtwirtschaftliche Entwicklung, würde allein schon das gute Abschneiden der USA als Anlageregion darauf verweisen, daß die Daten über Positionsverschiebungen nicht allesamt in dieselbe Richtung deuten. Von besonderer Bedeutung ist hier jedoch, daß die klassischen Indikatoren für eine Positionsveränderung der USA im Weltwirtschaftssystem (Anteile an Weltwarenhandel und Direktinvestitionen) insofern wenig aussagekräftig sind, als sie die Verlagerung des Schwerpunktes der Wirtschaftsaktivitäten in den USA aus dem Sekundären in den Tertiären Sektor und die sich daraus ergebenden neuen Muster der weltwirtschaftlichen Einbindung der US-Ökonomie unberücksichtigt lassen. Auch die Einbeziehung des Handels mit Dienstleistungen schafft hier wenig Abhilfe, weil über ihn nur ein Bruchteil der Transaktionen erfaßt wird, die heute im Tertiären Sektor getätigt werden.[1] Als weiterer Faktor ist in diesem Zusammenhang die Entgrenzung von Wirtschaftsregionen zu berücksichtigen, die sich als immer komplexere transnationale Verflechtung von Wirtschaftsaktivitäten bei zunehmender interterritorialer Differenzierung von Wirtschaftsregionen vollzieht (Ohmae 1991) und es immer schwieriger macht, bestimmte Wirtschaftsaktivitäten bestimmten Ländern zuzuordnen. Wenn man also von Positionsverschiebungen im Weltwirtschaftssystem spricht, genügt es nicht, sich auf Veränderungen der US-Anteile an den globalen Wirtschaftsaktivitäten zu konzentrieren. Dieser Sachverhalt wird besonders deutlich, wenn man die einzelstaatliche mit einer regionenbezogenen Betrachtungsweise kombiniert.

Was die einzelstaatliche Betrachtungsweise betrifft, so ist zunächst festzuhalten, daß es nicht nur Positionsverschiebungen im Verhältnis der USA zum Rest der Welt, sondern auch innerhalb dieses »Restes« gegeben hat. Besonders wichtig sind hier Japan und die Bundesrepublik. Deren Positionsveränderungen im Weltwirtschaftssystem sind nicht hinlänglich als Aufstieg gegenüber den USA zu beschreiben. Vielmehr ist hier der relative Positionsverlust der Bundesrepublik gegenüber Japan und Japans gegenüber den Nachzüglergesellschaften im Ost- und Südostasiatischen Wirtschaftsraum zu berücksichtigen. Das heißt, daß eine auf die USA fixierte Betrachtungsweise, die den Rest der Welt als »black box« behandelt, in der Tendenz zu einer Überzeichnung der Positionsverluste der USA führt (Nye 1990).

Noch gewichtiger ist die Einbeziehung regionaler Entwicklungen in den Versuch, globale Positionsverschiebungen zu erfassen. Dabei geht es zunächst um inner- und zwischenregionale Veränderungen und nicht um die Frage einer Regionalisierung der Weltwirtschaft. Will man einzelstaatliche Positionsverschiebungen im Kontext regionaler Entwicklung betrachten, hängt alles von der Definition der Region ab. Wir kommen zu dem Schluß, daß eine »fließende« Regionenbildung, die nicht auf randscharfe Abgrenzungen aus ist, sondern Überschneidungen bewußt zuläßt, am be-

---

[1] Schätzungen besagen, daß nur etwa 50% des Dienstleistungshandels statistisch erfaßt werden.

sten geeignet ist, eine regionenbezogene Korrektur von Annahmen über globale Positionsveränderungen zu ermöglichen. Wir haben in diesem Sinne zwei Makroregionen gebildet, die sich dadurch auszeichnen, daß die USA in beiden vertreten sind (Atlantischer und Pazifischer Raum). Gleichzeitig betrachten wir aber auch das Verhältnis der »Kern-Regionen« (Westeuropa, Westliche Hemisphäre sowie Ost- und Südostasien) sowie einiger Subregionen zueinander.

Im Laufe der 1970er und 1980er Jahre ist es zu einem Positionsgewinn des Ost- und Südostasiatischen Raumes auf Kosten der Westlichen Hemisphäre, aber zum Teil auch auf Kosten Westeuropas gekommen. Dies mag zwar aufgrund der historischen Bindungen zwischen den USA und Lateinamerika den Eindruck einer nachhaltigen Schwächung der US-Position in der Weltwirtschaft unterstreichen. Die makroregionale Betrachtungsweise offenbart jedoch, daß wir es in erster Linie mit einer Umorientierung der regionalen Beziehungen der USA zu tun haben – weg von der Westlichen Hemisphäre, aber auch von Westeuropa und hin zum Pazifischen Raum. Die USA partizipieren am Aufstieg des Ost- und Südostasiatischen Raumes. Keineswegs ist dessen Aufstieg identisch mit einem entsprechenden Abstieg der USA. Eher könnte Westeuropa in diesem Zusammenhang (zusammen mit Lateinamerika) als Verlierer betrachtet werden. Wir sind jedoch grundsätzlich der Ansicht, daß die Positionsverschiebungen nicht in Kategorien von Verlierern und Gewinnern gefaßt werden können, da es sich hier offensichtlich *nicht* um ein Nullsummenspiel handelt.

Die USA befinden sich weiterhin, wie das seit den Anfängen der Open-door-Politik am Ende des 19. Jahrhunderts der Fall war, an der Schnittstelle der beiden großen Wirtschaftsräume (Atlantik, Pazifik), die seit den 1960er Jahren die Dynamik der weltwirtschaftlichen Entwicklung bestimmen. Unterstützt wird diese Regionalentwicklung durch einen Regionalismus, der darauf abzielt, die wirtschaftliche Verflechtung im Pazifischen Raum durch regionale Institutionen und Abmachungen (APEC) zu überwölben. Demgegenüber ist zwar die weltwirtschaftliche Bedeutung des eigenen »Hinterhofes« der USA, also Lateinamerikas und der Karibik, im Untersuchungszeitraum zurückgegangen. Aber erstens sind der karibische Raum und Zentralamerika für die USA schon immer als Durchgangsregion (Panama-Kanal) für den Ost-West- und Nord-Süd-Verkehr wichtiger gewesen als mit Blick auf die

Märkte und Anlagemöglichkeiten der Region selbst. Zweitens ist der weltwirtschaftliche Bedeutungsverlust des südlichen Teils der Westlichen Hemisphäre durch den Ausbau der pazifischen Wirtschaftsbeziehungen mehr als kompensiert worden. Drittens hat die liberale Strukturanpassungspolitik der 1980er Jahre in Lateinamerika die Chancen eines erneuten Ausbaus der interamerikanischen Wirtschaftsbeziehungen mittel- und langfristig verbessert. Daß diese Strukturen v. a. der US-amerikanischen Exportwirtschaft nutzen, belegt der Anstieg des intraregionalen lateinamerikanischen Importkoeffizienten zwischen 1990 und 1992 um fast 20 %. Die diesbezügliche Initiative der Bush-Administration von 1991 und die Beschlüsse des interamerikanischen Gipfeltreffens vom Dezember 1994 unterstreichen die potentielle Bedeutung dieser Entwicklung. Die Gründung der NAFTA könnte als Motor einer wirtschaftlichen Reintegration der Westlichen Hemisphäre dienen, ähnlich wie sie die internationalen Standortvorteile der USA im Konkurrenzkampf um Anlagekapital noch weiter verbessern könnte (Hufbauer/Schott 1993, Weintraub 1994, Green/Smith 1990).

Unsere Daten bestätigen die Fortsetzung einer säkularen, aber ungleichmäßigen und periodisch stockenden Internationalisierung der »Volkswirtschaften«, die im letzten Drittel des 19. Jahrhunderts Gestalt annahm und nach den gegenläufigen Entwicklungen im Gefolge des Ersten Weltkrieges und der Weltwirtschaftskrise der 1930er Jahre am Ende des Zweiten Weltkrieges im Rahmen der Open-door-Politik der USA kräftig vorangetrieben wurde. Bei der Mehrzahl der Länder hat sich die Außenhandelsquote im Berichtszeitraum erhöht, wobei der Zuwachs bei den USA besonders hoch ausgefallen ist, so daß man von einer gewissen Tendenz zur Angleichung der Außenhandelsquoten sprechen kann. Zwar ist die Außenhandelsquote Japans in den 1980er Jahren zurückgegangen, hierbei dürften jedoch Wechselkursänderungen (Aufwertung des Yen) und das rapide Wachstum des BIP eine zentrale Rolle gespielt haben. Außerdem hat Japan in den 1980er Jahren sein Auslandsengagement ganz erheblich durch die Ausweitung seiner Kapitalexporte verstärkt.

Im Gegensatz hierzu ist die Direktinvestitionsquote der USA wiederum gefallen. Dennoch schreitet die Internationalisierung der US-Wirtschaft weiter voran. Die Anlagen der übrigen Länder in den USA sind z. T. über Zwischenstationen in Drittländern während der 1980er Jahre deutlich gewachsen. Während in allen anderen Staaten eine steigende Direktinvestitionsquote eine Zunahme der Internationalisierung signalisiert, verhält es sich mit den USA umgekehrt. Die sinkende Direktinvestitionsquote der USA ist zum Teil dadurch verursacht, daß die ausländischen Investitionen in die USA anstiegen und so die Bruttoanlageinvestitionen überproportional erhöhten.

Die starke Expansion des Welthandels der 1970er Jahre setzt sich in den 1980er Jahren zwar nicht fort, statt dessen expandieren in den 1980er Jahren jedoch die Direktinvestitionen. Es wäre voreilig, hier auf einen Substitutionseffekt der Direktinvestitionen zu schließen. Vielmehr ist die nachlassende Dynamik des Handels z. T. preisbedingt (Ölpreisentwicklung), wobei der Preisverfall für Rohstoffe in den 1980er Jahren wiederum eine Folge der Rezessionserscheinungen in den führenden Industrieländern, allen voran den USA, gewesen ist. Bei einer Überwindung der Rezessionserscheinungen ist mit einem erneuten und aufgrund eines in den 1980er Jahren entstandenen Nachholbedarfs beschleunigten Wachstum des Welthandels zu rechnen, das sich in der zweiten Hälfte der 1990er Jahre ausgewirkt hat.

Das Volumen der internationalen Kapitalströme steigt im Verlauf der 1980er Jahre insgesamt sehr schnell, wenn auch von Land zu Land unterschiedlich ausgeprägt, an. Dabei sind Japan, Großbritannien, die Niederlande und Frankreich die Hauptherkunftsländer, während Großbritannien und die Niederlande sowie die Offshore-Anlageregionen als fiktives und die USA als reales Hauptzielgebiet gelten können. In struktureller Hinsicht kommt es insofern zu erheblichen Veränderungen, als die Kapitalströme immer weniger durch Anlageinteressen im produktiven Sektor (Umgehung von Zollschranken, Ausnutzung von Standortvorteilen) bestimmt sind. Nach der Ablösung des Primären Sektors als Hauptanlagesphäre durch den Sekundären Sektor gewinnen heute Teile des Tertiären Sektors zentrale Bedeutung (Banken, Finanzwesen). Der Indikator »Direktinvestitionen« steht nicht mehr für die Internationalisierung der Produktion, sondern für die weitere Internationalisierung der Kapitalströme. Die Tertiarisierung deutet auf eine Komplexitätssteigerung bei der Strategiebildung der Unternehmen. Es geht offenbar zunehmend um die Integration angebots- und nachfrageorientierter Erwägungen, wobei eine mittel- und längerfristige Politik der Unternehmenssicherung in zunehmendem Maße mit einem Engagement im spekulativen Anlagegeschäft einhergeht.

Das »global sourcing« wird damit zugleich zu einem »complex sourcing«. Hierbei kommt es zunächst zu einer engeren Verflechtung der materiellen und der immateriellen Wirtschaftsaktivitäten. Der Verkauf von Waren geschieht in Verbindung mit dem Verkauf von Dienstleistungen. Diese Entwicklung führt im weiteren Verlauf zu einer Aufwertung des Tertiären Sektors als Bestimmungsfaktor der materiellen Produktion. Der Verkauf von Waren wird zum Instrument für den Verkauf von Dienstleistungen. Diese Tendenz wird heute dadurch ergänzt, daß sich die Kapitalverwertung mit wachsendem Tempo von der materiellen Produktion ablöst. Die einzelwirtschaftliche Strategie wie die Dynamik der gesamtwirtschaftlichen Entwicklung werden in steigendem Maße durch Kapitaltransaktionen bestimmt, die entweder nur noch über zahllose Vermittlungsstufen auf die materielle Produktion bezogen sind oder einen Markt schaffen, auf dem Erwartungen und nicht materielle Produkte oder Dienstleistungen gehandelt werden. Wir sprechen mit Blick auf diese Entwicklung von einer Entstofflichung der Weltwirtschaft. Sie verbindet sich mit einer Annäherung der Transaktionsgeschwindigkeit an die Echtzeit (real-time), so daß sich eine annähernde Aufhebung von Entfernungen einstellt. Während Entfernungen und territoriale Zuordnungen an Bedeutung verlieren, behält der Faktor Raum seine Bedeutung bei. Einiges spricht für eine paradoxe Entwicklung: Die Mobilität bei produktionsorientierten Aktivitäten nimmt zu, während eine räumliche Konzentration des Banken- und Börsengeschäfts außerhalb einfacher Anlagengeschäfte auf wenige global agierende Standorte (Chicago, London, New York, Tokyo, Frankfurt, Hongkong, Singapur, São Paulo) erfolgt.

Die Komplexitätssteigerung der globalen Ressourcenmobilisierung, die Verselbständigung ihrer Dynamik gegenüber dem materiellen Marktgeschehen und die Relativierung von Entfernungen gehen mit einer Vertiefung der internationalen Arbeitsteilung einher. Ein Indikator hierfür ist die stagnierende und z. T. rückläufige intraindustrielle Verflechtung in den von uns untersuchten »Nationalökonomien«. Unter entwicklungstheoretischer Perspektive würde man einen niedrigen Grad der intraindustriellen Verflechtung als Zeichen der geringen Reife einer Volkswirtschaft, einen hohen Grad der Verflechtung aber als Zeichen eines hohen Reifegrades interpretieren. Diese Sicht erscheint uns mit Blick auf unser Datenmaterial für postmoderne Ökonomien nicht zwingend. Wir interpretieren die Ergebnisse unserer Input/Output-Analyse vielmehr dahingehend, daß die Verkürzung von Inputs, die in den fortgeschrittenen Industrieländern beobachtbar ist, nicht unbedingt eine Verfallserscheinung im Sinne der Herausbildung zunehmender einseitiger Abhängigkeiten darstellt, sondern daß sie einerseits einen Bedeutungsgewinn des Dienstleistungssektors anzeigt, in dem der Input-Koeffizient generell niedriger ist als in industriellen Branchen, er andererseits aber auch Ausdruck der einzelwirtschaftlichen Anpassung an verschärfte Konkurrenzbedingungen ist und in diesem Zusammenhang als Ausschöpfung des technologischen Fortschritts interpretiert werden kann.

Die abnehmende intraindustrielle Verflechtung wäre in diesem Sinne nicht nur das Ergebnis einer wertmäßigen Reduzierung von Inputs (Preisrückgang für Vorprodukte, Substitution, Miniaturisierung), sondern auch Ausdruck einer sich vertiefenden transnationalen Arbeitsteilung, die sich einerseits als Herausbildung strategischer Allianzen zwischen multinationalen Konzernen im jeweils modernsten Sektor vollzieht, andererseits eine Deindustrialisierung der Industrieländer (Aufwertung des Dienstleistungssektors) zugunsten von »Nachzüglergesellschaften« einschließt. Dieser Aspekt wird jedoch dadurch abgeschwächt, daß der Wertrückgang der Inputs auch Ergebnis eines Preisrückgangs für Vorprodukte, einer Einschränkung des Einsatzes von Vorprodukten durch Miniaturisierung und der Aufwertung des Tertiären Sektors ist, der nach herkömmlichen Input/Output-Berechnungsverfahren zum größeren Teil mit wertmäßig geringeren Vorleistungen auskommt. So beschränken sich die ausgewiesenen Dienstleistungsinputs im Wissenschaftsbetrieb auf den Verbrauch an materiellen Gütern, die im Endprodukt enthalten sind, wogegen ideelle Inputs wie Ideen, Organisation und Kommunikation nicht oder kaum erfaßt werden.

Die Positionsveränderungen einzelner Länder im Weltwirtschaftssystem müssen im Lichte der Strukturveränderungen beurteilt und gewichtet werden. Hierbei ergibt sich, daß die Aussagekraft klassischer Indikatoren zu Positionsveränderungen für das Verständnis der gegenwärtigen Entwicklung zurückgeht und daß die bisher vorherrschende länderzentrierte Datenerhebung nicht ausreicht, um neuere Entwicklungen im Weltwirtschaftssystem voll zu erfassen. Rückläufige Anteile am klassischen Weltwirtschaftsgeschehen sind nicht gleichbedeutend mit Machtverlust. Diese Überlegung ist natürlich nicht neu. Sie findet sich insbesondere bei jenen, die die Annahme eines »hegemonic decline« der USA zurückweisen (Nye 1990, Strange 1987, Russett 1985, Nau 1990), läßt sich aber aufgrund der Unterscheidung zwischen Positions- und Strukturveränderungen zusätzlich begründen. Mit Nye (oder Nau) läßt sich zunächst argumentieren, daß die Positionsverschiebungen im Weltwirtschaftssystem nicht gleichzusetzen sind mit einem absoluten Niedergang der USA, sondern Ergebnis der von den USA selbst geförderten nachholenden Entwicklung Westeuropas und Japans. Des weiteren kann und wird gegen die These vom hegemonialen Niedergang eingewandt, daß Verluste von Welthandelsanteilen an sich noch nichts über Macht und Einfluß eines Landes im Weltwirtschaftssytem aussagen, sondern möglicherweise nur auf das Aufkommen neuer Formen und Instrumente der Machtausübung verweisen. Unter Berücksichtigung der Strukturveränderungen der Weltwirtschaft besteht jedoch Anlaß, über diese Argumentation hinauszugehen.

Wir argumentieren, daß Indikatoren wie z. B. Außenhandelsquoten keine statischen Größen darstellen, deren Bedeutung im Entwicklungsprozeß zu allen Phasen gleich zu bewerten ist, sondern daß ihr Aussagewert ebenso wie die weltwirtschaftlichen Rahmenbedingungen dynamischen Veränderungen unterworfen sind. Wenn also der relative Rückgang von Welthandelsanteilen der USA begleitet ist von einem möglicherweise gleich großen Bedeutungsverlust des Handels selbst, weil andere Formen weltwirtschaftlicher Transaktionen wie Direktinvestitionen, Portfolioinvestitionen oder Datenübertragungen die Rolle des Warenhandels übernommen haben, dann ist der absolute Positionsverlust der USA gleich null. Sind die Anteile der USA in den neuen Bereichen des Weltmarktes überproportional gestiegen, dann kann der sinkende Welthandelsanteil der USA sogar als Indiz für eine zunehmende Weltmarktkompetenz gewertet werden.

Zu den Charakteristika der neuen Weltwirtschaft zählen die Ablösung der Ökonomie von ihrer stofflichen Substanz (Entstofflichung) und die Loslösung der Transaktionen von staatlicher Kontrolle und Territorialität (Entgrenzung). Entstofflichung definieren wir als relativen Bedeutungsgewinn nichtstofflicher oder virtueller Wirtschaftsaktivitäten im Vergleich zur Bedeutung der klassischen Ökonomie. Als Indikatoren für Entstofflichung führen wir an: den Tertiarisierungsgrad, den Anteil nichtstofflicher Dienstleistungen am Tertiärprodukt, das Ausmaß und die relative Bedeutung von (Finanz-)Dienstleistungshandel, von Direktinvestitionen im Bereich der neuen Dienstleistungen, von Kapitaleinkünften aus dem Ausland, von Handel mit Derivaten usw. Die Entgrenzung weltwirtschaftlicher Transaktionen kommt zum Ausdruck im Anstieg staatenübergreifender Aktivitäten (Internationalisierungsgrad der Investitionen), im quantitativen Verhältnis von Unternehmensgröße zu Staatengröße (z. B. Unternehmensumsatz zu BIP), in der Verlagerung von Wirtschaftsaktivitäten in Bereiche niedriger internationaler Regelungsintensität (z. B. vom Warenhandel zum Dienstleistungshandel und zum Kapitalmarkt).

Dementsprechend argumentieren wir, daß aufgrund der Strukturveränderungen der Weltwirtschaft die Bezugseinheiten internationaler Machtbeziehungen, nämlich die Staaten, ihre Randschärfe verlieren. Die Abgrenzungsmöglichkeiten der Staaten gegeneinander gehen in territorialer, politischer, wirtschaftlicher, gesellschaftlicher und kultureller Hinsicht zurück. Nationale Wirtschaftsdaten verlieren als Bestimmungsfaktoren der Regierungspolitik an Bedeutung gegenüber dem internationalen Kapitalmarkt. Die Geldpolitik folgt den Kapitalanlegern und nicht umgekehrt. Die Strukturierungsmacht verschiebt sich von den Regierungen zu den Kapitaleignern (Köhler 1994). Ein bemerkenswertes Beispiel hierfür liefert die Reaktion der Clinton-Administration auf die Peso-Krise in Mexiko Anfang 1994. Hier wurden binnen kürzester Frist im Rahmen einer nachträglichen konzertierten Aktion fast 50 Mrd. US-$ zur Absicherung der Ertragserwartungen »spekulativer« Investoren mobilisiert.

Die Entstofflichung und Entgrenzung von Nationalökonomien führen dazu, daß die Fähigkeit des Staates zur Besteuerung von Wirtschaftsaktivitäten für die Wahrnehmung gesamtgesellschaftlicher Interessen eingeschränkt wird. Gleichzeitig wird der Staat aber keineswegs obsolet. Er wird für den Schutz von »infant industries« und wettbewerbsschwachen Branchen, für die Schaffung günstiger Standortbedingungen und eine Aufwertung der Verhandlungsposition der Unternehmen nach innen (gegenüber Gewerkschaften, Umweltverbänden etc.) und außen (Übernahme von Bürgschaften, Finanzierung, Informationsbeschaffung etc.) in Anspruch genommen. Daß es sich hierbei nicht um Restgrößen der alten Weltwirtschaft handelt, zeigen die lebhaften Debatten über Industrie- und Handelspolitik zur Sicherung von Standorten, die in allen Industrieländern, wenn auch in unterschiedlicher Intensität, geführt werden (Bletschacher/Kladt 1992). Insofern geht es weder um absolute Machtverluste und -zuwächse oder relative Machtverschiebungen, sondern um ein wachsendes Spannungsverhältnis zwischen Staatenpolitik und Wirtschaftsgeschehen.

Bei dem »rückläufigen Vorsprung« der USA in der Weltwirtschaft handelt es sich also weder um eine bloße Normalisierung der Lage im Vergleich zur Extremsituation der unmittelbaren Nachkriegszeit, noch geht es lediglich darum, daß eventuelle Verluste an »hard power« durch »soft power« (Nye 1990) aufgefangen werden. Vielmehr verändern sich die Entwicklungsparameter und die Lernbedingungen, unter denen die Staaten miteinander in Beziehungen treten. Diese Veränderung wird durch die Einführung des Begriffs »strukturelle Macht« (Strange) nicht hinreichend erfaßt, soweit hierunter die Fähigkeit eines Landes zu verstehen ist, andere unter Anpassungsdruck zu setzen. Vielmehr zeigt sich, daß in verstärktem Maße wechselseitiger Anpassungsdruck ausgeübt wird, wobei dieser Anpassungsdruck nicht beliebig von Regierungen gegenüber anderen Regierungen erzeugt werden kann, sondern das Produkt vielschichtiger Wechselwirkungen zwischen Regierungshandeln und immer dichter vernetztem einzelwirtschaftlichen Handeln darstellt.

Die Positionsverschiebungen in der Weltwirtschaft bieten auch keinen verläßlichen Indikator für eine rückläufige Fähigkeit eines Landes, Anpassungsdruck in Entwicklungskompetenz umzuwandeln. Die Positionsverschiebungen können umgekehrt dazu beitragen, daß von seiten des Staates in verstärktem Maße auf die Herausbildung von Entwicklungskompetenz hingearbeitet wird, wie das in den USA seit Ende der 1980er Jahre eindeutig der Fall ist. Generell können Positionsverschiebungen, die auf den Abbau der dominanten Stellung eines Staates oder einer kleinen Staatengruppe hinauslaufen (z. B. Aufholen der ost- und südostasiatischen Schwellenländer), als Diffusion von Entwicklungskompetenz betrachtet werden. Im Sinne eines solchen Ausgleichs bestehender internationaler Disparitäten sind die beobachtbaren Positionsverschiebungen positiv zu bewerten.

Ob dementsprechend auch die »Chance der Kooperation« (Müller 1993) auf internationaler Ebene wächst, hängt nicht zuletzt von den Strukturveränderungen der Weltwirtschaft ab. Die Entstofflichungs- und Entgrenzungsprozesse in der Weltwirtschaft könnten den Versuch einer hegemonialen Regulierung immer schwieriger, wenn nicht gar aussichtslos werden lassen. Damit würde »objektiv« der Anreiz für einen kooperativen Regulierungsansatz, der ohne hegemoniale Stabilisierungsleistungen auszukommen sucht, wachsen. Ein Anzeichen hierfür bietet die Ausbreitung einer auf Dialog setzenden staatlichen Industriepolitik (Lang 1993), die ja keinesfalls auf die innerstaatliche Ebene beschränkt bleiben muß, sondern über die staatliche Förderung strategischer Allianzen von Einzelunternehmen (Bleek/Ernst 1994) auch auf die internationale Ebene übergreifen kann. Das heißt nun allerdings nicht, daß die Weltwirtschaft sich auf einen Zustand der prästabilisierten Harmonie hinbewegt, in dem alle Konflikte durch komplex vernetzte, hochredundante Arrangements unter Kontrolle gehalten werden können. Ob bzw. inwieweit eine kooperative Regelung von Konflikten gelingt, hängt vielmehr auch von der Natur der Konflikte selbst ab. Wenden wir uns damit den Konfliktpotentialen der gegenwärtigen weltwirtschaftlichen Entwicklung zu.

6.3 Neue Konfliktpotentiale: Bilaterale Konfrontation, Blockbildung und innergesellschaftliche Disparitäten

Nach dem Ende des Ost-West-Konflikts sind vielfältige Versuche unternommen worden, die Frage zu klären, welche neuen makropolitischen Konfliktlinien an die Stelle der alten treten würden (Fukuyama, Krauthammer, Tonelson, Mearsheimer, Huntington). Dabei spielten die handelspolitischen Spannungen zwischen den USA und Japan eine zentrale Rolle. Vor dem Hintergrund der »hegemonic decline«-Debatte und der Wiederbelebung historischer Ressentiments anläßlich des Pearl-Harbor-Jubiläums entwickelten US-amerikanische Autoren Konfliktszenarien, die sich nicht damit begnügten, die Gefahr neuer Handelskriege auszumalen, sondern auch militärische Konfrontationen als möglich, ja wahrscheinlich darstellten (Garten, Thurow, Friedman/Lebard).

Ohne an dieser Stelle auf die Möglichkeit eines Umschlags von Handelskonflikten in eine militärische Konfrontation einzugehen, sei hier als ein Ergebnis unserer empirischen Arbeit die These formuliert, daß die erwähnten Szenarien nur einen Ausschnitt des weltwirtschaftlichen Geschehens erfassen und zu einer Überbewertung der japanisch-amerikanischen Spannungen tendieren. Wie bereits festgestellt, hat die US-Wirtschaft unter dem Druck der ausländischen und insbesondere der japanischen Konkurrenz erhebliche Entwicklungsressourcen mobilisiert. Gegenüber den 1980er Jahren sind in den 1990er Jahren Produktivitätsfortschritte, Leistungen bei der Weiterentwicklung von Spitzentechnologien sowie Wachstums- und Beschäftigungseffekte im Tertiären Sektor erzielt worden, die unterstreichen, daß die US-Wirtschaft trotz relativer Positionsverluste ihre Weltmarktkompetenz gerade im Bereich der »Zukunftsindustrien« nicht verloren hat. Was dabei die Regelung der Beziehungen zu Japan betrifft, so könnten der Erfolg des zweiten Halbleiterabkommens von 1991, aufgrund dessen dem Ausland 20% des japanischen Halbleitermarktes gesichert wurden, sowie die wachsende Bedeutung transnationaler strategischer Allianzen im Bereich der »Zukunftsindustrien« eher dahin wirken, Kooperation und Konfrontation in den japanisch-amerikanischen Beziehungen auf mittlere Sicht im Gleichgewicht zu halten und eine politisch nicht mehr kontrollierbare Eskalation von Konflikten zu verhindern.

Hierfür spricht auch, daß »die Japaner« ja keineswegs das einzige Problem der amerikanischen Außenwirtschaftsbeziehungen sind. Der Streit mit China um die Durchsetzung von »fair trade«-Standards und um die Respektierung des Patentschutzes verweist auf die neuerliche Konfliktträchtigkeit der amerikanisch-chinesischen Beziehungen, denen von seiten der USA seit Ende des 19. Jahrhunderts (Beginn der Open-door-Politik) zentrale Bedeutung für die Außenpolitik und Außenwirtschaft beigemessen wird. Das Gewicht Chinas in der amerikanischen Außen- und Außenwirtschaftspolitik ist unabhängig von der innerchinesischen Entwicklung auch gewachsen durch die Übergabe Hongkongs und die wichtige Rolle, die die chinesischen Minderheiten im Wirtschaftsgeschehen der neuen südostasiatischen Schwellenländer spielen. Neben China nimmt auch Südkorea wieder einen erheblichen Teil der amerikanischen Aufmerksamkeit in Anspruch. Es liegt auf der Hand, daß diese Sachverhalte auch subjektiv zur Relativierung der amerikanisch-japanischen Streitfragen führen und die amerikanische Regierung vor die Aufgabe stellen, die Beziehungen zu jedem einzelnen Land mit Blick auf ihre Bedeutung für die Beziehungen zur Region insgesamt zu gestalten. Japan hat seinerseits wegen der nach wie vor überragenden Bedeutung des amerikanischen Marktes ein großes Interesse daran, die eigenen Wirtschaftsbeziehungen zu den USA nicht zu gefährden und seine eigene Position in der Region zu verteidigen. Das schränkt die Konfliktfähigkeit und zweifellos auch die Konfliktbereitschaft gegenüber den USA ein.

Während in den 1970er Jahren die »Triade« als ein Pol im Nord-Süd-Konflikt betrachtet wurde und als Status-quo-Macht in der großen Debatte über eine Neuordnung der Weltwirtschaft Beachtung fand, rückten im Verlaufe der 1980er Jahre die Beziehungen innerhalb der Triade in den Vordergrund. Dabei ging es nicht nur um die hier analysierten Positionsverschiebungen im Verhältnis USA–Deutschland–Japan, sondern auch um die Frage, inwieweit sich mit diesen Positionsverschiebungen zugleich regionale Wirtschaftsblöcke herausbildeten. Die Debatte krankte daran, daß in der Regel nicht zwischen einer Regionalisierung der Weltwirtschaft im Sinne eines überproportionalen Wachstums der Wirtschaftsbeziehungen zwischen angrenzenden Staaten auf der einen und Regionalismus, verstanden als Politik der regionalen Integration, auf der anderen Seite unterschieden würde. Regionale Integrationspolitik darf nicht zwangsläufig mit der Herausbildung sich wechselseitig abschottender Wirtschaftsblöcke gleichgesetzt werden.

Unsere Datenanalyse verdeutlicht erstens, daß es keinen einheitlichen Trend zur Regionalisierung der Weltwirtschaft gibt, sondern eine zeitlich versetzte ungleichmäßige Verdichtung der Wirtschaftsbeziehungen zwischen angrenzenden Staaten mit hoher Entwicklungsdynamik; zweitens, daß die neue Regionalpolitik der USA teilweise eine Rückkehr zur alten (Westliche Hemisphäre) und teilweise eine Kompensation der nachlassenden Dynamik der transatlantischen Beziehungen durch die transpazifischen Beziehungen darstellt; drittens, daß die neue regionalistische Politik der USA sowie der ost- und südostasiatischen Staaten keine prinzipielle Abkehr von einer globalen Orientierung signalisiert, sondern eher als eine nach außen offene Regionenbildung (vgl. HWWA 1994) verstanden werden kann. Im übrigen sind Handelsregionen heutzutage nicht mehr die unüberwindlichen Festungen, die sie in früheren Zeiten darstellten. Schon die freie Konvertierbarkeit der Währungen bildet heute ein natürliches

Korrektiv gegen Handelsschranken. Regionenbildung muß daher als besondere Form der Weltmarktorientierung (und nicht als deren Substitut) begriffen werden. Darüber hinaus besteht kein Anlaß, die Dynamik regionaler Integration und die Durchschlagskraft einer regionalistischen Politik heute sehr viel höher einzuschätzen als etwa zu Zeiten des Euro-Pessimismus, der ja nicht nur für Rückschläge des Regionalismus in Europa, sondern auch in anderen Regionen (Zentralamerika, Südamerika, Ost- und Westafrika) stand. In Westeuropa, das immer noch die Avantgarde des Regionalismus bildet, stellt sich heute nicht nur das immer diffizilere Problem einer gleichzeitigen Vertiefung und Erweiterung. Das Problem liegt vielmehr auch darin, daß die Vertiefung selbst innerhalb der alten EU-Mitgliedschaft strittig ist, wie die wiederangefachte Diskussion über »Kerneuropa« ein Europa unterschiedlicher Geschwindigkeiten belegt.

Die Wahrscheinlichkeit einer interregionalen »beggar thy neighbour«-Politik, bei der die Regionen die Rolle übernehmen würden, die die Staaten in der Weltwirtschaftskrise der 1930er Jahre spielten, halten wir für vergleichsweise gering, nicht zuletzt weil die USA weiterhin als Bindeglied zwischen den Regionen fungieren und auf ihrer Seite kein Interesse besteht, den Wirtschaftsverbund der Westlichen Hemisphäre auf Kosten ihrer europäischen oder asiatischen Wirtschaftsbeziehungen voranzutreiben. Wir sind dabei der Auffassung, daß sich hinter dem unter der Clinton-Administration forcierten Ausbau der interamerikanischen Regionalbeziehungen nicht ein Versuch verbirgt, auf mittlere und längere Sicht eine Alternative zu den atlantischen oder pazifischen Wirtschaftsbeziehungen der USA aufzubauen, sondern daß hier die Absicht entscheidend ist, die regionalen Außenwirtschaftsbeziehungen zu diversifizieren, wodurch die US-amerikanische Verhandlungsposition in der Pazifischen und Atlantischen Region aufgewertet werden würde. Die vermeintliche Regionalisierung der Weltwirtschaft vollzieht sich tatsächlich als fortschreitende Konzentration des Weltwirtschaftsgeschehens in den OECD-Ländern und den asiatischen Schwellenländern. Die übrigen Länder werden damit marginalisiert und an den Rand des Weltwirtschaftsgeschehens gedrängt. Bei gleichbleibender oder wachsender externer Abhängigkeit, letzteres betrifft v. a. Teile der ehemals sozialistischen Staatenwelt, verlieren sie an Konfliktfähigkeit bzw. Verhandlungsmacht gegenüber den weltwirtschaftlich dominanten Staaten. Dies betrifft sowohl die Anteile am Weltmarkt (weitere Positionsverluste) als auch die Anpassungsfähigkeit an die weltwirtschaftlichen Strukturveränderungen. Aufgrund unserer Daten kommen wir zu dem Schluß, daß die Regionalisierungsdebatte in eine Debatte über ungleichmäßige Entwicklung im Weltmaßstab transformiert werden müßte.

Damit würden andere Konfliktpotentiale in den Blick kommen als die der landläufigen Regionalisierungsdebatte. Es ginge dann darum, welche Rückwirkungen die Marginalisierung eines wachsenden Teils der Weltbevölkerung auf die Staaten hätte, die einen wachsenden Anteil der Weltwirtschaftsaktivitäten auf sich konzentrieren. Diese Frage führt jedoch nicht einfach zurück zur alten Nord-Süd-Debatte über eine Neuordnung der Weltwirtschaft, vielmehr ist eine Wiederaufnahme und Globalisierung der am Ende des 19. Jahrhunderts in den damaligen Industrieländern eingeleiteten Auseinandersetzungen über die soziale Frage zu erwarten. Dies zeigt ein Blick auf den sozialpolitischen Sprengstoff, den die weltwirtschaftlichen Strukturveränderungen mit sich bringen.

Bei der Suche nach den Konstitutionsbedingungen einer neuen internationalen Ordnung hat sich inzwischen die Erkenntnis durchgesetzt, daß wir es mit einer in sich höchst widersprüchlichen Weltentwicklung zu tun haben, bei der Globalisierungs- und Fragmentierungstendenzen (Menzel 1998) nicht nur nebeneinander koexistieren, sondern sich gegenseitig verstärken. Die Herausbildung eines globalen Zusammenhangs sozialer Wandlungsprozesse in Verbindung mit der Internationalisierung der Produktion und der durch die Kommunikationsrevolution gestützten Tertiarisierung der Weltwirtschaft ruft neue Abgrenzungstendenzen hervor. Der wirtschaftliche Protektionismus der 1980er Jahre ist keineswegs nur ein Überbleibsel sozioökonomischer Traditionen oder alter Gewohnheiten. Er muß ebenso als das Produkt neuer Entwicklungstendenzen der Weltwirtschaft begriffen werden. Der »neue Protektionismus« ist also nicht nur neu durch die Wahl seiner Mittel (nichttarifäre Handelshemmnisse), sondern speist sich auch aus neuen Quellen, nämlich aus den Entstofflichungs- und Entgrenzungstendenzen in der Weltwirtschaft. Diese Tendenzen werden auch dem Versuch enge Grenzen setzen, nichttarifäre Handelshemmnisse in tarifäre zurückzuverwandeln, um sie dann abbauen zu können, wie dies beim Abschluß der Uruguay-Runde beschlossen wurde. Damit wird man nur einen Bruchteil der nichttarifären Handelshemmnisse in den Griff bekommen können, weil letztere eben nicht nur eine Antwort auf den Abbau tarifärer Handelshemmnisse sind. Sie reagieren auf die erwähnten Strukturveränderungen in der Weltwirtschaft, die die Eingriffsmöglichkeiten der Einzelstaaten in das Wirtschaftsgeschehen tendenziell weiter einengen.

Ähnlich wie der neue Protektionismus ist auch der neue Nationalismus mehr ein Produkt der überkommenen Staatenpolitik. Er stellt eine spezifische Begleiterscheinung der Gleichzeitigkeit von Globalisierung und Fragmentierung aller gesellschaftlichen Verhältnisse dar. In dem Maße, in dem die transnationale Mobilität von Einzelpersonen und Gruppen unterschiedlicher Herkunft oder Abstammung zunimmt, kommt es als Reaktion zu neuen Abgrenzungstendenzen und einer Ethnisierung sozialer Konflikte. Während die Entgrenzung der Wirtschaftsräume voranschreitet, werden um die Festlegung neuer politischer Grenzen blutige Kriege ausgefochten.

Ein Grund für diese Widersprüchlichkeit der gegenwärtigen Entwicklung liegt darin, daß die Wohlfahrtsdisparitäten auch und v. a. auf innerstaatlicher Ebene zunehmen. Neu ist, daß hiervon in zunehmendem Maße die Länder des Nordens ebenso betroffen sind, wie dies für die Länder des Südens bisher schon gegolten hat. Strukturelle Arbeitslosigkeit, Auflösung sozialer Netze, Einschränkung tariflicher Leistungen, Deregulierung der Arbeitszeit, Reallohnverlust bei wachsender öffentlicher und privater Armut kennzeichnen die Lage in Westeuropa und – bei anderer Ausgangslage – in den USA. Nicht nur in den Entwicklungsländern ist die Strukturanpassung mit hohen sozialen Kosten verbunden. Der Handlungsspielraum der Einzelstaaten, dem mit sozialpolitischen Maßnahmen gegenzusteuern, die nicht als Gefährdung von Weltmarktkompetenz erscheinen, ist unter den gegenwärtigen Bedingungen internationaler Standortkonkurrenz gering. Der »sozial kompetente Staat« (Neyer 1996) droht zum sozial kompetenzlosen Staat zu degenerieren, der Wohlfahrtsstaat wird zum »Wettbewerbsstaat«, der auf einen bestimmten Standort (Staatsgebiet) bezogene Wettbewerbschancen an global agierende Nachfrager vermakelt.

Das Dilemma, in dem sich v. a. Regierungen von Staaten mit starker sozialpolitischer Tradition sehen, liegt auf der Hand. Um ihre innenpolitische Machtbasis aufrechtzuerhalten, müssen sie fiskalische, rechtliche, soziale und ökologische Bedingungen schaffen, die der Wettbewerbsfähigkeit der eigenen Wirtschaft dienen und einen möglichst großen Anteil am Kuchen des globalen Kapitals sichern helfen. Zugleich unterminieren sie aber ihre innenpolitische Machtbasis gerade durch solche Maßnahmen, da diese zu Sozialabbau, einem Verfall der immateriellen Infrastruktur (Einsparungen im Bildungswesen) und zu gesellschaftlicher Desintegration führen. Mehr als alles andere können die desintegrativen Tendenzen zur Verbreitung populistischer Gegenstrategien beitragen, die von symbolischer Härte in Handelskonflikten bis zu fundamentalistischen Abschottungsprogrammen reichen.

Verschärft wird diese Problematik dadurch, daß die Unternehmen aus naheliegenden Gründen die Wettbewerbsdebatte, die ihrerseits als Standortdebatte geführt wird, ausnutzen, um eine Reduzierung von Abgaben, Flexibilisierung der Arbeit, Ausrichtung des Bildungswesens an den Bedürfnissen der Wirtschaft, Abwehr ökologischer Verhaltensbeschränkungen etc. zu erreichen, und zwar unabhängig davon, ob und wieweit dies im einzelnen zur Standortsicherung tatsächlich erforderlich ist. Es geht hier nicht nur um nationale, sondern um einzelwirtschaftliche Interessen und um ordnungs- und gesellschaftspolitische Fragen, d. h. um die Ausweitung des Handlungsspielraumes der Unternehmen gegenüber dem Staat und den Gewerkschaften. Die Gewerkschaften selbst sehen sich dabei gezwungen, auf eine Ausweitung einzelwirtschaftlicher Handlungsspielräume hinzuarbeiten, um Arbeitsplätze zu sichern. Mit Blick auf diese gesellschaftspolitischen Implikationen der Standortdebatte stimmen wir vom Ergebnis, wenn auch nicht von der Argumentation her, Paul Krugman (1994) zu, der vor einer Überdramatisierung der Wettbewerbsdiskussion unter dem Eindruck sich verändernder nationaler Weltmarktanteile warnt.

Die eigentliche Konfliktträchtigkeit der gegenwärtigen Entwicklung ergibt sich primär also nicht aus einem Hegemonieverlust der USA, den Ungleichgewichten in den amerikanisch-japanischen Beziehungen oder aus einer militanten Regionalisierung der Weltwirtschaft, sondern aus den sozialen Desintegrationseffekten des weltwirtschaftlichen Strukturwandels, die von den Betroffenen unter dem oberflächlichen Eindruck weltwirtschaftlicher Positionsverschiebungen offenbar eher als Bedrohung nationaler

Interessen denn als wachsende soziale Ungerechtigkeit erlebt werden. Deshalb ist die Versuchung groß, aus innenpolitischen Gründen auf die sozialen Desintegrationseffekte der weltwirtschaftlichen Veränderungen mit populistischen Gegenmaßnahmen zu reagieren. Damit wird eine kooperative Regelung des weltwirtschaftlichen Strukturwandels erschwert und eine Verständigung über mögliche Alternativen zur gegenwärtigen Entwicklung blockiert. Denn der Populismus tendiert dahin, Sinnfragen mit Machtargumenten zu beantworten. Das Zurückschlagen steht über dem Versuch, einem Streit auf den Grund zu gehen.

Aber auch die bestehenden internationalen Entwicklungsdisparitäten wirken dem Versuch entgegen, einem sozial und ökologisch ruinösen Wettbewerb durch die Vereinbarung von rechtlichen, sozialen und ökologischen Mindeststandards Einhalt zu gebieten. Solche Vereinbarungen befänden sich zwar in Einklang mit dem Universalismus, zu dem sich die OECD-Staaten – vermittelt über Weltbank und IWF – bekennen, die Nachzüglergesellschaften fürchten aber, durch solche Mindeststandards Wettbewerbsvorteile zu verlieren. Aus ihrer Sicht würde die Einführung von Mindeststandards auf den genannten Gebieten einer Einebnung bestehender internationaler Entwicklungsdisparitäten entgegenwirken. Sie werden von daher als Instrumente der OECD-Länder betrachtet, die dazu dienen, deren weltwirtschaftliche Dominanz zu erhalten.

6.4 Jenseits der Hegemoniediskussion: Entstofflichung und Entgrenzung, Globalisierung und Fragmentierung, Marginalisierung und Integration

Die Positionsverschiebungen, die in der Hegemonie-Debatte angesprochen werden, können als Ausdruck der Dynamik und der Durchsetzungsfähigkeit des von den USA vertretenen Wirtschafts- und Gesellschaftsmodells betrachtet werden. Die Frage ist, inwieweit sich dieses Modell in den USA selbst ad absurdum führt. Die Befürworter der Decline-These würden diese Frage bejahen, ihre Gegner sie verneinen. Wir kommen zu dem Ergebnis, daß eine antithetische Betrachtung der Entwicklung nicht ausreicht. Die Befürworter der Decline-These übersehen, daß die Positionsverschiebungen in der Weltwirtschaft durch den weltwirtschaftlichen Strukturwandel relativiert werden, also bei weitem nicht so stark ausfallen, wie die rückläufigen Anteile der USA an bestimmten Aggregaten zunächst vermuten lassen. Die Gegner der Decline-These kümmern sich zuwenig um den Sachverhalt, daß die Bedeutung von Positionsdifferenzen für die Fähigkeit einzelner Länder, auf die weltwirtschaftliche Entwicklung einzuwirken, ebenfalls durch die Strukturveränderungen der Weltwirtschaft relativiert wird, der Aufrechterhaltung der US-Hegemonie also nicht das Gewicht zukommt, das ihr in der Hegemoniedebatte gewöhnlich beigemessen wird.

Das Problem liegt weder in der Selbsteliminierung der US-Hegemonie noch in ihrer bloßen Fortschreibung, sondern in der Aushöhlung oder Entfunktionalisierung der Hegemonie durch die Entstofflichungs- und Entgrenzungsprozesse in der Weltwirtschaft, die wir als Herausbildung einer postmodernen Ökonomie begreifen. Es handelt sich aber vorläufig nur um eine auf Indizien gestützte Annahme, da die verfügbaren Daten nicht ausreichen, um diese Tendenzen nach Dynamik und Gewicht im Rahmen der Gesamtentwicklung einzuschätzen. Daraus ergibt sich die Notwendigkeit, die Hegemoniedebatte als eine Debatte über einzelstaatliche Positionsverschiebungen im Weltwirtschaftssystem hinter sich zu lassen und statt dessen die Bedeutung von Positionsdifferenzen für das Funktionieren des Weltwirtschaftssystems im Kontext der angesprochenen Strukturveränderungen genauer zu bestimmen. Möglicherweise verbirgt sich hinter dem Nebel, den die Hegemoniedebatte bisher nicht hat durchdringen können, die zunehmende Schwierigkeit der Politik, überhaupt noch kontrollierend in das Weltwirtschaftsgeschehen einzugreifen. »Nicht einmal die vereinigten Regierungen der Gruppe der 7«, schreibt Cox, »sind bisher in der Lage gewesen, irgendeinen wirksamen und sicheren Ansatz zur Regulierung des Weltfinanzsystems zu entwerfen, mit dessen Hilfe ein Zusammenbruch des Systems verhindert werden könnte« (Cox 1994). Die Hoffnung auf eine neue Form der posthegemonialen Regulierung der Weltwirtschaft in der Gestalt einer »governance without government« (Czempiel/Rosenau 1992) oder des »Regierens jenseits des Nationalstaats« (Zürn 1998) bleibt von daher recht vage. Auch das Vertrauen, das in die Ausbreitung, Professionalisierung und stärkere politische Einmischung von Nicht-Regierungsorganisationen gesetzt wird, bedarf erst noch einer überzeugenden Begründung. Die Verbreitung des Schlagwortes von der Zivilgesellschaft eilt möglicherweise der Entwicklung ihres Erkenntnisgegenstandes voraus.

Die Daten über die Entwicklung der Dekaden 1960-1990 belegen eine fortschreitende Konzentration des Weltwirtschaftsgeschehens in der Triade. Während die dynamischen Nachzügler Ost- und Südostasien diese Triade erweitern, Japan also nicht mehr allein den östlichen Punkt des Dreiecks bildet, Chile und Mexiko den Anschluß an Nordamerika suchen und die ehemals sozialistischen Länder Mitteleuropas sich der EU annähern, verharrt der größere Teil Lateinamerikas im Stadium »ewiger Schwellenländer«, wird Afrika, insbesondere südlich der Sahara, marginalisiert und fallen Rußland und die ehemaligen Sowjetrepubliken wirtschaftlich weiter zurück. Die ordnungspolitische Vereinheitlichung der Welt geht offenbar nicht mit einer Angleichung der Entwicklungsniveaus einher. Im Gegenteil, die sozialen Disparitäten verschärfen sich (Kurth 1994). Dies gilt auch für die westlichen OECD-Länder.

Man kann diesen Prozeß als Fragmentierung deuten, die zu neuen Polarisierungen tendiert. Nationalismus und Fundamentalismus wären dann als Übergang vom Zerfall der alten dualistischen Weltordnung des kalten Krieges zu einer neuen konfrontativen Ordnung zu verstehen. Man könnte diese Entwicklungen aber auch als Ausdruck weltwirtschaftlicher Differenzierungs- und Integrationsprozesse beschreiben, die eher zu einer Komplexitätssteigerung bestehender Interessenkonstellationen und Interaktionsformen führen als zu neuen Polarisierungen und sich eher in der Bildung von Netzwerken als von dualistischen Strukturen ausdrücken.

Wir haben es offensichtlich nicht nur mit der Gleichzeitigkeit von Globalisierungs- und Fragmentierungsprozessen zu tun, sondern auch mit der Gleichzeitigkeit von Marginalisierung und Integration, von Polarisierung und Vernetzung. Dabei spielt eine wichtige Rolle, daß der weltwirtschaftliche Strukturwandel auf der Grundlage einer sich fortlaufend beschleunigenden technologischen Innovation erfolgt, die zugleich auch außerökonomische Prozesse (Kulturwandel, interkulturelle Kommunikation) nachhaltig beeinflußt. Welcher Zusammenhang zwischen ökonomischen und außerökonomischen Entwicklungen besteht und was das für die Herausbildung neuer Konfliktkonstellationen, Interessenallianzen und Interaktionsmuster bedeutet, ist in höchstem Maße klärungsbedürftig.

Gegen die »klassischen« Annahmen über die wohlstandschaffenden Effekte der internationalen Arbeitsteilung bei Ausnutzung komparativer Kostenvorteile ist immer wieder eingewandt worden, daß es sich bei dem Wohlstand der Industrieländer um ein positionales Gut handelt, das nicht verallgemeinerbar sei (Altvater 1992, Wallerstein 1991, Hirsch 1982). Dabei stand zunächst die zur Weltsystemtheorie ausgebaute These im Vordergrund, daß Entwicklung und Unterentwicklung nicht als Phasenverschiebung im Prozeß globaler Modernisierung zu interpretieren seien, sondern als komplementäre Prozesse, wobei die Entwicklung der einen durch die Unterentwicklung der anderen vorangetrieben werde. In der neueren Diskussion wird v. a. die Erkenntnis ins Feld geführt, daß eine Globalisierung des westlichen Industriemodells aus ökologischen Gründen unmöglich sei. Die Aufrechterhaltung dieses Modells führe deswegen entweder zur Exklusion des größeren Teiles der Welt von der Nutzung der natürlichen Ressourcen oder zu einer Rationierung dieser Ressourcen im Sinne der Zuteilung von Nutzungsrechten.

Gegen beide Ansätze der Kritik lassen sich eine Reihe von Einwänden formulieren. Sie seien hier in zwei Thesen zusammengefaßt: Erstens, das Verhältnis zwischen »entwickelten« und »Entwicklungsländern« entspricht interessenpolitisch dem zwischen den USA und den übrigen OECD-Staaten im »Goldenen Zeitalter« der Nachkriegsexpansion. Die USA haben von der mit ihrer Hilfe bewerkstelligten nachholenden Entwicklung der anderen OECD-Länder profitiert, sich zugleich aber auch Rivalen geschaffen, die die USA selbst unter Anpassungsdruck setzen. Dieser Anpassungsdruck ist aber nicht im Sinne einer Nullsummenhypothese zu interpretieren, der zufolge die USA verlören, was die anderen Staaten gewinnen. Angemessener ist es, von einer Veränderung der wirtschaftlichen, politischen und auch kulturellen Rahmenbedingungen auszugehen, unter denen Wohlstandseffekte erzielt werden können. Die Industrieländer haben zwar das Interesse, die natürlichen Ressourcen von Rohstoffländern unter möglichst günstigen Bedingungen auszubeuten, sie haben aber im Rahmen des »global sourcing« zugleich ein Interesse an der Erschließung und Mobilisierung aller verfügbaren Wachstumsreserven und damit auch an der Durchindustrialisierung der Rohstoffländer. Sie haben ein Interesse, den eigenen ökologischen Handlungsspielraum nicht durch die Industrialisierung der »unterindustrialisierten« Gebiete einzuschränken. Zugleich findet aber, wie sich besonders spektakulär im Falle Chinas zeigt, ein Wettlauf um die Beteiligung an der Industrialisierung dieser Gebiete statt.

Zweitens, die Knappheit ökologischer Ressourcen stellt wie die Knappheit von Ressourcen generell keine Grenze der Wirtschaft dar, sondern ist die Essenz des Wirtschaftens. Im Schlaraffenland ist Wirtschaften nicht erforderlich. Jede Begrenzung von Wirtschaftsaktivitäten durch Knappheit führt zu neuen Grenzüberschreitungen. Die »Grenzen des Wachstums« lösen sich immer wieder in einem »Wachstum der Grenzen« im Sinne der Schaffung neuer Wachstumshorizonte auf. Solche Horizonterweiterungen deuten sich in der Tertiarisierung der Weltwirtschaft in Verbindung mit neuen technologischen Durchbrüchen (Neue Werkstoffe, Energiegewinnung, Information und Kommunikation) an. Die Frage ist, welche politisch-kulturellen, sozioökonomischen und ökologischen Kosten die Realisierung der neuen Entwicklungsmöglichkeiten verursacht. Die zunehmende strukturelle Heterogenität auch und gerade der fortgeschrittenen Industriegesellschaften (Stichwort Zwei-Drittel-Gesellschaft) deutet auf die Gefahr, daß im Wettlauf um Standortvorteile eine Angleichung sozialer und ökologischer Standards auf einem Niveau erfolgt, auf dem die Fähigkeit der Gesellschaft als Ganzes, sich an weltwirtschaftliche Veränderungen anzupassen, wiederum in Frage gestellt wird.

In der neuen »Armutspolitik« der Weltbank scheint die Erkenntnis dieser Gefahr auf, wenn nach einer Dekade der sozialpolitisch rigorosen Strukturanpassung nunmehr erneut wie in den 1970er Jahren »Investitionen in die Armen« gefordert werden. Es handelt sich hierbei zweifellos nicht um reine Ideologie in Anknüpfung an die fehlgeschlagene Grundbedürfnisstrategie, sondern auch um die Einsicht, daß die neuerdings geforderte dynamische Wettbewerbsfähigkeit die Herausbildung und Pflege von »Humankapital« verlangt. Ob in ähnlicher Weise politische Stabilität und sozialer Ausgleich als Bedingung für die Aufrechterhaltung gesamtgesellschaftlicher Anpassungsfähigkeit interpretiert werden können und ob damit das Erfolgsmodell des »Goldenen Zeitalters« auf einer neuen Stufe der technologischen Entwicklung, wirtschaftlichen Verflechtung und kommunikativen Vernetzung aller Gesellschaften auf globaler Ebene reproduziert werden kann, scheint so gesehen keine völlig abwegige Frage, sofern es gelingt, die den postmodernen Finanzgeschäften inhärenten Instabilitäten unter Kontrolle zu bringen. Abwegig wäre es allerdings, hier von einer bloßen Optimierungsaufgabe auszugehen. Eine Verschärfung von Interessenkonflikten und eine dementsprechende erneute Ausweitung politischer Eingriffe in das Wirtschaftsgeschehen dürften vielmehr unausweichlich sein.

Für solche Eingriffe fehlen dem Staat bisher jedoch grundlegende Informationen über die gegenwärtige wirtschaftliche Entwicklung. Noch scheint der politische Wille, dieses Manko zu beheben, nicht sehr ausgeprägt zu sein, da eine bessere Information über die hier angesprochenen und nur auf Indizien zurückgeführten Entwicklungen möglicherweise zu einer Verunsicherung über die Sinnhaftigkeit der bisher vorherrschenden Globalstrategien und damit zu einer Verschärfung politischer Legitimationsprobleme führen würde. So scheint sich bis heute das staatliche Bemühen um eine Ausweitung seiner Handlungsgrundlagen auf die Herstellung des »gläsernen Bürgers« zu beschränken, während die Zentren der weltwirtschaftlichen Dynamik mehr und mehr zu »black boxes« werden, vor denen die staatliche Datenerfassung haltmacht. Die Respektierung dieser neuen Sphäre des Unbestimmten wird offensichtlich bisher noch als Standortvorteil gehandelt. Allerdings ist schon heute erkennbar, daß die Handlungsfähigkeit des Staates in zunehmendem Maße von der Ausweitung seiner Kenntnisse über das postmoderne Wirtschaftsgeschehen abhängt.

6.5 Statt eines Schlußworts:
Datenerhebung und staatliche Kompetenz

In den vorangegangenen Kapiteln hatten wir die zentrale These unserer Arbeit entwickelt, wonach Strukturveränderungen in der Weltwirtschaft die Positionsveränderungen der untersuchten Staaten relativieren. In der empirischen Arbeit bedeutet dies, daß neben einer Neuinterpretation der klassischen Hegemonie-Indikatoren auch neue Bereiche ökonomischer Aktivitäten durch Indikatoren erschlossen werden müssen. Es hat sich gezeigt, daß die vorhandenen Instrumente der statistischen Datenerfassung überall dort zu kurz greifen, wo ökonomische Transaktionen auf nichtstaatlicher oder innerbetrieblicher Ebene, im Bereich nichtstofflicher Dienstleistungen und insbesondere im Bereich der Kapitalmärkte zu quantifizieren sind. Wir sehen darin ein Manko, das nicht allein die an statistischen Quellen orientierte Forschung beeinträchtigt. Vielmehr ist das offensichtliche Defizit auch als ein Indiz dafür zu werten, wie wenig staatliche Stellen in der Lage sind, das gesamte Ausmaß des Strukturwandels, der sich in der Weltwirtschaft abzeichnet, zu begreifen oder gar zu antizipieren. Der Struktur und den Bewertungskriterien der Volkswirtschaftlichen Gesamtrechnung liegt heute noch weitgehend ein industriefixiertes, werttheoretisches Verständnis von Wirtschaftsprozessen zugrunde, dessen Erklärungswert seit mehr als 100 Jahren beständig sinkt. Die Input/Output-Rechnung ist sogar stark vom Physiokratismus des 18. Jahrhunderts geprägt.

Würden wir die physiokratischen Variablen zur Bestimmung heutiger Machtverhältnisse im internationalen System heranziehen, dann bildeten China, Indien, Rußland, USA, Brasilien, Australien und Indonesien die Gruppe der G7-Staaten. Es ist offensichtlich, daß die Orientierung an diesen prämodernen, klassischen Indikatoren die Hegemonieposition der heutigen Wirtschaftsmächte nicht wiedergeben kann. Die Statistik der Moderne beschäftigt sich demgegenüber eher mit der Ausdifferenzierung der industriellen Produktion. Arbeitskraft und Maschinenkapital gelten als Quellen der Wertschöpfung. Landwirtschaft und Dienstleistungen wird allenfalls der Stellenwert rückständiger Zulieferer beigemessen. Heute existiert ein (post)moderner Dienstleistungsapparat, dessen Aktivitäten nur noch partiell dem produktiven Sektor zugerechnet werden können. Dies erfordert ein neues Verständnis von Quantitäten und Qualitäten, das Politik, Wissenschaft und Statistik gleichermaßen herausfordert.

Aufgabe der Statistischen Ämter ist es, Wirtschaftsstrukturen umfassend und detailliert genug darzustellen, um staatlichen Entscheidungsträgern ein grundlegendes Verständnis der Abläufe zu vermitteln. Die Auswirkungen staatlicher Eingriffe in die Wirtschaft müssen sichtbar sein. Zugleich dienen die Statistiken als Grundlage für politische Weichenstellungen (z. B. für die Besteuerung) und können als Legitimation für Einzelmaßnahmen Verwendung finden. Unter diesen Voraussetzungen erscheint es fatal, wenn in nationalen Statistiken ein nicht unbeträchtlicher Teil ökonomischer Strukturen und Transaktionen nur rudimentär oder verzerrt wiedergegeben wird. Dies trifft in besonderem Maße auf die Behandlung der Dienstleistungen im statistischen Berichtswesen zu und hat zur Folge, daß zahlreiche Neuerungen, v. a. Finanztransaktionen, in ihrer gesamtwirtschaftlichen Bedeutung weder in vollem Umfang wahrgenommen noch in der Wirtschaftspolitik angemessen berücksichtigt werden. Die Abteilungsstrukturen des Statistischen Bundesamtes und des Wirtschaftsministeriums in der Bundesrepublik, des Finanzministeriums in Japan und des Bureau of Economic Analysis sowie des Department of Commerce in den USA basieren auf den traditionellen Sparten des statistischen Berichtswesens. Die neuen Bereiche moderner Dienstleistungen sind demgegenüber häufig unterrepräsentiert oder auf niedrigerer Hierarchieebene den Produktionsabteilungen angegliedert.

Nach wie vor werden Dienstleistungen generell dem industriellen Prozeß zu- oder sogar untergeordnet. Integrative Ansätze zur Dienstleistungserfassung, die auf eine detaillierte und wertgerechte Beschreibung des Anteils moderner Dienstleistungen am Industrieprodukt selbst abzielen, haben bisher nicht zu befriedigenden Ergebnissen geführt. Solange die Gliederungstiefe der Erfassung nicht bei den innerbetrieblichen Kostenstellen beginnt und verwendungsorientierte Zusammenstellungen erfolgen, wird dies auch so bleiben. Besonders offensichtlich wird die mangelnde, verzerrende oder fehlerhafte Berücksichtigung von Dienstleistungen in der Input/Output-Rechnung. Es fällt auf, daß industrielle Branchen im Durchschnitt einen höheren Verflechtungskoeffizienten und eine größere Gliederungstiefe aufweisen als Dienstleistungsbranchen. Hier hat zweifelsohne ein statistischer Modernisierungsprozeß eingesetzt. Während in den ersten Verflechtungsmodellen, die Wassili Leontief in den 1930er Jahren konzipiert hatte, ausschließlich der Primäre und Sekundäre Sektor dargestellt worden waren, sind v. a. in den 1970er Jahren differenzierte Branchenstrukturen im tertiären Bereich hinzugekommen. Die wertgerechte Wiedergabe wird jedoch durch ein Bündel von Hemmnissen erschwert. Fehlt ein geeignetes Berechnungsverfahren (Derivategeschäfte), eine gesetzliche Grundlage zur Datenbeschaffung (interne Unternehmenstransfers) oder der politische Wille zur Schaffung von Transparenz (Vermögensverteilung), so führen empirische Untersuchungen auf der Basis der vorhandenen Daten in die Irre.

Die in der Volkswirtschaftlichen Gesamtrechnung verwendeten Basisdaten müssen aus primären Registern zusammengestellt werden und sind daher auch nur so verläßlich, wie dies die Primärquelle erlaubt. Aus steuerlichen Erwägungen haben Unternehmen wenig Interesse an der wertgerechten Wiedergabe interner Transfers. Insbesondere das Verhältnis transnationaler Gütertransfers versus Dienstleistungstransfers eignet sich zur konzerninternen Scheinbilanzierung. In der Regel werden hier Schätzungen vorgenommen, die teilweise erheblich voneinander abweichende Ergebnisse haben.

Gerade im Bereich der internen Unternehmenstranfers gibt es für die nationalen Statistischen Ämter nur wenig rechtliche Möglichkeiten, die Unternehmen zu einer Offenlegung der Daten zu zwingen. Die Anteile der Dienstleistungen an der Industrieproduktion sind, soweit sie interne Unternehmenstransfers betreffen, daher in der Regel unvollständig erfaßt. Viele externe Dienstleistungen sind als nichtbilanzaktive Aktivitäten in der traditionellen Nomenklatur der Gesamtrechnung überhaupt nicht existent. Der gesamte Bereich innovativer Finanzdienstleistungen stellt eine staatlich sanktionierte Schattenwirtschaft dar. Während der informelle Sektor in der Dritten Welt v. a. durch die unteren Gesellschaftsschichten getragen wird, beobachten wir in entwickelten Volkswirtschaften die Expansion einer Schattenwirtschaft der Wohlhabenden, wobei sich die unzureichende statistische Erfassung, der niedrige Verregelungsgrad und die mangelnde steuerliche Berücksichtigung dieser Aktivitäten wechselseitig verstärken.

Im Zuge einer allgemeinen Deregulierung sind einer Verbesserung der Erhebungsgrundlagen enge Grenzen gesetzt. Es kann sogar davon ausgegangen werden, daß sich die Datenlage trotz der besseren technischen Ressourcen der Datenverarbeitung eher verschlechtern wird, weil seitens der Politik offensichtlich kein Interesse besteht, auf dem Gebiet der neuen, extern und intern erbrachten Dienstleistungen mehr Transparenz zu erzeugen. So sieht die Bundesbank gegenwärtig keine Notwendigkeit, nichtbilanzaktive Kapitaltransfers in ihr Berichtssystem zu integrieren. Die Bundesregierung hat im Februar 1995 in einer Regierungserklärung bekräftigt, daß trotz der Finanzskandale (Metallgesellschaft, Volkswagen, Klöckner, Balsam AG, Barring) kein politischer

Handlungsbedarf bestehe. Die freiwillige Selbstentmachtung des Staates gipfelt darin, daß er auf die Besteuerung des statistisch nicht Existenten leichtfertig verzichtet. Die Handelsware »innovative Finanzdienstleistungen« gibt es nach einem Urteil des Bundesfinanzgerichtshofes überhaupt nicht, »weil es hierfür an den für die Steuerpflicht erforderlichen Anschaffungs- und Veräußerungsgeschäften fehlt« (BFH 1983; in: BStBl 1984 II. 132). Der ehemalige Hauptzweck der Statistik, eine Grundlage für ein effizientes Steuersystem zu schaffen, tritt gegenüber der Ideologie der Deregulierung in den Hintergrund und trägt mit zur chronischen Unterfinanzierung des Staatsapparates bei.

Wenn heute der Anteil der internen und externen Dienstleistungen an der gesamten Wertschöpfung rapide zunimmt, dieser Bereich statistisch und steuerlich für den Staat unsichtbar bleibt, dann ist dies zwangsläufig mit einem defizitären Staatshaushalt verbunden. Die einseitige Besteuerung bestimmter Produktionsbereiche (Güter) und Produktionsfaktoren (Arbeit) führt zu einer Verzerrung der gesamtwirtschaftlichen Allokationsstruktur, während die expandierenden unsichtbaren Aktivitäten zu einer blühenden Steueroase werden. Wir haben die unsichtbaren Aktivitäten, soweit sie sich vom Produktionsprozeß abgekoppelt haben, als »virtuell« bezeichnet. Soweit sich hinter dem konstatierten Verflüchtigungsprozeß die Motivation zur Steuerflucht verbirgt, haben diese postmodernen Dienstleistungen weniger einen wertschöpfenden als einen abschöpfenden Charakter. Die »Virtual Factory« (Davidow/Mulone 1992), ein Modebegriff unter Unternehmensberatern, beinhaltet letztlich die Verlagerung firmeninterner Tätigkeiten (und Gewinne) an einen fiskalisch nichtexistenten Ort. Dieser Entwicklung kann der Territorialstaat klassischer Prägung nicht folgen. Einen »Virtual State« kann es per definitionem nicht geben. Vielmehr lebt der Staat von der Durchdringung seines Territoriums. Er muß räumlichen und sozialen Kontraktions- und Konzentrationsprozessen entgegenwirken, die inhärent durch marktwirtschaftlich orientierte Unternehmen produziert werden. Daß auch hier Versäumnisse auftreten, wird einmal mehr im statistischen Berichtswesen offenbar. Weder in Großbritannien noch in der Bundesrepublik ist es bisher gelungen, eine leistungsfähige Einkommens- oder gar Vermögensverteilungsstatistik zu erstellen. Nach der bundesdeutschen Vermögensstatistik ist es z. B. einfacher, die Vermögensverteilung nach Alter des Besitzers zu ermitteln, als sie nach sozialen Kriterien zu differenzieren.[2] Im britischen Erfassungssystem der Einkommensverteilung sind nur die steuerzahlenden Bürger verzeichnet. Werden dort niedrige Einkommensgruppen aus dem Arbeitsprozeß herauskatapultiert, dann hat dies zur Folge, daß disparitäre Trends sogar als Annäherungstendenz ausgewiesen werden.

Ein Indiz für die Schwerfälligkeit staatlicher Statistik ist das Aufkommen eines ganz neuen Typs von Dienstleistungen, nämlich von Datenhändlern wie Reuters, Datastream International oder Bloomberg. Die Erfassung nichtbilanzaktiver Transaktionen wird heute weitgehend von privaten Analysten kommerziell betrieben. Deren Interesse liegt in der exklusiven Zuteilung von Daten und nicht in einer Befriedigung des Informationsbedürfnisses der Öffentlichkeit oder des Staates. Folglich weisen die mitunter sogar manipulierten Systeme der Analysten sowohl im Hinblick auf die ausgewiesenen Quantitäten als auch in bezug auf die Auswahl der Indikatoren eine stark disparitäre Struktur auf. Besonders in den Daten zu Bank- und Derivategeschäften kommt dies zum Ausdruck. Nach dem Skandal um die Fehlspekulationen der Metallgesellschaft mit Ölkontrakten im Jahr 1993 existierten zwei völlig unterschiedliche Berechnungsvarianten. Die erste wies einen Milliardenverlust für das Unternehmen aus, die zweite, durch den Nobelpreisträger Merton Millner angestellte Berechnung kam zu dem Ergebnis, daß sogar Gewinn erwirtschaftet worden war. Auch hier erweist sich die Kreativität der Finanzinnovationen. Sie schaffen artifizielle Risiken und reale Instabilität und kreieren zudem neue Jobs, deren Dienstleistung darin besteht, die künstlich geschaffenen Risiken zu berechnen. Der hochbezahlte Job des Risk-Managers ist ein Produkt der 1980er Jahre. Der Risk-Manager berechnet auf der Seite des Emmitenten die Konstruktionsmerkmale einer Finanzinnovation, so daß für den Kunden die Gewinnaussichten transparent sind, die Spekulationsrisiken aber verschleiert werden. Auf der Nachfrageseite betreiben Risk-Manager das umgekehrte Geschäft.[3]

2 Vom Bruttovermögen von ca. 10 Billionen DM (alte Bundesländer 1992) entfiel demnach auf 15 % der über 65jährigen Bevölkerung fast ein Viertel des Gesamtvermögens. Die steuerlich sichtbaren 173 Mrd. DM, die als Einkünfte aus Vermögen ausgewiesen werden, betragen lediglich 8 % des Volkseinkommens. Diese Zahl gibt nur einen Bruchteil der tatsächlichen Einkünfte wieder.
3 Im April 1994 bot die Société Générale einen sog. BOOST (Banking on Overall

Wir sind mehr zufällig auf dieses Disparitätsphänomen gestoßen, als wir versuchten, anhand der verfügbaren Daten eine Quantifizierung der Derivatemärkte vorzunehmen, um deren Anteil am Weltwirtschaftsgeschehen und die Performance nationaler Märkte zu bestimmen. Im einzelnen traten dabei folgende Schwierigkeiten in der Bewertung zutage: Im Bankenwesen, wo der Löwenanteil der OTC-Geschäfte abgewickelt wird, ist die Differenz zwischen der in der Bilanz ausgewiesenen Unternehmenstätigkeit und dem tatsächlichen Geschäftsvolumen der Banken seit Beginn der 1980er Jahre dramatisch angewachsen, was die gesamtwirtschaftliche Transparenz, die Kontrollfähigkeit und die Krisenfestigkeit der Finanzmärkte negativ beeinflußt. Sowohl seitens der Bank für Internationalen Zahlungsausgleich (BIZ) als auch im Hause der Deutschen Bundesbank wurden daher Überlegungen angestellt, sog. »nichtbilanzaktive Transaktionen« in ein statistisches Erfassungsverfahren einzubinden. Innerhalb der Banken selbst werden sehr wohl Versuche unternommen, die nichtbilanzaktiven Transaktionen zu erfassen, v. a. in bezug auf deren Risikopotential im Kreditgeschäft. Solange es hier keine allgemeinverbindlichen gesetzlichen Bilanzierungsregeln gibt, können wir das Ausmaß der gesamtwirtschaftlichen Transaktionen nur durch Schätzungen bestimmen. Zusammengefaßt betrugen demnach alle bilanzunwirksamen Transaktionen deutscher Banken bereits Mitte 1993 ca. 6000 Mrd. DM, was einem Anteil von 90 % an den bilanzaktiven Geschäften entspricht (Deutsche Bundesbank 1993). Andere, weniger konservative Quellen beziffern den bilanzinaktiven Bereich auf mehr als 200 % (Wirtschaftswoche 6/1994). Demnach wären die »Invisibles« erstmals wichtiger geworden als die traditionellen Bankaktivitäten. Eine realistische Gewichtung der neuen Kapitalmarktaktivitäten sollte sich an den von der BIZ 1994 erarbeiteten Kriterien orientieren und schnellstmöglich in die nationalen Bilanzierungsrichtlinien übernommen werden.

Stability) an, der die Wechselkursrelation zwischen DM und US-$ in einer Bandbreite von 1,60 bis 1,80 DM/US-$ festschrieb. Blieb der Kurs über 90 Tage innerhalb dieser Marge, konnte ein maximaler Gewinn von 160 % erzielt werden, scherte er vorzeitig aus (was der US-$ auch tatsächlich tat), bedeutete dies für den Kunden den Verlust eines Teiles des Einlagekapitals. Zu den versteckten Risiken zählt auch der Grad der Fungibilität und der Konvertierbarkeit eines Kontraktes; zahlreiche Produkte besitzen zwar einen börsennotierten Kurswert, sind aber bis zum Fälligkeitstermin praktisch unveräußerlich.

Hier muß sich der Staat auf seine gesamtwirtschaftliche Verantwortung besinnen, um das verlorengegangene Abschöpfungsmonopol durch eine innovative Steuerpolitik zurückzuholen. Diese darf nicht den ohnehin immer geringeren Lohnkostenanteil der Unternehmen besteuern, sondern muß v. a. bei den volkswirtschaftlich problematischen Konzernaktivitäten im Bereich der Sozial- und Umweltpolitik ansetzen. Wie dringlich eine Reorganisation des fiskalpolitischen Rahmens ist, zeigt ein Blick auf die Situation in den USA. Dort haben die 500 größten Unternehmen seit Beginn der 1980er Jahre mehr als vier Millionen Arbeitsplätze abgebaut und gleichzeitig ihren Anteil am gesamten Steueraufkommen um mehr als die Hälfte reduziert (Barnet/Cavanagh 1994).

Neben der direkten und indirekten Besteuerung ist auch der Verregelungsgrad aller Wirtschaftsbereiche auf ein mittleres Niveau anzupassen. Es geht nicht an, daß traditionelle Sektoren durch eine Vielzahl von Verordnungen reglementiert werden, während gleichzeitig das innovative Finanzgeschäft in einem fiskalpolitischen Vakuum operieren kann. Von einer Interessenkonvergenz auf der mikro- und makroökonomischen Ebene, also von privaten Akteuren und gesamtwirtschaftlicher Wohlfahrt, kann im Falle der innovativen Finanzmärkte keine Rede sein. Während staatliche Wirtschaftspolitik stabile Wechselkurse und enge Schwankungsbreiten anstrebt, profitieren private Spekulanten von deren Instabilität. Die Entscheidungsstruktur privater Akteure ist in der Regel hierarchisch gegliedert und kann durch Bündelung von Verantwortung blitzschnell Transaktionen herbeiführen. Staatliche Stellen sind dagegen dem Primat einer auf Gerechtigkeit, Verhältnismäßigkeit, Kompetenzbegrenzung und gegenseitiger demokratischer Kontrolle aufgebauten Politik unterworfen, was sich zwangsläufig in einer geringeren Reaktions- oder gar Aktionsgeschwindigkeit äußert. Diese Konfliktsituation läßt sich durch Deregulierung nicht bereinigen, sondern erfordert einen stabilisierenden Ordnungsrahmen, der die Spielregeln auf den neuen Aktionsfeldern definiert und die Transparenz der Aktivitäten erhöht.

Eine Möglichkeit bietet die Hinterlegungspflicht für Devisenhändler, die zu einer rechtlichen und kostenbezogenen Gleichstellung virtueller und realer Transaktionen führen kann. Bisher sind selbst Einzelpersonen wie der Megaspekulant George Soros auf dem Parkett des Devisenhandels gegenüber den Zentralbanken Frankreichs oder Schwedens zu übermächtigen Akteuren geworden, weil das Spekulationsrisiko durch staatliche Selbstreglementierung auf der einen und durch Regelungsfreiheit auf der anderen Seite gegen Null strebt. Diesbezügliche Vorschläge zur Strukturierung der Devisenmärkte (Eichengreen/Wyplosz 1993) führen nicht, wie vielfach kritisiert, zu einer Abwanderung der Märkte in die nicht verregelten Offshore-Standorte, weil die Spekulation mit Devisen den Kauf sicherer Gegenwährungen erfordert. Letztlich greift hier wieder das Territorialprinzip, weil die Liquidität einer Währung (abgesehen vom US-$) stärker durch die nationalen Zentralbanken gesteuert wird als durch das vagabundierende Umlaufkapital. Nur eine Einlagenpflicht für Devisenhändler bietet einen sicheren Schutz vor staatlichen Souveränitätsverlusten, weil sie für den Währungskäufer das Risiko einer Abwertungsspekulation entscheidend erhöht. Traditionelle Instrumente der Globalsteuerung wie etwa Variationen des Ausgabezinses reichen längst nicht mehr aus.[4] Ebenso sind die linearen Analysemethoden zur Abschätzung bedrohlicher Marktentwicklungen weitgehend überholt. Virtuelle Transaktionen werden in Echtzeit abgewickelt. Für staatliche Planung und Ausführung bedarf es dagegen ganzer Legislaturperioden. Während staatliche Institutionen noch immer in Jahres- oder Vierteljahreskategorien arbeiten und denken, bewegen sich die Analysen privater Marktteilnehmer bereits auf »Intra-Day-Statistics« zu (Goodhart/Figliuoli 1991). Der Staat steht vor der Alternative, die Abläufe virtueller Finanztransaktionen zu verlangsamen oder den eigenen Regulierungsapparat drastisch zu beschleunigen.

Die globalen Derivatemärkte werden hinsichtlich ihres strukturverändernden Gehaltes unter zwei Gesichtspunkten diskutiert. Erstens geht es um die Frage, inwiefern sie Bestandteil einer Parallelökonomie sind, die in einem substitutionalen Verhältnis zur industriellen Produktion steht; zum zweiten werden die Derivatemärkte als Indikator für eine neue, additive Dimension in der Weltwirtschaft betrachtet, die letztlich zur Beschleunigung und damit zur Verbesserung der Kapitalmärkte beiträgt. Beide Ein-

---

4 Vgl. hierzu die Debatte im Wall Street Journal, Oktober bis Dezember 1991, sowie BIZ: Jahresbericht, Basel 1994, S. 200-206; Deutsche Bundesbank: Monatsberichte Januar 1993 und März 1993; und Hankel 1993a und 1993b.

schätzungen weisen in bezug auf die Hegemoniedebatte in die gleiche Richtung, weil die Dynamik im Termin- und Optionshandel letztlich einen Zufluß von Fremdkapital hervorruft. Als Indikatoren für die Marktposition eines Staates können gelten: Zahl der Börsenplätze, Zahl der gehandelten Kontrakte, Zahl der offenen Kontrakte, Umsatz der Kontrakte, Zuordnung der Kontrakte nach nationalen Kriterien, möglicherweise auch Zahl und Bedeutung der Trader, technische Ausstattung der Börse, Geschwindigkeit der Nachrichtenübertragung, staatliche Regelungsintensität (Investitionssicherheit, verbotene Sparten, Marktzutrittsschranken).

Bevorzugte Handelsplätze sind als ein Indiz für die Leistungsfähigkeit einer Nationalökonomie zu werten, im Bereich der Kapitalmärkte ein hohes Maß an funktionierender moderner Infrastruktur sowie Investitionssicherheit zu schaffen. Wenn wir davon ausgehen, daß ein immer größerer Anteil der dort getätigten Umsätze nicht mehr produktionsbezogen ist und daß die Kapitalströme kurzfristig weder einen territorial zu definierenden Ursprung noch ein diesbezügliches Ziel haben, dann steht die Zahl der Handelsplätze für die Abwicklungskompetenz eines Staates.

Die 1980er Jahre waren von einem widersprüchlichen Trend geprägt. Einerseits kam es zu einem sprunghaften Anstieg der globalen Handelsplätze. 1993 wurden 47 globale Exchanges gezählt, davon allein 15 in den USA (32%). Andererseits bieten immer weniger Handelsplätze die gesamte Palette der Finanzinnovationen an. Die aus verschiedenen Quellen zusammengesetzte Übersicht der Insider-Zeitschrift »Futures and Options World« bekräftigt diesen Trend, wenn auch die Daten z. T. stark von den Angaben des General Accounting Office abweichen. Sie zählt insgesamt 79 Börsenplätze in 26 Ländern, an denen Equities, Swaps, Futures und derivative Instrumente sowie Rohstoff- und Warentermingeschäfte (Agrargüter, Gold, Silber etc.) gehandelt werden (Tabelle 57).

Es fällt auf, daß neben dem marktbeherrschenden Triumvirat aus USA, Japan und Großbritannien auch Brasilien eine bedeutende Rolle spielt. Die Bundesrepublik Deutschland dagegen ist, gemessen an der Zahl ihrer innovativen Finanzzentren, ein Entwicklungsland.

Tabelle 57: Handelsplätze innovativer Finanztitel 1993

Nr.	Name	Ort	Land	Zahl	Kriterien
1	Bolsa de Comercio de Buenos Aires	Buenos Aires	Argentinien	2	Agrar
2	MERFOX (Mercado de Futuros y Opciones SA)	Buenos Aires	Argentinien		Agrar
3	Australian Options Market	Sydney	Australien	2	Gold
4	Sydney Futures Exchange Ltd.	Sydney	Australien		Agrar
5	Belgian Futures & Options Exchange (BELFOX)	Brüssel	Belgien	1	%
6	Bolsa Brasileira de Futuros	Rio de Janeiro	Brasilien	4	Gold
7	Bolsa de Mercadorias & Futuros	São Paulo	Brasilien		Gold, Agrar
8	Rio de Janeiro Stock Exchange	Rio de Janeiro	Brasilien		%
9	Sao Paulo Stock Exchange	São Paulo	Brasilien		Agrar
10	Shenzhen Metal Exchange	Shenzhen	China	1	Metalle
11	FUTOP	Kopenhagen	Dänemark	1	%
12	DTB Deutsche Terminbörse	Frankfurt/M.	Deutschland	1	%
13	Finnish Options Market	Helsinki	Finnland	1	%
14	MONEP (Marché des Options Négociables de Paris)	Paris	Frankreich	2	%
15	MATIF SA	Paris	Frankreich		%
16	International Petroleum Exchange	London	Großbritannien	5	Gas, Öl
17	London Commodity Exchange (LCE)	London	Großbritannien		Agrar
18	London Intern. Financial Futures & Options Exchange (Liffe)	London	Großbritannien		%
19	London Metal Exchange	London	Großbritannien		Metalle
20	OMLX, The London Securities and Derivates Exchange	London	Großbritannien		%
21	Hong Kong Futures Exchange Ltd.	Hongkong	Hongkong	1	%

Nr.	Name	Ort	Land	Zahl	Kriterien
22	Irish Futures & Options Exchange	Dublin	Irland	1	Gold
23	Mercato Italiano Futures	Rom	Italien	1	%
24	Hokkaido Grain Exchange	Hokkaido	Japan	20	Agrar
25	Kammon Commodity Exchange	Yamaguchi	Japan		Agrar
26	Kansai Agriculture Commodities Exchange (KANEX)	Osaka	Japan		Agrar
27	Kobe Grain Exchange (siehe KANEX)	Kobe	Japan		Agrar
28	Kobe Raw Silk Exchange	Kobe	Japan		Agrar
29	Kobe Rubber Exchange	Kobe	Japan		Agrar
30	Maebashi Dried Cocoon Exchange	Maebashi	Japan		Agrar
31	Nagoya Grain and Sugar Exchange	Nagoya	Japan		Agrar
32	Nagoya Textile Exchange	Nagoya	Japan		Agrar
33	Osaka Grain Exchange (siehe KANEX)	Osaka	Japan		Agrar
34	Osaka Securities Exchange	Osaka	Japan		%
35	Osaka Sugar Exchange (siehe KANEX)	Osaka	Japan		Agrar
36	Osaka Textile Exchange	Osaka	Japan		Agrar
37	Tokyo Commodity Exchange	Tokyo	Japan		Agrar
38	Tokyo Grain Exchange	Tokyo	Japan		%
39	Tokyo International Financial Futures Exchange	Tokyo	Japan		%
40	Tokyo Stock Exchange	Tokyo	Japan		%
41	Tokyo Sugar Exchange (siehe KANEX)	Tokyo	Japan		Agrar
42	Toyohashi Dried Cocoon Exchange	Toyohashi	Japan		Agrar
43	Yokohama Raw Silk Exchange	Yokohama	Japan		Agrar

Nr.	Name	Ort	Land	Zahl	Kriterien
44	Montreal Exchange	Montreal, Quebec	Kanada	4	%
45	Toronto Futures Exchange	Toronto, Ontario	Kanada		%
46	Vancouver Stock Exchange	Vancouver	Kanada		%
47	Winnipeg Commodity Exchange	Winnipeg, Manitoba	Kanada		Agrar
48	Kuala Lumpur Commodity Exchange	Kuala Lumpur	Malaysia	1	Agrar
49	New Zealand Futures & Options Exchange	Auckland	Neuseeland	1	%
50	Agricultural Futures Market Amsterdam (ATA)	Amsterdam	Niederlande	2	Agrar
51	European Options Exchange	Amsterdam	Niederlande		%
52	Oslo Stock Exchange	Oslo	Norwegen	1	%
53	ÖTOB Clearing Bank AG	Wien	Österreich	1	%
54	Manila International Futures Exchange	Manila	Philippinen	1	Agrar
55	OM Stockholm AB	Stockholm	Schweden	1	%
56	Swiss Options & Financial Futures Exchange	Zürich	Schweiz	1	%
57	RAS Commodity Exchange	Singapur	Singapur	2	%
58	Singapore International Monetary Exchange	Singapur	Singapur		Gold...
59	Meff Renta Fija	Barcelona	Spanien	2	%
60	Meff Renta Variable	Madrid	Spanien		%
61	Johannesburg Stock Exchange (JSE)	Johannesburg	Südafrika	2	%
62	South African Futures Exchange (SAFEX)	Johannesburg	Südafrika		Gold
63	American Stock Exchange	New York	USA	17	%
64	Chicago Board Options Exchange	Chicago	USA		%
65	Chicago Board of Trade	Chicago	USA		Gold, Silber

Nr.	Name	Ort	Land	Zahl	Kriterien
66	Chicago Mercantile Exchange	Chicago	USA		Agrar
67	Coffee, Sugar & Cocoa Exchange Inc	New York	USA		Agrar
68	COMEX	New York	USA		Gold...
69	FINEX	New York	USA		%
70	Kansas City Board of Trade	Kansas City	USA		%
71	MidAmerican Commodity Exchange	Chicago	USA		Agrar
72	Minneapolis Grain Exchange	Minneapolis	USA		Agrar
73	New York Cotton Exchange	New York	USA		Agrar
74	New York Futures Exchange	New York	USA		%
75	New York Mercantile Exchange	New York	USA		Gas, Öl
76	New York Stock Exchange	New York	USA		%
77	Pacific Stock Exchange	San Francisco	USA		%
78	Philadelphia Stock Exchange	Philadelphia	USA		%
79	Twin Cities Board of Trade		USA		%

% = monetäre oder virtuelle Handelsgüter (Options, Futures, Swaps etc.)
Quelle: Futures and Options World: 1994 Annual Directory and Review; London 1994

1993/94 setzte ein Konzentrationsprozeß ein (GAO 1994), der die Position der wichtigsten Standorte und Trader festigte und mit Ausnahme der USA in der Regel nur noch einen einzigen nennenswerten Standort pro Land übrigließ. Die wachsende Zahl marginaler Handelsplätze beschränkt sich auf den Handel mit traditionellen Optionsgeschäften wie Agrargütern und Rohstoffen. Im OTC-Handel der USA liegen ungefähr 90 % des gesamten Derivategeschäftes in den Händen von nur sieben amerikanischen Banken. Diese Marktteilnehmer verfügen neben reaktiven Handlungsoptionen über ein gefährliches Marktbeeinflussungspotential. Hegemonietheoretisch ausgedrückt: Sie besitzen Strukturierungsmacht.

Sie sind außerdem in der Lage, die Spielregeln des globalen Casino-kapitalismus zu Lasten externer Marktteilnehmer kurzfristig, also während das Spiel läuft, zu ändern.

Der Indikator »Zahl der gehandelten Kontrakte« belegt (Tabelle 58) eine eindeutige Dominanz der USA. Allein in Chicago wickelten drei Trader (CBOE, CME, CBOT) 1993 zusammen 467 Millionen Kontrakte ab, was einem Weltmarktanteil von etwa 35 % entspricht. Allein die Londoner LIFFE handelte 1993 mit 150 Millionen Kontrakten, New York setzte insgesamt 95 Millionen und die deutsche Terminbörse (DTB) 50 Millionen Kontrakte um. Spanien erreichte immerhin ein Volumen von 22,5 Millionen Kontrakten. Rechnet man schließlich die Zahl der gehandelten Kontrakte eines Jahres auf kürzere Zeittakte um, so wird die dramatische Erhöhung der Umlaufgeschwindigkeit deutlich. Pro Sekunde werden weltweit 43 Kontrakte gehandelt. Während im traditionellen Warengeschäft zwischen Bestellung, Lieferung und Bezahlung eines Gutes ein Zeitraum von Tagen, Wochen, Monaten oder gar Jahren liegen kann, wird ein Derivategeschäft in wenigen Sekunden abgewickelt. Im Bildschirmhandel genügt die Eingabe der Zeile »OK FRDS DONE«, um eine Milliardentransaktion zu tätigen.

Tabelle 58: Zahl gehandelter Kontrakte nach Börsenplatz 1993

Chicago Board Options Exchange (CBOE)	140 Mio.
Chicago Mercantile Exchange (CME)	147 Mio.
Chicago Board of Trade (CBOT)	180 Mio.
London (LIFFE)	150 Mio.
New York (div.)	95 Mio.
Frankfurt am Main (DTB)	50 Mio.
Spanien (div.)	22 Mio.
gesamt	**1350 Mio.**
pro Tag (/360)	3,75 Mio.
pro Sekunde (/60)	43

Quelle: Futures and Options World: Annual Directory and Review. London 1994

Mit den Handelsplätzen Chicago und New York besitzen die USA die beiden umsatzstärksten Standorte, gefolgt von London, Tokyo, Paris, Zürich und Frankfurt. Geringere Bedeutung haben São Paulo, Hongkong, Mailand, Singapur, Madrid, Benelux und skandinavische Standorte. Die Zuordnung der Finanzzentren zu ihrem Territorialstaat mag angesichts der Dimensionen, die der außerstaatliche Finanztransfer erreicht hat, fraglich erscheinen. Möglicherweise müssen wir künftig nicht die Handelsplätze einem Staat zuordnen, sondern umgekehrt Staaten um Finanzplätze gruppieren. Die Strukturen der Finanzmärkte lassen zumindest vermuten, daß es sich um eine vom territorialen Prinzip losgelöste Wirtschaftseinheit handelt, die mehr und mehr den Status eines monetären Freihafens annimmt.[5]

Was den Gegenwert der gehandelten Kontrakte angeht, schwanken die Angaben beträchtlich. Die BIZ schätzt den globalen »Wert« der Derivate auf mehr als 10 Billionen US-$ (1993). Nach »nur« 1,6 Billionen US-$ 1987 sind sie damit in sechs Jahren um mehr als 600% gestiegen. Andere Quellen beziffern den Wert offenstehender Kontrakte mit 35 Billionen US-$ (6/1994).[6] Das Volumen derivativer Geschäfte deutscher Großbanken betrug Mitte 1993 1,552 Billionen DM und entsprach damit 182,8% ihres gesamten bilanzierten Geschäftsvolumens (Deutsche Bundesbank 1993: 53).

Diese Größenordnungen legen die Vermutung nahe, daß Zahl und Umsatz der Kontrakte den tatsächlichen Stellenwert der Derivatemärkte überzeichnen. Derivate werden, soweit sie überhaupt von privaten und staatlichen Instituten erfaßt werden, als bloße Umsatzgrößen wiedergegeben. Dieses Vorgehen halten wir für antiquiert. Es ist, als wollte man den Wert eines Bündels von Geldscheinen durch sein Gewicht bestimmen. Tatsächlich ist aber nicht der Umsatz relevant, weil er durch nicht differenzierende Mehrfachzählung zu einer fast mystischen Überhöhung der Beträge führt. So kommen Beträge zustande, die dem Siebenfachen

5 Da aber auch der Warenhandel vieler Staaten zu einem hohen Prozentsatz von nur einem Handelsplatz abgewickelt wird, ist eine Klassifizierung des Derivathandels als »staatenunabhängiges Globalisierungsphänomen« nur bedingt gerechtfertigt. Das müßte für den Warenhandel der letzten 1000 Jahre dann ebenso gelten. Sevilla, Brügge, London oder Venedig wären dann auch extraterritoriale, postmoderne Sonderwirtschaftszonen gewesen (vgl. Ritter 1994).
6 Wirtschaftswoche 47/17. 11. 1994.

des jährlichen Welthandels entsprechen würden! Geeigneter erscheint uns die Gewichtung der Umsatzwerte nach Risiko (z. B. nach der Differenz aus internem Zinsfuß und Opportunitätszins), der Sogwirkung des Derivats (leverage) auf dem Kapitalmarkt, nach Gebühren, die den Anlegern durch Trader in Rechnung gestellt werden, oder nach Differenzwerten, die in den offiziellen Zahlungsbilanzstatistiken verschwinden.[7]

Insgesamt besteht, wie die Zusammenstellung zeigt, auf dem Gebiet der Erfassung, Bewertung und politischen Kontrolle der Derivatemärkte ein erheblicher Handlungsbedarf. Vor allem die funktionale Zuschreibung der Märkte zur Messung der gesamtwirtschaftlichen Kosten-und-Nutzen-Effekte ist eine staatliche Aufgabe und darf nicht wie bisher den Schätzungen und Vermutungen von Marktinsidern entnommen werden. Hier wäre beispielsweise eine genauere Quantifizierung des Anteiles von Derivatetransaktionen am direkten oder indirekten Hedging von Import- und Exportgeschäften wünschenswert. Das Zweite Finanzmarktförderungsgesetz hat in der Bundesrepublik zwar die Rahmenbedingungen für eine reibungslose Abwicklung von Derivategeschäften verbessert, weist aber gerade in bezug auf die staatlichen Quantifizierungs- und Kontrollmöglichkeiten von Kapitalbewegungen gravierende Defizite auf. Sicherlich ist die US-amerikanische Bilanzierungsmethodik (»Mark to market«) dem deutschen Imparitätsprinzip um Längen voraus, doch auch die Marktwertmethode schafft letztlich nur innerbetriebliche Evidenz und nicht gesamtwirtschaftliche Transparenz. Die gemeinsamen Anstrengungen der Zentralbanken und Aufsichtsbehörden begreifen ihre Arbeit eher als einen Deregulierungswettbewerb denn als Ausübung ihrer Aufsichtspflicht. Statt Transparenz für externe Interessen wird einmal mehr Spielraum für Insider geschaffen.

Im Zeichen knapper öffentlicher Budgets ist eine Arbeitsteilung zwischen Staat und privaten Datendiensten durchaus sinnvoll. In der Regel wird allerdings der Zugang von Wissenschaftlern zu attraktiven Online-Diensten durch horrende Benutzungsgebühren

---

7 Die derivative Hebelwirkung (leverage) wird berechnet durch den Quotienten aus Umsatz und Einlagekapital. Je höher der Quotient ist, desto stärker wirkt sich eine Zusammenballung auf die gehandelte Option aus. Zum Phänomen des »Verschwindens« von Milliardenbeträgen im globalen Zahlungsverkehr vgl. Couvrat/Pless 1993.

erschwert.[8] Wir haben die Erfahrung gemacht, daß ein nicht unbeträchtlicher Teil der privaten Anbieter eine für wissenschaftliche Zwecke dienstbare Systematik der Sammlung und Aufbereitung von Daten vermissen läßt. In einigen Fällen erwiesen sich werbewirksam vermarktete, CD-ROM-gestützte Datensammlungen als nach dem Zufallsprinzip zusammengestellte Dateien, die aus gescannten Buchseiten bestanden und nicht mathematisch weiterverarbeitet werden können. Dies sind technische Probleme, die durch die Aktualität der angebotenen Datensammlungen meist aufgewogen werden. Schwerer wiegen die politischen Risiken, die der Privatisierung der Statistik zugrunde liegen. Der Verzicht auf das ehemalige staatliche Erfassungsmonopol wird dann zur Farce, wenn das Abbild wesentlicher Bereiche der postmodernen Weltwirtschaft ausschließlich auf Statistiken basiert, die private Insider für private Insider erarbeitet haben. Empirische Forschung zu den innovativen Finanzgeschäften wird dann zwangsläufig zu dem, was sie eigentlich erforschen soll: zur Spekulation.

Letztlich führt die Verlagerung weltwirtschaftlicher Aktivitäten in die Grauzonen deterritorialer Kapitalmärkte zu einer Neudefinition des Hegemoniebegriffes. Es geht längst nicht mehr darum, den Auf- oder Abstieg einzelner Staaten im Vergleich zu anderen Staaten anhand »ihrer« volkswirtschaftlichen Aggregatgrößen hochzurechnen; es geht vielmehr darum, das Machtverhältnis des Staates im Verhältnis zu seinen volkswirtschaftlichen Akteuren zu bestimmen. Auf den Kapitalmärkten wird der Staat weltweit immer mehr zu einer Residualkategorie. Hier diagnostizieren wir den eigentlichen Hegemonieverlust.

8 DATASTREAM INTERNATIONAL bietet Universitäten den Zugriff auf 23 000 Indikatoren an. Dafür wird eine Jahresgebühr von 11 400 DM berechnet. Das sind immerhin 90 % weniger als der kommerziell Marktpreis.

Literatur

Abdulgani, Roeslan: Nationalism, Regionalism and Security: Problems in South-East Asia. New Delhi 1986.

Abelshauser, Werner: Wirtschaftsgeschichte der Bundesrepublik Deutschland 1945-1980. Frankfurt/M.: Suhrkamp 1983.

Abramowitz, Morton I./Bosworth, Stephen W.: The Pacific Community. American Myth? Asian Reality? Washington, D.C.: The Carnegie Endowment for International Peace 1994.

Afheldt, Horst: Wohlstand für niemand? Die Marktwirtschaft entläßt ihre Kinder. München: Antje Kunstmann 1994.

Agnew, John/Corbridge, Stuart: Mastering Space: Hegemony, Territory and International Political Economy. London: Routledge 1995.

Aho, C. Michael/Ostry, Sylvia: Regional Trading Blocs: Pragmatic or Problematic Policy. In: Brock/Hormats 1990.

Alagappa, Mutiah: Regionalism and the Quest for Security: ASEAN and the Cambodian Conflict. In: Journal of International Affairs 46.1993,2. S. 439-467.

Albach, Horst: Dienstleistungen in der modernen Industriegesellschaft. München: Beck 1989.

Albert, Mathias: »Postmoderne« und Theorie der Internationalen Beziehungen. In: Zeitschrift für Internationale Beziehungen 1.1994,1. S. 45-63.

Albert, Mathias: Fallen der (Welt-)Ordnung. Internationale Beziehungen und ihre Theorien zwischen Moderne und Postmoderne. Opladen: Leske und Budrich 1996.

Altmann, Jörn: Internationale Arbeitsteilung und Weltwirtschaft. Tübingen: Deutsches Institut für Fernstudien 1988.

Altvater, Elmar: Der Preis des Wohlstandes. Münster: Westfälisches Dampfboot 1992.

Amelung, Torsten: Explaining Regionalization of Trade in Asia Pacific: A Transaction Cost Approach. Kiel: Institut für Weltwirtschaft 1990. Working Paper Nr. 2.

Amelung, Torsten: Regionalization of Trade in the Asia-Pacific. A Statistical Approach. In: ASEAN Economic Bulletin 9.1992,2. S. 133-148.

Amin, Samir/Arrighi, Giovanni/Frank, Andre Gunder/Wallerstein, Immanuel: Dynamics of Global Crisis. New York: Monthly Review 1982.

Andemicael, Berhanykun (Hg.): Regionalism and the U.N. System. Oceana: Kluwer Publ. 1979.

Anderson, Kym/Blackhurst, Richard (Hg.): Regional Integration and the Global Trading System. New York: Harvester Wheatsheaf 1993.

Anderson, Kym/Norheim, Helge/Finger, Karl-Michael: Appendix:

Trends in Regionalization of World Trade, 1928 to 1990. In: Anderson/
    Blackhurst 1993. S. 436-486.
Anderson, Victor: Alternative Economic Indicators. London: Routledge
    1991.
Ariff, M.: The Pacific Economy: Growth and External Stability. Sydney:
    Allen and Unwin 1991.
Ariyoshi, Akira: Japans Kapitalströme. In: Finanzierung und Entwicklung
    25.1988,3. S. 28-30.
Arndt, H. W.: Measuring Trade in Financial Services: Prospects for Libera-
    lization in the 1990's. London: 1987.
Arndt, H. W.: Anatomy of Regionalism. In: Journal of Asian Economics
    4.1993,2. S. 271-282.
Aronson, Jonathan D./Cowhey, Peter F.: Managing the World Economy:
    The Consequences of Corporate Alliances. New York: Council on For-
    eign Relations 1993.
Aronson, Jonathan D./Feketekuty, Geza: Meeting the Challenges of World
    Information Economy. In: The World Economy 7.1984, March. S. 63-
    86.
Assetto, Valerie J.: The Soviet Bloc in the IMF and the IBRD. Boulder:
    Westview Press 1988.
Atarashi, Kinju: Japan's Economic Cooperation Policy Towards the
    ASEAN Countries. In: International Affairs 61.1984/85,1. S. 109-127.
Atlantic Council of the United States: The Uruguay Round of Multilateral
    Trade Negotiations under GATT: Policy Proposals on Trade and Ser-
    vices. Report of the Atlantic Council's Advisory Trade Panel. Washing-
    ton, D. C.: 1987.
Attali, Jacques: Lignes aux Horizons. Paris 1988.
Awanohara, Susumu: Japan und Ostasien: Auf dem Weg zu einer pazifi-
    schen Arbeitsteilung. Eine Betrachtung aus japanischer Sicht. In: Eu-
    ropa-Archiv 43.1988,22. S. 639-648.
Axline, Andrew: The Political Economy of Regional Integration. Compa-
    rative Case Studies. London: Pinter 1994.
Balassa, Bela: The Theory of Economic Integration. London: Allen and
    Unwin 1962.
Balassa, Bela (Hg.): European Economic Integration. Amsterdam: North
    Holland Publ. 1975.
Balassa, Bela: Change and Challenge in the World Economy. New York: St.
    Martin's Press 1985.
Baldwin, David A.: Economic Statecraft. Princeton: Princeton University
    Press 1985.
Baldwin, Richard E.: Measurable Dynamic Gains from Trade. In: Journal
    of Political Economy 100.1992. S. 34-41.
Bank für Internationalen Zahlungsausgleich: Jahresbericht der Bank für
    Internationalen Zahlungsausgleich. Basel: BIZ 1992, 1993, 1994.

Barnet, Richard/Cavanagh, John: Global Dreams – Imperial Corporations and the New World Order. Washington, D. C.: Institute for Policy Studies 1994.

Batra, R. N./Ramachandran, R.: Multinational Firms and the Theory of International Trade and Investment. In: American Economic Review 70. 1980.

Baumann, H. et al.: Außenhandel, Direktinvestitionen und Industriestruktur der deutschen Wirtschaft. Berlin: 1977.

Behrendt, Jens Reiner: Die Asiatische Entwicklungsbank. Organisation, Funktionsbedingungen, entwicklungspolitische Schwerpunkte. Hamburg: Institut für Asienkunde 1992.

Beisheim, Marianne/Dreher, Sabine/Walter, Gregor/Zangl, Bernhard/Zürn, Michael: Im Zeitalter der Globalisierung? Thesen und Daten zur gesellschaftlichen und politischen Denationalisierung. Baden-Baden: Nomos 1999.

Bell, Daniel: Die nachindustrielle Gesellschaft. Frankfurt/M.: Campus 1989. 1. Auflage 1973.

Bergsten, C. Fred (Hg.): Global Economic Imbalances. Washington, D. C.: Institute for International Economics 1985.

Bergsten, C. Fred: Economic Imbalances and World Politics. In: Foreign Affairs 65.1987,4. S. 770-794.

Bergsten, C. Fred: The World Economy After the Cold War. In: Foreign Affairs 69.1990,3. S. 96-112.

Bergsten, C. Fred (Hg.): Pacific Dynamism and the International Economic System. Washington: Institute for International Economics 1993.

Bergsten, C. Fred/Horst, T./Moran, T.H.: American Multinationals and American Interests. Washington, D. C.: The Brookings Institution 1978.

Beyerlin, Ulrich: Grenzüberschreitende unterstaatliche Zusammenarbeit. In: Zeitschrift für Öffentliches Recht und Verwaltungsrecht 40.1980. S. 573-595.

Beyfuß, Jörg: Direktinvestitionen im Ausland: Exportkonkurrenz oder Marktsicherung? Köln: Deutscher Instituts Verlag 1987.

Beyfuß, Jörg: Deutsche Direktinvestitionen im Ausland: Bestandsaufnahme und Ergebnisse einer Unternehmensbefragung. Köln: Deutscher Instituts Verlag 1990.

Bhagwati, Jagdish: GATT and Trade in Services: How We Can Resole the North-South Debate. In: Financial Times, 27. Nov. 1985.

Bhagwati, Jagdish: Departures from Multilateralism. Regionalism and Aggressive Unilateralism. In: Economic Journal 1990, Dezember.

Bhagwati, Jagdish: Multilateralism at Risk. In: The World Economy 1990, Oktober.

Bhagwati, Jagdish: Jumpstarting GATT. In: Foreign Policy Nr. 83, 1991. S. 105-118.

Bhagwati, Jagdish: Political Economy and International Trade. Cambridge, Mass.: MIT Press 1991.

Bhagwati, Jagdish: The World Trading System at Risk. New York 1991.

Bhagwati, Jagdish: Regionalism and Multilateralism: an Overview. New York: Columbia University, Department of Economics, Discussion Paper No. 603.

Bleeke, Joel/Ernst, David: Rivalen als Partner – Strategische Allianzen und Aquisitionen im globalen Markt. Frankfurt/M.: Campus 1994.

Bletschacher, Georg: Strategische Handels- und Industriepolitik. Tübingen: Mohr 1992.

Bletschacher, Georg/Kladt, Henning: Braucht Europa eine neue Industriepolitik? Kiel: Institut für Weltwirtschaft 1991. Kieler Diskussionsbeiträge Nr. 177.

Böhret, Carl/Wewer, Göttrik (Hg.): Regieren im 21. Jahrhundert – Zwischen Globalisierung und Regionalisierung. Leverkusen: Leske und Budrich 1994.

Bollard, A./Mayes, D.: Regionalism and the Pacific Rim. In: Journal of Common Market Studies 30.1992,2. S. 195-209.

Borner, Silvio: Die Internationalisierung der Industrie. In: Kyklos 34.1981,1. S. 14-35.

Borrmann, Axel/Fischer, B./Jungnickel, Rolf/Koopmann, Georg/Scharrer, H.-E.: Regionalismustendenzen im Welthandel. Hamburg: HWWA 1993. HWWA-Report Nr. 131.

Borrmann, Axel/Jungnickel, Rolf: Auslandsinvestitionen im asiatisch-pazifischen Integrationsprozeß. Hamburg: HWWA 1992.

Borrmann, Axel/Jungnickel, Rolf: Foreign Investment as a Factor in Asian Pacific Integration. In: Intereconomics 27.1992,6. S. 282-288.

Boyd, Gavin: Region Building in the Pacific. New York: Pergamon 1982.

Boyd, Gavin: Regionalism and Global Security. Lexington: D. C. Heath 1984.

Brada, Josef C./Méndez, José A.: Regional Economic Integration and the Volume of Intra-Regional Trade: A Comparison of Developed and Developing Country Experience. In: Kyklos 36.1983,4. S. 589-603.

Brada, Josef C./Méndez, José A.: Exchange Rate Risk, Exchange Rate Regime and the Volume of International Trade. In: Kyklos 41.1988,2. S. 263-280.

Bradford, Colin I. Jr./Branson, William H. (Hg.): Trade and Structural Change in Pacific Asia. Chicago: The University of Chicago Press 1987.

Bradley, Bill: Building a Pacific Coalition. In: Macchiarolla 1990. S. 1-8.

Braunschweig, Christian: Innovative Finanzinstrumente für Unternehmen: Chancen, Risiken und Kosten innovativer Hedging- und Finanzierungsmöglichkeiten am internationalen Finanzmarkt. Bonn: Wehle 1989.

Brendel, Gerhard/Krabbe, Christian: Asiatisch-pazifische Wirtschaftszusammenarbeit. In: IPW-Berichte Nr. 10, 1991. S. 25-28.

Bressand, Albert: Beyond Interdependence: 1992 As a Global Challenge. In: International Affairs 66.1990,1. S. 47-65.

Breuss, Fritz: Internationaler Handel mit Dienstleistungen – Theoretische Ansätze. In: Außenwirtschaft 45.1990,1. S. 105-130.

Brock, David: The Theory and Practice of Japan-Bashing. In: The National Interest, Fall 1989. S. 29-40.

Brock, Lothar: Brücke im Umbruch der Weltpolitik. In: Krell, Gert/Müller, Harald (Hg.): Frieden und Konflikt in den internationalen Beziehungen. Frankfurt/M. 1994. S. 19-37.

Brock, W./Hormats, R. (Hg.): The Global Economy. New York/ London: Norton 1990.

Brown, A. J.: Applied Economics: Aspects of the World Economy in War and Peace. London: Allen and Unwin 1949.

Brown, Michael B.: European Union: Fortress or Democracy? Towards a Democratic Market and a New Economic Order. Nottingham: Spokesman 1991.

Bruce, Dickson/Harding, Harry (Hg.): Economic Relations in the Asian-Pacific Region. Report of a Conference Cosponsored by the Chinese Academy of Social Sciences and the Brookings Institution. Washington, D. C.: Brookings Institution 1987.

Brüne, Stefan/Betz, Joachim/Kühne, Winrich (Hg.): Africa and Europe: Relations of Two Continents in Transition. Münster/Hamburg: LIT-Verlag 1994.

Brzezinski, Zbigniew: Macht und Moral. Neue Werte für die Weltpolitik. Hamburg: Hoffmann und Campe 1994.

Buckley, Peter/Artisien, Patrick: Policy Issues of Intra-EC Direct Investment: British, French and German Mulinationals in Greece, Portugal and Spain, with Special Reference to Employment Effects. In: Journal of Common Market Studies 26.1987,2. S. 207-230.

Bullock, Mary Brown/Litwack, Robert S.: The United States and the Pacific Basin. Changing Economic and Security Relationships. Washington: 1991.

Bulmer, Simon/Scott, Andrew (Hg.): Economic and Political Integration in Europe. Internal Dynamics and Global Context. Oxford/Cambridge, Mass.: Blackwell 1994.

Burgenmeier, B./Mucchielli, J. L. (Hg.): Multinationals and Europe 1992. Strategies for the Future. London: Routledge 1991.

Burton, J. W.: World Society. Cambridge: Cambridge University Press 1972.

Buzan, Barry: Economic Structure and International Security: The Limits of the Liberal Case. In: International Organization 38.1984,4. S. 597-624.

Cable, Vincent/Henderson, David (Hg.): Trade Blocs. The Future of Economic Regionalism. Washington, D. C.: Royal Institute of International Affairs 1994.

Calleo, David P.: Inflation and American Power. In: Foreign Affairs 59.1981,4. S. 781-834.

Cameron, David M.: Regionalism and Supranationalism. Ashgate Publ. Co. 1991.

Cameron, John et al.: Some Major Limitations of Regionalism as a Radical Development Policy. Norwich: University of East Anglia 1983. Development Occasional Paper No. 20.

Camilleri, Joseph A./Falk, Jim: The End of Sovereignty? The Politics of a Shrinking and Fragmenting World. Aldershot: Edward Elgar 1992.

Camps, Miriam/Diebold, William Jr. (Hg.): The New Multilateralism. Can the World Trading System be Saved? New York: Council on Foreign Relations 1986.

Cantori, Louis J./Spiegel, Steven L.: The International Politics of Regions. A Comparative Approach. Englewood Cliffs 1970.

Cantwell, John: The Reorganization of European Industries After Integration: Selected Evidence on the Role of Multinational Enterprise Activities. In: Journal of Common Market Studies 26.1987,2. S. 127-151.

Cardoso, Fernando H./Falletto, Enzo: Abhängigkeit und Entwicklung in Lateinamerika. Frankfurt/M.: Suhrkamp 1984.

Carnoy, Martin/Castells, Manuel/Cohen, Stephen S./Cardoso, Fernando Henrique: The New Global Economy in the Information Age. Reflections on Our Changing World. University Park: Pennsylvania State University Press 1993.

Caspary, Sigrun: The Sea of Japan Region. Perspectives of a Regional Cooperation. In: Koppers, Simon (Hg.): Growth Determinants in East and Southeast Asian Economics. Berlin: Duncker und Humblot. 1991. S. 239-253.

Casson, Mark: Multinationals and World Trade: Vertical Integration and the Division of Labour in the World Industry. London: Allen & Unwin 1986.

Cebula, Richard A./Kimberley, Bates/Marks, Louise/Roth, Allison: Financial Market Effects of Federal Government Budget Deficits: Reply. In: Weltwirtschaftliches Archiv 126.1990,2. S. 393-396.

Cecchini, Pablo/Catinat, Michel/Jacquemin, Alexis: The European Challenge, 1992: The Benefits of a Single Market. Brookfield, Vermont: Wildwood House 1988.

Central Planning Bureau (Hg.): Scanning the Future. A Long-Term Scenario Study of the World Economy, 1990-2015. The Hague: SDU Publishers 1992.

Chung Il Yung (Hg.): The Asian-Pacific Community in the Year 2000. Seoul: Sejong Institute 1991.

Claasen, Emil-Maria: Blasen, Zonen und das Chaos. In: Frankfurter Allgemeine Zeitung, 5. 1. 1991. S. 11.

Clairmonte, Frederick F./Cavanagh, John H.: Transnational Corporations and Services: The Final Frontier. In: Trade and Development 5.1984. S. 215-274.

Clark, Colin: The Conditions of Economic Progress. London: Macmillan 1940.

Clementson, J.: No More Dominos: ASEAN and Regional Security. In: Rusi-Journal 129.1984,4.

Cohen, Benjamin J.: In Whose Interest? International Banking and American Foreign Policy. New Haven, Conn.: Yale University Press 1986.

Cohen, Benjamin J.: The Political Economy of International Trade. In: International Organization 44.1990,2. S. 261-281.

Cohen, Robert B./Ferguson, Richard W./Oppenheimer, Michael F.: Nontariff Barriers to High Technology Trade. Boulder: Westview 1985.

Coker, C.: The Myth or Reality of the Pacific Century. In: Washington Quarterly 11.1988,3. S. 5-6.

Cole, John Peter: The Geography of the European Community. London: Routledge 1993.

Coleman, William D./Jacek, Henry J. (Hg.): Regionalism, Business Interests and Public Policy. London: Sage 1989.

Conybeare, John A. C.: Tariff Protection in Developed and Developing Countries: A Cross-Sectional and Longitude Analysis. In: International Organization 37.1983,3. S. 441-467.

Conybeare, John A. C.: Trade Wars: The Theory and Practice of International Commercial Rivalry. New York: Columbia University Press 1987.

Conybeare, John A. C.: U. S. Foreign Economic Policy and the International Capital Markets: The Case of Capital Export Controls 1963-1974. New York: Garland 1988.

Conybeare, John A. C.: Voting for Protection: an Electoral Model of Tariff Policy. In: International Organization 45.1991,1. S. 57-82.

Conybeare, John A. C.: 1992. The Community and The World: Free Trade or Fortress Europe? In: Smith/Ray 1993. S. 143-163.

Cooper, Richard N.: Can Nations Agree? Issues in International Economic Cooperation. Washington, D. C.: The Brookings Institution 1989.

Cooper, Richard N.: Gibt es eine neue Welt-Ordnung? In: Europa-Archiv 48.1993,18. S. 507-516.

Costello, Nicholas/Michie, Jonathan/Milne, Seumas: Beyond the Casino Economy. Planning for the 1990s. London: Verso 1989.

Couvrat, Jean-François/Pless, Nicolas: Das verborgene Gesicht der Weltwirtschaft. Münster: Westfälisches Dampfboot 1993.

Cowhey, Peter F./Long, Edward: Testing Theories of Regime Change: Hegemonic Decline or Surplus Capacity? In: International Organization 37.1983,2. S. 157-188.

Cox, Robert W.: Gramsci, Hegemony and International Relations: an Essay in Method. In: Gill, Stephen (Hg.): Gramsci, Historical Materialism and International Relations. Cambridge: Cambridge University Press 1993. S. 49-66.

Cox, Robert W.: Global Restructuring – Making Sense of the Changing International Political Economy, In: Underhill, Jeoffrey/Stubbs, Richard (Hg.): Political Economy and the Changing Global Order. New York 1994. S. 45-59.

Crone, Donald: Emerging Trends in the Control of Foreign Investment in ASEAN. In: Asian Survey 21.1981,4. S. 417-436.

Crone, Donald: The Politics of Emerging Pacific Cooperation. In: Pacific Affairs 65.1992,1. S. 50-83.

Crouch, Harold: Domestic Political Structures and Regional Economic Co-operation. Singapore: ISEAS 1984.

Cruise O'Brien, Rita/Helleiner, Gerald K.: The Political Economy of Information in a Changing International Economic Order. In: International Organization 34.1980,4. S. 445-470.

Cumings, Bruce: The Origins and Development of the Northeast Asian Political Economy: Industrial Sectors, Product Cycles, and Political Consequences 1900-1980. In: International Organization 38.1984,1. S. 1-40.

Czada, Peter/Tolksdorf, Michael/Yenal, Alparslan: Internationale Währungsprobleme. Zur Geschichte, Funktion und Krise des Internationalen Währungssystems. Opladen: Westdeutscher Verlag 1988.

Czempiel, Ernst-Otto: Die Modernisierung der Atlantischen Gemeinschaft. In: Europa-Archiv 45.1990,8. S. 275-286.

Czempiel, Ernst-Otto/Rosenau, James (Hg.): Governance Without Government: Order and Change in World Politics. Cambridge: Cambridge University Press 1992.

Dahrendorf, Ralf: Europa der Regionen? In: Merkur Nr. 8, 1991.

Daniels, Peter/Illeris, Sven/Bonamy, Joel/Philippe, Jean (Hg.): The Geography of Services. Ilford: Frank Cass 1993.

Davidow, William H./ Mulone, Michael S.: The Virtual Corporation. Structuring and Revitalizing the Corporation for the 21st Century. New York: Edward Burlingame 1992.

DeAnne, Julius: Global Companies and Public Policy. The Growing Challenge of Foreign Direct Investment. London: Pinter 1990.

Delamaide, Darrel: The New Superregions of Europe. Harmondsworth: Penguin 1994.

De La Torre, Augusto/Kelly, Margaret (Hg.): Regional Trade Arrangements. Washington, D. C.: IMF 1992. Occasional Paper 93.

Deutsch, Karl W.: Political Community at the International Level. Problems of Definition and Measurement. Garden City 1954.

Deutsch, Karl W.: Tides Among Nations. New York: Free Press 1979.

Deutsch, Karl W./Eckstein, Alexander: Nationale Industrialisierung und der Rückgang des internationalen Wirtschaftssektors. In: Ashkenasi, A./

Schulze, P. (Hg.): Nationenbildung – Nationalstaat – Integration. Düsseldorf 1972.

Deutsche Bundesbank: Die Kapitalverflechtung der Unternehmen mit dem Ausland in den Jahren 1976-1987 nach Ländern und Wirtschaftszweigen. Beilage zu »Statistische Beihefte zu den Monatsberichten der Deutschen Bundesbank«, Reihe 3, Zahlungsbilanzstatistik. März 1987.

Deutsche Bundesbank: Die Kapitalverflechtung der Unternehmen mit dem Ausland in den Jahren 1982-1988 nach Ländern und Wirtschaftszweigen. Beilage zu »Statistische Beihefte zu den Monatsberichten der Deutschen Bundesbank«, Reihe 3, Zahlungsbilanzstatistik. April 1990.

Deutsche Bundesbank: Monatsbericht. Frankfurt/M.: Deutsche Bundesbank 1993.

Diamond, Barbara B./Kollar, Mark P.: 24-Hour Trading The Global Network of Futures and Option Markets. New York: John Wiley 1989.

Dickson, Bruce/Harding, Harry (Hg.): Economic Relations in the Asian-Pacific Region. Report of a Conference Cosponsored by the Chinese Academy of Social Sciences and the Brookings Institution, June 1985. Washington, D. C.: Brookings Institution 1987.

Diebold, William Jr. (Hg.): Bilateralism, Multilateralism and Canada in U. S. Trade Policy. Cambridge, Mass.: Ballinger 1988.

Dietrich, William S.: In the Shadow of the Rising Sun. The Political Roots of American Decline. University Park: Pennsylvania State University Press 1991.

Dirlik, Arif: The Asia-Pacific Idea: Reality and Representation in the Invention of a Regional Structure. In: Journal of World History 3.1992,1. S. 56-77.

Doeker, G./Veitl, F. (Hg.): Regionalismus und regionale Integration. Zur Theorie der regionalen Integration. Frankfurt/M.: 1981.

Dore, Ronald: The Internationalization of Japan. In: Pacific Affairs 52.1979/80,4. S. 595-611.

Dornbusch, Rüdiger: The Dollar in the 1990s. Competitiveness and the Challenges of New Economic Blocs. In: Federal Reserve Bank of Kansas City (Hg.): Monetary Policy Issues in the 1990s. Kansas City: Federal Reserve Bank 1990.

Douglas, Mike: Global Opportunities and Local Challenges for Regional Economies. In: Regional Development Dialogue 13.1992,2. S. 3-23.

Drabek, Zdenek/Greenaway, David: Economic Integration and Intra-Industry Trade: The EEC and CMEA Compared. In: Kyklos 37.1984,3. S. 444-469.

Draguhn, Werner (Hg.): Asiens Schwellenländer: Dritte Weltwirtschaftsregion? Wirtschaftsentwicklung und Politik der ›Vier kleinen Tiger‹ sowie Thailands, Malaysias und Indonesiens. Hamburg: Institut für Asienkunde 1991.

Drobnick, Richard: Economic Integration in the Pacific Region. Paris: OECD 1992.

Drucker, Peter F.: The Changed World Economy. In: Foreign Affairs 64.1986,4. S 768-791.

Drucker, Peter F.: Lessons from the World Economy. In: Foreign Affairs 73.1994,1. S. 99-108.

Drysdale, Peter: International Economic Pluralism. Economic Policy in East Asia and the Pacific. Sydney: Allen & Unwin 1988.

Drysdale, Peter: Open Regionalism: A Key to East Asia's Economic Future. Pacific Economic Papers, No. 197, 1991.

Dunning, John: Explaining the International Direct Investment Position of Countries: Towards a Dynamic of Development Approach. In: Weltwirtschaftliches Archiv 117.1981,1. S. 30-64.

Dunning, John: Multinational Enterprises, Economic Structure and International Competitiveness. Chichester: Wiley 1985.

Dunning, John: Multinational Enterprises and the Global Economy. Addison-Wesley 1993.

Dunning, John: The Globalization of Business. London: Routledge 1993.

Dutta, M.: Asia-Pacific Economic Cooperation. Structure of a Common Economic Region. In: Journal of Asian Economics 3.1992,1 S. 1-27.

Dutta, M.: Economic Regionalization in Western Europe: Asia-Pacific Economics. In: American Economic Review 82.1992,2. S. 67-73.

Economist: A Survey of Multinationals. In: Economist, 27. März 1993.

Edgington, David W.: Japanese Manufacturing Investment in Australia: Corporations, Governments and Bargaining. In: Pacific Affairs 64.1991,1. S. 65-84.

Eichengreen, Barry/Wyplosz, Charles: Zweimal überlegen. Eine Einlagenpflicht auf Spekulationsgelder könnte Europas Währungssystem retten. In: Wirtschaftswoche Nr. 43, 22.10.1993, S. 40.

Elek, Andrew: Trade Policy Options for the Asia-Pacific Region in the 1990s. The Potential of Open Regionalism. In: American Economic Business Review 82.1992,2. S. 74-78.

Elkins, David J.: Beyond Sovereignty. Territory and Political Economy in the Twenty-First Century. Toronto: University of Toronto Press 1995.

Encarnation, Dennis J.: Rivals Beyond Trade. America Versus Japan in Global Competition. Ithaca: Cornell University Press 1993.

Epd-Enwicklungspolitik (Hg.): Weltwirtschaftsstrukturen. Neuordnung der Weltwirtschaftsstrukturen in den neunziger Jahren. Ein Diskussions- und Handlungsfeld für Nichtregierungsorganisationen. Protokoll der Jahrestagung der NROs vom 9. bis 11. 2. 1989 in Bonn. Frankfurt/M.: Epd 1989.

Ernst, Angelika: Japans Direktinvestitionen in Europa. Bestandsaufnahme und wirtschaftspolitische Empfehlungen. München: IFO-Institut 1990.

EUROSTAT: European System of Integrated Economic Accounts ESA. Luxemburg 1979. 2. Aufl.

EUROSTAT: National Accounts ESA Input-Output Tables 1980. Luxemburg 1986.

EUROSTAT: Regionen. Systematik der Gebietseinheiten für die Statistik. Luxemburg: 1990.

EUROSTAT: Regions: Nomenclature of Territorial Units for Statistics (NUTS). Luxemburg: Amt für amtliche Veröffentlichungen der Europäischen Gemeinschaften 1991.

EUROSTAT: Regions-Statistical Yearbook. Luxemburg: div. Jge.

Evangelischer Pressedienst: Transnationale Konzerne – nationale Gesellschaften? Zur sozialen Dimension des EG-Binnenmarktes. Frankfurt/M.: epd 1990.

Evans, Peter B.: Declining Hegemonic and Assertive Industrialization: US-Brazil Conflicts in the Computer Industry. In: International Organization 43.1989,2. S. 207-238.

Feldman, Robert A.: Internationalization of Japanese Capital Markets. In: Iriye, Akira/Cohen, Warren I. (Hg.): The United States and Japan in the Postwar World. Lexington 1989. S. 171-188.

Feldstein, Martin: Correcting the Trade Deficit. In: Foreign Affairs 65.1987,4. S. 795-806.

Fels, Gerhard/Sutija, G. (Hg.): Protectionism and International Banking. London: Macmillan 1990.

Finger, J. M./Olechowski, A. (Hg.): The Uruguay Round: A Handbook on the Multilateral Trade Negotiations. Washington, D.C.: World Bank 1987.

Fisher, A. G. B.: Production: Primary, Secondary and Tertiary. In: The Economic Record 15.1939. S. 24-38.

Fisher, Robert C.: The North American Free Trade Agreement. A U.S. Perspective. In: SAIS Review 12.1992,1. S. 43-55.

Fix, Elisabeth: Niedergang des Nationalstaates? Frankfurt/M.: 1991.

Fourastié, Jean: Die große Hoffnung des zwanzigsten Jahrhunderts. Köln: Bund Verlag 1954.

Fox, Lawrence A./Cooney, Stephen: Protectionism Returns. In: Foreign Policy Nr. 53, 1983-84. S. 74-90.

Frankel, Jeffrey A.: Is a Yen Bloc Forming in Pacific Asia? In: O'Brien, Richard (Hg.): Finance and the International Economy. Oxford: Oxford University Press 1991. S. 5-20.

Franko, Lawrence G.: Die japanischen multinationalen Konzerne: Herausforderung und westliche Gegenstrategien. Frankfurt/M.: 1984.

Frieden, Jeffrey A.: Invested Interests: The Politics of National Economic Policies in a World of Global Finance. In: International Organization 45.1991,4. S. 425-452.

Frieden, Jeffrey A./Lake, David A. (Hg.): International Political Economy.

Perspectives on Global Power and Wealth. London: 1991.

Friedman, George/Lebard, Meredith: The Coming War with Japan. New York: St. Martin's Press 1991.

Fröbel, Folker/Heinrichs, Jürgen/Kreye, Otto: Die neue internationale Arbeitsteilung. Reinbek: Rowohlt 1979.

Fröbel, Folker/Heinrichs, Jürgen/Kreye, Otto (Hg.): Krisen in der kapitalistischen Weltökonomie. Reinbek: Rowohlt 1981.

Fröbel, Folker/Heinrichs, Jürgen/Kreye, Otto: Umbruch in der Weltwirtschaft. Die globale Strategie: Verbilligung der Arbeitskraft, Flexibilisierung der Arbeit, neue Technologien. Reinbek: Rowohlt 1986.

Fucks, Wilhelm: Formeln zur Macht. Stuttgart 1965.

Fukuyama, Francis: The End of History. In: The National Interest, Summer 1989. S. 3-18.

Fukuyama, Francis: Das Ende der Geschichte. München: Kindler 1992.

Galtung, Johan: The European Community: A Superpower in the Making. Oslo: Universitetsforlag 1973.

Galtung, Johan: Europe in the Making. New York: Crane Russak 1989.

Garber, Peter M. (Hg.): The Mexico-U. S. Free Trade Agreement. Cambridge, Mass.: MIT Press 1993.

Garrett, Geoffrey: International Cooperation and Institutional Choice. The European Community's Internal Market. In: International Organization 46.1992,2. S. 533-560.

Garten, Jeffrey: A Cold Peace. America, Japan, Germany and the Struggle for Supremacy. New York: Times Books 1992.

Gavin, Birgit: A GATT for International Banking? In: Journal of World Trade Law 19.1985.

General Accounting Office: Financial Derivatives – Actions Needed to Protect the Financial System. Washington, D. C.: GAO Documents Office 1994.

Giarini, Orio: The Emerging Service Economy. New York: Pergamon 1987.

Gill, Stephen/Law, David: The Global Political Economy. Perspectives, Problems and Policies. Baltimore 1988.

Gill, Stephen R./Law, David: Global Hegemony and the Structural Power of Capital. In: Gill, Stephen (Hg.): Gramsci, Historical Materialism and International Relations. Cambridge: Cambridge University Press 1993. S. 93-124.

Gilpin, Robert: U. S. Power and the Multinational Corporation. The Political Economy of Foreign Direct Investment. London 1975.

Gilpin, Robert: The Political Economy of International Relations. Princeton: Princeton University Press 1987.

Goodhart, C. A. E./Figliuoli, L.: Every Minute Counts in Financial Markets. In: Journal of International Money and Finance, Nr. 10, 1991.

Goodman, John B.: Monetary Sovereignty: The Politcs of Central Banking in Western Europe. Ithaca: Cornell University Press 1992.

Goodman, John B./Pauly, Louis W.: The Obsolescence of Capital Controls? Economic Management in an Age of Global Markets. In: World Politics 46.1993,1. S. 50-82.

Gottmann, J.: »Global Financial Integration. The End of Geography.« In: Geographic Journal 159.1993. S. 101.

Gourevitch, Peter (Hg.): The Pacific Region. Challenges to Policy and Theory. In: Annals of the American Academy of Political Science. 505.1989, Sept. S. 34-45.

Gowa, Joanne: Hegemons: IOs, and Markets: The Case of the Substitution Account. In: International Organization 38.1984,4. S. 661-683.

Graham, Edward M./Krugman, Paul R.: Foreign Direct Investment in the United States. Washington, D. C.: Institute for International Economics 1989.

Graham, Thomas R.: Global Trade: War & Peace. In: Foreign Policy. Nr. 50,1983. S. 124-137.

Gray, Peter H.: The Theory of International Trade among Nations. In: Weltwirtschaftliches Archiv 116.1980,3. S. 447-470.

Green, Rosario/Smith, Peter H. (Hg.): Foreign Policy in US-Mexican Relations. Papers prepared for the Bilateral Commission on the Future of United States-Mexican Relations. San Diego: University of California 1990.

Greenaway, David: Trade Related Investment Measures and Development Strategy. In: Kyklos 45.1992,2. S. 139-161.

Greenaway, David/Winters, Alan (Hg.): Surveys in International Trade. Oxford: Blackwell 1994.

Grewlich, Klaus W.: Die Zukunft der transnationalen Unternehmen. In: Europa-Archiv 36.1981,15. S. 469-476.

Grewlich, Klaus W.: Informationstechnologie – Europas Antwort. In: Außenpolitik 36.1985,2. S. 127-135.

Grieco, Joseph M.: Cooperation Among Nations. Europe, America, and Non-tariff Bariers to Trade. Ithaca: Cornell University Press 1990.

Grinspun, Ricardo Selmic/Cameron, Maxwell A.: The Political Economy of North American Free Trade. New York: St. Martin's Press 1992.

Groß, Wolfgang: Direktinvestitionen und europäische Integration dargestellt am Beispiel der BRD. Konstanz: Hartung-Gorre 1989.

Grosser, Kate/Bridges, Brian: Economic Interdependence in East Asia: The Global Context. In: Pacific Review 3.1990,1. S. 1-14.

Grotewold, Andreas: Welthandel in Raum und Zeit. Trier 1992.

Grub, Phillip D. (Hg.): The Multinational Enterprise in Transition: Selected Readings and Essays. Princeton: Darwin Press 1986.

Guth, Wilfred: How the Free Flow of Capital is Undermining Multilateral Trade. In: The International Economy, May/June, 1993, S. 56-59.

Haas, Ernst B.: The Challange of Regionalism. In: International Organization 12.1958,4. S. 440-458.

Haas, Ernst B.: Beyond the Nation State. Functionalism and International Organization. Stanford: Stanford University Press 1964.

Haas, Ernst B.: The Obsolescence of Regional Integration Theory. Berkeley 1975.

Haas, Ernst B.: Turbulent Fields and the Theory of Regional Integration. In: International Organization 30.1976,2. S. 173-212.

Haas, Michael: The Asian Way to Peace. A Study of Regional Cooperation. New York: Praeger 1989.

Haftendorn, Helga: Das Sicherheitspuzzle. Die Suche nach einem tragfähigen Konzept internationaler Sicherheit. In: Daase, Christopher/Feske, Susanne/Moltmann, Bernhard/Schmid, Claudia (Hg.): Regionalisierung der Sicherheitspolitik. Tendenzen in den internationalen Beziehungen nach dem Ende des Ost-West-Konfliktes. Baden-Baden: Nomos 1993. S. 13-28.

Haggard, Stephen: Developing Nations and the Politics of Global Integration. Washington, D. C.: The Brookings Institution 1994.

Hamada, Koichi: The Political Economy of International Monetary Interdependence. Cambridge, Mass. 1985.

Han Sung-joo: The Politics of Pacific Cooperation. In: Asian Survey 23.1983,12. S. 1281-1292.

Hankel, Wilhelm: Plädoyer für ein neues Bretton Woods. In: Handelsblatt Nr. 173, 8.9.1993a.

Hankel, Wilhelm: Requiem für D-Mark oder den ECU? In: Handelsblatt Nr. 200, 15.-16. 10.1993b.

Hardt, John P./Kim, Young C. (Hg.): Economic Cooperation in the Asia-Pacific Region. Boulder: Westview 1990.

Harms, J.: Funktionsanalyse der kapitalistischen Wirtschaft. Ein Überblick über die politische Ökonomie von der Klassik bis heute. Frankfurt/M.: 1983.

Harris, Stuart: Regional Economic Cooperation, Trading Blocs and Australian Interests. In: Australian Outlook 43.1989,2. S. 16-24.

Harvey, David: The Condition of Postmodernity. An Enquiry into the Origins of Cultural Change. Cambridge, Mass.: Blackwell 1989.

Hawley, J.: Dollars and Borders: US Government Attempts to Restrain Capital Flows, 1960-80. London: M. E. Sharpe 1987.

Heiduk, Günther (Hg.): Japan als führende Wirtschaftsmacht in einem zukünftigen pazifischen Weltwirtschaftszentrum. Baden-Baden: Nomos 1985.

Heitger, B./Stehn, J.: Japanese Direct Investments in the EC – Response to the Internal Market 1993? In: Journal of Common Market Studies 29.1990,1. S. 1-15.

Helleiner, Eric: The Globalization of Financial Markets. Bringing the State Back in. Paper Prepared for the BISA Annual Conference, Swansea, December 14-16, 1992.

Hellmann, Rainer: Weltunternehmen nur amerikanisch? Das Ungleichgewicht der Investitionen zwischen Amerika und Europa. Baden-Baden: Nomos 1970.

Henderson, William: The Development of Regionalism in Southeast Asia. In: International Organization 9.1955,4. S. 463-476.

Henning, C. Randall: Macroeconomic Diplomacy in the 1980s: Domestic Politics and International Conflict Among the United States, Japan, and Europe. London: Croom Helm 1987.

Herrmann, René: Rüstungskooperation, Technologietransfer und Exportkontrolle: Zur Problemlage der amerikanischen Verbündeten. 3 Bde. Köln: Berichte des Bundesinstituts für ostwissenschaftliche und internationale Studien 1986.

Herrmann, René: Technologietransfer als Sanktion: Technologische Kooperation zwischen Japan und den USA. In: Menzel, Ulrich (Hg.): Im Schatten des Siegers: Japan. Bd. 4. Weltwirtschaft und Weltpolitik. Frankfurt/M.: Suhrkamp 1989. S. 217-277.

Herz, Dietmar: The American School of Decline. Anmerkungen zur Literatur über den Verfall amerikanischer Macht. In: Neue Politische Literatur 34.1989,1. S. 41-57.

Herz, John: Weltpolitik im Atomzeitalter. Stuttgart 1961.

Hessler, Stephan: Regionalization of the World Economy. Fact or Fiction? Paper Presented to the Annual Convention of the International Studies Association, Washington, D. C., 28 March – 1 April 1994.

Hessler, Stephan/Menzel, Ulrich: Regionalisierung der Weltwirtschaft und Veränderung von Weltmarktanteilen 1960-1988. In: Wolf, Klaus Dieter (Hg.): Ordnung zwischen Gewaltproduktion und Friedensstiftung. Baden-Baden: Nomos 1993. S. 71-96.

Heynitz, Achim von: Regionale Blockbildung in der Weltwirtschaft. Ebenhausen: Stiftung Wissenschaft und Politik 1988.

Higgott, Richard: Asia-Pacific Economic Cooperation. Theoretical Opportunities and Practical Constraints. Paper Prepared for the BISA Annual Conference, Swansea, December 14-16, 1992.

Higgott, Richard: Economic Cooperation. Theoretical Opportunities and Practical Constraints. In: The Pacific Review 6.1993,2. S. 103-117.

Hilf, Meinhard/Petersmann, Ernst-Ulrich (Hg.): GATT und europäische Gemeinschaft. Baden-Baden: Nomos 1986.

Hilpert, Hanns Günther: APEC – Das Entstehen eines pazifischen Pendants zur EG? In: IFO-Schnelldienst 45.1992,14. S. 14-29.

Hilpert, Hanns Günther/Ernst, Angelika: Wirtschaftliche Integration und Kooperation im Asiatisch-pazifischen Raum. München: IFO 1992.

Hilpert, Ulrich: Neue Weltmärkte und der Staat. Staatliche Politik, technischer Fortschritt und internationale Arbeitsteilung. Opladen: Westdeutscher Verlag 1991.

Hindess, Barry: Concepts of Power. Oxford: Blackwell 1995.

Hine, R. C.: Regionalism and the Integration of the World Economy. In: Journal of Common Market Studies 30.1992,2. S. 115-123.

Hirsch, Fred: Die sozialen Kosten des Fortschritts. Hamburg 1982.

Hirsch, Joachim: Internationale Regulation. Bedingungen von Dominanz, Abhängigkeit und Entwicklung im globalen Kapitalismus, in: Das Argument Nr. 198,1993. S. 195-222.

Hoadley, Steve: Japans Interessen im Südpazifik. In: Europa-Archiv 44.1989,24. S. 757-764.

Hodges, Michael: The Japanese Industrial Presence in America: Same Bed, Different Dreams. In: Millenium 18.1989,3. S. 359-376.

Hoekman, Bernard M.: Determining the Need for Issue Linkages in Multilateral Trade Negotiations. In: International Organization 43.1989,4. S. 693-714.

Hoffmann, Stanley: The European Community and 1992. In: Foreign Affairs 68.1989,4. S. 27-47.

Hollerman, Leon: Disintegrative Versus Integrative Aspects of Interdependence: The Japanese Case. In: Asian Survey 20.1980,3. S. 324-331.

Hollerman, Leon: Japanese Direct Investment in California. In: Asian Survey 21.1981,10. S. 1080-1095.

Holsti, Karl J.: Politics in Command: Foreign Trade as National Security Policy. In: International Organization 40.1986,3. S. 643-671.

Holub, H. W./Schnabl, H.: Input-Output-Rechnung: Input-Output-Tabellen. München 1982.

Hormats, Robert D.: Die Zersplitterung der Weltwirtschaft: Schulden, Währungschaos, Protektionismus und ungleichmäßiges Wachstum. In: Europa-Archiv 41.1986,18. S. 525-534.

Horst, T.: Firm and Industry Determinants of the Decision to Invest Abroad: an Empirical Study. In: Review of Economics and Statistics 54.1972. S. 258ff.

Howe, Robert: Foreign Investment in the United States: Selected References 1985-1989. Washington, D. C.: Library of Congress 1989.

Hufbauer, Gary Clyde/Schott, Jeffrey J.: North American Free Trade. Washington, D. C.: Institute for International Economics 1992.

Hufbauer, Gary Clyde/Schott, Jeffrey J.: NAFTA. An Assessment. Washington, D. C.: Institute for International Economics 1993.

Hurrell, Andrews: Latin America in the New World Order. A Regional Bloc of the Americas? In: International Affairs 68.1992,1. S. 121-139.

Hymer, Stephen H.: The International Operations of National Firms. A Study of Direct Investment. Cambridge, Mass.: 1976.

Iivonen, Jyrki (Hg.): The Future of the Nation State in Europe. Cheltenham: Edward Elgar 1993.

Imagawa, Eiichi: Initiating a Pacific Basin Plan. In: Japan Quarterly 32.1985,2. S. 135-139.

Indorf, Hans H.: Impediments to Regionalism in Southeast Asia: Bilateral

Constraints Among ASEAN Member States. Singapore: ASEAN Economic Research Unit 1984.

Ingles, Jose D.: Problems and Progress in Regional Interaction: The Case of ASEAN. In: Anand, R. P./Quisumbing, P. V. (Hg.): ASEAN Identity, Development and Culture. Quezon City 1981.

Institute for International Economics (Hg.): Global Impact. Washington, D. C.: Institute for International Economics 1988.

Institute of Southeast Asian Studies (Hg.): ASEAN Economic Co-Operation. Compiled by Hans Christoph Rieger. Singapore: ISEAS 1991.

Ishihara, Shintaro: The Japan That Can Say No. New York: Simon and Schuster 1991.

Ishizaki, Teruhiko: Trade Blocs: A Disturbing Development. In: Japan Echo 15.1988,4.

Islam, Shafiqul: Foreign Debt of the United States and the Dollar. New York: Federal Reserve of New York 1984. Research Paper No. 8415.

Jackson, James K./Jackson, William D.: Foreign Ownership of U. S. Assets: Past, Present, and Prospects. Washington, D. C.: Library of Congress 1988.

Jackson, Karl/Sukhumbhand Paribatra, M. R./Djiwandono, Soedjati J. (Hg.): ASEAN in Regional and Global Context. Berkeley: Institute of East Asian Studies, University of California 1986.

Jacobsen, Hans-Dieter: Internationale Wettbewerbsfähigkeit und nationale Sicherheit der USA. Ebenhausen: Stiftung Wissenschaft und Politik 1986.

Jahrreiß, Wolfgang: Zur Theorie der Direktinvestitionen im Ausland. Versuch einer Bestandsaufnahme, Weiterführung und Integration partial-analytischer Forschungsansätze. Berlin: Duncker und Humblot 1984.

Jay, Peter: Regionalism as Geopolitics. In: Foreign Affairs 58.1980,3. S. 485-514.

Jessop, Bob: The Transition to Post-Fordism and the Schumpeterian Workfare State. In: Burrows, Roger (Hg.): Towards a Post-Fordist Welfare State? London: Routledge 1994.

Jochimsen, Reimut: Perspektiven der europäischen Wirtschafts- und Währungsunion. In: Grebing, Helga/Wobbe, Werner (Hg.): Perspektiven der euopäischen Wirtschafts- und Währungsunion. Köln: Bund Verlag 1994.

Johns, R. A./Le Marchant, C. M.: Finance Centers: British Isles Offshore Development Since 1979. London/New York: Pinter 1993.

Jorgensen-Dahl, Arnfinn: Forces of Fragmentation in the International System: The Case of Ethno-Nationalism. In: Orbis 19.1975. S. 652-74.

Juhl, P.: Ansatzpunkte einer allgemeinen Theorie der absatzmarktorientierten Auslandsinvestition. In: Zeitschrift für Betriebswirtschaft 51.1981. S. 672ff.

Jungnickel, Rolf: Neue Technologien und Produktionsverlagerung. Hamburg: Weltarchiv 1990.

Jungnickel, Rolf: Globalisierung der Unternehmen – eine Gegenkraft zum politischen Regionalismus? Hamburg 1994. Manuskript.

Junne, Gerd: Global Cooperation or Rival Trade Blocs? Discussion Paper. World Congress of Sociology. Bielefeld, July 1994.

Kahler, M.: Organising the Pacific. In: Higgott, Richard/Leaver, Richard/Ravenhill, John (Hg.): Pacific-Asian Economic Policies and Regional Interdependence. Berkeley: University of California, Institute of East Asian Studies 1988.

Kaldor, Mary: The Disintegrating West. London 1978.

Kegley, Charles W./McGowan, Patrick J. (Hg.): Challenges to America. United States Foreign Policy in the 1980s. Beverly Hills: Sage 1979.

Kennedy, Paul: The Rise and Fall of the Great Powers: Economic Change and Military Conflict from 1500 to 2000. New York: Random House 1987.

Keohane, Robert O.: The Theory of Hegemonic Stability and Changes in International Economic Regimes 1967-1977. In: Holsti, Ole R. u. a. (Hg.): Change in the International System. Boulder: Westview 1980. S. 131-162.

Keohane, Robert O.: The Demand for International Regimes. In: International Organization. 36.1982,2. S. 325-355.

Keohane, Robert O.: Hegemonic Leadership and U. S. Foreign Economic Policy in the »Long Decade« of the 1950s. In: Avery, William P./Rapkin, David P. (Hg.): America in a Changing World Political Economy. New York 1982.

Keohane, Robert O.: After Hegemony. Cooperation and Discord in the World Political Economy. Princeton: Princeton University Press 1984.

Keohane, Robert O./Nye, Joseph S.: Power and Independence. World Politics in Transition. Boston: Little Brown 1977.

Kertsch, Annette: Wechselkursrisiken, internationaler Handel und Direktinvestitionen. Hamburg: Weltarchiv 1987.

Kim Duk Choong: Open Regionalism in the Pacific: A World of Trading Blocs? In: American Economic Review 82.1992,2. S. 79-83.

Kim, Roy/Conroy, Hilary (Hg.): New Tides in the Pacific. Pacific Basin Cooperation and the Big Four (Japan, PRC, USA, USSR). New York: Greenwood 1987.

Kindleberger, Charles P.: Die Weltwirtschaftskrise 1929-1939. München 1973.

Kindleberger, Charles P.: International Public Goods without International Government. In: American Economic Review 76.1986, March. S. 1-13.

Klein, Susanne Nicolette/Deis, Barbara (Hg.): Regionalismus und Kooperation in Südostasien: Die Assoziation Südostasiatischer Staaten (ASEAN). Mainz: Institut für Politikwissenschaft, Universität Mainz. 1993. Dokumente und Materialien Nr. 19.

Klenner, Wolfgang (Hg.): Trends of Economic Development in East Asia. Essays in Honour of Willy Kraus. Berlin: Springer 1989.

Knoche, P./Köhler, S.: Neuere Entwicklungen in der Regionalstatistik. In: Wirtschaft und Statistik 4.1992. S. 207-216.

Koch, Ernst: Internationale Wirtschaftsbeziehungen. Eine praxisorientierte Einführung. München: Vahlen 1992.

Köhler, Wolfgang: Langes Warten auf die Wende. In: Die Zeit, 20.12.1994. S. 21.

Koekkoek, Ad (Hg.): International Trade and Global Development: Essays in Honour of Jagdish Bhagwati. London: Routledge 1991.

Kohona, Palitha T. B.: The Evolving Concept of a Pacific Basin Community. In: Asian Survey 26.1986,4. S. 399-419.

Kojima, Kiyoshi: Japanese Direct Foreign Investment in Asian Developing Countries. In: Fodella, Gianni (Hg.): Japan's Economy in a Comparative Perspective. Tenterden/Kent 1983. S. 113-124.

Kollar, Axel: Die Ausweitung des internationalen Kapitalverkehrs. In: Fritsch, U./Liener, G./Schmidt, R. (Hg.): Die deutsche Aktie. Unternehmensfinanzierung und Vermögenspolitik vor neuen Herausforderungen. Stuttgart: Schäffer-Poeschel 1993. S. 105-121.

Komiya, Ryutaro/Wakasugi, Ryuhei: Japan's Foreign Direct Investment. In: The Annals of the American Academy of Political and Social Science Nr. 513,1991. S. 48-61.

Kommission der Europäischen Gemeinschaften, DG für Regionalpolitik: Europa 2000. Luxemburg: Amt für amtliche Veröffentlichungen der Europäischen Gemeinschaften 1991.

Krägenau, Henry: Internationale Direktinvestitionen 1950-1973. Hamburg: HWWA 1975.

Krägenau, Henry: Internationale Direktinvestitionen (Ergänzungsband 1982). Hamburg: HWWA 1982.

Krasner, Stephen D.: State Power and the Structure of International Trade. In: World Politics 28.1976,3. S. 317-347.

Krasner, Stephen D. (Hg.): International Regimes. Ithaca: Cornell University Press 1983.

Krasner, Stephen D.: International Political Economy: Abiding Discord. In: Review of International Political Economy 1.1994,1. S. 13-19.

Kraus, Willy/Lütkenhorst, Wilfried: Wirtschaftsdynamik im Pazifischen Becken. Entwicklungstendenzen, Handelsverflechtungen und Kooperationsansätze. Stuttgart 1984.

Krause, Lawrence B.: Regionalism in World Trade. The Limits of Economic Interdependence. In: Harvard International Review 1991, Summer.

Krauthammer, Charles: The Unipolar Moment. In: Foreign Affairs 70.1991,1. S. 23-33.

Kreuger, A.: The Effects of Regional Trading Blocs on World Trade. In: Cushing, Robert/Higley, John/Sutton, Michael (Hg.): NAFTA, the Pacific and Australia/New Zealand. Austin: University of Texas Press 1992.

Krist, Herbert: Bestimmungsgründe industrieller Direktinvestitionen. Diss. Berlin 1986.

Krugman, Paul: Import Protection as Export Promotion: International Competition in the Presence of Oligopoly and Economies of Scale. In: Kierzkowski, Henryk (Hg.): Monopolistic Competition and International Trade. Oxford: Clarendon Press 1984. S. 180-193.

Krugman, Paul: Geography and Trade. Cambridge, Mass.: MIT Press 1991.

Krugman, Paul: Currencies and Crises. Cambridge, Mass.: MIT Press 1992.

Krugman, Paul: Free Trade and Protectionism. In: Kegley, Charles W./ Wittkopf, Eugene (Hg.): The Future of American Foreign Policy. New York 1992. S. 323-339.

Krugman, Paul: Competitiveness: A Dangerous Obsession. In: Foreign Affairs 73.1994,2. S. 28-44.

Kurdle, Robert T./Bobrow, David B.: U. S. Policy Toward Foreign Direct Investment. In: World Politics 34.1982,3. S. 353-379.

Kumar, Krishna: Third World Multinationals: A Growing Force in International Relations. In: International Studies Quarterly 26.1982,3. S. 397-424.

Kumar, Manmohan S.: Regional Trading Arrangements. In: IMF World Economic Outlook, Mai 1993. S. 106-115.

Kurihara, Masako: Structural Change in ASEAN Trade Patterns. Development of Intra-Horizontal Relationship. In: Tokyo Financial Review 15.1990,3. S. 7ff.

Kurth, James: The Real Clash. In: The National Interest Nr. 37,1994. S. 3-15.

Lachler, Ulrich: Regional Integration and Economic Development. Washington, D. C. 1989. Industry Series Paper 14.

Lähteenmäki, Kaisa/Käkönen, Jyrki: Regionalization and its Impact on the Theory of International Relations. Paper presented to the Annual Convention of the International Studies Association, Washington, D. C., 28 March – 1 April 1994.

Lall, Sanjaya: The New Multinationals: The Spread of Third World Enterprises. Chichester: Wiley 1983.

Lanfranco, Sam: Economic Theories of Integration Revisited. In: Journal of Common Market Studies 18.1980,4. S. 333-354.

Lang, August R.: Bayerische Industriepolitik: In: ifo-Schnelldienst 45.1993,17-18. S. 47-54.

Lang, Winfried: Regionalismus auf internationaler Ebene In: Internationales Institut für Nationalitätenrecht und Regionalismus (Hg.): Regionalismus in Europa. 1981.

Lang, Winfried: Der internationale Regionalismus. Wien 1982.

Langhammer, Rolf J.: Towards Regional Entities in Asia-Pacific. The Role of Japanese Foreign Investment in Service Industries. In: ASEAN Economic Bulletin 7.1991,3. S. 277-289.

Langhammer, Rolf J.: The Developing Countries and Regionalism. In: Journal of Common Market Studies 30.1992,2. S. 211-231.

Lanvin, Bruno (Hg.): Global Trade: The Revolution Beyond the Communication Revolution. Montpellier: IDATE 1989.

Lanvin, Bruno: The International Trade in Banking Services. In: The Courier 117.1989.

Laumer, Helmut: Die Direktinvestitionen der japanischen Wirtschaft in den Schwellenländern Ost- und Südostasiens. München 1984.

Laux, Manfred/Päsler, R.: Wertpapier-Investmentfonds. Frankfurt/M.: Fritz Knapp 1992.

Lawrence, Robert Z.: Emerging Regional Arrangements: Building Blocs or Stumbling Blocs? In: O'Brien, Richard (Hg.): Finance and the International Economy: 5. Oxford: Oxford University Press 1991.

Lawrence, Robert Z.: Regionalism, Multilateralism and Deeper Integration. Washington, D. C.: The Brookings Institution 1994.

Leonard, Jeffrey H.: Multinational Corporations and Politics in Developing Countries. In: World Politics 32.1980,3. S. 454-483.

Leontief, Wassily W.: The Structure of American Economy, 1919-1939. An Empirical Application of Equilibrium Analysis. New York 1951.

Leontief, Wassily W.: The Input-Output Economics. Oxford 1966.

Levi, Maurice D.: International Finance. The Markets and Financial Management of Multinational Business. New York: McGraw-Hill 1990.

Lewis, Flora: Europe: A Tapestry of Nations. New York: Simon and Schuster 1987.

Lin Shujuan: Economic Development and Regional Integration of the ASEAN Member Countries. Canberra: National Centre for Development Studies 1986.

Lincoln, Edward J.: Japan's Role in Asia-Pacific Cooperation. Dimension, Prospects, and Problems. In: Journal of Northeast Asian Studies 8.1989,4. S. 3-23.

Lindberg, Leon N./Scheingold, Stuart A. (Hg.): Regional Integration. Theory and Research. Cambridge, Mass.: Harvard University Press 1971.

Linder, Staffan Burenstam: An Essay on Trade and Transformation. New York 1961.

Linder, Staffan Burenstam: The Pacific Century: Economic and Political Consequences of Asian-Pacific Dynamism. Stanford: Stanford University Press 1986.

Lipfert, Helmut: Devisenhandel und Devisenoptionshandel. Frankfurt/M.: Fritz Knapp 1992.

Lipietz, Alain: Towards a New Economic Order. Postfordism, Ecology and Democracy. Cambridge: Polity Press 1992.

Lipson, Charles: The Transformation of Trade: The Sources and Effects of Regime Changes. In: International Organization 36.1982,2. S. 417-455.

Lipson, Charles: International Cooperation in Economic and Security Affairs. In: World Politics 37.1984,1. S. 1-23.

Lipson, Charles: Bankers' Dilemmas: Private Cooperation in Rescheduling Sovereign Debts. In: World Politics 38.1985,1. S. 200-225.

Lloyd, P. J.: Regionalization and World Trade. In: OECD Economic Studies 18.1992, Spring. S. 7-43.

Lorenz, Detlef: Regionale Entwicklungslinien in der Weltwirtschaft – Tendenzen zur Bildung von regionalen Wachstumspolen? In: Kantzenbach, Erhard/Mayer, Otto G. (Hg.): Perspektiven der weltwirtschaftlichen Entwicklung und ihre Konsequenzen für die Bundesrepublik Deutschland. Hamburg: Weltarchiv 1990. S. 11-31.

Lorenz, Detlef: Regionalization versus Regionalism. Problems of Change in the World Economy. In: Intereconomics 1991, Jan./Feb. S. 3-10.

Lorenz, Detlef: Economic Geography and the Political Economy of Regionalization. The Example of Western Europe. In: American Economic Review 82.1992,2. S. 84-88.

Lorenz, Detlef: Europe and East Asia in the Context of Regionalization. Theory and Economic Policy. In: Journal of Asian Economics 4.1993,2. S. 255-270.

Lotta, Raymond/Shannon, Frank: America in Decline. An Analysis of the Developments Toward War and Revolution in the U. S. and Worldwide, in the 1980s. Bd. 1. Chicago: Banner Press 1984.

Luard, Evan: Economic Relationships Among States. A Further Study in International Sociology. London: Macmillan 1984.

Lübbe, Hermann: Abschied vom Superstaat. Vereinigte Staaten von Europa wird es nicht geben. Berlin: Siedler 1994.

Lustig, Nora: The North American Free Trade Agreement. A Mexican Perspective. In: SAIS Review 12.1992,1. S. 57-67.

Lustig, Nora/ Bosworth, Barry P./Lawrence, Robert Z. (Hg.): North American Free Trade. Washington, D. C.: Brookings Institution 1992.

Luttwak, Edward: Weltwirtschaftskrieg. Export als Waffe – aus Partnern werden Gegner. Reinbek: Rowohlt 1994.

Macchiarola, Frank J. (Hg.): International Trade: The Changing Role of the United States. Montpellier: Capital City Press 1990.

Macchiarola, Frank J.: Mexico as a Trading Partner. In: Macchiarola 1990. S. 90-109.

MacKinnon, Neil/MacKinnon, Paula: Economics: A Guide for the Financial Markets. London: IFR Publications 1992.

Mackintosh, Ian: Sunrise Europe. The Dynamics of Information Technology. Oxford: Basil Blackwell 1986.

MacNeil, Jim/Winsemius, Peter/Yakushiji, Taizo: Beyond Interdependence: The Meshing of the World's Economy and the Earth's Ecology.

New York: Oxford University Press 1991.

Maddison, Angus: Dynamic Forces in Capitalist Development. A Long-Run Comparative View. Oxford 1991.

Mai, Horst: Ein Jahr Intrahandelsstatistik. In: Wirtschaft und Statistik Nr. 2,1994. S. 109-115.

Mathieson, D. J./Rojas-Suarez, L.: Liberalization of the Capital Account: Experiences and Issues. Washington, D. C.: IMF 1993. IMF Occasional Papers Series 103.

Matthies, Volker/Khan, Khushi M.: Collective Self Reliance. Programme und Perspektiven in der Dritten Welt. München: Weltforum Verlag 1978.

Maull, Hanns W.: A Yen Bloc? Japan and East and South East Asia. Manuskript Universität Trier 1991.

May, Bernhard: Der erfolgreiche GATT-Abschluß – ein Pyrrhussieg? In: Europa-Archiv 49.1994,2. S. 33-42.

McCord, William: The Dawn of the Pacific Century. Implications for Three Worlds of Development. New Brunswick 1991.

McKeown, Timothy J.: Firms and Tariff Regime Change: Explaining the Demand for Protection. In: World Politics 36.1984,2. S. 215-233.

McKeown, Timothy J.: A Liberal Trade Order? The Long-Run Pattern of Imports to the Advanced Capitalist States. In: International Studies Quarterly 35.1991,2. S. 151-172.

Melo, Jaime de/Panagariya, Arvind: Der neue Regionalismus. In: Finanzierung und Entwicklung 29.1992,4. S. 37-40.

Menzel, Ulrich: Japanische Außenpolitik und amerikanische Hegemoniekrise. In: Prokla 17.1987,1. S. 106-124.

Menzel, Ulrich: Die Verlagerung der Weltwirtschaft zum pazifischen Raum und der Beginn des amerikanisch-japanischen Duumvirats. In: Wagner, Wilfried (Hg.): Strukturwandel im pazifischen Raum. Bremen: Übersee-Museum 1988. S. 323-341.

Menzel, Ulrich: Von der industriellen zur finanziellen Supermacht. In: Ulrich Menzel (Hg.), Im Schatten des Siegers: Japan. Bd. 3. Politik und Ökonomie. Frankfurt/M.: Suhrkamp 1989. S. 97-133.

Menzel, Ulrich: Input-Output-Rechnung in Japan. Unveröffentlichtes Manuskript 1992.

Menzel, Ulrich: Japanische Auslandsinvestitionen. Probleme mit der Datenbasis. In: Pohl, Manfred (Hg.): Japan 1991/92. Politik und Wirtschaft. Hamburg: Institut für Asienkunde 1992. S. 305-341.

Menzel, Ulrich: Japan und der Asiatisch-pazifische Wirtschaftsraum. Tendenzen wachsender Regionalisierung und Hierarchisierung. In: Maull, Hanns W. (Hg.): Japan und Europa: getrennte Welten? Frankfurt/M.: Campus 1993. S. 156-187.

Menzel, Ulrich: Internationale Beziehungen im Cyberspace. In: Universitas 49.1993,1. S. 43-55.

Menzel, Ulrich: Nachholende Modernisierung in Ostasien aus entwick-
lungstheoretischer Perspektive. In: Nohlen, Dieter/Nuscheler, Franz
(Hg.), Handbuch der Dritten Welt. Bd. 8: Ostasien und Ozeanien. Bonn:
Dietz 1994. S. 14-61.

Menzel, Ulrich: Japanische Hegemonie in der Weltgesellschaft? Die Hegemoniedebatte und Japan. In: Pax Nipponica? Die Japanisierung der Welt
50 Jahre nach dem Untergang des Japanischen Reiches. Bad Boll: Evan-
gelische Akademie Bad Boll 1995. Protokolldienst 13/95. S. 18-28.

Menzel, Ulrich: Globalisierung versus Fragmentierung. Frankfurt/M.:
Suhrkamp 1998.

Menzel, Ulrich/Senghaas, Dieter: Europas Entwicklung und die Dritte
Welt. Eine Bestandsaufnahme. Frankfurt/M.: Suhrkamp 1986.

Messerlin, Patrick A./Sauvant, Karl P. (Hg.): The Uruguay Round: Services
in the World Economy. Washington, D. C.: World Bank 1990.

Metcalf, Lee Kendall: Post CMEA: Emerging Patterns of Regional Economic Cooperation. Paper presented to the Annual Convention of the International Studies Association, Washington, D. C., 28 March-1 April
1994.

Meyers, Reinhard: Die Theorie der internationalen Beziehungen im Zeichen der Postmoderne. In: Welt-Trends 1.1993,1. S. 51-79.

Miller, Elisa B.: Soviet Participation in the Emerging Pacific Basin Economy: The Role of ›Border Trade‹. In: Asian Survey 21.1981,5. S. 565-
578.

Milner, Helen: Trading Places: Industries for Free Trade. In: World Politics
40.1988,3. S. 350-376.

Ministry of International Trade and Industry: The 1985 Japan-U. S. Input-
Output Table. Tokyo: Research and Statistics Department, Ministers
Secretariat, MITI 1989.

Ministry of International Trade and Industry: The 1985 Japan-France Input-Output Table. Tokyo: Research and Statistics Department, Ministers Secretariat, MITI 1992.

Ministry of International Trade and Industry: The 1985 Japan-F. R. Germany Input-Output Table. Tokyo: Research and Statistics Department,
Ministers Secretariat, MITI 1992.

Ministry of International Trade and Industry: The 1985 Japan-U. K. Input-
Output Table. Tokyo: Research and Statistics Department, Ministers of
Secretariat, MITI 1992.

Ministry of International Trade and Industry: White Paper on International Trade. Tokyo 1992, 1993.

Mitchell, J.: The Nature and Government of the Global Economy. In:
McGrew, A./Lewis, P. G./et al. (Hg.): Global Politics. Cambridge:
Polity Press 1992. S. 174-196.

Mlinar, Zdravko: Globalization and Territorial Identities. Aldershot: Ave-
bury 1992.

Modelski, George: The Long Cycle of Global Politics and the Nation State. In: Comparative Studies in Society and History 20.1978,2. S. 214-235.

Molineu, Harold: U. S. Policy Towards Latin America. From Regionalism to Globalism. Boulder: Westview 1990.

Möller, Michael: Vor uns die guten Jahre. Reinbek: Rowohlt 1993.

Moran, M.: The Politics of the Financial Services Revolution. London: Macmillan 1991.

Moran, Theodore H. (Hg.): Multinational Corporations: The Political Economy of Foreign Direct Investment. Lexington: Lexington Books 1985.

Moran, Theodore H.: International Economics and International Security. In: Foreign Affairs 69.1991,5. S. 74-90.

Morhard, Jürgen M. H.: APEC. Die Konferenz über asiatisch- pazifische wirtschaftliche Zusammenarbeit aus japanischer Perspektive. In: Pohl, Manfred (Hg.): Japan 1990/91. Politik und Wirtschaft. Hamburg: Institut für Asienkunde 1991. S. 188-205.

Morhard, Jürgen M. H.: Regionale Kooperationspläne in Nordostasien. Der Japan-See-Wirtschaftsraum. In: Pohl, Manfred (Hg.): Japan 1991/92. Politik und Wirtschaft. Hamburg: Institut für Asienkunde 1992. S. 369-384.

Moser, Peter: The Political Economy of the GATT. With Application to the U. S. Trade Policy. St. Gallen: Rüegger 1990.

Müller, Harald: Die Chance der Kooperation. Regime in den internationalen Beziehungen. Darmstadt: Wiss. Buchgesellschaft 1993.

Müller, Karl: Das Unternehmensregister als Instrument der Intrahandelsstatistik. In: Wirtschaft und Statistik Nr. 4, 1994. S. 270-279.

Mulroney, Brian: Trade Outlook: Globalization or Regionalization? Singapore: ISEAS 1990.

Mundell, R.: Capital Mobility and Stabilization Policy under Fixed and Flexible Exchange Rates. In: Canadian Journal of Economics and Political Science 29.1963, November.

Myrdal, Gunnar: Economic Theory and Underdevelopment Regions. London 1957.

Mytelka, Lynn Kreiger: Strategic Partnerships: States, Firms and International Competition. London: Pinter 1991.

Mytelka, Lynn Kreiger/Delapierre, Michel: The Alliance Strategies of European Firms in the Information Technology Industry and the Role of ESPRIT. In: Journal of Common Market Studies 26.1987,2. S. 231-253.

Nau, Henry R. (Hg.): Domestic Trade Politics and the Uruguay Round. New York: Columbia University Press 1989.

Nau, Henry R.: The Myth of America's Decline. Leading the World Economy into the 1980s. New York: Oxford University Press 1990.

Nester, William R.: Japan's Growing Power over East Asia and the World Economy: Ends and Means. London: Macmillan 1990.

Neumann, Iver B. (Hg.): Regional Great Powers in International Politics. New York: Macmillan 1992.

Neyer, Jürgen: Globaler Markt und territorialer Staat. Konturen eines wachsenden Antagonismus. In: Zeitschrift für Internationale Beziehungen 2.1995.2. S. 287-315.

Neyer, Jürgen: Spiel ohne Grenzen. Weltwirtschaftliche Strukturveränderungen und das Ende des sozialkompetenten Staates. Marburg: Tectum 1996.

Nicolaides, P.: Can Protectionism Explain Direct Investment? In: Journal of Common Market Studies 29.1991,6. S. 635-643.

Nye, Joseph Jr.: Transnational Relations and Interstate Conflicts. An Empirical Analysis. In: International Organization 28.1974,4. S. 961 ff.

Nye, Joseph Jr.: Bound to Lead. The Changing Nature of American Power. New York: Basic Books 1990.

Nye, Joseph Jr.: Decline? In: Kegley, Charles W./Wittkopf, Eugene (Hg.): The Future of American Foreign Policy. New York 1992.

Nye, Joseph S./Biedenkopf, Kurt/Shiina, Motoo: Globale Kooperation nach dem Ende des Kalten Krieges. Eine Neueinschätzung des Trilateralismus. Ein Task-Force Bericht an die Trilaterale Kommission. Bonn: Europa Union Verlag 1992.

O'Brien, Richard: Global Financial Integration. The End of Geography. London: Pinter 1992.

OECD: Experience with Controls on International Portfolio Operations. Paris: OECD 1980.

OECD: International Direct Investment and the New Economic Environment: The Tokyo Round Table. Paris: OECD 1988.

OECD: Strategic Industries in the Global Economy: Policy Issues for the 1990s. Paris: OECD 1991.

OECD: Internationale Direktinvestitionen. Paris: OECD 1992.

OECD: The OECD-Declaration and Decisions on International Investment and Multinational Enterprises. Paris: OECD 1992.

OECD: Structural Change and Industrial Performance: A Seven Country Growth Decomposition Study. Paris: OECD 1992.

OECD: Services: Statistics of International Transactions. Paris: OECD 1993.

OECD: Wirtschaftsausblick 53.1993,6.

Ohmae, Kenichi: Triad Power. The Coming Shape of Global Competition. New York: The Free Press 1985.

Ohmae, Kenichi: Die neue Logik der Weltwirtschaft: Zukunftsstrategien der internationalen Konzerne. Hamburg: Hoffmann und Campe 1991.

Ohmae, Kenichi: The Rise of the Region State. In: Foreign Affairs. 72.1993, Winter.

Olson, Mancur: The Logic of Collective Action. Cambridge, Mass.: Harvard University Press 1968.

Olson, Mancur: The Rise and Decline of Nations. Economic Growth, Stagflation and Social Rigidities. New Haven 1983.

Omestad, Thomas: Selling Off America. In: Foreign Policy Nr. 76.1989. S. 119-140.

Oppermann, Thomas/Beise, Marc: Die neue Welthandelsorganisation – ein stabiles Regelwerk für den weltweiten Freihandel? In: Europa-Archiv 49.1994,7. S. 195-202.

Orr, Robert M.: The Rising Sun: Japan's Foreign Aid to ASEAN, the Pacific Basin and the Republic of Korea. In: Journal of International Affairs 41.1988,1. S. 39-69.

Oye, Kenneth A. (Hg.): Cooperation under Anarchy. Princeton: Princeton University Press 1986.

Pacific Economic Community: Statistics 1984. Tokyo 1984.

Padelford, Norman J.: A Selected Bibliography on Regionalism and Regional Arrangements. In: International Organization 10.1956,4. S. 575-603.

Palmer, Norman D.: The New Regionalism in Asia and the Pacific. Lexington, Mass. 1991.

Paquet, G. (Hg.): The Multinational Firm and the Nation State. Toronto: Collier Macmillan 1972.

Park, Sung-Jo (Hg.): The 21st Century – The Asian Century? Berlin: Express 1985.

Parry, Thomas C.: Internalization as a General Theory of FDI: A Critique. In: Weltwirtschaftliches Archiv 121.1985,3. S. 564-569.

Pauly, L.: Opening Financial Markets: Banking Politics on the Pacific Rim. Ithaca: Cornell University Press 1988.

Peet, Richard/Thrift, Nigel (Hg.): New Models in Geography. The Political-Economy Perspective. London: Routledge 1989. 2 Bde.

Peters, Edgar E.: Chaos and Order in the Capital Markets. A New View of Cycles, Prices, and Market Volatility. New York: John Wiley 1991.

Peters, Edgar E.: Fractal Market Analysis. Applying Chaos Theory to Investment and Economics. New York: John Wiley 1994.

Petersen, Hans J./Franzmeyer, Fritz/Lahmann, Herbert/Schultz, Siegfried/Weise, Christian: Die Bedeutung des internationalen Dienstleistungshandels für die Bundesrepublik Deutschland. Berlin: Duncker & Humblot. 1993.

Pfeil, E.: Deutsche Direktinvestitionen in den USA. Frankfurt/M. 1981.

Pfister, Ulrich/Suter, Christian: International Financial Relations as Part of the World-System. In: International Studies Quarterly 31.1987,3. S. 239-272.

Pohl, Manfred: ›Goldenes Dreieck‹ WSZ Tumen-Delta. Reaktionen Japans und der Nachbarstaaten. In: Pohl, Manfred (Hg.): Japan: Wirtschaft, Politik, Gesellschaft 1.1993,1. S. 88-93.

Polomka, Peter: Towards a ›Pacific House‹. In: Survival 33.1991,2. S. 173-182.

Polster, Werner/Voy, Klaus: Die Entfaltung der Industriewirtschaft – Zum Strukturwandel von Wirtschaft und Erwerbsarbeit in der Industriegesellschaft. In: Voy, Klaus/Polster, Werner/Thomasberger, Christian (Hg.): Marktwirtschaft und politische Regulierung. Marburg: Metropolis-Verlag 1991.

Porter, Michael E. (Hg.): Competition in Global Industries. Boston: Harvard Business School Press 1986.

Poynter, Thomas A.: Multinational Enterprises and Government Intervention. New York: St. Martin's Press 1985.

Prebisch, Raúl: The Economic Development of Latin America and Its Principal Problems. In: Economic Bulletin for Latin America 7.1962,1.

Preeg, Ernest H.: The Gatt Trading System in Transition: An Analytic Survey of Recent Literature. In: The Washington Quarterly 12.1989,4. S. 201-203.

Pretzell, Klaus A.: APEC. Ein neuer Versuch asiatisch-pazifischer Zusammenarbeit. In: Jahrbuch Dritte Welt 1991. S. 309-316.

Pretzell, Klaus A.: Aktuelle Formen regionaler Kooperation in Asien und dem Pazifik. In: Jahrbuch Dritte Welt 1992. S. 309-316.

Punyaratabandhu-Bhakdi, Suchitra: Administrative Aspects of Regional Economic Cooperation: The Case of ASEAN. In: International Review of Administrative Sciences 57.1991,4. S. 577-590.

Ramstetter, Eric D./Lee Chung H.: Trade in Services and Returns on Foreign Direct Investment. In: Weltwirtschaftliches Archiv 125.1989,2. S. 375-385.

Randolph, Sean R.: Pacific Overtures. In: Foreign Policy Nr. 57.1984-85. S. 128-142.

Randzio-Plath, Christa/Schäfer, Hans-Bernd: Welthandel am Scheideweg. Probleme und Perspektiven der Uruguay-Runde des GATT. Bonn: Stiftung Entwicklung und Frieden 1991.

Ravenhill, John: Managing Pacific Trade Relations: Economic Dynamism and Political Immobilism. In: Higgott, Richard/Leaver, Richard/Ravenhill, John (Hg.): Pacific Economic Relations in the 1990s: Cooperation and Conflict. Sydney: Allen and Unwin 1992.

Reich, Robert B.: The Economics of Illusion and the Illusion of Economics. In: Foreign Affairs 66.1988,3. S. 516-528.

Reich, Robert B.: Die neue Weltwirtschaft. Das Ende der nationalen Ökonomie. Frankurt/M., Berlin: Ullstein 1993.

Reich, Simon: Roads to Follow: Regulating Direct Foreign Investment. In: International Organization 43.1989,4. S. 543-584.

Reinhardt, Jürgen: Dienstleistungssektor und Dienstleistungspolitik in Entwicklungsländern. Eine theoretische und empirische Analyse mit einer Fallstudie der ASEAN-Staaten. Frankfurt/M.: Peter Lang 1993.

Reiter, Klaus: Regionale wirtschaftliche Zusammenarbeit von Staaten in der Dritten Welt. Saarbrücken: Breitenbach 1983.

Richardson, Harry W.: Regional Economics. London: 1979.

Riddle, Dorothy (Hg.): Toward an International Service and Information Economy. Bonn: Friedrich Ebert Stiftung 1987.

Rieger, Hans Christoph: Regional Economic Cooperation in the Asia Pacific Region. In: Asia Pacific Economic Literature 3.1989,2. S. 5-33.

Rifkin, Jeremy: The End of Work. The Decline of Global Labor Force and the Dawn of the Post-Market Era. New York: Putmam's 1995.

Rittberger, Volker/Mayer, Peter (Hg.): Regime Theory and International Relations. Oxford: Clarendon Press 1993.

Ritter, Wigand: Welthandel. Geographische Strukturen und Umbrüche im internationalen Warenaustausch. Darmstadt. Wissenschaftliche Buchgesellschaft 1994.

Robertson, R. T.: From Community to Cooperation to Self-Reliance: Death of the Pacific Basin Concept. In: Journal of International Studies 17.1986. S. 51-83.

Robson, P.: The Economics of International Integration. London: 1987.

Rochester Institute of Technology (Hg.): Japan 2000. Rochester 1991.

Rode, Reinhard: Die Zeche zahlen wir. Der Niedergang der amerikanischen Wirtschaft. München: Piper 1988.

Rode, Reinhard (Hg.): GATT and Conflict Management. A Transatlantic Strategy for a Stronger Regime. Boulder: Westview Press 1990.

Rode, Reinhard: Deutschland: Weltwirtschaftsmacht oder überforderter Euro-Hegemon? Frankfurt/M.: HSFK 1991. HSFK-Report 1/1991.

Root, William A.: Trade Controls that Work. In: Foreign Policy, Nr. 56,1984. S. 61-80.

Rosecrance, Richard: International Theory Revisited. In: International Organization 35.1981,4. S. 691-714.

Rosecrance, Richard: Der neue Handelsstaat, Herausforderung für Politik und Wirtschaft. Frankfurt/M.: Campus 1987.

Rosecrance, Richard/ Gutowitz, William: Measuring Interdependence: A Rejoinder. In: International Organization 35.1981,3. S. 553-556.

Rostow, Walt Whitman: Stadien wirtschaftlichen Wachstums. Eine Alternative zur marxistischen Entwicklungstheorie. Göttingen: Vandenhoeck und Ruprecht 1960.

Rousseau, Mark/Zariski, Raphael: Regionalism and Regional Evolution in Comparative Perspective. New York: Praeger 1987.

Rubner, Alex: The Might of the Multinationals. New York: Praeger 1990.

Ruggie, John Gerard: Territoriality and Beyond: Problematizing Modernity in International Relations. In: International Organization 47.1993,1. S. 139-174.

Rugman, Alan M.: Internalization is Still a General Theory of Foreign Direct Investment. In: Weltwirtschaftliches Archiv 121.1985,3. S. 570-575.

Rugman, Alan M./Verbeke, Alain: Global Corporate Strategy and Trade Policy. London: Routledge 1990.

Russett, Bruce: International Regions and the International System. A Study in Political Ecology. Chicago 1967.

Russett, Bruce: The Mysterious Case of Vanishing Hegemony; or, Is Mark Twain Really Dead? In: International Organization 39.1985,2. S. 207-231.

Rust, Walter L.: ASEAN – Regionale Zusammenarbeit im Schatten der Großmächte. Frankfurt/M.: 1985.

Sandholtz, Wayne/Zysman, John: Recasting the European Bargain. In: World Politics 42.1988,1. S. 95-128.

Sandholtz, Wayne et al.: The Highest Stakes. The Economic Foundations of the Next Security System. New York: Oxford University Press 1992.

Sassen, Saskia: The Global City. New York, London, Tokyo. Princeton: Princeton University Press 1991.

Sassen, Saskia: Cities in a World Economy. Thousands Oaks: Pine Forge Press 1994.

Sautter, Herman: Regionalisierung und komparative Vorteile im internationalen Handel. Tübingen: Mohr 1983.

Sauvant, Karl P.: Grenzüberschreitender Datenverkehr: Die Grundlage der sich entwickelnden internationalen Informationswirtschaft. In: Europa-Archiv 38.1983,9. S. 261-272.

Sauvant, Karl P.: International Transactions in Services: The Politics of Transborder Data Flows. Boulder: Westview Press 1986.

Savage, Richard I./Deutsch, Karl W.: A Statistical Model of the Gross Analysis of Transaction Flows. In: Econometrica 8.1960,3.

Saxonhouse, Gary R. (Hg.): Trading Blocs and East Asia? New Dimensions in Regional Integration. Cambridge: Cambridge University Press 1993. S. 388-416.

Scalpino, Robert A. (Hg.): Pacific-Asian Economic Policies and Regional Interdependence. Berkeley: Institute of East Asian Studies 1988.

Scheingold, Stuart A.: Domestic and International Consequences of Regional Integration. In: Lindberg, Leon N./Scheingold, Stuart A. (Hg.): Regional Integration. Theory and Research. Cambridge, Mass.: Harvard University Press 1971.

Schlesinger, H.: Kapitalmarkt, Kapitalbildung und Kapitalallokation. In: Kapitalmarkt und Finanzierung. Neue Folge 165.1987. S. 17-48.

Schlossstein, Steven: America: The G7's Comeback Kid. In: The International Economy, May/June, 1993. S. 30-72.

Schott, Jeffrey (Hg.): Free Trade Areas and U. S. Trade Policy. Washington, D. C.: Institute for International Economics 1989.

Schott, Jeffrey J.: Is the World Developing Into Trading Blocs? In: Kantzenbach, Erhard/Mayer, Otto G. (Hg.): Perspektiven der weltwirtschaftlichen Entwicklung und ihre Konsequenzen für die Bundesrepublik Deutschland. Hamburg: Weltarchiv 1990. S. 36-54.

Schott, Jeffrey J.: Trading Blocs and the World Trading System. In: The

World Economy 14.1991,1. S. 1-17.

Schott, Jeffrey J./Smith, Murray G. (Hg.): The Canada-United States Free Trade Agreement. The Global Impact. Washington, D. C.: Institute for International Economics 1988.

Schubert, Alexander: Die internationale Verschuldung. Frankfurt/M.: Suhrkamp 1985.

Schultz, Siegfried: Der neue Protektionismus – Merkmale, Erscheinungs-formen und Wirkungen im industriellen Bereich. In: Neuer Protektio-nismus in der Weltwirtschaft und EG-Handelspolitik. Baden-Baden: Nomos 1985. S. 35-68.

Schulz, Ursula: Deutsche Direktinvestitionen im Ausland. Struktur, Be-stimmungsgründe und Wirkungen auf die Wirtschaft der BRD. Bremen: Hochschule für Wirtschaft 1978.

Seitz, Konrad: Die japanisch-amerikanische Herausforderung. Deutsch-lands Hochtechnologie-Industrien kämpfen ums Überleben. Stuttgart: BONN AKTUELL 1990.

Seitz, Konrad: Die amerikanisch-japanische Herausforderung. In: Aus Politik und Zeitgeschichte B 10-11, 28. Feb. 1992. S. 3-15.

Seitz, Konrad: Deutschland Unter Alles. In: The International Economy, May/June, 1993. S. 36-40.

Seitzinger, Michael V.: Foreign Investment in the United States. Major Fed-eral Restrictions. Washington, D. C.: Library of Congress 1989.

Senghaas, Dieter: Die Zukunft Europas. Probleme der Friedensgestaltung. Frankfurt/M.: Suhrkamp 1986.

Shambough, David (Hg.): Greater China. The Next Superpower? Oxford: Oxford University Press 1995.

Shapiro, Alan C.: Multinational Financial Management. Needham Heights: Simon and Schuster 1992.

Sharma, Basu: Regionalism and ASEAN Industrial Relations. In: ASEAN Economic Bulletin 3.1986,2. S. 248-254.

Shaw, Li-Kung: Regionalism. San Francisco: L. K. Shaw Publ. 1990.

Siems, Dorothea: Japans außenwirtschafts- und entwicklungspolitische Strategien gegenüber China und ASEAN. Ein Beitrag zu den Regionali-sierungstendenzen im pazifisch-asiatischen Raum. Frankfurt/M.: Peter Lang 1992.

Sjöstedt, Gunnar/Sundelius, Bengt (Hg.): Free Trade – Managed Trade? Perspectives on a Realistic International Trade Order. Boulder: West-view Press 1986.

Smith, Dale L./Ray, James Dee (Hg.): The 1992 Project and the Future of Integration in Europe. New York: Sharpe 1993.

Sneider, Richard L./Borthwick, Mark: Institutions for Pacific Regional Cooperation. In: Asian Survey 23.1983,12. S. 1245-1254.

Soesastro, Hadi: ASEAN and the Political Economy of Pacific Coopera-tion. In: Asian Survey 23.1983,12. S. 1255-1270.

Soja, Edward W.: Postmodern Geographies. The Reassertion of Space in Critical Social Theory. London: Verso 1989.

Soros, George: After Black Monday. In: Foreign Policy Nr. 70,1988. S. 65-82.

Späth, Lothar/Dräger, Heinrich (Hg.): Die internationale Verschuldungskrise: Ursachen, Auswirkungen, Lösungsperspektiven. Baden-Baden: Nomos 1987.

Starbatty, Joachim/Vetterlein, Uwe: Europäische Technologie- und Industriepolitik nach Maastricht. In: Aus Politik und Zeitgeschichte B10-11, 28. Feb. 1992, S. 3-15.

Starnberger Studien 4. Strukturveränderungen in der kapitalistischen Weltwirtschaft. Frankfurt/M.: Suhrkamp 1980.

Statistisches Bundesamt: Volkswirtschaftliche Gesamtrechnungen. Fachserie 18. Reihe 2: Input-Output-Tabellen 1985 bis 1988. Stuttgart: Kohlhammer 1990.

Stein, Arthur A.: The Hegemon's Dilemma: Great Britain, the United States, and the International Economic Order. In: International Organization 38.1984,2. S. 355-386.

Stiftung Entwicklung und Frieden (Hg.): Globale Trends. Daten zur Weltentwicklung. Bonn: Stiftung Entwicklung und Frieden 1991.

Stiftung Entwicklung und Frieden/Hauchler, Ingomar (Hg.): Globale Trends 93/94. Daten zur Weltentwicklung. Frankfurt/M.: Fischer 1993.

Stiles, Kendall: New Wine in New Bottles? Institution Building in the International Political Economy. Paper Presented to the Annual Convention of the International Studies Association, Washington, D.C., 28 March – 1 April 1994.

Stoeckel, Andrew/Pearce, David/Banks, Gary: Western Trade Blocs: Game, Set or Match for Asia-Pacific and the World Economy. Canberra 1990.

Stopford, John/Strange, Susan: Rival States, Rival Firms: Competition for World Market Shares. Cambridge: Cambridge University Press 1991.

Strange, Roger: Japanese Manufacturing in Europe. Its Impact on U.K. Economy. London: Routledge 1993.

Strange, Susan: Protectionism and World Politics. In: International Organization 39.1985,2. S. 233-259.

Strange, Susan: The Persistent Myth of Lost Hegemony. In: International Organization 41.1987,4. S. 551-574.

Strange, Susan: States and Markets. London: Pinter Publishers 1988.

Strange, Susan: Casino Capitalism. Oxford: Basil Blackwell 1989.

Strange, Susan: Wake up, Krasner! The World Has Changed. In: Review of International Political Economy 1.1994,2. S. 209-219.

Sudo, Sueo: Nanshin, Superdomino, and the Fukuda Doctrine. Stages in Japan-Southeast Asian Relations. In: Journal of Northeast Asian Studies 5.1986,3. S. 35-51.

Sullivan, Michael P.: Power in Contemporary International Politics. Columbia: University of South Carolina Press 1990.

Sung Yun-wing: The Economic Integration of Hong Kong, Taiwan and South Korea with the Mainland of China. In: Garnaut, Ross (Hg.): Economic Reform and Internationalisation: China and the Pacific Region. St. Leonards, N. S. W.: Allan and Unwin 1992. S. 149-181.

Szentes, Tamás: The Transformation of the World Economy. New Directions and New Interests. London: ZED 1988.

Tanaka, Akihiko: The Politics of Deeper Integration. National Attitudes and Politics in Japan. Washington, D. C.: The Brookings Institution 1994.

Taylor, Paul: The Limits to European Integration. London: Croom Helm 1983.

Tetreault, Mary Ann: Measuring Interdependence: A Response. In: International Organization 35.1981,3. S. 557-560.

Thiel, Elke: Europäische Wirtschafts- und Währungsunion. Von der Marktintegration zur politischen Integration. In: Aus Politik und Zeitgeschichte B 7-8/92, 7. Februar 1992. S. 3-11.

Thompson, William: The Regional Subsystem. A Conceptual Explication and Propositional Inventory. In: International Studies Quarterly 17.1973. S. 89-117.

Thomsen, Stephen E.: Multinational Enterprise and World Trade. Geneva: Graduate Institute of International Studies 1990.

Thomsen, Stephen/Nicolaides, Phedon: The Evolution of Japanese Direct Investment in Europe. Death of a Transistor Salesman. New York: Harvester Wheatsheaf 1991.

Thomsen, Stephen/Woolcock, Stephen: Direct Investment and European Integration. New York: Council on Foreign Relations 1993.

Thurow, Lester: Head to Head. The Coming Economic Battle among Japan, Europe and the United States. New York: William Morrow 1992.

Tinbergen, Jan: International Economic Integration. Amsterdam: Elsevier 1954.

Tolchin, Martin/Tolchin, Susan: Buying into America. How Foreign Money Is Changing the Face of Our Nation. New York: Times Books 1988.

Tonelson, Alan: What Is the National Interest? In: Atlantic Monthly Nr. 1, 1991. S. 35-52.

Triffin, Robert: The International Accounts of the United States and Their Impact upon the Rest of the World. In: Quarterly Review, Banca Nazionale del Lavoro, March 1985. S. 15-29.

Truett, Lila J./Truett, Dale B.: US Trade Preferences and Economic Development. The Case of Southeast Asia. In: Journal of Asian Economics 2.1991,1. S. 125-135.

Turner, Philipp: Capital Flows in the 1980s: A Survey of Major Trends.

Bank for International Settlements Economic Papers No. 30, 1991.

Tuschhoff, Christian: Internationale Umverteilung. Zur Debatte um Wettbewerb und industrielle Standorte in Europa, Japan und den USA: In: Zeitschrift für Internationale Beziehungen 1.1994,2. S. 381-391.

United Nations: National Accounts Statistics: Study of Input-Output Tables, 1970-80. New York 1987.

United Nations Centre on Transnational Corporations: Foreign Direct Investment, the Service Sector and International Banking. UNCTC Current Studies, Series A, No. 7,1987.

United Nations Centre on Transnational Corporations UNCTC (Hg.): Foreign Direct Investment and Transnational Corporations in Services. New York: UNCTC 1989.

United Nations Centre on Transnational Corporations: Transnational Corporations and the Growth of Services: Some Conceptual and Theoretical Issues. New York: United Nations 1989.

United Nations Centre on Transnational Corporations: World Investment Report 1991: The Triad in Foreign Direct Investment. New York: United Nations 1991.

United Nations Centre on Transnational Corporations: The Determinants of Foreign Direct Investment: A Survey of the Evidence. New York: United Nations 1992.

United Nations Centre on Transnational Corporations: World Investment Directory 1992. Volume III: Developed Countries. New York: United Nations 1993.

United Nations Conference on Trade and Development: Handbook of International Trade Statistics. New York 1984, 1993.

United Nations Industrial Development Organisation: Input-Output Tables for Development Countries. New York 1985.

United Nations Statistical Commission and Economic Commission for Europe: Standardized Input-Output-Tables of ECE-Countries for Years Around 1975. New York 1982.

United Nations Transnational Corporations and Management Division: World Investment Report 1992. Transnational Corporations as Engines of Growth. New York: United Nations 1992.

Vernon, Raymond: Sovereignty at Bay. New York: Basic Books 1970.

Vernon, Raymond: Storm over the Multinationals: The Real Issues. London 1977.

Vernon, Raymond: International Trade Policy in the 1980s: Prospects and Problems. In: International Studies Quarterly 26.1982,4. S. 483-510.

Vernon, Raymond: Exploring the Global Economy. Emerging Issues in Trade and Investment. Lanham: University Press 1985.

Villiers, Bertus de: Regionalism: Problems and Prospects. Pretoria 1993.

Viner, Jacob: The Customs Union Issue. New York: The Carnegie Endowment for International Peace 1950.

Wachtel, Howard M.: The Money Mandarins: the Making of a New Supranational Economic Order. New York: Pantheon Books 1986.

Wagner, Harrison R.: Economic Interdependence, Bargaining Power, and Political Influence. In: International Organization 42.1988,3. S. 461-483.

Wallace, William: Regional Integration. The West European Experience. Washington, D. C.: The Brookings Institution 1994.

Wallerstein, Immanuel: The Politics of the World-Economy. The States, the Movements and the Civilizations. Cambridge: Cambridge University Press 1984.

Wallerstein, Immanuel: Geopolitics and Geoculture: Essays on the Changing World-System. Cambridge: Cambridge University Press 1991.

Walters, Ingo: Barriers to Trade in Banking and Financial Services. London: Trade Policy Research Center 1985.

Wartenweiler, Roland: Die UNCTAD VI im Evolutionsprozeß der internationalen Wirtschaftsbeziehungen. In: Europa-Archiv 38.1983,16. S. 461-468.

Watsham, Terry J.: International Portfolio Management. London: Longman 1993.

Webster, Allen/Dunning, John H. (Hg.): Structural Change in the World Economy. London: Routledge 1990.

Weintraub, Sidney: NAFTA. What Comes Next? Washington, D. C.: The Center for Strategic and International Studies 1994.

Westerhoff, H. D.: Direktinvestitionen zur Internationalisierung der deutschen Wirtschaft. In: IFO-Studien. Zeitschrift für empirische Wirtschaftsforschung 37.1991. S. 19-38.

White, Lawrence: International Trade in Ocean Shipping Services: The United States and the World. Cambridge, Mass.: Ballinger Press 1988.

Wildman, Stephen S./Siwek, Stephen E.: International Trade in Films and Television Programs. Cambridge, Mass.: Ballinger Press 1988.

Will, Gerhard: Verstärkung der regionalen Zusammenarbeit in Südostasien. In: Draguhn, Werner (Hg.): Asien nach dem Ende der Sowjetunion. Hamburg: Institut für Asienkunde 1993. S. 151-162.

Wilson, J. S. G.: Money Markets. The International Perspectives. London: Routledge 1993.

Wittkowski, Bernd: Wenn Füchse im Gänsestall Schutzpolizei spielen. In: Frankfurter Rundschau, 22.1.1994. S. 9.

Wolfrum, Rüdiger (Hg.): Strengthening the World Order: Universalism vs. Regionalism. Berlin 1990.

Wong, John: ASEAN's Experience in Regional Economic Cooperation. In: Asian Development Review 3.1985,1. S. 79-98.

Wood, Denis/Fels, John: The Power of Maps. London: Routledge 1993.

Woolcock, Stephen: US-European Trade Relations. In: International Affairs 58.1982,4. S. 610-623.

Woolcock, Stephen (Hg.): Interdependence in the Post-multilateral Era.

Trends in U.S.-European Trade Relations. Lanham: University Press 1985.

Woolcock, Stephen: The European Acquis and Multilateral Trade Rules: Are They Compatible? In: Bulmer, Simon/Scott, Andrew (Hg.): Economic and Political Integration in Europe. Internal Dynamics and Global Context. Oxford: Blackwell 1994. S. 199-218.

Wriston, Walter B.: The Twilight of Sovereignty. How the Information Revolution is Transforming our World. New York: Charles Scribner's Sons 1992.

Yalem, Ronald J.: Regionalism and World Order. Washington: Public Affairs Press 1965.

Yamawaki, H.: International Trade and Foreign Direct Investment in West German Manufacturing Industries. Berlin: Wissenschaftszentrum Berlin 1984.

Yannopoulos, George N.: Foreign Direct Investment and European Integration: The Evidence from the Formative Years of the European Community. In: Journal of Common Market Studies 28.1990,3. S. 235-260.

Yoffie, David B.: Beyond Free Trade: Governments, Firms, and Global Competition. Boston: Harvard Business School Press 1993.

Yoshinaga, Kohei: A Comparison of Input-Output Structure in 1985 of Japan, United States and EC Countries. In: Kansai University Review of Economics and Business 21.1993,1-2. S. 49-89.

Young, Evans: The Foreign Capital Issue in the ASEAN Chambers of Commerce and Industry. In: Asian Survey 26.1986,6. S. 688-705.

Young, Oran: Professor Russett: Industrious Tailor to a Naked Emperor. In: World Politics 21.1969. S. 486-511.

Ziebura, Gilbert: Internationalization of Capital, International Division of Labour and the Role of the European Community. In: Journal of Common Market Studies 21.1982/83. S. 127-146.

Ziebura, Gilbert: Weltwirtschaft und Weltpolitik 1922/24-1931. Zwischen Rekonstruktion und Zusammenbruch. Frankfurt/M.: Suhrkamp 1984.

Zimmerling, Ruth: Latin America's Future in World Trade: Regional versus World Market Integration. Bonn: Friedrich Ebert Stiftung 1992.

Zürn, Michael: Gerechte internationale Regime. Bedingungen, Restriktionen der Entstehung nicht hegemonialer internationaler Regime, untersucht am Beispiel der Weltkommunikationsordnung. Frankfurt/M.: Haag und Herrchen 1987.

Zürn, Michael: Interessen und Institutionen in der internationalen Politik. Grundlegung und Anwendung des situationsstrukturellen Ansatzes. Opladen: Leske und Budrich 1992.

Zürn, Michael: Regieren jenseits des Nationalstaates. Globalisierung und Denationalisierung als Chance. Frankfurt/M.: Suhrkamp 1998.

Verzeichnis der Tabellen

Verzeichnis der Graphiken

Neue Historische Bibliothek
in der edition suhrkamp

Hans-Ulrich Wehlers fast aus dem Nichts entstandene
›Neue Historische Bibliothek‹ ist (...)
nicht nur ein forschungsinternes, sondern
auch ein kulturelles Ereignis.
Frankfurter Allgemeine Zeitung

314/2/12.96

Neue Historische Bibliothek
in der edition suhrkamp

314/3/12.96